U0128522

孟子思想与新时代精神

第六届孟子思想研讨会论文集

孟凡贵　贾名党◎主编

安徽师范大学出版社

ANHUI NORMAL UNIVERSITY PRESS

·芜湖·

图书在版编目（CIP）数据

孟子思想与新时代精神：第六届孟子思想研讨会论文集 / 孟凡贵，贾名党主编 . —芜湖：安徽师范大学出版社，2022.12

ISBN 978-7-5676-5935-3

Ⅰ.①孟… Ⅱ.①孟… ②贾… Ⅲ.①孟轲（前372–前289）– 哲学思想 – 学术会议 – 文集 Ⅳ.① B222.55–53

中国版本图书馆CIP数据核字（2022）第213062号

孟子思想与新时代精神：第六届孟子思想研讨会论文集　　　　孟凡贵　贾名党◎主编

责任编辑：陈　艳　　　　　　责任校对：戴兆国
装帧设计：张德宝　冯君君　　责任印制：桑国磊
出版发行：安徽师范大学出版社
　　　　　芜湖市北京东路1号安徽师范大学赭山校区
网　　址：http://www.ahnupress.com/
发 行 部：0553-3883578　5910327　5910310（传真）
印　　刷：江苏凤凰数码印务有限公司
版　　次：2022年12月第1版
印　　次：2022年12月第1次印刷
规　　格：787 mm × 1092 mm　　1/16
印　　张：24.75
字　　数：530千字
书　　号：ISBN 978-7-5676-5935-3
定　　价：89.00元

序　言

　　2021年9月10日至12日,由安徽省孟子思想研究会主办的第六届孟子思想研讨会在合肥举办。来自中国社会科学院、清华大学、中国人民大学、安徽省社会科学院、安徽大学、安徽师范大学等单位的70余位专家学者参与了此次会议,并提交了研究论文。现从收到的论文中选出四十九篇,编为一集,题为《孟子思想与新时代精神》。

　　在中国历史上,孟子曾长期被尊为亚圣,地位居于孔子之侧。孟子本人亦以私淑孔子自居,以发扬孔子之道为己任。孟子所生活的时代,诸子蜂起,百家争鸣,"杨朱、墨翟之言盈天下,天下之言不归杨则归墨。"儒家学说面临多方责难与批评。孟子有见于此,起而辩之,距杨墨,放淫辞,展示了儒学的深沉内涵与理论魅力。正是通过正面的理论建树与积极的学说争鸣,孟子将孔子开创的儒学发扬光大并使之义理精微,于儒家形上学之义理建构厥功至伟。总体来看,孟子之学门庭宽阔,既包含了心性之学的理论建构,又充满了强烈的现实关怀,因而于道性善、辨义利、别王霸、明公私、倡仁政均有所论及,潜藏着巨大的学术资源,呈现了丰富的研究面向与广阔的研究空间。因此之故,古今中外孟学研究几成聚讼,学术著作蔚为大观。此次召开的孟子思想研讨会则包含了孟子思想研究、儒学与传统文化研究、孔子思想研究、宋明理学研究、现代新儒家研究等专题,代表了孟学研究的一些方面。正是基于对如上专题的体会,才构成了本书的基本结构。质言之,现所纂集文章主要分为三部分内容:

　　本书的上编,文本与阐释。《孟子》本文是孟学研究的核心,因此,这一部分主要收录了围绕《孟子》本文展开研究的相关文章。这些文章或注重训诂章句,或聚焦理论阐发,或重视历史诠释,皆各有其价值。

　　本书的中编,思想与流变。不惟孟子思想具有丰富的研究空间,后世的注孟之作亦构成了孟学研究的重要组成部分。因而,这一部分不仅包含了孟子思想研究的有关文章,同时还编入了宋明理学研究等相关内容,展现了孟学研究的不同侧面。

　　本书的下编,比较与启示。这一部分既涵盖了古今中西视域下孟学的专题研究,又涉及现代新儒家研究以及儒学与传统文化研究等内容，凸显了孟学研究的丰富性与多样性。

立志固高，行有未至，我们热忱期待学界的促进。最后，本论文集的出版，除了要感谢各位作者的热情赐稿之外，还要特别感谢安徽省孟子思想研究会的组织。当然，没有安徽师范大学出版社的支持，本论文集不可能及时出版，在此并致谢忱！

2022 年 8 月

目　录

上　编　文本与阐释

中　编　思想与流变

下　编　比较与启示

上编　文本与阐释

古今学者对性善论的批评:回顾与总结

(方朝晖　清华大学人文学院)

摘　要: 本文认为,历史上批评性善论的观点对人性善恶大体有如下七种看法,即性无善恶、性超善恶、善恶并存、善恶不齐、性恶、善恶不可知、善恶后天决定。此外,人们还对孟子论证性善的方法进行了批评,大体上涉及片面取证、循环论证、混淆可能与事实、混淆理想与现实、门户之见、不合圣人真意等六方面。由此可见,历史上对性善论的批评观点或学说非常丰富。这也说明,性善论在历史上的影响,或者不如我们想象得大。今天,任何试图为性善论辩护或倡导性善论的行为,恐怕都不能忽视这些学说。本文的目的不在于为其中任何一种批评性善论的观点辩护,而是为了试图说明性善论及中国古代人性理论所涉及问题的复杂性。

关键词: 孟子;性善论;性无善恶;性超善恶;人性恶

自从宋代程朱理学兴起以来,孟子性善论成为广大学人共同提倡的主流看法。这使很多人容易忽略历史上批评性善论的人从未断绝,也容易忽视批评性善论者的理论根据。葛瑞汉(Angus C. Graham)认为,孟子性善论是基于对杨朱学派、道家学者、儒家学者(如世子硕)、稷下学派(如告子、管子)及墨家人性论的批评或回应。[①]然而,孟子对同时代学者的批评,并未平息后人对他的批评或反驳。孟子之后,不仅荀子对孟子的性善论进行了批评,而且董仲舒也明确批评孟子的性善论,杨雄、王充、荀悦亦批评或未接受性善论。汉代学者除韩婴、陆贾之外,几乎都对性善论持批评或保留态度。唐朝韩愈盛赞孟子继承了道统,但亦批评其性善论。宋代批评性善论的人更是比比皆是,李觏、王安石、司马光、欧阳修、苏轼、苏辙、叶适等。即使大力推崇孟子的宋明理学,对性善论也没有全盘接受,比如张载、程颐、朱熹等人事实上用气质之性说回答了人性恶的来源,他们的人性论毋宁是善恶二元论[②]。

① A. C. Graham, "The Background of the Mencian Theory of Human Nature", in Studies in Chinese Philosophy and Philosophical Literature, Singapore: Institute of East Asian Philosophies, 1986, pp.7—66.

② 宇同:《中国哲学大纲》,北京:商务印书馆,1958,第226页。

至于心学代表王阳明等人，也没有完全接受性善之说，故王阳明对告子虽不满意，亦有认可之处。

另外，在中国历史上，持接近告子式的性无善恶或性超善恶之说（或近其说）者，一直不乏其人，从宋代的王安石、苏轼、苏辙，明代的王阳明、王夫之，到清末的龚自珍、梁启超、王国维、章太炎，均是代表。若将告子的解释为天然人性超越善恶，则道家接近于告子的观点。可以说，中国历史上持类似或接近告子人性说的人非常多，堪称一条主线。

此外，虽然明确站在性恶论立场批评孟子的人，在荀子之后只有俞樾等极少数人，但后世持人性善恶并存的人一直大有人在。从孟子前辈世子硕、漆雕开、公孙尼子之徒，到董仲舒、杨雄、班固、许慎，及宋人王安石、司马光，甚至康有为等，莫不如此。

下面我用一张表概述历史上反对性善论的各种意见（不全针对孟子而发）：[①]

次	主要观点	代表人物
1	人性无善恶	告子、庄子、王安石、苏轼、王令、苏辙、程颢、龚自珍
2	人性超善恶	胡宏、王阳明、钱德洪、王畿、王夫之、梁启超、章太炎
3	人性善恶并存	世子硕、杨雄、郑玄、徐干、傅玄、康有为、韦政通、孟旦、池田大作
4	人性善恶不齐（多品）	公都子、董仲舒、王充、王符、荀悦、韩愈、李觏、司马光、荻生徂徕、太宰春台
5	人性恶	荀子、俞樾
6	人性善恶不可知	程颢、王国维
7	人性善恶后天决定	告子、欧阳修、叶适、山鹿素行、荻生徂徕、冢田大峰、章太炎、殷海光、韦政通
8	论证方法问题 片面	苏辙、王安石、司马光
	循环论证	陈大齐、韦利
	混淆可能与事实	董仲舒、陈大齐
	混淆理想与现实	孟旦、韦政通、殷海光
	门户之争	荻生徂徕
	不合圣人真意	王安石、欧阳修、叶适、山鹿素行、荻生徂徕、冢田大峰、章太炎

一、人性无善无恶[②]

在对性善论的各种批评中，一开始就与孟子直接交锋的人是告子，其观点是性无善无

[①] 章太炎将儒家人性论归为五类，即无善无不善（告子）、性善（孟子）、性恶（荀子）、善恶混（杨雄）、性三品（漆雕开、世硕、公孙尼子、王充），笔者认为此分类最为精当。（章太炎：《国故论衡疏证》，庞俊、郭诚永疏证，北京：中华书局，2008，第579—580页。）梁启超的归类与章太炎基本一样。（梁启超：《梁启超论孟子遗稿》，《学术研究》1983年第5期。）张岱年析为性善、性恶、性无善恶、性超善恶、性有善恶与性三品、性两元论与性一元论。（字同：《中国哲学大纲》，北京：商务印书馆，1958，第193—245页。）其中性超善恶说针对道家（为本文所取），而从宋明理学析出性两元论。

[②] 张岱年认为，道家虽与告子同主"性非善非恶"，"但其思想又与告子大异，而可以称为性超善恶论"。（字同：《中国哲学大纲》，北京：商务印书馆，1958，第209页。）

不善,并从"生之谓性"立论(本文简称为"生性说")。

1.生性说

告子没有留下传至今日的著作,我们只能看到他的对手孟子记下了他的基本观点:

告子曰:"性无善无不善也。"①

告子曰:"性,犹杞柳也;义,犹桮桊也。以人性为仁义,犹以杞柳为桮桊。"②

可惜告子留下的材料太少,在这两句话里,我们没有看到告子为人性的善恶提供更多的论证。为何"生之谓性""食色性也"能证明人性无善无恶? 后来的荀子不正是从这样的人性概念出发证明人性恶的吗?

虽然从《孟子·告子上》等处的记载看,告子在与孟子的辩论中处于下风,但告子之后发展其说者从未中断,后世同情告子者包括王安石、苏轼、苏辙、王阳明、朱舜水、龚自珍、梁启超、章太炎等皆其类(见后)。其中龚自珍、章太炎、梁启超属明确为告子辩护者。

2.源流说

除了上述从自然状态说批评性善外,后世儒家学者也发展出一种不同的为人性无善恶辩护的观点,即以性为源头决定者、善恶为后起次生者,故性不可以善恶来衡量(后起不能决定先在),我把这种批评意见称为"源流说"。

最早从源流角度批评性善论的可能是董仲舒(前179—前104年)。《春秋繁露·实性篇》认为,性与善的关系就像禾与米的关系,禾产出米,但毕竟不是米;性产生善,但毕竟不是善:

善如米,性如禾。禾虽出米,而禾未可谓米也。性虽出善,而性未可谓善也。③

董仲舒是否可称为性无善恶说者或有疑义,但他开创了从源流论性无善恶之先河,至北宋发展壮大。

王安石(1021—1086年)也从源流出发批评孟子:

孟子言人之性善,荀子言人之性恶。夫太极生五行,然后利害生焉,而太极不可以利害言也。性生乎情,有情然后善恶形焉,而性不可以善恶言也。此吾所以异于二子。④

苏轼也从源流出发,指出:"夫善恶者,性之所能之,非性之所能有也。"⑤

3.继成说

在儒学史上,还有不少人以《易传》"一阴一阳谓之道,继之者善也,成之者性也"之语为据论证性无善恶。因语出圣人,在古人看来极具权威性。程颢、苏轼、王夫之均认为,《周

---

① 《孟子·告子上》。

② 《孟子·告子上》。

③ 苏舆:《春秋繁露义证》,钟哲点校,北京:中华书局,1992,第311页。

④ 王安石:《临川先生文集》(全三册),聂安福等整理,上海:复旦大学出版社,2017,第1234页。

⑤ 苏轼:《苏轼文集》(全六册),孔凡礼点校,北京:中华书局,1986,第111页。

易》"继善成性"之语证明"善"是继起而非本原，而本原之性当无善恶或超善恶。本文称此为"继成说"，或可视作源流说的另一种形式。

程颢从《易传》"继善成性"角度出发，认为性善说与其他各种人性论（比如性恶或善恶混之类）一样，皆是从既生之后（即"继之者"）出发，并未回到人性的本原：

凡人说性，只是说"继之者善"也，孟子言人性善是也。①

苏轼也借用《易传》"继善成性"之语批评孟子道性善：

昔者孟子以善为性，以为至矣。读《易》而知其非也。孟子之于性，盖见其继者而已。夫善，性之效也。孟子不及见性，而见夫性之效，因以所见者为性。②

王夫之也与苏轼一样，认为性之义不能从"继之者"来理解，而要从"继之前"来理解，称孟子"即以善为性，则未免以继之者为性矣"③。

二、人性超越善恶

性无善恶说与性超善恶说的区别在于，无善无恶可指人性如白板、无善恶内容，而超善恶说则非谓人性为白板，可以指人性为超越善恶的"至善"。当然，两者的区别也不是绝对的，单从古人表述看，性无善恶说与性超善恶说实难区分。

1. 自然说

按照张岱年等人的看法，告子的同时代人道家创立了人性超越善恶说，有时被称为人性至善论。④道家的这种人性观在《庄子》中得到了最集中的体现。虽然《庄子》未提及孟子，但可以说相当明确地批评了孟子所代表的性善论。

《庄子》中《马蹄》《胠箧》《缮性》等篇描述了一个与卢梭等人所描绘的"自然状态"（state of nature）非常相近的史前社会，这种自然状态无仁义道德说教，却展现了真正的人性。可惜"自三代以下者，天下莫不以物易其性矣！"⑤《天道》借老聃之口批评孔子"乱人之性"，《列御寇》指责仲尼"忍性以视民"。《缮性》批评儒家所谓仁、义、忠、信、礼、乐等"遍行"而"天下乱"，类似思想亦见于《徐无鬼》《天运》等。总之，仁义道德违背了人性。《淮南子·缪称训》总结道："性失然后贵仁，道失然后贵义。"⑥

---

① 程颢、程颐：《二程集》（全二册），王孝鱼点校，北京：中华书局，2004，第10页。

② 苏轼：《苏氏易传》（全二册），北京：中华书局，1985，第160页。苏轼论性参见姜国柱、朱葵菊《中国人性论史》，郑州：河南人民出版社，1997，第97—103页。

③ 王夫之：《读四书大全说》，《船山全书》单行本之六，长沙：岳麓书社，2010，第961页。

④ 宇同：《中国哲学大纲》，北京：商务印书馆，1958，第208—214页。

⑤ 《庄子·骈拇》。

⑥ 何宁：《淮南子集释》，北京：中华书局，1998，第759页。

2.体用说

与道家从自然状态等角度论性不同,宋明儒则从体用关系角度论性超善恶(或性无善恶)。与前面的源流说相比,体用说并不把性预设为一先在的自然性存在,而是将其视为高悬于善恶之上的至善之体。

较早提出此说的人可能是宋儒胡安国、胡宏父子。胡宏提出性是"天地之所以立""天地鬼神之奥",故"善不足以言之"。①与其说胡宏主性无善恶,不如说主性超善恶。胡宏之说得自胡安国,安国得自杨时,杨时得自常摠,常摠主张"本然之善,不与恶对",故超越善恶。②

明确从体用关系论性并发挥到极致的人,非王阳明莫属。王以为性之本体无善无恶,性之发用有善有恶:无善无恶是心之体,有善有恶是意之动,知善知恶的是良知,为善去恶是格物。③性之本体原是无善无恶的,发用上也原是可以为善,可以为不善的,其流弊也原是一定善一定恶的。④王阳明又称"无善无恶,是谓至善"⑤,他并没有批评孟子,共说是否可算对孟子的批评或有争议。

王阳明的"性无善恶论"在钱德洪、王畿处得到了继承。钱德洪似乎认为,性无善无恶是指它能包容一切善恶,"虚灵之体不可先有乎善"⑥。王畿则更多地从修持工夫角度来谈性无善恶,称"有善有恶则意动于物",故性无善恶即"粹然至善"。王门性无善恶说建立在独特的性本体概念上。

3.佛法说

在中国人性论史上,佛教虽有一套丰富的人性论,但一直遭儒家公开排斥。直到现代,才陆续有儒家学者公开使用佛教术语和理论来论证人性问题,章太炎、梁启超、熊十力皆其例,而章、梁皆肯定告子的性无善恶说。

章太炎根据佛经中的八识——眼识、耳识、鼻识、舌识、身识、意识、末那识、阿罗耶识——理论指出,末那为意根、我执,"我爱我慢由之起",由我爱、我慢生出善恶。性善、性恶均是我执的产物。只有意根断了,才能根除我执。无善无恶,亦无死无生。"夫意根断,则阿罗耶不自执以我,复如来藏之本,若是即不死不生。"⑦

与章太炎重视《瑜珈师地论》、从八识关系论性无善恶不同,梁启超引《大乘起信论》"依

---

① 朱熹:《朱子全书》第24册,上海:上海古籍出版社,合肥:安徽教育出版社,2002,第3559页。

② 朱熹:《朱子语类》(全八册),北京:中华书局,1994,第2587页。

③ 王阳明:《王阳明全集》(全四册),吴光等编校,上海:上海古籍出版社,2014,第133页。

④ 王阳明:《王阳明全集》(全四册),吴光等编校,上海:上海古籍出版社,2014,第130—131页。

⑤ 王阳明:《王阳明全集》(全四册),吴光等编校,上海:上海古籍出版社,2014,,第33页。

⑥ 黄宗羲:《明儒学案》,沈芝盈点校,北京:中华书局,2008,第234页。

⑦ 章太炎:《国故论衡疏证》,庞俊、郭诚永疏证,北京:中华书局,2008,第582页。

一心法有二种门，一者心真如门，二者心生灭门”，谓“孟子言性善者，指真如相，即一心法下所开之真如门也。荀子所谓性恶者，指生灭因缘相，即一心法下所开之心生灭门也”①。“告子所谓无善无不善者，盖指此众生心，即所谓一心法也。此一心法超绝对待，不能加以善不善之名。”②梁氏亦谓性无善恶实指“超绝善恶对待”。

三、人性善恶并存

除了性无善恶或性超善恶说之外，中国历史上批评性善论的另一大宗是善恶并存说。此说在中外人性论史上影响甚大，今天也极易为大多数人所接受。

最早提出这一说法的人可能是东周时人世子硕，以及密（又作宓）子贱、漆雕开、公孙尼子之徒，其说载于王充《论衡·本性篇》：

周人世硕以为，“人性有善有恶，举人之善性，养而致之则善长；[恶]性，养而致之则恶长。”如此，则[情]性各有阴阳，善恶在所养焉。故世子作《养[性]书》一篇，密子贱、漆雕开、公孙尼子之徒，亦论情性，与世子相出入，皆言性有善有恶。③

密子贱、漆雕开通常被认为是孔子弟子，世硕、公孙尼子为孔子再传弟子，公孙尼子相传为《乐记》作者。这些人与孔子相接，代表孟子之前或同时代儒家学派的看法。然世硕早于孟子，并非批评性善论。至汉人杨雄（一作扬雄）人性善恶混说则是对孟子、荀子观点的综合，其中自然包含对性善论的批评。杨雄之说虽晚于世硕，影响却远大于前者，其用意与世硕同在于“养”：人之性也，善恶混。修其善则为善人，修其恶则为恶人。④

晋李轨注称：“杨子之言，备极两家。”⑤按照司马光的说法，孟、荀皆“得其一偏”，唯杨子得其“大体”，以其“兼之”也。⑥为何兼备才是恰当的论性之道呢？关于此，古人有一种理论，即阴阳说。阴阳说也许是我们理解汉儒人性论走出性一元论（要么善、要么恶）的关键，以阴阳说人性，在汉代甚为流行。

董仲舒可能是较早从阴阳观出发论述人性中善恶互见的人之一。他认为，天道以阴阳化成万物，人性中必定有阴也有阳，相应地有善也有恶：天两有阴阳之施，身亦两有贪仁之性。⑦

---

① 梁启超：《梁启超论孟子遗稿》，《学术研究》1983年第5期。
② 梁启超：《梁启超论孟子遗稿》，《学术研究》1983年第5期。
③ 黄晖：《论衡校释》（全四册），北京：中华书局，1990，第132—133页。
④ 汪荣宝：《法言义疏》，陈仲夫点校，北京：中华书局，1987，第85页。
⑤ 汪荣宝：《法言义疏》，陈仲夫点校，北京：中华书局，1987，第85页。
⑥ 司马光：《司马光集》（全三册），李文泽、霞绍晖点校，成都：四川大学出版社，2010，第1460—1461页。
⑦ 苏舆：《春秋繁露义证》，钟哲点校，北京：中华书局，1992，第296页。

董仲舒览孙、孟之书，作情性之说曰："天之大经，一阴一阳；人之大经，一情一性。性生于阳，情生于阴。阴气鄙，阳气仁。曰性善者，是见其阳也；谓性恶者，是见其阴者也。"①

据王充、董仲舒从阴阳说性，正是基于对孟子性善论的批评。这种从阴阳说善恶，比较常见的做法是将性、情相区分，以性属阳、为善，以情属阴、为恶，形成阴阳/性情/善恶的对应式。②情、性合在一起可作广义的性，即董子所谓"情亦性也"。《白虎通·性情》说：性情者，何谓也？性者阳之施；情者，阴之化也。故《钩命决》曰："情生于阴，欲以时念也；性生于阳，以就理也。阳气者仁，阴气者贪，故情有利欲，性有仁也。"③

许慎说得更简洁：性，人之阳气。性，善者也；④情，人之阴气，有欲者。⑤许慎又以情、性合为一体，称"酒，就也，所以就人性之善恶"⑥。直到清人孙星衍⑦、焦循⑧、康有为⑨等，仍认同阴阳、善恶之说。

另外，宋代程朱学者提出天地之性（或义理之性）与气质之性二分，实际上继承了这种说法。与杨雄等人不同的是，程朱学者将善性称作天地之性。所以，人性中善恶并不是二元平行关系，这就导致程朱学者不仅不反对孟子，反而更尊视孟子。

在西方历史上，柏拉图、亚里士多德也区分灵魂中理性与非理性成分，而视前者为人性之本质。在基督教到康德的哲学中，对人性的理解历史有自然与自由二分思维，其中自然层面对应于人的感官欲望等属性，而自由对应于人的本质。按照这种理解，程朱学者所说的善性或天地之性对应于西方学者所说的人的本质属性，是体现人之为人的独特的、区别于动物的层面。这些是西方历史上的人性善恶并存说。

四、人性善恶不齐

中国历史上的人性论发展到汉代，最大的特点是不再像孟荀那样持唯善或唯恶立场。汉人或从阴阳、性情讲人性，主善恶并存，或从上智、下愚出发讲人性，主人性不齐或善恶多品。后者最典型的说法是性三品说（或称为性多品说）。荀子曰："尧舜之与桀跖，其性一

① 黄晖：《论衡校释》（全四册），北京：中华书局，1990，第139—140页。
② 张岱年谓性善情恶起于董仲舒，至唐人李翱而完成，然其同时代人亦有严厉批评者，包括刘向、荀悦、王充等。（宇同《中国哲学大纲》，北京：商务印书馆，1958，第222—225页。）
③ 陈立：《白虎通疏证》（全二册），吴则虞点校，北京：中华书局，1994，第381页。
④ 许慎：《说文解字》，北京：中华书局，1963，第217页。
⑤ 许慎：《说文解字》，北京：中华书局，1963，第217页。
⑥ 许慎：《说文解字》，北京：中华书局，1963，第311页。
⑦ 孙星衍：《问字堂集》，骈宇骞点校，北京：中华书局，1996，第13页。
⑧ 焦循：《孟子正义》（全二册），沈文倬点校，北京：中华书局，1987，第755—756页。
⑨ 康有为：《孟子微》，楼宇烈整理，北京：中华书局，1987，第7、37页。

也；君子之与小人，其性一也。"①性三品或人性不齐之说，正与此说相反，然亦可溯源到孔子"唯上知与下愚不移"②，"中人以上""中人以下"③等说法。孔子似分人性为上、中、下三等，但并未言其善恶，明确提出人性善恶不齐者最早见于《孟子·告子上》④。

或曰："有性善，有性不善。是故以尧为君而有象，以瞽瞍为父而有舜，以纣为兄之子且以为君，而有微子启、王子比干。"

此说核心在于：人性善恶是先天地决定的，有的人生性恶，有的人生性善。故曰"人性不齐"。三品说在汉、唐、宋代均影响较大，在汉代尤大，董仲舒、王充、荀悦莫不主此说，一直到唐代的韩愈、北宋的李觏和司马光等仍持性三品说。但在程朱理学兴起后，性三品或多品之说趋于消失。到近古，日本学者荻生徂徕亦持性三品说。

最早较明确提出性三品说的是董仲舒（前179—前104年）。《天人三策》明确提到人性不齐，⑤《春秋繁露》区分了圣人之性、中民之性和斗筲之性。⑥而董氏立三品之性，用意在于以中民之性为准。正是从中民之性出发，董仲舒对孟子性善论提出了激烈批评。他的逻辑是：圣人、斗筲之性皆异常特殊，没有代表性；只有中民之性才代表大多数，而中民又称为万民，其性不可称为善。第一，从名号看，"民"之义从"瞑"，瞑就是未觉。既然是待觉者，怎可谓之性善？"使性而已善，则何故以瞑为号？"⑦第二，性之善恶要看相对于谁而言。民性相对于禽兽为善，相对于圣人则为不善：

孟子下质于禽兽之所为，故曰性已善；吾上质于圣人之所为，故谓性未善。⑧

按照唐君毅、董仲舒的人性概念——重内在转化，不是严格的性三品说。真正的性三品说当始于王充。王充《论衡》认为，正如九州田土善恶不均、有上中下之差一样，人性及其善恶也不可能千篇一律，没有区分，"九州田土之性，善恶不均，故有黄赤黑之别，上中下之差"⑨，故"人性有善有恶，犹人才有高有下也"⑩。因此，"孟轲言人性善者，中人以上者也"⑪。由此，他对孟子性善论提出了批评：

孟子作性善之篇，以为"人性皆善，及其不善，物乱之也"。谓人生于天地，皆禀善性，长

---

① 《荀子·性恶》。

② 《论语·阳货》。

③ 《论语·雍也》。

④ 前引世硕之言黄晖等人读为性三品说，若如其说，则性三品早于孟子即有。

⑤ 《汉书·董仲舒传》。

⑥ 《春秋繁露·实性》。

⑦ 苏舆：《春秋繁露义证》，钟哲点校，北京：中华书局，1992，第297页。

⑧ 苏舆：《春秋繁露义证》，钟哲点校，北京：中华书局，1992，第304—305页。

⑨ 黄晖：《论衡校释》（全四册），北京：中华书局，1990，第142页。

⑩ 黄晖：《论衡校释》（全四册），北京：中华书局，1990，第142页。

⑪ 黄晖：《论衡校释》（全四册），北京：中华书局，1990，第142页。

大与物交接者,放纵悖乱,不善日以生矣。若孟子之言,人幼小之时,无有不善也。①

孟子的最大漏洞在于,认为"人幼小之时,无有不善",这是违背事实的,历史上的纣王、羊食我、丹朱、商均就是典型的反例,故"孟子之言情性,未为实也"②。

王充之后,刘向曾批评孟子说"性善则无四凶"③。王符《潜夫论·德化》称"上智与下愚之民少,而中庸之民多"④,其意与性三品说相契。较明确地论述性三品的则有荀悦、韩愈。荀悦大概是最早使用"三品"一词论述人性的人,而韩愈则是最明确地使用此词论述人性的人。韩愈《原性》称"性之品有上中下三",其中代表大多数人的"中焉者"则"可导而上下"⑤。他批评孟子等人曰:

孟子之言性曰:人之性善。荀子之言性曰:人之性恶。杨子之言性曰:人之性善恶混。夫始善而进恶,与始恶而进善,与始也混而今也善恶,皆举其中而遗其上下者也,得其一而失其二者也。……故曰:三子之言性也,举其中而遗其上下者也,得其一而失其二者也。⑥

韩愈之后,北宋学者李觏(1009—1059年)和司马光(1019—1086年)均持近乎性三品之说。李觏《礼论》称,"性之品有三","今观退之之辩,诚为得也。孟子岂能专之?"⑦司马光在《疑孟》《善恶混辨》中认为,圣人、中人、愚人三者性之善恶不同⑧,孟子云"人无有不善","此孟子之言失也"。⑨

北宋以后,明确主张性三品的人几乎没有。然而近代日本学者荻生徂徕却倾向于性三品说,主张"人殊其性,性殊其德,达财成器,不可得而一焉"⑩,并以孔子为证曰:"上知与下愚不移",言其性殊也。中人可上可下,亦言其性殊也。⑪

此后日本学者太宰春台也主张性三品,称:人之性虽万人万样不同,究如上所说,大约为善、恶、中庸三类。⑫他并声称:"孔子之后,胜于孟子荀子,得圣旨,知性之说者,退之一人也。"

① 黄晖:《论衡校释》(全四册),北京:中华书局,1990,第133页。
② 黄晖:《论衡校释》(全四册),北京:中华书局,1990,第135页。
③ 《申鉴·杂言下》。
④ 王符:《潜夫论笺校正》,汪继培笺,彭铎校正,北京:中华书局,1985,第378页。
⑤ 韩愈:《韩愈文集汇校笺注》(全七册),刘真伦、岳珍校注,北京:中华书局,2010,第47页。
⑥ 韩愈:《韩愈文集汇校笺注》(全七册),刘真伦、岳珍校注,北京:中华书局,2010,第48页。
⑦ 李觏:《李觏集》,北京:中华书局,2011,第19页。
⑧ 司马光:《司马光集》(全三册),李文泽、霞绍晖点校,成都:四川大学出版社,2010,第1460页。
⑨ 余允文:《尊孟辨》,北京:中华书局,1985,第6页。
⑩ 井上哲次郎、蟹江义丸编:《日本伦理汇编》第三卷,东京:育成会,1903,第125页。
⑪ 关仪一郎编纂:《日本名家四书注释全书·孟子部》,服部宇之吉、安井小太郎、岛田钧一监修,东洋图书刊行会,1926,第316页。
⑫ 井上哲次郎、蟹江义丸编:《日本伦理汇编》第三卷,东京:育成会,1903,第242页。

五、人性恶

人性学说的一个重要任务似乎是回答世间恶的来源。如果人性中没有恶，那么，世间的恶是从哪里来的？性善论的回答似乎是恶来源于环境对人的引诱。既然如此，人禁不住环境的引诱，至少也是恶的来源之一，那么把人性说成完全是善的也就没有说服力。这可能是历史上批评性善论的原因之一。然而，承认人性为世间恶的发生提供了根据，不等于说人性本身就是恶的，因为人禁不住诱惑可能只是体现了人性的弱点。从这个角度说，荀子的人性论与其说证明了人性是恶的，不如说证明了人性的弱点，这种弱点为人间的恶提供了来源。从荀子所使用的人性概念的含义及其对善恶的定义看，这一结论似乎更有道理。

我认为，荀子的人性概念有两个密切呼应的层次，其中第一层次指人与生俱来的基本特性，第二层次则是指人的这些特性在人类社会生活中自然而然地做出的、朝向善恶的反应。当荀子说人性恶时，他其实只就第二个层次展开，并未涉及第一层次。这就留下了讨论的空间。①鉴于荀子确实在《性恶篇》多次使用"人之性恶"这一表达方式，我们似乎只能说在荀子那儿性恶说只是在特定意义上使用的。

我想今天我们任何人都会同意，人间之恶的来源在于欲望的膨胀。荀子正是从这个角度论述人性之恶的：

今人之性，生而有好利焉，顺是，故争夺生而辞让亡焉；生而有疾恶焉，顺是，故残贼生而忠信亡焉；生而有耳目之欲，有好声色焉，顺是，故淫乱生而礼义文理亡焉。②

事实上，荀子从社会后果来界定善恶，并由此出发来批评性善论。③其一，荀子认为，孟子认为天生之"朴""资"本身是善的，而事实恰好相反。荀子用"朴""资"形容人性原有的内容。孟子曰："今人之性善，将皆失丧其性故也。"曰：若是则过矣。今人之性，生而离其朴，离其资，必失而丧之。用此观之，然则人之性恶明矣。所谓性善者，不离其朴而美之，不离其资而利之也。……今人之性，饥而欲饱，寒而欲暖，劳而欲休，此人之情性也。④

其二，孟子认为善可以通过扩充性之朴、资来达到，没有认识到善的实现单纯靠性本身

---

① 路德斌：《荀子人性论：性朴、性恶与心之伪——试论荀子人性论之逻辑架构及理路》，《邯郸学院学报》2015年第1期。

② 《荀子·性恶》。

③ 由于荀子批评时所引孟子的原话在今本《孟子》不可见，故有学者指出这种批评针对的对象是孟子后学所编的《孟子外书》，而非今本《孟子》中的性善论。如果此说成立，则今本《荀子》所体现的对孟子性善论的批评意义有限。（梁涛：《荀子对"孟子"性善论的批判》，《中国哲学史》2013年第4期。）

④ 《荀子·性恶》。

是不够的，必须借助于师法、礼义等外在手段，此即所谓孟子没有区分性与伪。

孟子曰："今之学者，其性善。"曰：是不然。是不及知人之性，而不察乎人之性伪之分者也。[1]

其三，荀子认为，孟子没有对人性的善恶作出正确界定。按照荀子的理解，人性的善恶不能只看有无善端，而要看其是否实现了"正理平治"，即是否懂得礼义。

孟子曰："人之性善。"曰：是不然。凡古今天下之所谓善者，正理平治也；所谓恶者，偏险悖乱也：是善恶之分也矣。[2]

今人之性，固无礼义，故强学而求有之也；性不知礼义，故思虑而求知之也。然则性而已，则人无礼义，不知礼义。[3]

其四，荀子认为，孟子的性善论不符合古今圣王治理天下的实践经验。

今诚以人之性固正理平治邪，则有恶用圣王，恶用礼义哉？虽有圣王礼义，将曷加于正理平治也哉？[4]

其五，荀子认为，孟子的性善论会导致严重的社会后果，即"去圣王、息礼义"，让人们放任性情，势必导致天下大乱：

故性善则去圣王，息礼义矣。性恶则与圣王，贵礼义矣。故檃栝之生，为枸木也；绳墨之起，为不直也；立君上，明礼义，为性恶也。[5]

最后，孟子的性善论不仅违背实践经验，更缺乏可行性，即"无辨合符验"：

凡论者贵其有辨合，有符验。故坐而言之，起而可设，张而可施行。今孟子曰："人之性善。"无辨合符验，坐而言之，起而不可设，张而不可施行，岂不过甚矣哉！[6]

荀子之后，中国历史上明确提倡人性恶的人极少。不少人认为法家如商鞅、韩非子等是性恶论者，尽管今本《商君书》《韩非子》等没有明确倡导性恶。先秦以后，清代学者俞樾是个例外。俞樾明确地主张否定性善论，肯定荀子性恶论，"吾之论性不从孟而从荀"[7]。

第一，孟子谓"孩提之童无不知爱其亲也，及其长也无不知敬其长"[8]，殊不知孩提之童之爱亲敬长皆由于"私其所昵"。这种"昵私"倾向在长大后可以演变成唯我独尊、罔顾他人，因而无善可说。

第二，圣贤之人千百年才出一个，现实中人为不善，其势堪比水之流下，"人之为不善若

---

① 《荀子·性恶》。

② 《荀子·性恶》。

③ 《荀子·性恶》。

④ 《荀子·性恶》。

⑤ 《荀子·性恶》。

⑥ 《荀子·性恶》。

⑦ 俞樾：《春在堂全书》第三册，南京：凤凰出版社，2010，第797页。

⑧ 《孟子·尽心上》。

终身焉"，"孟子之说非也"[1]。

第三，"孟子之说将使天下恃性而废学，而释氏之教得行其间矣"，"荀子取必于学者也，孟子取必于性者也"[2]。取必于学可，取必于性则不可。

第四，"民之初生固若禽兽然"[3]，这才是圣人作、教之父子尊卑长幼的原因。"夫使人之性而固善也者，圣人何为屑屑焉若是？"[4]

第五，孟子以人禽之别论性善，殊不知禽兽不如人聪明、能役万物，"故不能为善，亦不能为大恶"。而人则不然，其才高于禽兽，故为恶亦远甚于禽兽。[5]

荀子的性恶论虽曾饱受批评，其意义或在于让我们正视人性的阴暗面。当代学者张灏认为，基督教的幽暗意识比儒家的忧患意识更高：儒家相信，人性的阴暗透过个人的精神修养可以根除，而幽暗意识则认为人性中的阴暗面是无法根除、永远潜伏的。他曾经说过这样一句话：历史上人类的文明有进步，但人性却没有进步。这个洞见就是幽暗意识的一个极好的注脚。[6]

韦政通也认为性善论最大的缺陷之一在于对人性的弱点正视不够：儒家在道德思想中所表现的对现实人生的种种罪恶，始终未能一刀切入，有较深刻的剖析。根本的原因就是儒家观察人生，自始所发现者在性善，而后就顺着性善说一条鞭地讲下来。

六、人性善恶不可知

还有一种特别的人性论，认为人性就是天之所命，则当脱离经验、溯至先天证其善恶。由于人不可能离开经验来判断，所以人性是善是恶不可知，探究人性善恶是一个注定无解的问题。程颢可能是历史上第一个提出此说的人。

程颢认为，性之本义当在现实表现之外。然而，人如何能超出现实表现之外来论性呢？盖"生之谓性""人生而静"以上不容说才说性时，便已不是性也。[7]

程颢的上述观点，历史上少有儒者接受。直到清末学者王国维，才进行了更深入的阐发。

王国维认为，中国古代学者论性，始终无法走出性善论还是性恶论的怪圈。原因在于，

---

① 俞樾：《春在堂全书》第三册，南京：凤凰出版社，2010，第798页。
② 俞樾：《春在堂全书》第三册，南京：凤凰出版社，2010，第798页。
③ 俞樾：《春在堂全书》第三册，南京：凤凰出版社，2010，第798页。
④ 俞樾：《春在堂全书》第三册，南京：凤凰出版社，2010，第798页。
⑤ 俞樾：《春在堂全书》第三册，南京：凤凰出版社，2010，第799页。
⑥ 张灏：《幽暗意识与时代探索》，广州：广东人民出版社，2016，第68页。
⑦ 程颢、程颐：《二程集》（全二册），王孝鱼点校，北京：中华书局，2004，第10页。

他们无论是说善还是说恶，都是从后天出发的，这其实是一个一开始就注定无果的争论。

王国维借用康德先验、经验二分之说，认为人性的本义当属先验领域。既然是先验的，必定超出了吾人认识能力之外，何以证之？

若谓于后天中知之，则所知者又非性。何则？吾人经验上所知之性，其受遗传与外部之影响者不少，则其非性之本来面目，固已久矣。故断言之曰：性之为物，超乎吾人之知识外也。①

夫经验上之所谓性，固非性之本然。②

王国维认为人性善恶无法证明的说法，与程颢在思维方法上相近，亦与前述王安石、苏轼的人性论相接。

此外，日本学者山鹿素行从性与习的关系出发，提出一种类似性不可知论的观点：性以善恶不可言，孟轲所谓性善者，不得已而字之，以尧舜为的也。

性不可知论者揭示了人性概念所包含的内在矛盾或悖论。它提醒我们在讨论人性善恶时必须正视的核心问题之一，即人性概念的界定问题。

七、人性善恶后天决定

还有一种对性善论的批评认为，善恶是后天因素的产物，故不能从先天角度论人性善恶。

一种观点主张，人性是可变的，人性善恶也可以塑造。孟子弟子公都子即提出此种看法：性可以为善，可以为不善，是故文武兴则民好善，幽厉兴则民好暴。③

比起"可以为善、可以为不善"之说，汉人王充的说法更加明了：人之性，善可变为恶，恶可变为善。④

正因为人性可变，故"不患性恶，患其不服圣教"⑤，"患不能化，不患人性之难率"⑥，"在化，不在性也"⑦。

章太炎的看法最为彻底，他不仅认为"万物皆无自性"⑧，善恶亦"实无自性"⑨，并注曰：

① 王国维：《王国维论学集》，傅杰编校，昆明：云南人民出版社，2008，第265页。
② 王国维：《王国维论学集》，傅杰编校，昆明：云南人民出版社，2008，第265页。
③ 《孟子·告子上》。
④ 黄晖：《论衡校释》（全四册），北京：中华书局，1990，第70页。
⑤ 黄晖：《论衡校释》（全四册），北京：中华书局，1990，第80页。
⑥ 黄晖：《论衡校释》（全四册），北京：中华书局，1990，第82页。
⑦ 黄晖：《论衡校释》（全四册），北京：中华书局，1990，第72页。
⑧ 章太炎：《国故论衡疏证》，庞俊、郭诚永疏证，北京：中华书局，2008，第579页。
⑨ 章太炎：《国故论衡疏证》，庞俊、郭诚永疏证，北京：中华书局，2008，第589页。

自性者,不可变坏之谓。情界之物无不可坏,器界之物无不可变,此谓万物无自性也。①

这种观点当然为一切注重修习或外在影响的观点提供了重要根据。荻生徂徕就说:人之性万品,刚柔轻重,迟疾动静,不可得而变矣。然皆以善移为其性。习善则善,习恶则恶。

另一种观点认为,善恶是在社会生活中形成、通过人为方式强加的。何为善,何为恶?本来取决于人为。

苏轼曾提出"太古之初,本非有善恶之论",而所谓善恶乃是后来社会发展过程中逐渐形成的,圣人将"天下之所同安者""指以为善",将"而一人之所独乐者,而名以为恶"。②故善恶是人为界定。

苏辙也认为,善恶是人们根据自己的价值标准人为规定的。所谓善,就是"行其所安而废其所不安";所谓恶,就是"置其所可而从其所不可"。这里"所安""所可"代表了人们自己的主观标准。正因如此,善恶"皆非性也"。③

现代学者韦政通的说法更干脆,认为"人性乃文化的产物","人性既是文化产物,人性是可变的"④。他专门针对性善论指出,"一个尚未进入文化的自然人或纯生物人,是根本说不上'性善'或'性恶'的"⑤。

在西方历史上,自有马克思从社会关系讲人性,实用主义(如罗蒂)重文化对人性的塑造,达尔文主义者讲人性由自然选择,萨特讲自由选择决定人性,他们的观点比中国学者似乎更进一步,甚至有否定先天人性存在的趋势。

第三种观点强调个人修习无比重要,由此批评讨论性之善恶对于成就人之善恶并无意义。例如欧阳修认为,六经但戒人"慎所习与所感",故真正重要的是"修身治人","性之善恶不必究也"⑥。

日本学者山鹿素行认为,性善之说导致人们忘记后天的努力,不注重习和教,所以颇易误导学人,他对孟子性善说明确批评道:学者嗜性善,竟有心学理学之说。人人所赋之性,初相近,因气质之习相远。⑦性唯在习教。不因圣教,切觅本善之性,异端也。⑧

荻生徂徕则认为,对学者来说,真正重要的是"志于道",而不是滞于性:苟有志于道乎,闻性善则益劝,闻性恶则力矫。苟无志于道乎,闻性恶则弃不为,闻性善则恃不为。故孔子

① 章太炎:《国故论衡疏证》,庞俊、郭诚永疏证,北京:中华书局,2008,第579页。
② 苏轼:《苏轼文集》(全六册),孔凡礼点校,北京:中华书局,1986,第111页。
③ 苏辙:《苏辙集》(全四册),陈宏天、高秀芳点校,北京:中华书局,1990,第954页。
④ 韦政通:《伦理思想的突破》,台北:水牛出版社,1987,第39页。
⑤ 韦政通:《伦理思想的突破》,台北:水牛出版社,1987,第557页。
⑥ 欧阳修:《欧阳修全集》(全六册),李逸安点校,北京:中华书局,2001,第670页。
⑦ 山鹿素行:《圣教要录》,井上哲次郎、蟹江义丸编:《日本伦理汇编》第四卷,东京:育成会,1902,第25页。
⑧ 山鹿素行:《圣教要录》,井上哲次郎、蟹江义丸编:《日本伦理汇编》第四卷,东京:育成会,1902,第25页。

之贵习也。①

八、论证方法问题

前面总结了历史上对孟子性善论的七种批评意见，但并没有涉及孟子的论证逻辑。接下来我们总结古今学者对孟子性善论论证方法的批评。

1.片面

很多学者认为，孟子性善论最大的问题是片面，只认识到人性的一个方面，即所谓"得其偏而遗其大体"②，或者说"得其一而失其二"③。

王安石认为，孟子没有认识到人性中有怨毒忿戾之心：孟子以恻隐之心人皆有之，因以谓人之性无不仁。就所谓性者如其说，必也怨毒忿戾之心人皆无之，然后可以言人之性无不善，而人果皆无之乎？④

司马光认为，孟子没有认识到暴慢贪惑之心亦出乎性：孟子以为仁义礼智皆出乎性者也，是岂可谓之不然乎？然不知暴慢贪惑亦出乎性也。是知稻粱之生于田，而不知藜莠之亦生于田也。⑤

苏辙也有类似说法。⑥

2.循环论证

另一种批评意见认为，孟子的性善论通过人为地界定人性，在自我预设的概念中论证性善，陷入了循环论证。

苏辙在《孟子解》中认为，孟子将由性所产生的后果且只限于其中善的一面定义为性。"今孟子则别之曰：此四者，性也；彼四者，非性也。以告于人，而欲其信之，难矣。"⑦此一说法，实开后人认为孟子性善为循环论证之端。

美国汉学家韦利（Arthur Waley）指出，孟子与告子在辩论时所用的比喻多半不得要领，从一种与同时代人有所不同的方式来使用人性概念，或者说把人们通常接受的人性概念的多重涵义片面使用。

陈大齐则更明确地指出：孟子预存人性是善的结论，乃把足以支持此结论的心、情归属

---

① 荻生徂徕：《辩道》，井上哲次郎、蟹江义丸编：《日本伦理汇编》第六卷，东京：育成会，1903，第19页。
② 转引自余允文：《尊孟辨》，北京：中华书局，1985，第6页。
③ 韩愈：《韩愈文集汇校笺注》（全七册），刘真伦、岳珍校注，北京：中华书局，2010，第48页。
④ 王安石：《临川先生文集》（全三册），聂安福等整理，上海：复旦大学出版社，2017，第1234页。
⑤ 司马光：《司马光集》（全三册），李文泽、霞绍晖点校，成都：四川大学出版社，2010，第1460—1461页。
⑥ 苏辙：《苏辙集》（全四册），陈宏天、高秀芳点校，北京：中华书局，1990，第954页。
⑦ 苏辙：《苏辙集》（全四册），陈宏天、高秀芳点校，北京：中华书局，1990，第954页。

于性,而把一切不足支持此结论的心、情,如耳目口腹之欲,一律摈诸性外。又回过头来,依据那些归属于性的心、情,以证明人性之善。在这一点上说他犯有循环论证的过失,确亦不无循环论证的嫌疑。

当代学者梁涛也认为,孟子性善论乃是"以善为性论"。因为他把善性定义为性,所以性善论的论证中包含着"同义反复"。[①]

3.混淆可能与事实

还有一种重要观点认为,孟子提出人性善的一个重要前提是混淆了可能与现实。人有求善的可能,并不等于真能为善。如果现实中做不到,能否称性善?

最早从这一角度批评孟子的当属董仲舒。董仲舒在对孟子的批评中,并不否认"性有善端,心有善质"[②],但认为不能据此得出人性是善的。

近代学者胡适在《中国哲学史大纲》(卷上)一书中认为,孟子性善理论的要点一是人同具官能,二是人同具"善端",三是人同具良知良能。孟子以为这三种都有善的可能性,所以说性是善的。[③]孟子似乎把可能混同于事实。

张岱年在《中国伦理思想研究》中亦称:孟子关于性善的论证,只是证明性可以为善。……以"性可以为善"论证"性善",在逻辑上是不严密的。[④]

当代学者信广来从"能"与"可(以)"的区别考察了孟子性善论的逻辑基础问题。其中"能"涉及潜能,而"可(以)"则指向现实。在道德背景中,孟子似乎没有区分"能"与"可以",因为他认为"能"取决于人所拥有的恰当情感禀赋,而"可以"与此类似。他认为,正是在这个意义上,荀子对孟子发起了挑战。在荀子看来,"能"与"可以"之间有巨大鸿沟。

最后,不妨借用陈大齐的话来这样概括:孟子所证明的只是善的可能性,不是善的现实性;孟子所证明的只是人性之可以为善,不是人性之固善。

从可能与事实之别来批评性善论是否成立呢?我想孟子并不是不知道道德潜能不等于道德现实,这是他一再强调存养、扩充的主要原因,关键是回归本心还是重礼乐教化。

4.混淆理想与现实

还有一种对孟子性善论的批评意见认为,孟子所犯的最大错误是把理想与现实混淆了。例如,殷海光认为,儒家所谓人性善,并不是基于事实说话,而是基于理想说话,"因为他们惟恐人性不善,所以说人性是善的。因为他们认为必须人性是善的道德才在人性上有

---

① 梁涛:《郭店竹简与思孟学派》,北京:中国人民大学出版社,2008,第343页。

② 苏舆:《春秋繁露义证》,钟哲点校,北京:中华书局,1992,第303页。

③ 胡适:《中国哲学大纲》(卷上),北京:东方出版社,1996,第256—259页。

④ 张岱年:《张岱年全集》第三卷,石家庄:河北人民出版社,1996年,第567页。

根源，所以说性善"①，"自来儒家对于事实层界没有兴趣"②。

美国学者孟旦也认为，孟子混淆了理想与现实，认为孟子把人性的理想状态，即仁，与人性的现实状态相混。③

张灏指出，一方面孟子"对人性是有警觉、有戒惧的"，但是另一方面，他强调人有"天性的'善端'"，主张"人皆可以为尧舜"，这里面包含着一种"乐观的人性论"④。"儒家的幽暗意识，在这一点上始终没有淹没它的乐观精神。"⑤

孟子乃至儒家对人性是不是过于乐观了？与基督教人性观区别的根源是乐观程度之别还是理解方式之别？笔者倾向于认为是理解方式之别，未必是乐观程度之别。

5.门户之见

还有一种意见认为，孟子之所以提出性善论是由于好辩的缘故，旨在通过辩论确立门户。这方面的批评在中国历史上并不多，日本学者荻生徂徕认为，孟子为了达到驳倒对手的目的，不顾逻辑，没有理性，达到了"口不择言"的地步：

观其与告子争之，议论泉涌，口不择言，务服人而后已。⑥

其病在欲以言语喻不信我之人，使其信我焉。不唯不能使其信我，乃启千古纷纷语言之弊，岂不大乎？⑦

孟子"口不择言"的后果之一在"启千古纷纷语言之弊"，尤其是"宋儒之灾"，其深层目的在于"争门户、立内外"：

其与荀子性恶，皆立门户之说。⑧

其说本出于争内外、立门户焉。⑨

祇如告子杞柳之喻，其说甚美。湍水之喻，亦言人之性善移。孟子乃极言折之，以立内外之说，是其好辩之甚。⑩

最后，荻生徂徕认为，孟子这种好辩风格并不合乎圣人之道，不是至理，称"虽其时之不

---

① 殷海光：《中国文化的展望》，北京：中国和平出版社，1988，第556页。

② 殷海光：《中国文化的展望》，北京：中国和平出版社，1988，第557页。

③ Donald J. Münro: The Concept of Man in Early China, Standford, California：Standford University Press, 1969, pp. 71—73.

④ 张灏：《幽暗意识与时代探索》，广州：广东人民出版社，2016，第15页。

⑤ 张灏：《幽暗意识与时代探索》，广州：广东人民出版社，2016，第21页。

⑥ 荻生徂徕：《辨名》，井上哲次郎、蟹江义丸编：《日本伦理汇编》第六卷，东京：育成会，1903，第92页。

⑦ 荻生徂徕：《辨名》，井上哲次郎、蟹江义丸编：《日本伦理汇编》第六卷，东京：育成会，1903，第91页。

⑧ 荻生徂徕：《辨名》，井上哲次郎、蟹江义丸编：《日本伦理汇编》第六卷，东京：育成会，1903，第90页。

⑨ 荻生徂徕：《辨名》，井上哲次郎、蟹江义丸编：《日本伦理汇编》第六卷，东京：育成会，1903，第92页。

⑩ 荻生徂徕：《辨名》，井上哲次郎、蟹江义丸编：《日本伦理汇编》第六卷，东京：育成会，1903，第90页。

得已乎，亦非古之道也"①；为了反驳而反驳，"皆救时之论也，岂至理哉？"②

关于孟子好辩，在《孟子》里似乎也可以找到证据。《滕文公下》就记载了孟子弟子公都子说："外人皆称夫子好辩，敢问何也？"尽管孟子对此有辩解，但公都子之言至少说明孟子在当时确实以"好辩"闻名，从孟子"予岂好辩哉？予不得已也"之言，他间接承认了自己"好辩"，只是"不得已"罢了。

那么孟子好辩特别是论证性善时，是不是不讲逻辑、"口不择言"呢？今从《孟子》文本来看，恐难这么说。那么孟子之辩是不是为了"争门户"呢？这一点也是有争议的。孟子说自己"距杨墨、放淫辞"，是为了立圣人之道，"能言距杨墨者，圣人之徒也"③。

最后一个问题是，孟子之辩是否有违圣人之道？从主观动机看显然难说，因为值此"邪说诬民、充塞仁义"之际，"我亦欲正人心，息邪说，距诐行，放淫辞，以承三圣者"④，当然不能说此心有违圣道。另外，早在孟子之前，已有世子硕、公孙尼子、漆雕开之徒等论人性善恶，孟子论性善只是承此而来，后世纷纷之辩不可全归之于孟子。

6.不合圣人真意

另一种对性善论论证方式的批评是，孟子之前，不仅六经不见性善之说，孔子也未见性善之言。无论是六经还是孔子，均极少言性。今本《论语》中"性"字仅两见，孔子平生不好言性。据六经和《论语·公冶长》，圣人在人性问题上真正重视的是"习"，而不是天生善恶。这些都引起后世不断有人质疑孟子性善论是否合乎圣人之意。

例如，董仲舒很早即指出，圣人并无性善之言：圣人之所名，天下以为正。今按圣人言中，本无性善名。⑤欧阳修称：六经之所载，皆人事之切于世者，是以言之甚详。至于性也，百不一二言之。……孔子之告其弟子者，凡数千言，其及于性者一言而已。⑥宋儒叶适进一步指出，性善论并非圣人之道：古人固不以善恶论性也，而所以至于圣者，则必有道矣。⑦日本学者太宰春台说，今遍寻六经之中，不曾见性善二字，凡古之圣王之道，不言人之性。荻生徂徕也说，荀孟皆无用之辩也，故圣人所不言也。

① 荻生徂徕：《辨名》，井上哲次郎、蟹江义丸编《日本伦理汇编》第六卷，东京：育成会，1903，第130页。
② 荻生徂徕：《辨名》，井上哲次郎、蟹江义丸编《日本伦理汇编》第六卷，东京：育成会，1903，第19页。
③ 《孟子·滕文公下》。
④ 《孟子·滕文公下》。
⑤ 苏舆：《春秋繁露义证》，钟哲点校，北京：中华书局，1992，第311页。
⑥ 欧阳修：《欧阳修全集》（全六册），李逸安点校，北京：中华书局，2001，第669页。
⑦ 叶适：《习学记言序目》（全二册），北京：中华书局，1977，第653页。

小　结

由上不难发现,历史上对性善论的批评非常丰富,也说明性善论在历史上的影响或者不如我们想象的大。今天,任何试图为性善论辩护或倡导性善论的行为,恐怕都不能忽视这些学说。

本文的目的并不是摧毁或维护性善论或历史上的任何一种人性学说。在行文结束之际,我想提出这样的问题,即我们当如何理解性善论在历史上引发的各种争论。关于此,台湾学者陈大齐先生数十年前曾发表"研讨人性善恶问题的几个先决条件"(1970年)一文,我就以陈大齐所讲的前三个先决条件为基础,另外增加一个因素(即"人性的类型"),总结一下孟子性善论在历史上引发无数争论的若干原因:

第一,人性的概念问题。孟子的人性概念与告子、荀子等人是不是不同? 许多学者均持肯定说法。

第二,人性的内容问题。性善说、性恶说、性无善恶说、性超善恶说、善恶混说、性三品说均体现了学者对人性内容的不同理解。

第三,人性的类型问题。信广来考察《墨子》《荀子》《孟子》等文本,指出孟子及先秦学者所说的"人"未能就是指今日普通意义上的人,而可能特指有一定教养的人。安乐哲亦有类似意思。

第四,善恶的标准问题。孟子、荀子乃至董仲舒的最大分歧之一恰在于对善恶的界定不同。墨子、荀子均以社会后果界定善恶("正理平治"),而孟子以良知良能界定善恶,庄子、胡宏、王阳明、梁启超等人认为真正的善超越善恶。

孟子的孝悌之道与家国情怀

（韩星　中国人民大学）

摘　要:孝悌之道是尧舜以来中华民族代代相传的优良传统,孟子言必称尧舜,认为尧舜之道,孝悌而已,并加以发扬光大。孟子重视孝悌之道在维护家庭秩序、促进家庭和谐的重要作用,同时把孝悌看成仁政的基础、王道的开端,提出了以孝悌之道为基础的仁政王道主张。仁义是孟子思想体系的核心,仁义落实在日常生活之中就是孝悌,可以通达于天下,是实现天下大同的基点。天下、国、家、身是密不可分的有机整体,修身为齐家之本,齐家为治国之本,治国为平天下之本。这种家国天下一体观和本末观,是中国人"家国情怀"的源头,是中华民族的精神追求和人文信仰。

关键词:孟子;孝悌之道;齐家;治国;平天下;家国情怀

一、孟子孝悌之道的思想渊源

孝悌之道是尧舜以来中华民族代代相传的优良传统。孟子"言必称尧舜"[①],赵岐《孟子题辞解》:"孟子退自齐梁,述尧舜之道而著作焉,此大贤拟圣而作者也。"[②]然而孟子把尧舜之道概括为孝悌之道。《告子下》第二章说:"尧舜之道,孝弟而已矣。"[③]孟子把尧舜之道概括为孝悌之道,就是说尧舜之道的道德根本是孝悌。孟子认为:"尧舜之道,孝悌而已矣。子服尧之服,诵尧之言,行尧之行,是尧而已矣。子服桀之服,诵桀之言,行桀之行,是桀而已矣。"[④]赵岐注云:"孝悌而已,人所能也。尧服,衣服不逾礼也。尧言,仁义之言。尧行,孝悌之行。桀服,谲诡非常之服。桀言,不行仁义之言。桀行,淫虐之行。为尧似尧,为桀似桀

---

① 《孟子·滕文公上》。
② 李学勤主编:《十三经注疏·孟子注疏》,北京:北京大学出版社,1999,第8页。
③ 《孟子·告子下》。
④ 《孟子·告子下》。

而已矣。"①孟子把尧舜之道归结为孝悌，并以尧舜与桀纣对比，指出如果人们服尧舜之服，诵尧舜之言，行尧舜之行，那就会成为尧舜这样的圣人；反之，则会成为桀纣那样的邪恶罪人。服饰合乎礼制，口言仁义之言，身行孝悌之行，才不会成为桀纣那样的大恶之人。朱熹《孟子集注》引杨氏曰："尧舜之道大矣，而所以为之，乃在夫行止疾徐之间，非有甚高难行之事也，百姓盖日用而不知耳。"②尧舜之道是大道，但不是高不可攀，而就是从百姓日用的孝悌开始，体现在言行举止的方方面面。孟子关于尧舜孝悌的思想当本于《尚书》。《尚书·尧典》说舜"瞽子，父顽，母嚚，象傲；克谐以孝，烝烝乂，不格奸"③。舜的父亲瞽瞍是个不明事理的人，他的后母是个没有妇德的人，他的后弟傲慢不友好，三个人经常联合起来谋害舜。但舜以孝行美德感化他们，竭力使家庭和睦，同时自身加强修养，没有变得邪恶。《尚书·舜典》还说舜"慎徽五典，五典克从"④。伪孔传："五典，五常之教。父义、母慈、兄友、弟恭、子孝。"五常之教就包含了孝悌之道，舜自己能够做到兄友、子孝。

有学者通过考察古代文献发现："尧舜时期已有孝悌萌芽，夏代有忠德流行，商代则是悌道大盛，周人比较全面地形成了孝悌风俗，这些都是孔子系统孝悌思想形成的历史资源。孟子说孔子乃'集大成'者，其于孝悌思想亦然。"⑤孟子在尧、舜、孔子、曾子的基础上对孝悌之道发扬光大，并以孝悌之道为基点，推衍到治国平天下。

二、孝悌之道与齐家

孝悌之道，家庭和睦。人类社会基本伦理有五，而家庭就有三伦：父子、夫妇、兄弟。处理好这三重关系，就是一个和谐美满的家庭。父子一伦为人类以血缘关系为纽带的纵向延续，伦理规范是父慈子孝。在家庭伦理中，所缺乏的、难以做到的往往不是"慈"，而是子女对父母的"孝"，于是儒家特别强调"孝"。家庭中的兄弟关系伦理规范是"兄友弟恭"，一般而言兄友问题不大，弟恭往往难以做到，所以要强调"悌"。贾谊《新书·道术》曰："弟敬爱兄谓之悌。"孔子非常重视孝悌，认为孝悌是做人、做学问的根本。《论语》中多次孝悌连言连用，如："弟子入则孝，出则弟。""孝弟也者，其为仁之本与？"⑥

孟子重视孝悌之道与家庭和谐。《万章上》第一章孟子与万章讨论舜为什么在田间耕作时会"号泣于旻天"，孟子认为舜的号泣是舜对父母既埋怨又怀恋的表现。舜发自内心地孝

---

① 李学勤主编：《十三经注疏·孟子注疏》，北京：北京大学出版社，1999，第322页。

② 朱熹：《四书章句集注》，北京：中华书局，1983，第339页。

③ 《尚书·尧典》。

④ 《尚书·舜典》。

⑤ 舒大刚：《虞、夏、商、周的孝悌文化初探》，《西华大学学报》（哲学社会科学版）2010年第4期。

⑥ 《论语·学而》。

敬父母，无论父母对他如何，他都尽为子的孝道，以至于得到人们的喜爱，得到美女、财富和尊贵都不足以消除他的忧愁，只有得到父母的欢心才可以消除忧愁。孙奭疏曰："此章指言夫孝，百行之本，无物以先之，虽富有天下，而不能取悦于其父母，莫有可也。"①朱熹《孟子集注》曰："此章言舜不以得众人之所欲为己乐，而以不顺乎亲之心为己忧。非圣人之尽性，其孰能之？"②孟子认为，舜虽已贵为天子，得到了人人都愿得到的东西，如天下士人归附、女色、财富、地位，但他并不高兴，他内心的忧愁是，还没有得到父母的欢心，年五十仍思慕父母。这说明孝道是人生一切的根本，一个人不能尽孝道，其他方面的成就就失去了价值基础，变得没有意义。儒家认为，百善孝为先，孝悌为仁之本，从天子至庶民都是如此。以"孝"为本源，扩而充之，才能形成其他的善行。"孝"主要是对父母的感情问题，人都应该终身爱慕父母，但实际上又分成两种情况：一种情况是终身都只爱慕父母，其他如年轻漂亮的姑娘、妻子、君王等统统不爱。这当然不行，也不能尽孝。另一种情况是既终生爱慕父母，又不妨碍爱姑娘、妻子、君王等。孟子这段话是通过对大舜的行为作心理分析后引出的。大舜由于没有得到父母的喜爱，所以即使获得了绝色美女和妻子，甚至自己已做了君王，达到了权力和财富的顶峰以后，也仍然郁郁寡欢，思慕父母之爱。所以，如果我们要做到"大孝"，那就应该既"终身慕父母"，又爱少艾和妻子，这才是健康正常的心态。"终身慕父母"就是对父母的孝心纯真无伪，始终一贯，不为权力、美色、物质享受所动。

《万章上》第二章有孟子与万章讨论舜为什么会"不告而娶"以及怎么认识舜在这件事上的做法。以礼，古代年轻人婚姻都得经过"父母之命，媒妁之言"，而舜娶尧之二女没有这样做，这是因为舜特殊的家庭环境，如果禀告了父母就娶不了妻子，就不能完成夫妇之大伦，也不能生儿育女，传宗接代。舜在父母、兄弟伤害他的情况下能够以真诚之心尽孝悌之道，父不慈子依然孝，弟不恭兄依然友，这是一般人很难做到的，正是舜伟大光辉之处。孙奭疏曰："此章指言仁圣所存者大，舍小从大，达权之义也，不告而娶，守正道也。"③朱熹《集注》曰："此章又言舜遭人伦之变，而不失天理之常也。""舜父顽母嚚，常欲害舜。告则不听其娶，是废人之大伦，以雠怨于父母也。"④舜遇到了人伦之道的变异，父母兄弟不行其道，常常想加害于舜，而他的行为则符合天理的常道，能够尽孝悌之道。男大当婚，女大当嫁。舜处于这样的家庭环境，如果告必不能娶，夫妇之伦不能立，必然会怨恨父母。如何理解舜的"不告而娶"？赵岐注："君子知舜告焉不得而娶，娶而告父母，礼也；舜不以告，权也。故曰犹告，与告同也。"⑤赵岐认为告而娶是礼，不告而娶是权。孙奭疏曰："君子于舜不告而娶，

① 李学勤主编：《十三经注疏·孟子注疏》，北京：北京大学出版社，1999，第245页。

② 朱熹：《四书章句集注》，北京：中华书局，1983，第303页。

③ 李学勤主编：《十三经注疏·孟子注疏》，北京：北京大学出版社，1999，第249页。

④ 朱熹：《四书章句集注》，北京：中华书局，1983，第304页。

⑤ 李学勤主编：《十三经注疏·孟子注疏》，北京：北京大学出版社，1999，第210页。

是亦言舜犹告而娶之也。以其反礼而合义,故君子以为不告犹告也。"①孙奭以"反礼而合义"②解释。朱熹《孟子集注》曰:"舜告焉则不得娶,而终于无后矣。告者礼也,不告者权也。犹告,言与告同也。盖权而得中,则不离于正矣。范氏曰:'天下之道,有正有权。正者万世之常,权者一时之用。常道人皆可守,权非体道者不能用也。盖权出于不得已者也,若父非瞽瞍,子非大舜,而欲不告而娶,则天下之罪人也。'"③朱子、范氏以"正和权"的辩证关系来解释,与赵岐近,都说明舜的做法是反礼之权,不告而娶,就跟告了一样,并不违背人伦大道。这是孟子经权思想在孝悌之道方面的具体应用。

孟子也重视以礼尽孝。孝道体现在人子日常生活的方方面面,如何体现?通过礼。《论语·为政》载孟懿子问孝。子曰:"无违。"樊迟御,子告之曰:"孟孙问孝于我,我对曰,'无违。'"樊迟曰:"何谓也?"子曰:"生,事之以礼;死,葬之以礼,祭之以礼。"④孟懿子问孝,孔子告诉他事奉父母不要违背礼仪,而礼仪贯穿生死,父亲生前以礼事奉,父母去世以礼安葬,去世之后以礼祭祀,这才算得上尽孝。所以孝与礼密不可分。《滕文公上》引曾子曰:"生,事之以礼;死,葬之以礼,祭之以礼:可谓孝矣。"这句话与《论语》完全一致,赵岐注认为是"曾子传孔子之言"⑤,朱熹《孟子集注》也认为:"所引曾子之言,本孔子告樊迟者。"⑥孔、曾、孟是一脉相承的。孙奭疏云:"孟子以此答然友之问,言曾子谓父母在生之时,当以礼奉事之,如冬温夏清,昏定晨省,是其礼也;父母死之时,当以礼安葬之,如躃踊哭泣,哀以送之,卜其宅兆,而安厝之,是其礼也;及祭之礼,如春秋祭祀,以时思之,陈其簠簋,而哀戚之是也:能如此,则可谓之能孝者矣。"⑦孟子下面接着说:"三年之丧,斋疏之服,飦粥之食,自天子达于庶人,三代共之。""三年之丧"是上古传下来的,是全社会的人都应该实行的。赵岐注:"孟子言我虽不学诸侯之礼,尝闻师言,三代以事,君臣皆行三年之丧。"孙奭疏:"三年之丧,自上至于天子,下而达于庶人,三代夏、商、周共行之矣。"朱熹《孟子集注》曰:"三年之丧者,子生三年,然后免于父母之怀。故父母之丧,必以三年也。"⑧三年之丧从天子到庶民一贯,夏商周三代一致,内在精神是体现孝子感恩报答父母的养育之恩,是发自仁心的孝道的应有之义。孟子之所以重视三年之丧,朱熹解释说:"当时诸侯莫能行古丧礼,而文公独能以此为问,故孟子善之。又言父母之丧,固人子之心所自尽者。盖悲哀之情,痛疾之意,非自外至,

---

① 李学勤主编:《十三经注疏·孟子注疏》,北京:北京大学出版社,1999,第210页。

② 李学勤主编:《十三经注疏·孟子注疏》,北京:北京大学出版社,1999,第210页。

③ 朱熹:《四书章句集注》,北京:中华书局,1983,第304页。

④ 《论语·为政》。

⑤ 李学勤主编:《十三经注疏·孟子注疏》,北京:北京大学出版社,1999,第130页。

⑥ 朱熹:《四书章句集注》,北京:中华书局,1983,第252页。

⑦ 李学勤主编:《十三经注疏·孟子注疏》,北京:北京大学出版社,1999,第132页。

⑧ 朱熹:《四书章句集注》,北京:中华书局,1983,第252页。

宜乎文公于此有所不能自已也。"①又引林氏曰："孟子之时，丧礼既坏，然三年之丧，恻隐之心，痛疾之意，出于人心之所固有者，初未尝亡也。"②孟子时代丧礼已坏，诸侯们都不行三年之丧，而只有文公还询问，孟子赞颂他，并指出三年之丧的礼仪是为了体现孝子的仁爱之心，表达孝子失去父母之后的悲痛之情。这就是孟子主张保留三年之丧的原因。

《离娄下》第十三章孟子曰："养生者不足以当大事，惟送死可以当大事。"③这是强调生养与死葬比较起来，死葬似乎更为重要。赵岐注："孝子事亲致养，未足以为大事，送终如礼，则为能奉大事也。"④孙奭疏："此章指言养生竭力，人情所勉。哀死送终，行之高者，事不违礼，可谓难矣，故谓之大事。孟子言人奉养父母于其生日，虽昏定晨省，冬温夏清，然以此之孝，亦不足以当其大事也。惟父母终，能躃踊哭泣，哀以送之，卜其宅兆，而安厝之，斯可以当之也。"⑤在中国古代社会环境下，无论能力如何，对父母的赡养大都能够尽心尽力，不成问题。但父母去世后以礼丧葬，有繁缛的礼节和苛刻的要求，特别是要守三年之丧礼，确实不容易，所以是一件大事。朱熹《孟子集注》曰："事生固当爱敬，然亦人道之常耳；至于送死，则人道之大变。孝子之事亲，舍是无以用其力矣。故尤以为大事，而必诚必信，不使少有后日之悔也。"⑥朱熹认为生养是人道之常，而死葬是人道之变，所以是大事，一定要诚心诚意，尽心尽力，以免日后懊悔。

孝悌之道，可以维护家庭秩序，促进家庭和谐，古人云"家和万事兴"。《礼记·礼运》云："父子笃，兄弟睦，夫妇和，家之肥也。"⑦反之，"父子不和，其世破亡；兄弟不和，不能久同；夫妻不和，家室大凶。"⑧《孟子·尽心上》曰："君子有三乐……父母俱存，兄弟无故，一乐也……"⑨几代同堂，家庭和睦，其乐融融，所谓天伦之乐，是几千年中国人孜孜以求的理想生活样态。

三、孝悌之道与治国

在儒家看来，孝悌是实行仁道的根本，君子修身治国平天下要从孝悌开始。梁漱溟说："要想使社会没有那种暴慢乖戾之气，人人有一种温情的态度，自不能不先从家庭做起，所

---

① 朱熹：《四书章句集注》，北京：中华书局，1983，第252页。
② 朱熹：《四书章句集注》，北京：中华书局，1983，第253页。
③ 《孟子·离娄下》。
④ 李学勤主编：《十三经注疏·孟子注疏》，北京：北京大学出版社，1999，第220页。
⑤ 李学勤主编：《十三经注疏·孟子注疏》，北京：北京大学出版社，1999，第220页。
⑥ 朱熹：《四书章句集注》，北京：中华书局，1983，第292页。
⑦ 《礼记·礼运》。
⑧ 《说苑·敬慎》。
⑨ 《孟子·尽心上》。

以说：'君子笃于亲，则民兴于仁。'"①黑格尔说过："这种关系表现得更加切实而且更加符合它的观念的，便是家庭的关系。中国纯粹建筑在这一种道德的结合上，国家的特性便是客观的'家庭孝敬'。"②

古代社会家国一体，家为国之本，所以治国要从每一个家庭为基本单元来做起。《论语·为政》载或谓孔子曰："子奚不为政？"子曰："《书》云：'孝乎惟孝，友于兄弟，施于有政。'是亦为政，奚其为为政？"③孔子告诉我们，孝悌之道就是为政之道，准确地说为政之道就是孝悌之道的延伸。《论语·学而》载，有子曰："其为人也孝悌，而好犯上者，鲜矣。不好犯上而好作乱者，未之有也。"④孝悌绝不是个人和家庭的问题，而是关系到社会安定、天下太平的大问题。在家中实行了孝悌，国家社会就不会发生"犯上作乱"的事情。这就是说，个体要在家庭中接受长幼秩序，进入社会才能接受既定的社会规则，成为一个遵纪守法的公民。《大学》曰："所谓治国必先齐其家者，其家不可教而能教人者无之。故君子不出家而成教于国：孝者，所以事君也；悌者，所以事长也；慈者，所以使众也。"⑤孝、悌、慈是齐家之道的三大法宝，也是治国的三大法宝。

孟子把孝悌看成仁政的基础、王道的开端，提出了以孝悌之道为基础的仁政王道主张。《梁惠王上》载梁惠王向孟子请教治国之道，孟子针对梁惠王自满于灾荒时为老百姓做"移民""移粟"之事，批评梁惠王能行小惠，但不能行王道以养其民，根据当时的生产条件，描绘了一幅小农经济的理想图景："五亩之宅，树之以桑，五十者可以衣帛矣；鸡豚狗彘之畜，无失其时，七十者可以食肉矣；百亩之田，勿夺其时，数口之家，可以无饥矣；谨庠序之教，申之以孝悌之义，颁白者不负戴于道路矣。七十者衣帛食肉，黎民不饥不寒，然而不王者，未之有也。"⑥希望他不违背农时，百姓就可按时劳作，获得好收成，丰衣足食，生养死葬没有后顾之忧，那就可以算作是行仁政了，这就是王道政治的开端。孟子还特别提出"谨庠序之教，申之以孝悌之义，颁白者不负戴于道路矣。"⑦朱熹《孟子集注》曰："既富而教以孝悌，则人知爱亲敬长而代其劳，不使之负戴于道路矣。"⑧富裕起来以后，通过建立学校，进行孝悌等道德教化，使人们知道爱亲敬长，老有所依，老有所乐，这是实现王道的基础。"庠序之教"是三代圣王传承下来的治国法宝，《孟子·滕文公上》云："设为庠、序、学、校以教之。庠者，养也；校者，教也；序者，射也。夏曰校，殷曰序，周曰庠，学则三代共之，皆所以明人伦也。人伦明

---

① 梁漱溟：《东西文化及其哲学》，北京：商务印书馆，1999，第145页。
② 黑格尔：《历史哲学》，王造时译，上海：上海书店，2006，第114页。
③ 《论语·为政》。
④ 《论语·学而》。
⑤ 《礼记·大学》。
⑥ 《孟子·梁惠王上》。
⑦ 《孟子·梁惠王上》。
⑧ 朱熹：《四书章句集注》，北京：中华书局，1983，第204页。

于上，小民亲于下。有王者起，必来取法，是为王者师也。"①孟子认为，不同时代的教育在具体细节上有差异，但根本的目的都是明人伦。人伦不明，则九族不睦，百姓不亲，人无道德，社会无秩序。人无道德，虽名之为人，而几与禽兽无别，也不可能建立起良好的社会秩序。所以他强调："人之有道也：饱食、暖衣、逸居而无教，则近于禽兽。圣人有忧之，使契为司徒，教以人伦——父子有亲，君臣有义，夫妇有别，长幼有叙，朋友有信。"②通过道德教化，实现伦理生活的幸福美满，也就是王道理想的最终实现。

《梁惠王上》第五章孟子针对梁惠王处于被动挨打、国力衰微的局面，希望他不要溺于私仇，睚眦必报，而是直截了当地提出他的仁政主张。在物质生产方面有三项内容：一是省刑罚，二是薄赋税，三是深耕易耨。在精神文明建设方面，孟子提出通过教育培养国民孝、悌、忠、信的品德，使他们在家能够侍奉父母兄长，出门能够尊敬长辈上级，有来犯之敌可以拼死保家卫国，英勇抵抗强敌入侵。"王如施仁政于民，省刑罚，薄税敛，深耕易耨。壮者以暇日修其孝悌忠信，入以事其父兄，出以事其长上，可使制梃以挞秦楚之坚甲利兵矣。"③这样，孝悌之德就是实行君王仁政的道德本源，也是一个国家防御外敌的精神力量源泉。

君子在一个国家的作用是建功立业，教化民众。《孟子·尽心上》载公孙丑曰："《诗》曰：'不素餐兮。'君子之不耕而食，何也？"④孟子曰："君子居是国也，其君用之，则安富尊荣；其子弟从之，则孝悌忠信。不素餐兮，孰大于是？"公孙丑字面上理解《诗经》"不素餐兮"是君子之不耕，好像是吃闲饭。其实君子是劳心者，"劳心者治人，劳力者治于人"⑤。君子参与国家政教是其本分。赵岐注："君子能使人化其道德，移其习俗，身安国富而保其尊荣，子弟孝悌而乐忠信，不素餐之功，谁大于是？何为不可以食禄！"⑥君子被国君重用，可以使国家"安富尊荣"；如果有子弟来学，可以教以"孝悌忠信"。这就是古代社会治国理政的所谓"政教"。

《万章上》第四章载舜成为天子以后如何处理父子之伦，他以天子之身份见到愚顽暴虐，曾经加害于他的父亲，神情局促不安，以至谨慎战栗，仍然能够以子道事父。当然，成为天子，对父母的孝就是以天下孝养，"孝子之至，莫大乎尊亲；尊亲之至，莫大乎以天下养。为天子父，尊之至也；以天下养，养之至也。"⑦这就是天子之孝。《孝经·天子章》云："爱亲者不敢恶于人，敬亲者不敢慢于人。爱敬尽于事亲，而德孝加于百姓，刑于四海，盖天子之孝

---

① 《孟子·滕文公上》。

② 《孟子·滕文公上》。

③ 《孟子·梁惠王上》。

④ 《孟子·尽心上》。

⑤ 《孟子·滕文公上》。

⑥ 李学勤主编：《十三经注疏·孟子注疏》，北京：北京大学出版社，1999，第369页。

⑦ 《孟子·万章上》。

也。"①作为天子,在爱敬自己亲人的基础上,还应该以自己的表率作用、榜样的力量,上行下效,使普天之下的人都孝敬自己的父母。

四、孝悌之道与平天下

天下一家,中国一人,天下是家的最大扩展,平天下也是齐家的逻辑推衍。孟子主张平天下要从仁政出发,实现王道理想:"尧舜之道,不以仁政,不能平治天下。"②尧舜之道就是先王之道的代表,具体措施就是通过行仁政,最终达到天下太平的理想。平治天下的仁政就是孝悌之道在政治上的运用。可以说,孝悌之道就是仁义之道。《离娄上》说:"仁之实,事亲是也;义之实,从兄是也。"③仁义是孟子思想体系的核心,仁义落实在日常生活之中就是孝悌,或者说孝悌是仁义的实践。

以仁义为基础的孝悌之道可以通达于天下,《尽心上》:"亲亲,仁也。敬长,义也。无他,达之天下也。"④赵岐注:"少知爱亲,长知敬兄,此所谓良能良知也。人仁义之心,少而皆有之,欲为善者无他。达,通也,但通此亲亲敬长之心,施之天下人也。"⑤少知爱亲,长知敬兄,是人的良能良知,是出于仁义之心,是实行仁政王道的人性和道德基础,可以推之于治国平天下。孙奭疏:"爱其亲,钦顺其兄,是仁义也,仁义即良知良能者也。言人之为善者,无更于他求也,但通达此亲亲敬长之良能良知,施之於天下耳。"⑥亲亲是孝,是为仁之本;敬长是悌,是为义之义。孝悌之道就是仁义之道,是发自于人的良知良能,以仁义治国平天下,途径是仁政王道,可以通达普天之下,最终实现天下大同。

孟子塑造的大舜成为天子以后坚守孝悌之道,同时又没有化公为私,而是致力于天下为公。尧舜禅让就体现了天下为公的政治理念。郭店楚简《唐虞之道》云:"唐虞之道,禅而不传。尧舜之王,利天下而弗利也。禅而不传,圣之盛也。利天下而弗利也,仁之至也。故昔贤仁圣者如此。身穷不贪,没而弗利,穷仁矣。必正其身,然后正世,圣道备矣。故唐虞之(道,禅)也。"⑦尧舜之道,以天下为公,毫无自私自利之心,把天下不是传给儿子,而是传给贤能之人。《吕氏春秋·去私》云:"尧有子十人,不与其子而授舜;舜有子九人,不与其子而授禹,至公也。"⑧尧舜禅让是大公无私精神的体现。但是怎么解释舜做了天子封弟弟象于有庳呢?

---

① 《孝经·天子章》。

② 《孟子·离娄上》。

③ 《孟子·离娄上》。

④ 《孟子·尽心上》。

⑤ 李学勤主编:《十三经注疏·孟子注疏》,北京:北京大学出版社,1999,第359页。

⑥ 李学勤主编:《十三经注疏·孟子注疏》,北京:北京大学出版社,1999,第359页。

⑦ 李零:《郭店楚简校读记》,北京:中国人民大学出版社,2007,第123页。

⑧ 《吕氏春秋·去私》。

《万章上》第三章孟子与万章讨论舜做了天子以后如何处理与其弟弟象的关系,万章问曰:"象日以杀舜为事,立为天子则放之,何也?"孟子曰:"封之也,或曰放焉。"万章曰:"舜流共工于幽州,放驩兜于崇山,杀三苗于三危,殛鲧于羽山,四罪而天下咸服,诛不仁也。象至不仁,封之有庳。有庳之人奚罪焉?仁人固如是乎?在他人则诛之,在弟则封之。"曰:"仁人之于弟也,不藏怒焉,不宿怨焉,亲爱之而已矣。亲之欲其贵也,爱之欲其富也。封之有庳,富贵之也。身为天子,弟为匹夫,可谓亲爱之乎?""敢问或曰放者,何谓也?"曰:"象不得有为于其国,天子使吏治其国而纳其贡税焉,故谓之放。岂得暴彼民哉!虽然,欲常常而见之,故源源而来,'不及贡,以政接于有庳。'此之谓也。"①尽管象曾经试图谋害舜,但舜成为天子后并没有伤害象,还给他封地。这在一般人很难理解,孙奭疏曰:"此章指言恳诚于内者,则外发于事,仁人之心也。象为无道极矣,友于之性,忘其悖逆,况其仁贤乎!"②舜有仁心,诚于中而发于外,对无道至极的象以其善性待之,忘了他对自己的一系列阴谋伤害。朱熹《孟子集注》引吴棫云:"言圣人不以公义废私恩,亦不以私恩害公义。舜之于象,仁之至,义之尽也。"③此章是孟子对舜登天子之位后如何对待曾谋害自己的弟弟象的情况一个澄清,借以表达舜有仁心,故有了行仁政的基础。针对流传的舜登天子之位后流放象的说法,孟子解释说,舜其实是封象于有庳的,但是他深知自己的弟弟难以担当治理重任,于是"使吏治其国,而纳其贡税焉",就是说,使"象不得有为于其国"。也正是因为如此,才有了舜放象的流言。诚如吴棫所言,舜对于象,的确可以说是仁至义尽了。如果有人说舜对自己这么坏的弟弟还封地,而对"四恶"则杀戮、流放,不是典型的任人唯亲吗?就今日的眼光看,确实可以这样说,但舜的弟弟象虽然心性残暴,几次欲谋害舜,但毕竟没有造成杀人事实,也没有给社会造成伤害。所以舜采取最佳行为方式,只是让他到偏僻的有庳国去当一个名义上的诸侯,而没有实际权力,还是派官员管理有庳国,避免他残暴地对待有庳国的老百姓。舜还与象经常见面,互相往来,维持着兄弟之情。

五、结语:孝悌之道与家国情怀

儒家非常重视孝悌之道,认为孝悌是做人做事做学问、修身齐家治国平天下的根本。孝悌是中国文化的基本精神,是中国人的宗教信仰。梁漱溟说:"孝弟实在是孔教唯一重要的提倡。他这也没有别的意思,不过他要让人作他那种富情感的生活,自然要从情感发端的地方下子罢了。人当孩提时最初有情自然是对他父母,和他的哥哥姊姊;这时候的一点

---

① 《孟子·万章上》。

② 李学勤主编:《十三经注疏·孟子注疏》,北京:北京大学出版社,1999,第251页。

③ 朱熹:《四书章句集注》,北京:中华书局,1983,第305页。

情,是长大以后一切用情的源泉;绝不能对于他父母家人无情而反先同旁的人有情。《论语》上'孝弟者其为仁之本欤'一句话,已把孔家的意思说出。只需培养得这一点孝弟的本能,则对于社会、世界、人类,都不必教他什么规矩,自然没有不好的了。"①

《孟子·离娄上》曰:"人有恒言,皆曰'天下国家'。天下之本在国,国之本在家,家之本在身。"②这句话包含两层意思:一是天下、国、家、身一体观,二是天下、国、家、身本末观。天下、国、家、身是密不可分的有机整体,但不是简单的并列关系,而是修身为齐家之本,齐家为治国之本,治国为平天下之本。孟子进一步提出"亲亲而仁民,仁民而爱物"③,由家庭的孝悌,推衍到仁爱大众,以至于爱护万物。这样,以修身为本,由个人而社会,由内圣而外王,就形成了中国古代士大夫道德修养与社会政治实践的逻辑顺序。正因为这样,假如在事奉父母与天子权力之间出现不可调和的矛盾,孟子认为舜可以为了父子亲情而抛弃天下如同扔掉破鞋一样。《尽心上》桃应问孟子曰:"舜为天子,皋陶为士,瞽瞍杀人,则如之何?"孟子曰:"执之而已矣。""然则舜不禁与?"曰:"夫舜恶得而禁之? 夫有所受之也。""然则舜如之何?""舜视弃天下,犹弃敝蹝也。窃负而逃,遵海滨而处,终身欣然,乐而忘天下。"④桃应给孟子假设了一个难题,舜的父亲杀了人,从法律角度皋陶要把瞽瞍抓起来以法判刑,舜是天子,也没有办法禁止。但舜可以在父亲和天子之间选择,他可以选择放弃天子之位,背着父亲逃到海边,与父亲享受天伦之乐而忘记天下。朱熹《孟子集注》曰:"言舜之心,知有父而已,不知有天下也。孟子尝言舜视天下犹草芥,而惟顺于父母可以解忧,与此意互相发。"⑤可见父母与天下比较起来,舜会知有父而不知有天下,把孝道看得比权势地位更重要。《尽心上》第二十章孟子提出,"君子有三乐,而王天下不与存焉。父母俱存,兄弟无故,一乐也……"⑥孟子认为父母都健在,可以尽孝;兄弟无变故,可以尽悌道。行孝悌之道,享天伦之乐,是人生一大乐事,而称王天下不在其中。这表明孟子对孝悌之道的重视,也表达了家为天下之本,不能舍本逐末。这种家国天下一体和本末观,就是后来中国人"家国情怀"的源头。"家国情怀"是中华民族历经磨难、百折不挠、生生不息的精神追求和人文信仰,是中华民族精神家园的有机组成部分,千百年来,它如同一条纽带,将每个人的成长与家国天下紧密相连,个人的生活、家庭的幸福、国家的前途、人类的未来,都同频共振,构成密不可分的命运共同体。作为中华优秀传统文化的重要内容之一,孝悌之道与家国情怀仍然具有重要的时代价值,需要我们传承发展。

---

① 梁漱溟:《东西文化及其哲学》,北京:商务印书馆,1999,第145页。

② 《孟子·离娄上》。

③ 《孟子·尽心上》。

④ 《孟子·尽心上》。

⑤ 朱熹:《四书章句集注》,北京:中华书局,1983,第360页。

⑥ 《孟子·尽心上》。

论孟子的"能"与"不能"

（胡发贵　江苏省社会科学院哲学与文化研究所）

摘　要：先秦儒家中，孟子堪称一位激情四溢的思想家，他高调倡言"万物皆备于我"，宣扬"浩然之气"，主张"良知良能"。对孟子这种不无高调的思想姿态，当时的梁惠王就讥为"迂远而阔于事情"，稍后的荀子也颇为不满，斥之为"材剧志大"。近代也有学者认同这一评价，以为孟子这一特性，使其思想言论颇为"夸张"。其实，对孟子思想应作全面理解，他不仅讲"能"，也讲"不能"；更值得关注的是，孟子讲"能"与"不能"，其背后还有着深切丰富的政治诉求，体现出一位智者的良知和人文情怀。

关键词：孟子；能；不能；人文情怀

一、"诚不能"的规律敬畏

说孟子以高调宣扬主观能动性而享誉于后世，但不要误解，孟子并不是一位唯意志论者。他非常明确地指出过，人是有所"不能"的。

首先，孟子辩证地看待"能"与"不能"，强调人并非无所不能。对人而言，世界上是存在能与不能两种现实的。"挟太山以超北海，语人曰'我不能'，是诚不能也。为长者折枝，语人曰'我不能'，是不为也，非不能也。"①将泰山搬到北海，显然超越人的能力，是做不到的；而折个树枝为老人做个拐杖，则是人能够做到的。由此可见，在孟子那里，人固然是有其所"能"，但另一方面，人也是有其所"不能"的，换句话说，人的能动性是有边界的，人并不是无所不能的神。孟子之所以主张人有所"不能"，与其所持的条件论有着紧密的逻辑关联。

其次，孟子承认天地间自然法则是不可违背的。通观《孟子》一书，我们不难发现，孟子对事物存在与发展的条件非常重视，他有关"牛山之木"的比喻，就颇具代表性。"孟子曰：牛山之木尝美矣，以其郊于大国也，斧斤伐之，可以为美乎？是其日夜之所息，雨露之所润，非

---

① 《孟子·梁惠王上》。

无萌蘖之生焉,牛羊又从而牧之,是以若彼濯濯也。人见其濯濯也,以为未尝有材焉,此岂山之性也哉?"①牛山树木不美,是因其生长丧失了其基本的条件,由此孟子推论:"故苟得其养,无物不长,苟失其养,无物不消。"②文中所谓的"养",正是指的这种环境和条件。孟子还指出,事物都有其客观的、必须遵循的规律。"王知夫苗乎? 七八月之间旱,则苗槁矣。天油然作云,沛然下雨,则苗渤然兴之矣。其如是,孰能御之?"③文中的"孰能御之"一语,意为农植物在适宜条件下的生长,是不可阻止的,是必然的,其内在的规律也是不可阻挡的。事物的存在和发展,有其不可缺少的条件,人的活动也是这样。孟子曾举例说:"有楚大夫于此,欲其子之齐语也,则使齐人傅诸? 使楚人傅诸? 曰:使齐人傅之。曰:一齐人傅之,众楚人咻之,虽日挞而求其齐也,不可得矣;引而置之庄狱之间数年,虽日挞而求其楚,亦不可得矣。"④不仅学习语言受制于环境,人的气质、品德塑造,也跟生活环境有着极大的关系。一次孟子从范国来到齐国,"望见齐王之子,喟然叹曰:居移气,养移体,大哉居乎!"⑤何谓"大哉居乎"? 朱熹注解说:"言人之居处,所系甚大,王子亦人子耳,特以所居不同,故所养不同,而其气体有异也。"⑥揣孟子文意,朱子之解当是达诂。

战国诸子中,庄子宣扬并祈愿"无待"的绝对自由,但显然孟子是主张"有待"的。之所以"有待",因为万事万物都有其不可逾越的必然规律,即所谓"无规矩不能成方圆",有其特定的不可缺少的条件,即所谓"失其养,无物不消"。在此意义上,万事万物无疑是被决定的,是有所"待"而存在的。人虽为天地间至灵,但在孟子看来同样受此规律论和条件论的制约,公输子"重规矩",则能成天下之巧,但漠视此规矩,则不能"成方圆"。换句话说,即人是有所"能"的,有其高度的主观能动性,但此"能"不可违背客观规律,不可脱离特定条件,从此"不可"言,则人又多有"诚不能"。因此我们认为,孟子的"诚不能",体现了其对事物存在条件性的把握以及对事物客观规律的尊重,这也决定了其所主张的"能",不是迷狂,更不是唯意志之能,而是一种现实主义的进取态度和理性精神。

二、思诚者,人之道

正如上述,规律不可改变,事物的存在、人的活动依赖于一定的条件,人是有所"不能"的。那么由此"不能",又如何过渡到"能"呢? 从孟子的论述来看,其中关键的转戾点正是

---

① 《孟子·告子上》。
② 《孟子·告子上》。
③ 《孟子·梁惠王上》。
④ 《孟子·滕文公下》。
⑤ 《孟子·尽心上》。
⑥ 朱熹:《四书章句集注》,北京:中华书局,2012,第367页。

人的理性能力,即所谓"诚者,天之道也;思诚者,人之道也"①。人正是凭此"思"之能力,来认识和把握客观规律,由"不能"而进入到"能"。

(一)"乘势"与"待时"

孟子认为,规律固然是不可逾越的,但人并非无所事事,而是可以发挥主观能动性,来认识和利用规律,从而实现自身的目的。关于此,孟子有很多生动的描述。如"不违农时,谷不可胜食也;数罟不入洿池,鱼鳖不可胜食也;斧斤以时入山林,材木不可胜用也"②。文中的"不违农时",就是尊重农作物的生长规律,"数罟不入洿池",即遵循鱼类生物的生长法则,"斧斤以时入山林",即尊重森林生长的节律;而这种尊重的结果,则是"谷不可胜食""鱼鳖不可胜食""材木不可胜用"。显然,在孟子看来,人类在自然规律面前并非一筹莫展,相反,是能够积极有为的。孟子还提出,其中的关键是要在事物存在和发展的关节点上理解并把握其本质与规律,"齐人有言曰:虽有智慧,不如乘势,虽有镃基,不如待时。"③文中的"乘势"与"待时",所言的正是这种关节点;而这种关节点的选择本身,却正说明了人在自然规律面前的一种主观能动性。

正是出于对人的"能"的这种高度自信,所以孟子对浪费这种"能"的无所作为,非常痛心。"孟子曰:自暴者,不可与有言也,自弃者,不可与有为也。言非礼义,谓之自暴;吾身不能居仁由义,谓之自弃也。仁,人之安宅也,义,人之正路也。旷安宅而弗居,舍正路而不由,哀哉。"④所谓"自暴"与"自弃",即放弃更高追求,安于现状,过一种本能的、低俗的生活,而不努力实现人性的完美与高尚,孟子"哀哉"之叹,此诚如孔子不满宰予的大白天昏睡一样,显现出对"有为"的执着与向往。

(二)尽心、知性、知天

人在自然法则面前,为什么能有所作为呢? 孟子认为,这是因为人具有认识并把握自然规律的能力,即人具有"大体之心"。孟子认为,人一身兼具"大体"和"小体"。前者指"心",后者指耳目鼻口等感觉器官。"小体"缺乏思考、审视的能力,只会"跟着感觉走",故难免牵于外物而迷失自己,按孟子的说法,只是"物交物引之而已";但"大体"则不然,它能"思",而"思则得之",意即掌握事物的规律。⑤所以孟子说:"尽其心者,知其性也。知其性,

---

① 《孟子·离娄上》。
② 《孟子·梁惠王上》。
③ 《孟子·公孙丑上》。
④ 《孟子·离娄下》。
⑤ 《孟子·告子上》。

则知天矣。存其心,养其性,所以事天也。"①文中所谓"性",即人的本质;而所谓"天",意指一种必然性的法则。孟子这里强调的是,只要充分发挥人的理性精神,是可以认知事物的本质的,进而也是可以把握自然规律的。故孟子坚信"万物皆备于我"。孟子曰:"万物皆备于我矣。反身而诚,乐莫大焉。强恕而行,求仁莫近焉。"②

所谓"乐莫大焉",显示出孟子对人的主体能力是极为自信的。他认为即使一千年后的日食是哪一天,人只要坐在那里,算一算就可以了。"孟子曰:所恶于智者,为其凿也。如智者若禹之行水也,则无恶于智矣。禹之行水也,行其所无事也。如智者亦行其所无事,则智亦大矣。天之高,星辰之远也,苟求其故,千岁之日至,可坐而致也。"③从文意可见,孟子是反对"凿",即不循规则地玩弄小聪明,他欣赏的是如大禹治水一样,尊重并善用自然法则,其结果就很好,人免除了水患,实现了人与自然的和谐相处,即"行其所无事也"。孟子认为这才是大智慧,人只要发挥了这种大智慧,自然规律就是可以弄明白的。此诚如朱熹所注解:"天虽高,星辰虽远,然求其已然之迹,则其运有常。虽千岁之久,其日至之度,可坐而得。"④

(三)"四端之心"

人的"大体之心"为什么有如此巨大的认识与把握世界规律的能力呢?孟子分析说,这是因为其间有一种与生俱来的理性特质,他称之为"良知"与"良能"。孟子曰:"人之所不学而能者,其良能也;所不虑而知者,其良知也。孩提之童,无不知爱其亲者,及其长也,无不知敬其兄也。"⑤从引文来看,这种"良知"与"良能",实际上是人在社会生活中所获得的一种社会本能,也是人之为人所表现出的一种优异的天赋本性。

如果继续追问:此"良知"与"良能"又具体何指呢?孟子以为它就是根于人心的"仁义礼智","君子所性,仁义礼智根于心。"⑥具体说来,也就是"四端之心":恻隐之心、羞恶之心、辞让之心、是非之心。

孟子虽然不否认人有所"不能",且事物存在和发展都有其不以人的主观意志为转移的客观规律和条件,这些也划定了"不能"的范围,正如人不能拔苗助长一样;但是,孟子从基于"四端之心"的人的"良知良能"出发,强调人凭恃理性能力,是可以认识事物的客观规律的,而且也是可以由此来利用和改造自然的。换句话说,"不能"是客观的,但并不是绝对

---

① 《孟子·尽心上》。

② 《孟子·尽心上》。

③ 《孟子·离娄下》。

④ 朱熹:《四书章句集注》,北京:中华书局,2012,第302页。

⑤ 《孟子·尽心上》。

⑥ 《孟子·尽心上》。

的，更不是抑制人的主观能动性的借口，相反，按孟子"尽心、知性、知天"的逻辑，只要人充分发挥人的理性能力，人之所"能"会有更广阔的空间。

三、"能"与"不能"的政治诉求

冯友兰先生曾指出，"在儒家思想中，孟子代表了其中理想主义的一派，稍后的荀子则是儒家的现实主义一派。"①所谓理想主义，大概就是特别注重政治的应然性，即设想一个令人满意的社会蓝图，然后以此作为发展和追求的目标。理想主义是超越现实的，但同时又特别强调它是应当追求的。在孟子这里，这一点特别明显。他四处推行"仁政"，以致当权者目之为"迂远而阔于事情"。实际上，孟子力论"能"与"不能"，与其宣扬"仁政"是密切相关的，甚至可以说是为之张目的。

（一）王无罪岁，力行仁政

前引孟子"能"与"不能"之辩，是在孟子奉劝梁惠王亟行仁政的讨论中论及的。

孟子曰："有复于王者曰：'吾力足以举百钧'，而不足以举一羽；'明足以察秋毫之末'，而不见舆薪，则王许之乎？"曰："否。""今恩足以及禽兽，而功不至于百姓者，独何与？然则一羽之不举，为不用力焉；舆薪之不见，为不用明焉，百姓之不见保，为不用恩焉。故王之不王，不为也，非不能也。"曰："不为者与不能者之形何以异？"曰："挟太山以超北海，语人曰：'我不能。'是诚不能也。为长者折枝，语人曰'我不能。'是不为也，非不能也。故王之不王，非挟太山以超北海之类也；王之不王，是折枝之类也。"②

这段对话中，孟子的直接目的显然是为动员、鼓励梁惠王等"治人者"，努力实行"仁政"，劝导他们行"仁政"。在孟子看来，这里没有"不能"的问题，只是"不为"！就此孟子又设喻说："有人于此，力不能胜一匹雏，则为无力人矣，今举百钧，则为有力人矣。……夫人岂以不胜为患哉？弗为耳。徐行后长者谓之弟，疾行先长者谓之不弟。夫徐行者，岂人所不能哉？所不为也。尧舜之道，孝弟而已矣。子服尧之服，诵尧之言，行尧之行，是尧而已矣；子服桀之服，诵桀之言，行桀之行，是桀而已矣。"③显然在孟子看来，是行尧舜之"仁政"，还是行桀之暴政，完全取决于你的"所为"。换句话说，行"仁政"并不难，当政者是完全可以有能力做到的。孟子还鼓励当权者应像"豪杰"那样，充分发挥主观能动性，勇于超越现实的限制，将仁政付诸实践。孟子曰："待文王而后兴者，凡民也。若夫豪杰之士，虽无文王

---

① 冯友兰：《中国哲学简史》，赵复三译，北京：中华书局，2015，第90页。
② 《孟子·梁惠王上》。
③ 《孟子·告子下》。

犹兴。"①

正是基于对"良知良能"的坚信,孟子警告当时的统治者们,不要以种种理由和借口,来推诿和拖延实行"仁政"。为此他提出了一个著名的命题,即"王无罪岁"。他说:"狗彘食人食而不检,涂有饿莩而不知发,人死,则曰:非我也,岁也。是何异于刺人而杀之,曰:非我也,兵也。王无罪岁,斯天下之民至焉。"②这里孟子强调,统治者不要将社会的苦难和人民的灾难都推给老天爷,而应当主动承担起自己应尽的责任,积极行动起来,纾解人民的痛苦,增进人民的幸福。表面上看,孟子这里讲的是国家治理,讨论的是政治家的社会责任,但其间所透现的却是对人的主体性与能动性的呼唤和期盼。

(二)制民恒产以养恒心

如果说孟子宣扬"能"是着眼于规劝、游说当权者积极有为,力行仁政,善待人民的话,那么,孟子"不能"中所突出的条件、规则等限制性思想,则是寄意于民生基本问题的关切。借用孟子一句著名的话来表达:有恒产者方有恒心。"无恒产而有恒心者,惟士为能。若民,则无恒产,因无恒心。苟无恒心,放辟,邪侈,无不为已。"③

文中所谓的"恒产",考其前后文,当指"五亩宅、百亩田"之类的物质财产,而"恒心",即指良心、良知。孟子的说法虽然有些厚士薄民之嫌,但其核心显然是在申论"恒心"取决于"恒产",即人的物质生活决定人的道德意识。孟子强调,如果具备了相应的物质条件("恒产"),就会产生并培养起良好的道德品质,用他的话说即"民之为道也,有恒产者有恒心"④。具备了一定的物质条件,人民也就有可能向善进德了,即"壮者以暇日修其孝悌忠信",道德培养也因此具有了现实的可行性。故孟子强调:"是故明君制民之产,必使仰足以事父母,俯足以畜妻子,乐岁终身饱,凶年免于死亡。然后驱而之善,故民之从之也轻。"⑤不仅如此,孟子还声明,人民的生活水平与其道德状况是成正比的,如果老百姓家里的粮食像水火一样多,人民就会乐于践仁行义。"孟子曰:易其田畴,薄其税敛,民可使富也。食之以时,用之以礼,财不可胜用也。民非水火不生活,昏暮叩人之门户,求水火,无弗与者,至足矣。圣人治天下,使有菽粟如水火。菽粟如水火,而民焉有不仁者乎?"⑥这里孟子明显透露了这样的意思:道德不是空谈得来的,而是源自非常实际的生活熏陶,即"菽粟"出"仁者",只有解决了民生,然后才能谈得上改善民德。因此,孟子特别强调"富民","使有菽粟如水火"⑦。

---

① 《孟子·尽心上》。
② 《孟子·梁惠王上》。
③ 《孟子·梁惠王上》。
④ 《孟子·滕文公上》。
⑤ 《孟子·梁惠王上》。
⑥ 《孟子·尽心上》。
⑦ 《孟子·尽心上》。

相反，如果没有"恒产"这一物质基础，也就没有道德可言，甚至还有滑向非道德的危险。当人民连衣食问题都没解决好时，就难以顾及道德，此时更不应提出过高的道德要求。他说："今也制民之产，仰不足以事父母，俯不足以畜妻子，乐岁终身苦，凶年不免于死亡。此惟救死而恐不赡，奚暇治礼义哉！"①孟子觉得如果当政者再苛责人民，就更不应该了，"若民，则无恒产，因无恒心。苟无恒心，放辟，邪侈，无不为已。及陷于罪，然后从而刑之，是罔民也。焉有仁人在位，罔民而可为也。"②这里孟子是在提醒"治人者"，如果人民的基本物质生活都不能保证，那么也是难以治理的，"明君制民之产"也是维护自身统治的必要基础。

孟子生当战国，"当今争以气力"，各国以耕战为急，但孟子却力倡"仁义"，还督促执政者力行"仁政"。诚如李泽厚先生所论，孟子思想中有"某种'急进的'人道民主色彩"③。正是凭借这种充满人文主义精神的理想情怀，既使得孟子竭力宣扬"良知良能"，以期鞭策各国当权者积极有为，力行仁政；又使得孟子着意为人民辩护，以条件论的"不能"，为"制民恒产"呼吁。显然，在孟子那里，"天道"是为"人道"服务的，纾解人民的"憔悴"，增进人民的幸福，是其造说立论的最大宗旨。

由上述孟子对"能"与"不能"的论述可见，孟子对人的主观能动性是持一种理性的辩证态度的，"能"与"不能"都是客观存在的，在孟子那里两者不能偏废，既不应以"能"而漠视"不能"，也不应以"不能"而遮蔽"能"，而应是从"不能"中见出"能"，从"能"中把握"不能"。这是先秦哲学中对人的能动性、对人与客观世界相互关系的一种新的探索和新的思辩结晶。因此，不能因为孟子"大心""尚志"，倡导主观能动性而视之为主观唯心论或唯意志论，而应全面地来把握孟子的"能"与"不能"思想，应看到孟子思想的独到建树。

还应指出的是，孟子辨析"能"与"不能"，非仅为纯粹的理论探讨，更意在为其政治理想进行辩护和论证。当然，"仁政"的合理性可由历史和价值的角度进行论证。从历史的层面说，因为古代圣王尧舜力行爱民之政，所以理当效仿之，实行"仁政"；从价值的意义上说，人为天地间之灵杰，人的至尊性决定了人理应享有不同于动物的属人的生活，这就是衣食无憾，安全无忧，尊严无损。一句话，"仁政"是人性的必然要求。孟子"能"与"不能"的辨析，则从哲学义理上说明，"仁政"不仅是"治人者"可以、也应当亟行的，也是完全可以做得到的，更是"治于人者"不可缺少的基本社会条件，还是保障人性和维护礼义文明的起码要求。要之，孟子的"能"与"不能"，为古代社会施行"仁政"，增添了新的理论辩护，亦为古代社会的善治良政，提供了重要的思想资源。

---

① 《孟子·尽心上》。

② 《孟子·梁惠王上》。

③ 李泽厚：《中国古代思想史论》，北京：人民出版社，1985，第41页。

赵岐《孟子章句》的训诂特色*

（唐明贵　聊城大学哲学系）

摘　要：作为汉代唯一流传于世的汉代孟子诠释专著，赵岐的《孟子章句》，既注重采用声训、义训和据境索义法解释字词，也关注人名、地名、水名、官名、职名、器物，以及车舆制度、俸禄制度、赋税制度、土地制度、度量衡制度和历法制度的诠释。这不仅体现了"叠诂训于语句之中"的诠释特色，也体现了经典诠释的时代特色，在汉代经学史上别具特色。

关键词：赵岐；《孟子章句》；训诂特色

赵岐，字邠卿，京兆长陵（今陕西咸阳）人。他"初名嘉，生于御史台，因字台卿，后避难，故自改名字，示不忘本土也"①，著有《孟子章句》《三辅决录》等。赵岐的《孟子章句》是现存最早的《孟子》注释本，被收入《十三经注疏》，代表了汉代《孟子》研究的最高成就。由于该书成于古文经学日益兴盛的东汉，加之章句体的特色之一——析句的要求，所以其最基本的诠释方式就是注重训诂。

一、释字词

在《孟子章句》中，赵岐在诠释字词时主要采用了声训、义训和据境索义三种方法。

首先，采用声训法释词。所谓声训法，就是"寻求读音相同或相近的字来解释词义的方法"②。如《孟子·万章下》"又尚论古之人"中的"尚"字，赵岐注曰："尚，上也。"③二字均属阳部禅纽，韵同声同。《孟子·梁惠王下》"所谓故国者，非谓有乔木之谓也"中的"乔"字，赵岐注

---

* 本文为国家社科基金重大项目"中国'四书'学史"（13&ZD060）子课题"中国'四书'学史·汉唐卷"的阶段性成果。

① 《后汉书·赵岐传》。

② 白兆麟：《简明训诂学》，杭州：浙江教育出版社，1984，第78页。

③ 李学勤主编：《十三经注疏·孟子注疏》，北京：北京大学出版社，1999，第291页。

曰："乔,高也。"①二字都属宵部,乔是群纽,高是见纽,两者韵同声近。《孟子·梁惠王上》"是使民养生丧死无憾也"中的"憾"字,赵氏注曰："憾,恨也。"②其中憾属匣纽侵部,恨属匣纽文部,侵文通转,二者声同韵近。《孟子·公孙丑上》"今人乍见孺子将入于井"中的"乍"字,赵氏注曰："乍,暂也。"③乍属铎部崇纽,暂属谈部从纽,铎谈通转,崇从准双声,二者声近韵近。又,《孟子·梁惠王下》"方命虐民"中的"方"字,赵岐注曰："方犹放也。"④《孟子·梁惠王上》"颁白者不负载于道路矣"中的"颁"字,赵岐注曰："颁者,班也。头半白班班者也。"⑤上述六例,都是借助读音相同或相近来释词,这与两汉时期去古未远、语音变化不大有密切关系。⑥

其次,采用义训法释词。义训法是释词的主要方法之一,这在《孟子章句》中体现得比较明显。

一是同义相训。同义相训,也就是用意义相同或相近的词做注。这样的例子在《孟子章句》中较多,形式也较多。

有的是用一个同义词去解释一个词,如《孟子·梁惠王上》"古之人与民偕乐"下,赵注曰："偕,俱也。"⑦同篇"无恒产而有恒心者",赵注曰："恒,常也。产,生也。"⑧《孟子·公孙丑上》"无暴其气"下,赵注曰："暴,乱也。"⑨《孟子·滕文公上》"则百姓亲睦"下,赵注曰："睦,和也。"⑩《孟子·离娄上》"旷安宅而弗居"下,赵注曰："旷,空。"⑪《孟子·万章下》"充类至"下,赵注曰："充,满。至,甚也。"⑫《孟子·尽心下》"君子反经而已矣"下,赵注曰："经,常也。反,归也。"⑬

有的是用今语释古语,如《孟子·梁惠王下》"大王事獯鬻"下,赵注曰："獯鬻,北狄疆者,今匈奴也。"⑭《孟子·滕文公上》"乐岁粒米狼戾"下,赵岐注曰："狼戾,犹狼藉也。"⑮

有的是用外延小的词训释外延大的词,如《孟子·梁惠王下》"事之以皮币"下,赵注曰：

① 李学勤主编：《十三经注疏·孟子注疏》,北京:北京大学出版社,1999,第50页。
② 李学勤主编：《十三经注疏·孟子注疏》,北京:北京大学出版社,1999,第10页。
③ 李学勤主编：《十三经注疏·孟子注疏》,北京:北京大学出版社,1999,第93页。
④ 李学勤主编：《十三经注疏·孟子注疏》,北京:北京大学出版社,1999,第41页。
⑤ 李学勤主编：《十三经注疏·孟子注疏》,北京:北京大学出版社,1999,第10页。
⑥ 赵代根：《试论〈孟子章句〉中的声训》,《安徽大学学报》1997年第4期。
⑦ 李学勤主编：《十三经注疏·孟子注疏》,北京:北京大学出版社,1999,第7页。
⑧ 李学勤主编：《十三经注疏·孟子注疏》,北京:北京大学出版社,1999,第23页。
⑨ 李学勤主编：《十三经注疏·孟子注疏》,北京:北京大学出版社,1999,第74页。
⑩ 李学勤主编：《十三经注疏·孟子注疏》,北京:北京大学出版社,1999,第138页。
⑪ 李学勤主编：《十三经注疏·孟子注疏》,北京:北京大学出版社,1999,第199页。
⑫ 李学勤主编：《十三经注疏·孟子注疏》,北京:北京大学出版社,1999,第280页。
⑬ 李学勤主编：《十三经注疏·孟子注疏》,北京:北京大学出版社,1999,第406页。
⑭ 李学勤主编：《十三经注疏·孟子注疏》,北京:北京大学出版社,1999,第36页。
⑮ 李学勤主编：《十三经注疏·孟子注疏》,北京:北京大学出版社,1999,第134页。

"皮,狐貉之裘。幣,缯帛之货也。"①《孟子·滕文公下》"行天下之大道"下,赵注曰:"大道,仁义之道也。"②《孟子·离娄下》"若合符节"下,赵注曰:"节,玉节也。"③《孟子·万章上》"人少则慕父母",赵注曰:"慕,思慕也。"④《孟子·告子下》"天子讨而不伐"下,赵注曰:"讨者,上讨下也。"⑤《孟子·尽心下》"其为人也寡欲"下,赵注曰:"欲,利欲也。"⑥

有的是用外延大的词诠释外延小的词,如《孟子·滕文公上》"饘粥之食"下,赵注曰:"饘,糜粥也。"⑦《孟子·滕文公上》"请野九一而助"下,赵注曰:"助者,殷家税名也,周亦用之,龙子所谓'莫善于助'也。"⑧《孟子·滕文公上》"不为厉陶冶"下,赵注曰:"厉,病也。"⑨《孟子·滕文公下》"居天下之广居"下,赵注曰:"广居,谓天下也。"⑩

有的是指出被释词所属之类,如《孟子·梁惠王上》"填然鼓之"下,赵注曰:"填,鼓音也。"⑪同篇"齐宣王问曰"下,赵注曰:"宣,谥也。"⑫《孟子·梁惠王上》"鲁平公将出"下,赵注曰:"平,谥也。"⑬《孟子·滕文公上》"盖归反虆梩而掩之"下,赵注曰:"虆梩,笼臿之属,可以取土者。"⑭《孟子·告子上》"状其樲棘"下,赵注曰:"樲棘,小棘,所谓酸枣也。"⑮《孟子·尽心下》"曾晳嗜羊枣"下,赵注曰:"羊枣,枣名也。"⑯《孟子·滕文公上》"以粟易械器者"下,赵注曰:"械,器之总名也。"⑰

二是定义法。有揭示事物的本质属性的,如《孟子·梁惠王上》"谨庠序之教"下,赵注曰:"庠序者,教化之宫也。"⑱同篇"途有饿莩而不知发"下,赵注曰:"饿死者曰莩。"⑲《孟子·梁惠王下》"刍荛者往焉"下,赵注曰:"刍荛者,取刍薪之贱人也。"⑳《孟子·公孙丑上》"非义

① 李学勤主编:《十三经注疏·孟子注疏》,北京:北京大学出版社,1999,第62页。
② 李学勤主编:《十三经注疏·孟子注疏》,北京:北京大学出版社,1999,第162页。
③ 李学勤主编:《十三经注疏·孟子注疏》,北京:北京大学出版社,1999,第213页。
④ 李学勤主编:《十三经注疏·孟子注疏》,北京:北京大学出版社,1999,第244页。
⑤ 李学勤主编:《十三经注疏·孟子注疏》,北京:北京大学出版社,1999,第334页。
⑥ 李学勤主编:《十三经注疏·孟子注疏》,北京:北京大学出版社,1999,第403页。
⑦ 李学勤主编:《十三经注疏·孟子注疏》,北京:北京大学出版社,1999,第130页。
⑧ 李学勤主编:《十三经注疏·孟子注疏》,北京:北京大学出版社,1999,第137页。
⑨ 李学勤主编:《十三经注疏·孟子注疏》,北京:北京大学出版社,1999,第144页。
⑩ 李学勤主编:《十三经注疏·孟子注疏》,北京:北京大学出版社,1999,第34页。
⑪ 李学勤主编:《十三经注疏·孟子注疏》,北京:北京大学出版社,1999,第9页。
⑫ 李学勤主编:《十三经注疏·孟子注疏》,北京:北京大学出版社,1999,第18页。
⑬ 李学勤主编:《十三经注疏·孟子注疏》,北京:北京大学出版社,1999,第63页。
⑭ 李学勤主编:《十三经注疏·孟子注疏》,北京:北京大学出版社,1999,第156页。
⑮ 李学勤主编:《十三经注疏·孟子注疏》,北京:北京大学出版社,1999,第312页。
⑯ 李学勤主编:《十三经注疏·孟子注疏》,北京:北京大学出版社,1999,第403页。
⑰ 李学勤主编:《十三经注疏·孟子注疏》,北京:北京大学出版社,1999,第144页。
⑱ 李学勤主编:《十三经注疏·孟子注疏》,北京:北京大学出版社,1999,第10页。
⑲ 李学勤主编:《十三经注疏·孟子注疏》,北京:北京大学出版社,1999,第11页。
⑳ 李学勤主编:《十三经注疏·孟子注疏》,北京:北京大学出版社,1999,第34页。

袭而取之也"，赵注曰："密声取敌曰袭。"①有对语词做出规定或说明的，如《孟子·梁惠王上》"为长者折枝"下，赵注曰："折枝，案摩折手节解罢枝也。"②《孟子·滕文公上》"树艺五谷"下，赵注曰："五谷谓稻、黍、稷、麦、菽也。"③《孟子·离娄上》"不以六律，不能正五音"下，赵注曰："六律，阳律太蔟、姑洗、蕤宾、夷则、无射、黄钟也。五音，宫、商、角、征、羽也。"④

三是描写形象，对词所代表的事物的形状、声色状态进行描写。其表现格式有：

以"……貌"表示，如《孟子·梁惠王上》"吾不忍其觳觫"下，赵岐注曰："觳觫，牛当到死地处恐貌。"⑤《孟子·梁惠王下》"举疾首蹙頞而相告"下，赵岐注曰："蹙頞，愁貌。"⑥《孟子·万章下》"子思以为鼎肉使己仆仆尔亟拜也"下，赵注曰："仆仆，烦猥貌。"⑦

以"……之貌"表示，此类较多，如《孟子·梁惠王上》"天油然作云"下，赵岐注曰："油然，兴云之貌。"⑧《孟子·公孙丑上》"芒芒然归"下，赵岐注曰："芒芒，罢倦之貌。"⑨同篇"故由由然与之偕而不自失焉"下，赵岐注曰："由由，浩浩之貌。"⑩《孟子·滕文公上》"使民盻盻然"下，赵岐注曰："盻盻，勤苦不休息之貌。"⑪《孟子·离娄上》"胸中不正，则眸子眊焉"下，赵岐注曰："眊者，蒙蒙目不明之貌。"⑫《孟子·离娄下》"夫公明高以孝子之心为不若是恝"下，赵注曰："恝，无愁之貌。"⑬《孟子·告子上》"人见其濯濯也"下，赵注曰："濯濯，无草木之貌。"⑭《孟子·尽心上》"人知之亦嚣嚣，人不知亦嚣嚣"下，赵注曰："嚣嚣，自得无欲之貌。"⑮《孟子·万章上》"始舍之圉圉焉，少则洋洋焉"下，赵岐注曰："圉圉，鱼在水羸劣之貌。洋洋，舒缓摇尾之貌。"⑯

不带"貌"字但却表示形象的，如《孟子·公孙丑上》"曾西艴然不悦"下，赵岐注曰："艴然，愠怒色也。"⑰《孟子·滕文公上》"皜皜乎不可尚已"下，赵岐注曰："皜皜，甚白也。"⑱《孟

---

① 李学勤主编：《十三经注疏·孟子注疏》，北京：北京大学出版社，1999，第75页。
② 李学勤主编：《十三经注疏·孟子注疏》，北京：北京大学出版社，1999，第21页。
③ 李学勤主编：《十三经注疏·孟子注疏》，北京：北京大学出版社，1999，第146页。
④ 李学勤主编：《十三经注疏·孟子注疏》，北京：北京大学出版社，1999，第185页。
⑤ 李学勤主编：《十三经注疏·孟子注疏》，北京：北京大学出版社，1999，第19页。
⑥ 李学勤主编：《十三经注疏·孟子注疏》，北京：北京大学出版社，1999，第31页。
⑦ 李学勤主编：《十三经注疏·孟子注疏》，北京：北京大学出版社，1999，第286页。
⑧ 李学勤主编：《十三经注疏·孟子注疏》，北京：北京大学出版社，1999，第17页。
⑨ 李学勤主编：《十三经注疏·孟子注疏》，北京：北京大学出版社，1999，第76页。
⑩ 李学勤主编：《十三经注疏·孟子注疏》，北京：北京大学出版社，1999，第99页。
⑪ 李学勤主编：《十三经注疏·孟子注疏》，北京：北京大学出版社，1999，第135页。
⑫ 李学勤主编：《十三经注疏·孟子注疏》，北京：北京大学出版社，1999，第203页。
⑬ 李学勤主编：《十三经注疏·孟子注疏》，北京：北京大学出版社，1999，第243页。
⑭ 李学勤主编：《十三经注疏·孟子注疏》，北京：北京大学出版社，1999，第305页。
⑮ 李学勤主编：《十三经注疏·孟子注疏》，北京：北京大学出版社，1999，第355页。
⑯ 李学勤主编：《十三经注疏·孟子注疏》，北京：北京大学出版社，1999，第248页。
⑰ 李学勤主编：《十三经注疏·孟子注疏》，北京：北京大学出版社，1999，第68页。
⑱ 李学勤主编：《十三经注疏·孟子注疏》，北京：北京大学出版社，1999，第148页。

子·万章上》"攸然而逝"下,赵岐注曰:"攸然,迅走水趣深处也。"①

通过这些解释,赵岐很形象地展示了被释词的形色和状态。

最后,采用据境索义法释词。同一个词处在不同语境中其意义也会不同,因此,在诠释时要做到随文释义。赵岐注意到了这一问题,在《孟子章句》中这样的例子不少。如《孟子·梁惠王上》"抑王兴甲兵"中的"抑",赵注曰:"辞也。"②这里,"抑"被解释成为一个疑问词,表反问,有"难道"之意。而在《孟子·滕文公下》"昔者禹抑洪水而天下平"中,赵岐则注曰:"抑,治也。"③这里"抑"被解释成为动词。

《孟子·滕文公上》"舜使益掌火,益烈山泽而焚之"下,赵注曰:"烈,炽。"④"烈"在此句中被解释为一个形容词。而在《孟子·滕文公下》"丕显哉!文王谟。丕承哉!武王烈"中,赵注曰:"烈,光也。"⑤这里"烈"被解释成为一个名词。

《孟子·公孙丑上》"行有不慊于心"中的"慊",赵注释其为"快也"⑥,而《孟子·公孙丑下》"吾何慊乎哉"中的"慊",则被释为"少也"⑦。

又,同样一个"志"字,《孟子·万章上》"不以辞害志,以意逆志"中的"志",赵岐解为"诗人志所欲之事"⑧,而《孟子·公孙丑上》"夫志,气之帅也"中的"志"则被解为"心所念虑也"⑨。

同一个"氓"字,在《孟子·滕文公上》"愿受一廛而为氓"中,被赵岐注为"野人也"⑩,而在《孟子·万章下》"君之于氓也"中,则被释为"民也"⑪。

同为"泽"字,在《孟子·公孙丑下》"识其不可,然且至,则是干泽也"句中,被赵岐释为"禄也"⑫,在《孟子·滕文公下》"园囿污池沛泽多而禽兽至"句中,则被释为"水也"⑬。

由上可见,运用据境索义的方法,将同一个词置于不同的语言环境中,才能准确地理解词义,并进而把握经文所传递的信息。

---

① 李学勤主编:《十三经注疏·孟子注疏》,北京:北京大学出版社,1999,第248页。
② 李学勤主编:《十三经注疏·孟子注疏》,北京:北京大学出版社,1999,第21页。
③ 李学勤主编:《十三经注疏·孟子注疏》,北京:北京大学出版社,1999,第178页。
④ 李学勤主编:《十三经注疏·孟子注疏》,北京:北京大学出版社,1999,第146页。
⑤ 李学勤主编:《十三经注疏·孟子注疏》,北京:北京大学出版社,1999,第177页。
⑥ 李学勤主编:《十三经注疏·孟子注疏》,北京:北京大学出版社,1999,第75页。
⑦ 李学勤主编:《十三经注疏·孟子注疏》,北京:北京大学出版社,1999,第104页。
⑧ 李学勤主编:《十三经注疏·孟子注疏》,北京:北京大学出版社,1999,第253页。
⑨ 李学勤主编:《十三经注疏·孟子注疏》,北京:北京大学出版社,1999,第74页。
⑩ 李学勤主编:《十三经注疏·孟子注疏》,北京:北京大学出版社,1999,第143页。
⑪ 李学勤主编:《十三经注疏·孟子注疏》,北京:北京大学出版社,1999,第285页。
⑫ 李学勤主编:《十三经注疏·孟子注疏》,北京:北京大学出版社,1999,第123页。
⑬ 李学勤主编:《十三经注疏·孟子注疏》,北京:北京大学出版社,1999,第177页。

二、释名物

由于时过境迁，物是人非，所以赵岐比较注重对《孟子》中名物的训释。主要涉及以下几个方面：

一是释人名。《孟子》中涉及的人物众多，既有古人，也有时人及孟门弟子，对此，赵岐多有关注。对古人的注释，如《孟子·梁惠王下》"古公亶甫，来朝走马"下，赵注曰："亶父，大王名也。号称古公。"①《孟子·公孙丑上》"柳下惠，不羞污君，不卑小官"下，赵注曰："柳下惠，鲁公族大夫也。姓展，名禽，字季，柳下是其号也。"②《孟子·滕文公下》"景春曰：'公孙衍、张仪岂不诚大丈夫哉'"下，赵注曰："景春，孟子时人，为纵横之术者。公孙衍，魏人也。号为犀首，尝佩五国相印为从长。秦王之孙，故曰公孙。张仪，合从者也。"③《孟子·离娄上》"师旷之聪"下，赵注曰："师旷，晋平公之乐太师也。"④《孟子·离娄上》"齐景公曰"下，赵注曰："齐景公，齐侯。景，谥也。"⑤《孟子·万章上》"或谓孔子于卫主痈疽，于齐主侍人瘠环，有诸乎"下，赵注曰："痈疽，痈疽之医者也。瘠，姓。环，名。侍人也。卫君、齐君之所近狎人。"⑥又，对时人的注释，如《孟子·告子下》"宋牼将之楚，孟子遇于石丘"下，赵注曰："宋牼，宋人名牼，学士年长者，故谓之先生。"⑦《孟子·尽心上》"孟子谓宋句践曰"下，赵注曰："宋，姓也；句践，名也。"⑧对孟子弟子的注释，如《孟子·梁惠王下》"乐正子入见"下，赵注曰："乐正，姓也。子，通称。孟子弟子也。为鲁臣。"⑨《孟子·滕文公下》"彭更问曰"句，赵注曰："彭更，孟子弟子。"⑩

二是释地名。对《孟子》中出现的地名，赵岐也予以了注释。其中有些注释较为简单，如《孟子·公孙丑下》"孟子去齐，居休"下，赵注曰："休，地名。"⑪《孟子·告子下》"孟子遇于石丘"下，赵注曰："石丘，地名也。"⑫有些则较为详细，如《孟子·公孙丑下》"孟子之平陆"下，赵注曰："平陆，齐下邑也。"⑬同篇"止于嬴"下，赵注曰："嬴，齐南邑。"⑭同篇"孟子去齐，宿于

① 李学勤主编：《十三经注疏·孟子注疏》，北京：北京大学出版社，1999，第46页。
② 李学勤主编：《十三经注疏·孟子注疏》，北京：北京大学出版社，1999，第99页。
③ 李学勤主编：《十三经注疏·孟子注疏》，北京：北京大学出版社，1999，第163页。
④ 李学勤主编：《十三经注疏·孟子注疏》，北京：北京大学出版社，1999，第185页。
⑤ 李学勤主编：《十三经注疏·孟子注疏》，北京：北京大学出版社，1999，第194页。
⑥ 李学勤主编：《十三经注疏·孟子注疏》，北京：北京大学出版社，1999，第263页。
⑦ 李学勤主编：《十三经注疏·孟子注疏》，北京：北京大学出版社，1999，第325页。
⑧ 李学勤主编：《十三经注疏·孟子注疏》，北京：北京大学出版社，1999，第355页。
⑨ 李学勤主编：《十三经注疏·孟子注疏》，北京：北京大学出版社，1999，第64页。
⑩ 李学勤主编：《十三经注疏·孟子注疏》，北京：北京大学出版社，1999，第166页。
⑪ 李学勤主编：《十三经注疏·孟子注疏》，北京：北京大学出版社，1999，第126页。
⑫ 李学勤主编：《十三经注疏·孟子注疏》，北京：北京大学出版社，1999，第325页。
⑬ 李学勤主编：《十三经注疏·孟子注疏》，北京：北京大学出版社，1999，第327页。
⑭ 李学勤主编：《十三经注疏·孟子注疏》，北京：北京大学出版社，1999，第114页。

昼"下,赵注曰:"昼,齐西南近邑也。"①《孟子·万章上》"晋人以垂棘之璧与屈产之乘"下,赵注曰:"垂棘,美玉所出地名。屈,产地,良马所生。"②《孟子·告子下》"季任为任处守"下,赵注曰:"任,薛之同姓小国也。"③

三是释水名。赵岐对《孟子》中有关的河流也予以了注释,如《孟子·离娄下》"子产听郑国之政,以其乘舆济人于溱、洧"下,赵注曰:"溱洧,水名。"④其注释较为简洁。《孟子·告子下》"昔者王豹处于淇而河西善讴"下,赵注曰:"淇,水名。《卫诗·竹竿》之篇曰:'泉源在左,淇水在右。'《硕人》之篇曰:'河水洋洋,北流活活。'卫地滨于淇水,在北流河之西,故曰处淇水而河西善讴,所谓郑卫之声也。"⑤其注释较为清楚明白。

四是释器物。有释乐器的,如《孟子·梁惠王下》"管钥之音"下,赵注曰:"管,笙。钥,箫。或曰钥若笛短而有三孔。"⑥有释兵器的,如《孟子·梁惠王下》"干戈戚扬"下,赵注曰:"戚,斧;扬,钺也。"⑦有释农具的,如《孟子·公孙丑上》"虽有镃基,不如待时"下,赵注曰:"镃基,田器,耒耜之属。"⑧有释植物的,如《孟子·告子上》"舍其梧槚"下,赵注曰:"梧,桐;槚,梓,皆木名。"⑨有释动物的,如《孟子·离娄上》"为渊驱鱼者,獭也。为丛驱爵者,鹯也"下,赵注曰:"獭,猵也。鹯,土鹯也。"⑩

五是释官名。如《孟子·公孙丑下》"子之辞灵丘而请士师"下,赵注曰:"士师,治狱官也。"⑪《孟子·万章下》"孔子尝为委吏矣"下,赵注曰:"委吏,主委积仓庾之吏也。"⑫同篇"尝为乘田矣"下,赵注曰:"乘田,苑囿之吏也,主六畜之刍牧者也。"⑬

六是释职名。如《孟子·滕文公下》"子如通之,则梓匠轮舆,皆得食于子"下,赵注曰:"梓匠,木工也。轮人舆人,作车者。交易则得食于子之所有矣。《周礼》攻木之工七,梓匠轮舆,是其四者。"⑭《孟子·告子上》"今有场师"下,赵注曰:"场师,治场圃者。"⑮

① 李学勤主编:《十三经注疏·孟子注疏》,北京:北京大学出版社,1999,第122页。
② 李学勤主编:《十三经注疏·孟子注疏》,北京:北京大学出版社,1999,第266页。
③ 李学勤主编:《十三经注疏·孟子注疏》,北京:北京大学出版社,1999,第327页。
④ 李学勤主编:《十三经注疏·孟子注疏》,北京:北京大学出版社,1999,第214页。
⑤ 李学勤主编:《十三经注疏·孟子注疏》,北京:北京大学出版社,1999,第330页。
⑥ 李学勤主编:《十三经注疏·孟子注疏》,北京:北京大学出版社,1999,第31页。
⑦ 李学勤主编:《十三经注疏·孟子注疏》,北京:北京大学出版社,1999,第46页。
⑧ 李学勤主编:《十三经注疏·孟子注疏》,北京:北京大学出版社,1999,第69页。
⑨ 李学勤主编:《十三经注疏·孟子注疏》,北京:北京大学出版社,1999,第312页。
⑩ 李学勤主编:《十三经注疏·孟子注疏》,北京:北京大学出版社,1999,第198页。
⑪ 李学勤主编:《十三经注疏·孟子注疏》,北京:北京大学出版社,1999,第110—111页。
⑫ 李学勤主编:《十三经注疏·孟子注疏》,北京:北京大学出版社,1999,第283页。
⑬ 李学勤主编:《十三经注疏·孟子注疏》,北京:北京大学出版社,1999,第283—284页。
⑭ 李学勤主编:《十三经注疏·孟子注疏》,北京:北京大学出版社,1999,第166页。
⑮ 李学勤主编:《十三经注疏·孟子注疏》,北京:北京大学出版社,1999,第312页。

三、释典制

由于许多汉人对古代的规章制度、度量衡以及历史风俗已经不甚了解，所以赵岐对《孟子》中涉及的这些问题予以了注明。

一是释车舆制度。如《孟子·梁惠王上》"万乘之国，弑其君者，必千乘之家"下，赵注曰："万乘，兵车万乘，谓天子也。千乘，诸侯也。"①

二是释俸禄制度。如《孟子·梁惠王上》"万取千焉，千取百焉"下，赵注曰："周制：君十卿禄。君食万钟，臣食千钟。"②

三是释赋税制度。如《孟子·滕文公上》"请野九一而助，国中什一使自赋"下，赵注曰："九一者，井田以九顷为数而供什一，郊野之赋也。助者，殷家税名也，周亦用之，龙子所谓'莫善于助'也。时诸侯不行助法。国中什一者，《周礼》：'园廛二十而税一。'时行重法赋，责之什一也。而，如也。自，从也。孟子欲请使野人如助法，什一而税之；国中从其本赋，二十而税一以宽之也。"③又，《孟子·尽心下》"有布缕之征，粟米之征，力役之征"下，赵注曰："征，赋也。国有军旅之事，则横兴此三赋也。布，军卒以为衣也；缕，絣铠甲之缕也。粟米，军粮也。力役，民负荷斯养之役也。"④

四是释土地制度。如《孟子·滕文公上》"方里而井，井九百亩，其中为公田，八家皆私百亩，同养公田，公事毕，然后敢治私事，所以别野人也"下，赵注曰："方一里者，九百亩之地也，为一井。八家各私得百亩，同共养其公田之苗稼。公田八十亩，其余二十亩以为庐井宅园圃，家二亩半也。先公后私，'遂及我私'之义也。则是野人之事，所以别于士伍者也。"⑤这里解释了井田制度。

五是释祭礼。如《孟子·梁惠王上》"将以衅钟"下，赵注曰："新铸钟，杀牲以血涂其衅郄，因以祭之，曰衅。《周礼·大祝》曰：'堕衅，逆牲逆尸，令钟鼓。'《天府》：'上春，衅宝钟，及宝器。'"⑥衅鼓是上古之祭礼，凡有战事或有重要器物（如钟、鼓等）制成，一定要杀人或杀牲以血涂之行祭，称作衅。又，《孟子·梁惠王上》"始作俑者，其无后乎"下，赵岐注曰："俑，偶人也。用之送死。仲尼重人类，谓秦穆公时以三良殉葬，本由有作俑者也。夫恶其始造，故

---

① 李学勤主编：《十三经注疏·孟子注疏》，北京：北京大学出版社，1999，第3页。
② 李学勤主编：《十三经注疏·孟子注疏》，北京：北京大学出版社，1999，第3页。
③ 李学勤主编：《十三经注疏·孟子注疏》，北京：北京大学出版社，1999，第137页。
④ 李学勤主编：《十三经注疏·孟子注疏》，北京：北京大学出版社，1999，第396页。
⑤ 李学勤主编：《十三经注疏·孟子注疏》，北京：北京大学出版社，1999，第138页。
⑥ 李学勤主编：《十三经注疏·孟子注疏》，北京：北京大学出版社，1999，第19页。

曰:此人其无后嗣乎。"①这里解释古代的殉葬制度。

六是释度量衡制度。如《孟子·梁惠王上》"吾力足以举百钧"下,赵岐注曰:"百钧,三千斤也。"②《孟子·梁惠王下》"今有璞玉于此,虽万镒"下,赵岐注曰:"二十两为镒。"③《孟子·尽心上》"掘井九轫而不及泉"下,赵岐注曰:"轫,八尺也。"④

七是释历法制度。如《孟子·梁惠王上》"七八月之间旱"下,赵岐注曰:"周七、八月,夏之五、六月也。"⑤又,《孟子·离娄下》"惠而不知为政。岁十一月徒杠成,十二月舆梁成,民未病涉也"下,赵注曰:"以为子产有惠民之心,而不知为政,当以时修桥梁,民何由病苦涉水乎?周十月,夏九月,可以成涉度之功。周十一月,夏十月,可以成舆梁也。"⑥

赵岐对《孟子》所做的许多训诂为后来研读《孟子》者所因袭,不论是唐代的陆善经、张镒、丁公,还是宋代的朱熹、清代的焦循,其著作都是在此基础上再加创获而成的。除焦循《孟子正义》外,朱熹《孟子集注》"采用赵说独多,即不明著赵氏,而与之同者,几于累牍"⑦。黄俊杰就此评价说:通贯《孟子集注》全书各章,朱子引用或因袭赵氏注者共高达五八〇次,包括有关文字训诂者共三一七次;有关史实人名者共一二一次;有关章旨文义者共八十四次;有关国名地望共三〇次;有关经典出处者共十五次;有关古代制度者共十三次。就以上统计所见,朱子袭用赵氏注者以有关文字训诂者最多,史实人名其次,两者相加共计四三八次,占总数之大多数。由此可见,就朱子观之,赵注之长处在文字训诂及史实人名的考证。其次,有关国名地名、经典出处、古代制度之训解,朱子之从赵氏者共五十八次,盖以赵氏近古,所论古制及地望之考证较为可信,故朱子多从之。朱子在章旨文义的阐释上从赵氏者共计八十四次,为数不少。但我们进一步细究其实,则可发现朱子在章旨文义上袭用赵氏注者多属训诂之范畴,如"孟子见梁惠王"一章,赵氏注曰:"所谓利,盖富国强兵之类",朱子从之曰:"赵岐注云,孟子知王欲以富国强兵为利。"至于有关重要哲学概念如"仁""义"等的训释,朱子多出自一己之心裁,极少盲从汉魏先贤的说法。⑧其对后世研究《孟子》之影响由此可见。《四库全书总目》评曰:"盖其说虽不及后来之精密,而开辟荒芜,俾后来得遁途而深造,其功要不可泯也。"⑨

① 李学勤主编:《十三经注疏·孟子注疏》,北京:北京大学出版社,1999,第14页。
② 李学勤主编:《十三经注疏·孟子注疏》,北京:北京大学出版社,1999,第20页。
③ 李学勤主编:《十三经注疏·孟子注疏》,北京:北京大学出版社,1999,第54页。
④ 李学勤主编:《十三经注疏·孟子注疏》,北京:北京大学出版社,1999,第368页。
⑤ 李学勤主编:《十三经注疏·孟子注疏》,北京:北京大学出版社,1999,第17页。
⑥ 李学勤主编:《十三经注疏·孟子注疏》,北京:北京大学出版社,1999,第215页。
⑦ 周中孚:《郑堂读书记》,北京:中华书局,1993,第238页。
⑧ 参见黄俊杰:《从朱子〈孟子集注〉看中国学术史上的注疏传统》,《儒学传统与文化创新》,台北:东大图书有限公司,1983,第56—58页。
⑨ 永瑢等:《四库全书总目》,北京:中华书局,2003,第289页。

孔子"三畏"对经典诠释的启示

（余亚斐　安徽师范大学马克思主义学院）

摘　要：中国诠释传统以经典诠释为主要特征。经典不同于一般文本，经典蕴含着作者的历史使命，是对人类共同拥有的崇高精神的发现，是通往圣人之意的重要途径以及当下应用的意义源头。此外，经典还具有训诫和警示的作用，所以，经典诠释应当把敬畏作为重要的合法前见。孔子"三畏"体现了中国经典诠释对敬畏的重视，并给予当下以启示：在"畏天命"中树立经典诠释的历史担当，在"畏大人"中发挥经典诠释的人格塑造功能，在"畏圣人之言"中自省并在对圣人之意的上达与权变中实现经典意义的应用与流传。

关键词：孔子；敬畏；"三畏"；经典诠释

西方诠释学从20世纪80年代传入中国大陆以来，中国学者在对来自西方的诠释学[①]学习、吸收、反思的过程中，逐渐意识到中国诠释思想的独特价值，并提出了构建中国诠释学的任务。正如汤一介先生说："中国有比西方长得多的解释经典的历史，并在经典解释中创造出丰富的解释经典的原则和方法，我相信，在今天我们有了创建'现代中国解释学'的自觉的基础上，迟早会创建不同于西方解释的中国解释学，为人类的学术文化作出我们应有的贡献。"[②]在建构中国诠释学的时代背景下，孔子的诠释思想无疑是亟待加以发现、整理和阐发的，在诸子中，孔子是最为重视人文教化的理论家和实践家，他不仅有丰硕的经典诠释的实践成果与经验，而且还提出了许多关于经典诠释思想的观点。其中，孔子"三畏"对经典诠释有着重要启示，它要求把敬畏的态度内含于理解的前见之中，认为只有在敬畏之心的参与下，经典诠释才能体现历史担当，促进人格塑造，发挥训诫与自省的作用，通达圣人之意并在当下应用中实现经典的意义流传。

[①] "诠释学"是德语 Hermeneutik 或英语 hermeneutics 等西方语词的汉译名，除了"诠释学"外，国内还有"解释学""阐释学""释义学"等译名。本文不对译名进行讨论，一概使用"诠释学"译名，并与引文中的其他译名同等对待。

[②] 汤一介：《解释学与中国》，《光明日报》2002年9月26日。

一、敬畏：经典诠释的合法前见

在诠释学理论中，人们对文本的理解与诠释总是带有前见。前见，是浪漫主义诠释学着重批判的对象，因为在他们看来，前见是偏见，是导致误解的主要原因，是要在技术上千方百计加以克服的东西。但是在伽达默尔的哲学诠释学中，前见是不可克服的，也是不需要克服的，因为前见并不都是理解的消极因素，而有其积极的意义。前见既反映了读者的当下境遇，也蕴含着未来的筹划，所以在前见的作用下，理解达到了当下与传统、未来的交通，实现了读者与作者、文本的交融，使理解成为经典意义得以敞开并对当下和未来发挥效用的事件，以及展现此在的存在方式。因此，只有充分肯定前见的积极效果，诠释学才能从技术的诠释学走向哲学的诠释学，并成为一种哲学。对前见积极作用的肯定和发挥是伽达默尔诠释学的重要特征，在孔子经典诠释的实践和理论阐述中，前见的作用也体现得非常明显。孔子提出"三畏"，认为在经典诠释的前见中应该包含敬畏的态度，以敬畏之心理解和诠释经典。

在《论语·季氏》篇中，孔子说："君子有三畏，畏天命，畏大人，畏圣人之言。小人不知天命而不畏也，狎大人，侮圣人之言。"①"畏"指敬，合称敬畏，是心中诚敬的态度，如廖名春说："《论语·季氏》篇'君子有三畏'章的诸'畏'字都应当训为'敬'。"②敬畏是儒家伦理学中的重要内容，孔子说："修己以敬"③"敬而无失"④。朱熹说："君子之心常存敬畏"⑤，"敬，只是一个'畏'字"⑥。孔子乃至儒家所讲的敬畏是伦理学意义上的真诚与恭敬，而不是心理上的恐惧以及由此而来的被迫顺从，敬畏的目的不是增加彼此的距离而划定界限、相互拒斥，而是建立在对历史意识充分自觉与反思基础上的尊重、崇敬、热爱和继承。

孔子的敬畏是内在的，发自于内心的诚。从春秋时期的语境来看，当时的人们普遍存在着对鬼神和世间政治权威的敬畏的观念，但是它们都不是孔子真正要敬畏的对象。对于鬼神，孔子说："务民之义，敬鬼神而远之，可谓知矣。"⑦孔子虽然主张"敬鬼神"，但是，他明白真正明智的做法是"务民"而远鬼神，是将那无法被人们认知也不能真正为人们创造幸福的鬼神搁置起来，"不语怪力乱神"⑧，因为经过孔子的反思，鬼神不是人能够且应当融入的

---

① 《论语·季氏》。

② 廖名春：《〈论语〉"君子有三畏"章新释》，《孔子研究》2011年第6期。

③ 《论语·宪问》。

④ 《论语·颜渊》。

⑤ 朱熹：《四书章句集注》，北京：中华书局，1983，第17页。

⑥ 黎靖德：《朱子语类》，王星贤点校，北京：中华书局，1986，第211页。

⑦ 《论语·雍也》。

⑧ 《论语·述而》。

观念，只有远离鬼神才能专注于务民的人事，才能"居敬而行简，以临其民"①，所以，真正需要敬畏的是务民与人事，而不是飘渺的鬼神。当时鲁哀公问宰我用何种木料制作神主（祭祀对象的牌位）的事，宰我主张沿用过去神道设教的那一套，推荐用周代的做法，周代用栗木制作神主，使民战栗、畏惧，以便达到管理人民的目的。孔子听到后说："成事不说，遂事不谏，既往不咎。"②孔子反对利用人民畏惧鬼神的手段来达到社会治理的目的。由此可见，鬼神并不是孔子从内心中要敬畏的对象，反而是要革除的东西。对于世间政治的权威，孔子限于礼的规范以及他所要维护的秩序，虽然恭敬其身份，维护其地位，但心中并不敬畏其人，更不会盲从，在孔子看来，"今之从政者"皆"斗筲之人，何足算也？"③更借《春秋》批判当时的乱臣贼子。由此可见，孔子虽然从原始宗教与宗法制度那里继承了"畏"的观念，但剥离了其外在的对象，保留下了其精神的内涵，由外在的畏转为内在的诚和敬，通过内心的反思与自觉，达到对传统的接受、融入和超越。

当敬畏一旦落入内心，就成为理解的前见，敬畏作为经典诠释的前见具有多方面的积极意义。

首先，只有在敬畏中，对传统的理解与融入才是可能的。历史虽然已经先在于理解者，但是，理解者与历史发生交融却不是先于理解活动的，而是在理解中发生的，就好像一个拥有五千多年文明历史的中国人并不能生来就理解并继承传统，他需要通过理解、体验和习得并融入其中，才能具有深厚的历史感，拥有历史的积淀，而敬畏就是走进历史所需要具备的一种态度。子曰："我非生而知之者，好古，敏以求之者也。"④孔子"好古"，其"好"既是主动的追求，是对历史意识的自觉，又怀有喜爱、热忱的感情与谦逊、敬畏的态度去继承和融入传统。正是因为孔子"好古"，以敬畏的态度对待传统，他才能自觉地融入于其中，并担当起文明传承的使命。融入历史的过程就是接受教化的过程。人要成为历史中的人，就必须要接受历史传统的教化。

历史传统的教化要想有效实行，既不能使历史与当今的间距过大，如果传统令人高不可攀，或者望而生畏，甚至充满禁忌，这样的教化只能令后人匍匐在传统之下，一味地顺从，而不能展开理解的对话，实现意义的延展，也因此失去了教化的意义；但也不能肆无忌惮地任意诠释，甚至毁谤传统，这样的诠释也不能真正推进历史意义的持续，反而割裂了历史与当下的联系，教化也注定失败。所以，真正的教化一定是开放与敬畏之间的中道。正如康德说："我们有朝一日能做到无须对于法则抱有那种与害怕违禁的恐惧、至少是担忧结合着

---

① 《论语·雍也》。

② 《论语·八佾》。

③ 《论语·子路》。

④ 《论语·述而》。

的敬重,我们就能像那超越于一切依赖性之上的神性一样自发地、仿佛是通过一种成为我们的本性而永远不会动摇的意志与纯粹德性法则之间的协调一致(因而德性法则由于我们永远不可能被诱使去背弃它,也许最终就有可能完全不再对我们是命令了),而在某个时候能具有意志的某种神圣性似的。"①康德认为,带着害怕与担忧违禁的恐惧既不能发挥敬畏的作用,也不能实现人性的提升,只有超越神性的外在性,在内心中敬重和向往神性,才能使神性内化而成就自我的神性。因此,敬畏不是隔离,或对象性的畏惧,而是融入与反躬,它不是与距离、开放相矛盾的,而是与距离、开放一道成为理解和教化得以实现的前提。

其次,敬畏是避免使理解陷入相对主义的有效手段。在孔子身处的历史中,历史意识以及文明积淀以经典为表现和传承的载体,所以,敬畏传统就是敬畏经典,也要求以敬畏之心来诠释经典。敬畏作为理解的前见,要求读者以敬谨和诚信的态度对待经典,不能为了一己之私意而毫无根据地臆测和割裂经典,而应以"知之为知之,不知为不知"②的态度来理解。孔子说:"夏礼,吾能言之,杞不足征也;殷礼,吾能言之,宋不足征也。文献不足故也。足,则吾能征之矣。"③孔子认为,夏礼和殷礼他都能讲,因为有充足的材料佐证,但杞国和宋国的礼仪他不能讲,因为文献不足。可见,孔子对待传统以及文献是充满敬畏的。以伽达默尔为代表的当代哲学诠释学存在着一定程度上相对主义的诟病,诠释学自从20世纪传到我国之后,受其影响,也出现了一些过度诠释经典的现象,这些都是对待经典缺乏敬畏之心的表现。诚然,诠释学打破了经典的神秘性与诠释的独断,经典成为了人人皆可诠释的开放性文本,经典诠释的权力掌握在每一位读者的手中,这有益于经典意义的流传与持续。孔子解释经典也不要求一成不变地复返经典或盲从经典,否则孔子就不会发出感叹:"知我者其惟《春秋》乎! 罪我者其惟《春秋》乎!"④但是,经典意义的开放性并不意味着诠释的随意性,只有以敬畏的态度诠释经典,才能走近经典,并从经典返回自身,发挥经典意义的历史效果,或者说,只有在敬畏的态度中,对经典的理解与诠释才是有效的,因为经典诠释的真正意义既不是回到经典,也不是单方面呈现此在的存在方式,而是"我"与经典的视域融合与意义的升华,是在时间距离的作用下历史意识的延展与应用。

在中国哲学的语境下,经典诠释不仅是理解的事件,还是立德弘道的事业,敬畏不仅是理解的前见,还是德行的体现。所以,不敬畏经典,任意地诠释经典,其本身就体现为德行的缺失;反之,以敬畏之心诠释经典,既有助于避免诠释的相对主义,也赋予了诠释学德行培养的新任务。正如潘德荣所说:"若我们将诠释学的任务定位为立德弘道之学,使所有的

---

① 康德:《实践理性批判》,邓晓芒译,北京:人民出版社,2003,第112页。

② 《论语·为政》。

③ 《论语·八佾》。

④ 《孟子·滕文公下》。

诠释活动都以'德行'为核心而展开，那么，诠释的方法论也不会沦为纯粹的技术性工具，伽达默尔的诠释学本体论也因具有了一个价值向度而得以避免陷入相对主义的泥潭。此乃当代诠释学所应取的发展方向。"①因此，将敬畏融入于经典诠释之中，在理解前见中包含敬畏的态度，既符合中国经典诠释的特点，也能对当今世界诠释学的发展做出贡献。

最后，孔子以敬畏作为理解的前见展现了中国哲学不同于西方的发展路向和历程。一方面，敬畏经典奠定了中国古代哲学以经典诠释的方式展开的基础。经典诠释是中国古代哲学的一大特点，历代哲学家大多以"回到"经典的方式展开自己的思想创造。汉代不管是古文经学还是今文经学皆是围绕以"五经"为中心讨论，魏晋玄学不管是"贵无"还是"崇有"都是通过对《老子》《庄子》《周易》之"三玄"来追问秩序与自由之间的关系，盛兴于唐代的中国佛教正是通过对不同佛教经典的诠释来开宗立派，宋明理学通过对"四书"《周易》等经典的诠释来展开他们的独创，明清哲人也是通过对先秦经典的再诠释来达到他们反思宋学的目的。两千余年的中国哲学大多沿着孔子"述而不作"的方式在发展和延续，这与对待经典的敬畏态度是密不可分的。

另一方面，在以敬畏为前见的经典诠释中，展现出中国哲学理解、存在与伦理内在统一的特点。在理解与存在的关系中，理解基于存在，理解是基于当下的境遇与未来的筹划对历史的参与和反思；而存在也需要在理解中得到澄明，在对经典的诠释中呈现自身。在伦理与存在的关系上，伦理是存在的栖居之地，人在伦理关系中确立自身，所以伦理是人安身立命之所在；而存在又推动着伦理的延展，使伦理在具体道德实践中得以展现并不断丰富。在理解与伦理的关系上，理解活动伴随着道德的工夫和价值的导向，而伦理又需要在理解中获得体认和培养。理解、存在与伦理的统一，敬畏起到重要的作用，敬畏贯穿于三者之中。第一，敬畏本身就是伦理的表现与态度，敬畏也是走向伦理生活的开端，如孔子对子夏讲孝："今之孝者，是谓能养。至于犬马，皆能有养，不敬，何以别乎？"②孝是伦理的基础，而敬又是孝的前提，所以，只有在敬畏中，伦理才能得到施行。第二，诠释学以文本为理解的对象，而文本具有广泛的所指，文本不仅是指经典，历史、艺术、行为、他人都可以成为诠释的文本，所以，敬畏作为理解应当包含的一种伦理态度也应当应用于一切他者之上，正如孔子所说："出门如见大宾，使民如承大祭。"③由此可见，理解包含着伦理，敬畏体现于理解的各个方面。第三，从存在的意义上讲，敬畏之心的生发并不是来自对象，而是自己正心诚意。正如孔子说："君子不重，则不威，学则不固。"④君子首先要自重、自敬，自重了才有威

---

① 潘德荣：《论当代诠释学的任务》，《华东师范大学学报》（哲学社会科学版）2015年第5期。

② 《论语·为政》。

③ 《论语·颜渊》。

④ 《论语·学而》。

信,自敬了才能敬畏学问,学问才能笃实稳固。所以,敬畏的源头不是对象,而是自己,敬畏是"仰不愧于天,俯不怍于人"①的自省,是扪心自问、对得起自己的此在的生命安顿。由此可见,理解、存在与伦理都包含着敬畏,并在敬畏中得到统一,敬畏作为经典诠释的合法前见是中国诠释思想的重要特点。

二、"畏天命":经典诠释中的历史担当

敬畏作为理解的前见参与到理解的过程中,使得诠释学具有了价值的向度。经典诠释在中国古代从来就不单单是一项理解的活动,不仅以呈现个人存在方式和阐明己意为目标,还承载着深厚的历史担当与社会责任这样的价值要求。在当今建构中国经典诠释学的过程中,需要秉承先贤注经的历史责任感,通过对经典意义的阐释来推进人性与社会的完善,将历史的责任与担当注入诠释与理解的过程中,也能使诠释学越来越注重人类的命运,具有更加长远的目标。

在孔子的"三畏"中,"畏天命"表达出孔子对经典诠释的历史担当的要求。在孔子的思想中,天命是他所体认到的由上天规定的人的历史责任与担当,犹如孟子所说的"天将降大任于斯人也"②中的"大任"。孔子对历史意识的领悟既融入和继承了先贤的历史意识,如尧、舜、禹、文、武、周公、太伯、伯夷、晏婴、管仲、孔文子等,又怀着现实的焦虑与关怀,并以未来的美好期许与筹划反思历史,批判现实,由此,孔子自觉到身上所肩负的天命,勇当"木铎",在推进历史的前行中践行人生的使命,并以此参与天道的运动。在天命中,个体的生命价值融入了历史的进程,在持续的历史运动中来突破个人的有限性,并在对历史意识的反思与超越中彰显生命的独特性。天命向着生命意志转化的过程体现了历史的整体性与生命的个体性的统一,以及必然性的要求与自觉性的参与的统一。所以,孔子"畏天命",所畏者既不是神秘的鬼神之令,也不是自然法则,而是人之为人所应当走的人道和所应当要承担的历史使命,即"天所赋之正理"③。正如李泽厚解释道:"'敬畏'排除了原始巫术、奇迹、神谕等等具体仪式活动,而留下其严重深厚的'宗教'情怀,这是自孔子以来的儒学重要特征之一。因之,此'天命'一如'五十而知天命'章,并非特定外在超越对象,而可释作对自己存在及其有限性之深沉自觉(自意识),从而敬而畏,即在此有限性中更感生存价值、意义与使命。"④自从"五十而知天命"之后,孔子一路猛进,"知其不可奈何""无所逃于天地之

---

① 《孟子·尽心上》。
② 《孟子·告子下》。
③ 朱熹:《四书章句集注》,北京:中华书局,1983,第172页。
④ 李泽厚:《论语今读》,北京:中华书局,2015,第317页。

间",便"安之若命"①,虽几经生死,如丧家之犬,仍然无所畏惧地推行理想、践行使命,其内在原因正是他对天命的敬畏以及由此而体悟到的历史担当与人生使命。

天命是大本,大本已立,具体的方式方法则不拘一格,游刃有余,当孔子以"畏天命"的态度和精神去从事教育、为官辅政、诠释经典时,无处不是在践行历史的使命,孔子也正是以这种高度的历史担当进行着经典诠释的活动。经典在人们的心目中不仅具有崇高性,而且具有典范性,具有影响和指导伦理和政治的实践功能,通过经典诠释,阐明经典意义,能够树立合理的社会规范,纠正当下不良的社会风气,并对未来的社会走向产生深刻影响。孔子对"正名"作用的重视正体现了这一点。他说:"名不正,则言不顺;言不顺,则事不成;事不成,则礼乐不兴;礼乐不兴,则刑罚不中;刑罚不中,则民无所措手足。"②"正名"是对普遍存在的历史意识中"名"的匡正,通过重新诠释"名"来达到匡正社会制度与人们行为的作用。经典诠释不仅限于个人,对他人与社会影响深远,所以必须以严肃的历史责任感来进行,"君子于其言,无所苟而已矣"③,经典非君子不可注。

孔子对经典的诠释处处体现了他的历史担当。学术界对孔子诠释"六经"之事虽然充满争议,但对孔子在经典化起到的关键性作用则是确定无疑的。在历史意识中,孔子论次《诗》《书》,阐明其盛衰治乱的用意,正如司马迁说:"夫周室衰而《关雎》作,幽、厉微而礼乐坏,诸侯恣行,政由强国。故孔子闵王路废而邪道兴,于是论次《诗》《书》,修起礼乐。"④孔子论次《诗》《书》的目的是废邪道、兴王道,体现了他诠释经典的历史担当。子曰:"诗三百,一言以蔽之,曰:'思无邪'。"⑤表面上看,孔子删定《诗》是对经典的不敬,但是以历史的责任感去修订经典,去淫逸,存纯正,废暴乱,兴正义,以此来达到教化的目的,便超越了个人的私见,反而体现了对经典的敬畏与对经典价值的尊重。对于孔子注《春秋》一事,孟子说:"世衰道微,邪说暴行有作,臣弑其君者有之,子弑其父者有之。孔子惧,作《春秋》。"⑥孔子重视《春秋》,主要是想发挥其以史为鉴的功能,通过"春秋笔法"对各种历史事件加以评价,隐晦地表达出自己的道德原则与政治主张。经过孔子的修订,《春秋》也从一部单纯的历史书成为一部政治哲学著作。在中国历史上,蕴含孔子微言大义的《春秋》常被后人视为救世的蓝图,认为是孔子在为后王立法,如《春秋公羊传》说:"制《春秋》之义以俟后圣,以君子之为亦有乐乎此也。"⑦其中亦可见到孔子注经的历史担当。此外,孔子及儒家后学还注《周易》,成

---

① 《庄子·人间世》。
② 《论语·子路》。
③ 《论语·子路》。
④ 《史记·儒林列传》。
⑤ 《论语·为政》。
⑥ 《孟子·滕文公下》。
⑦ 王维提、唐书文:《春秋公羊传译注》,上海:上海古籍出版社,2004,第562页。

《易传》,将善恶的价值评价融入吉凶祸福的判断之中,使《周易》不只关注事功和个人的命运,还于其中发明出天下兴亡的道理。如《易传·系辞上》曰:"夫易,圣人之所以极深而研几也,唯深也,故能通天下之志。唯几也,故能成天下之务。"①圣人正是带着"天下之志"与"天下之务"的历史担当与情怀去深入理解和诠释《周易》,才能"感而遂通天下之故",也才成就了《周易》这部伟大的哲学著作。

理解者的历史担当是"畏天命"这一理解前见的体现,这表明在经典诠释中,理解的前见不是为了发明理解者的私意,相反,是要克服私意。孔子对理解的前见是有所反思的,"子绝四:毋意,毋必,毋固,毋我"②。孔子所要杜绝的"意""必""固""我"正是私意与自我的偏执。他认为,在经典的诠释中,诠释者不可以凭空猜测,不可以绝对肯定,不可以固执己见,不可以唯我独尊。孔子不是要否定前见,而是要倡导历史的责任和担当这样的合理前见。正如王夫之说:"惟庸人无志尔,苟有志,自合天下之公是。意则见己为是,不恤天下之公是。故志正而后可治其意,无志而唯意之所为,虽善不固,恶则无不为矣。"③天命正是对私意的超越,敬畏天命,方能自觉并超越个体的有限性而变得志向远大,志向远大了才能树立起历史的担当,达到与圣人同等的胸怀和境界而通达经典。

天命具有超越性和规定性,所以,带着对天命敬畏的态度诠释经典,经典便具有了救世的性质。通过诠释经典来寻求救世之路,既是古代哲人注经的重要目的,也是古人对待经典诠释的基本态度,正如陆贾所说:"后世衰废,于是后圣乃定五经,明六艺,承天统地,穷事察微,原情立本,以绪人伦,宗诸天地,纂修篇章,垂诸来世,被诸鸟兽,以匡衰乱。"④在明清之际,中国出现了一批反对墨守训诂之习或高谈性命之理的学者,他们重视通经致用,认为经典诠释的目的在于"明学术,正人心,拨乱世以兴太平之事"⑤,并主张学者要将注经与治史结合起来,通过对历史的研究培养经世意识,然后再带着经世意识来诠释经典,如此才能达到诠释经典的目的和意义。正如王夫之所说:"读古人之书,以揣当世之务,得其精意,而无法不可用矣。"⑥由此可见,由孔子开辟的对天命的独特理解以及在"畏天命"中以历史的担当诠释经典,成为中国经典诠释的重要特点与传统,中国的知识分子也正是在经典诠释的过程中接续着历史的使命,筹划着人生与社会的未来。

---

① 《易传·系辞上》。

② 《论语·子罕》。

③ 张载:《张子正蒙》,王夫之注,汤勤福导读,上海:上海古籍出版社,2000,第163页。

④ 《新语·道基》。

⑤ 顾炎武:《日知录校释》附录三序跋《初刻日知录自序》,张京华校释,长沙:岳麓书社,2011,第1428页。

⑥ 王夫之:《读通鉴论》,舒士彦点校,北京:中华书局,2013,第606页。

三、"畏大人"：经典诠释中的人格塑造

中国古代的经典诠释不仅仅是一项思想和学术活动，还是道德修养的工夫，承担着人格塑造的功能。理解与德行是同步的，一体的。正如洪汉鼎所说："在中国经典诠释学家看来，经典理解不是一个单纯的方法论问题，而是属于人自身教化和德性培养问题。"①孔子非常重视道德教化与人格塑造，由于道德内在蕴含着敬畏的要求，而敬畏本身也是德行的体现，所以，以敬畏之心诠释经典本身就是德行培养的过程。经典的作者是"大人"，经典中蕴含着对人类共同拥有的崇高精神的发现，其所倡导的也都是"大人"的模范和榜样，因此，敬畏经典必然就会敬畏"大人"，也只有在"畏大人"中，经典诠释中的人格塑造功能才能实现。

何谓"大人"？据程树德考证，历代注家对孔子"畏大人"之"大人"的理解有三种，他说："郑主有位者，何主有位有德者。《朱子语录》云：'大人不止有位者，是指有位有齿有德者。'"②郑玄、何晏和朱熹对"大人"的解释都曾是历史呈现出来的意识，如果站在孔子的历史意识以及他心中所敬畏的对象来看，位、德、齿三者相比，德无疑是"大人"最重要的品质。孔子批评"今之从政者"为"斗筲之人"，可见，"位"并非孔子心中所畏。子曰："后生可畏，焉知来者之不如今也？四十五十而无闻焉，斯亦不足畏也已。"③还说："老而不死，是为贼。"④可见，"齿"也不足以令孔子敬畏。孔子真正敬畏的是有德之人，即使有德而无位、有德而年少也一样被孔子所敬畏。而且，以德论"大人"也更符合儒家一贯的思想。如孟子说："居仁由义，大人之事备矣。"⑤在孟子看来，仁义之德构成了"大人"的本质。《易传·乾·文言》说："夫大人者，与天地合其德，与日月合其明，与四时合其序，与鬼神合其吉凶，先天而天弗违，后天而奉天时。"⑥这里的"大人"与一个人的社会地位和年龄毫无关系，"大人"效法天地之德故谓之"大"，不仅自身有大德，而且还有巨大的影响力，如日月之明一般影响着他人之德的塑造。正是因为"大人"能影响他人之德，所以"畏大人"才能产生人格塑造的作用。"大人"也不是一成不变的，因为"大人"一旦存在，就存在于效果历史之中，理解中的大人之德也总是处于过去、现在和未来的沟通之中，所以，不管是"大人"本身还是依照大人之德的人格塑造，都只能是继续塑造、重新塑造，而不是全盘照收，可以说，诠释的过程就是历史精神重建的过程。孔子所畏的"大人"是他综合了"三代之英"、当下反思以及未来筹划所构想出

---

① 洪汉鼎：《诠释学的中国化：一种普遍性的经典诠释学构想》，《中国社会科学》2020年第1期。
② 程树德：《论语集释》，程俊英、蒋见元点校，北京：中华书局，2014，第1490页。
③ 《论语·子罕》。
④ 《论语·宪问》。
⑤ 《孟子·尽心上》。
⑥ 《易传·乾·文言》。

的新的人格理想,是对传统美德的继承和发展,"大人"的提出是为了使人敬畏,在敬畏中实现教化。

发挥经典诠释中人格塑造的功能必须要以敬畏的态度对待经典以及经典中所述说的大人形象。大人以德为根本,所以"畏大人"就是敬畏大人之德。当理解者以敬畏的态度对待经典中的"大人"时,自然就产生了自身与"大人"之间道德境界上的距离的自觉,加之儒家"人皆可以为尧舜"①的心性体认与弘扬,这便引导读者产生对大人人格的向往,"见贤思齐"②,主动地接受大人人格力量的熏陶,将大人之德内化为己,以此为标杆来塑造自己的人格。正如司马迁对孔子的评价一样:"虽不能至,然心向往之。"③孔子在肯定"畏大人"的同时还批评了小人"狎大人"的态度,"狎大人"是对道德境界差距的拒斥和否定。"狎"是不敬、轻慢的意思,程树德《论语集释》引江熙曰:"小人不惧德,故媟慢也,侮圣人之言,以典籍为妄作也。"④媟慢即轻慢,轻慢大人,甚至对经典中大人美德的真实性产生怀疑,自然就不会有敬畏、恭敬之心,也就无法接受大人人格的熏陶和影响了。疑与信相对,心中不信,便自行设置了自我与大人之间的隔阂与自我德行提升的障碍,所以,怀疑是教化的最大障碍,而敬畏却打开了自我超越和人性拓展的广阔空间。孔子说:"祭神如神在"⑤,曾子曰:"慎终追远,民德归厚矣。"⑥祭祀之所以能产生"民德归厚"⑦的效果必须以"信"为前提,此"信"不是从自然主义的角度确信"神"是客观实存的对象物,而是在精神、意义和生活世界中与"神"照面和交往,以此在心中产生的诚与信。诚信才能产生敬畏,有了敬畏,才能认识到自身的有限性,教化也才能推行。就好像童话和传奇故事里的英雄人物之所以能对人起到教化作用,并不在于他是否真实存在,只要读者从内心中产生了对英雄的敬佩,只要英雄的人格实际感染和影响到了读者,教化的作用就达成了,而如果读者从一开始阅读和理解时就将故事里的人物加以怀疑,那么英雄所具有的崇高美德与英勇事迹都将成为笑谈和戏论,其中的教育意义也会丧失。《周易》的《蒙》卦专讲教育,认为教育一定要以学生的诚敬为前提。《蒙》卦辞说:"初筮告,再三渎,渎则不告。"意思是说:学生求问于老师就好像求神一样,心要虔诚,如果再三滥问,态度轻慢,则是对老师和知识的亵渎,老师就不再相告。李光地《周易折中》引俞琰曰:"盖童蒙之求师,与人之求神,其道一也。"⑧在态度上,求师与求神是一样的,向经典中的大人学习正是在求师,求师自然必须敬畏。只有在敬畏中,才能将大人当作

---

① 《孟子·告子下》。
② 《论语·里仁》。
③ 《史记·孔子世家》。
④ 程树德:《论语集释》,程俊英、蒋见元点校,北京:中华书局,2014,第1490页。
⑤ 《论语·八佾》。
⑥ 《论语·学而》。
⑦ 《论语·学而》。
⑧ 李光地:《御纂周易折中》,冯雷益、钟友文整理,北京:中央编译出版社,2011,第42页。

自己的道德榜样，时刻用"大人"来匡正自己，将大人之德内化于己，向"大人"靠拢，使自己成为"大人"。

经典的教化通过敬畏经典中的"大人"来实现，经典之所以能"化"，表明经典中的"大人"不是与读者格格不入的对立物，不是历史中的"死物"，而是与读者息息相关并能作用于读者的活的东西。在敬畏之心的观照下，读者与"大人"在理解中相互融入，只有读者融入对"大人"人格力量的感动和领悟中，大人的精神才能在无声无息中感化读者，使读者自愿地想成为"大人"，并逐渐成为"大人"。正如傅永军所说："理解经典的意义在于，通过对文本的理解，到达理解他者，从而教化自身。"①这便是经典诠释的存在论意义以及在文明推进中的积极作用。

读者化入经典中的"大人"、与"大人"合而为一的过程体现了道德实践中知与行的统一。一方面，理解经典是认知活动，在经典诠释中培养德行也依赖于对经典中"大人"之德的认知，孔子曰："知者利仁。"②只有对"大人"之德以及修养的方法有所认知，才能在此指导下去行，在知中去行，此行才有目标、章法和意义。另一方面，在经典诠释中实现人格塑造还有赖于德行培养的工夫，或者说，经典诠释本身就包含了德行培养的工夫，因为"经典不是存在，而是活着；经典并不是存在于我们之外，且我们只能对之认知和评价的僵死东西，而是活在我们心中并与我们合而为一的力量。"③经典如果要化为实实在在的力量，就不能仅限于闻见与认知，不能像《楞严经》中阿难那样"一向多闻，未全道力"，还要发挥坚定的意志，将所认知到的"大人"的道理与智慧在行动中去感悟、实证，并通过反复的实践加以巩固，最终形成像"大人"一般的良好习惯与稳定心性。所以，理解如果局限于认知必然导致理解的外在化从而将理解排除在德行修养之外，必须要通过行将外在的知转化为内在的德，使诠释学成为道德修养之学。"子路有闻，未之能行，唯恐有闻。"④认识上的"有闻"不等于有"德"，不管是德行的培养还是展现，都必须要在行中才能完成，所以子路在有所闻见后、未在行中落实前，担心再有所闻。此外，对"大人"之德的认知也要以德行为前提，如果没有德行的准备与相应的境界，又如何能够理解和领悟经典中"大人"的美德与智慧呢？因为不能理解，所以不信、嘲笑甚至毁谤，正如老子说："上士闻道，勤而行之；中士闻道，若存若亡；下士闻道大笑之，不笑不足以为道。"⑤孔子去世后，有人欲贬低孔子，抬高子贡，子贡说："譬之宫墙，赐之墙也及肩，窥见室家之好。夫子之墙数仞，不得其门而入，不见宗庙之

---

① 傅永军、王海东：《"诠释学东渐及其效应"访谈录》，《云南大学学报》（社会科学版）2019年第4期。
②《论语·里仁》。
③ 洪汉鼎：《诠释学的中国化：一种普遍性的经典诠释学构想》，《中国社会科学》2020年第1期。
④《论语·公冶长》。
⑤《道德经·第四十一章》。

美,百官之富。得其门者或寡矣。夫子之云,不亦宜乎?"①抬高子贡的人因为能理解子贡,在认知水平和道德境界上与子贡相当;而贬低孔子的人因为不能理解孔子,不承认道德境界上的差距,所以不能发现孔子的好。

由此可见,德行所带来的道德与思想的境界是理解"大人"必备的前结构,而德行的自我提升又需要在"畏大人"中认识到自我的有限性和与"大人"之间的距离,并自觉地向"大人"看齐。因此,只有在敬畏的理解中,知与行以及儒家的认识论与伦理学才能走向统一,经典诠释中人格塑造的使命才能得以实现。

四、"畏圣人之言":经典的训诫与应用

经典中的主体内容是圣人之言,经典是圣人之言的汇编,正如刘知几在《史通·叙事》中说:"自圣贤述作,是曰经典。"②圣人之言是圣人在体悟了"道"之后的语言流淌,是圣人精神的书写,是"道"的客观化物,所以,敬畏"道"、经典,就一定要敬畏圣人之言。正如皇侃曰:"圣人之言,谓五经典籍,圣人遗文也,其理深远,故君子畏也。"③圣人之言是经典意义的载体,具有训诫和警示的作用,体现了经典的权威性;圣人之言还是通往圣人之意的重要途径,后人在对圣人之言的理解中,通过其"微言"领悟其"大义",并由义行权,将圣人之言应用于当下,实现经典意义的流传。

"'畏'显发的是一条警示的界限,一种自省的智慧"④,之所以要敬畏圣人之言,是因为圣人之言具有训诫和警示的作用。在文本的开放性与理解者的参与下,经典中的圣人之言完全可以脱离其产生的具体语境而融入于读者的语境中,并与读者产生共鸣。所以,圣人之言能够在历史的流传中不断地对后人产生训诫的警示作用,体现着经典的权威性。如孔子记录过尧的话:"尔舜!天之历数在尔躬,允执其中。"⑤尧不仅是在对舜训诫,当孔子怀着敬畏的心把尧的话记录下来传授给弟子并流传于后世时,尧的话就是在对一切相关的读者训诫。伽达默尔说:"历史理解的真正对象不是事件,而是事件的'意义'。"⑥事件作为对象已经在历史的时空中模糊不清,但理解却可以跨越时空在读者的意义领受中刻骨铭心。圣人之言的警示作用常体现在座右铭中,座右铭作为圣人之言流传的文本也是形成圣人之言的重要媒介,圣人之言区别于一般语言之处在于,它不断地被流传、被接纳和被应用,能够

---

① 《论语·子张》。

② 刘知几:《史通》,上海:上海古籍出版社,2008,第126页。

③ 皇侃撰:《论语义疏》,高尚榘点校,北京:中华书局,2013,第432页。

④ 郭淑新:《敬畏伦理研究》,合肥:安徽人民出版社,2007,第2页。

⑤ 《论语·尧曰》。

⑥ 加达默尔:《真理与方法——哲学诠释学的基本特征》,洪汉鼎译,上海:上海译文出版社,1999,第422页。

跨越时空发挥普遍的作用,具有规范性和权威性,并因而成为人们的信条。中国历来有题写座右铭的传统,最早刻在器物上的铭文一是用来记录功德,一是引起警戒。如《大学》引汤之《盘铭》的"苟日新,日日新,又日新"[1]一句就是商汤用以自警的话。孔子所观周之太庙右阶前的金人铭文也是训诫之言,铭文曰:"古之慎言人也。戒之哉!戒之哉!"[2]《文心雕龙》专列《铭箴》篇,其言曰:"夫箴诵于官,铭题于器,名目虽异,而警戒实同。"[3]可见,训诫和警示是铭文的重要功能,而圣人之言以铭文的方式流传,因此也发挥着相同的作用。圣人之言并不是作为读者的对象、理解的客体而存在,必须要在理解的交互中进入读者的心里,令读者产生自我省察,其训诫的作用才真正有效。所以,圣人之言具有训诫和警示的作用是圣人之言需要被敬畏的原因,而敬畏又成为发挥圣人之言训诫效用的关键。

以敬畏的态度对待圣人之言,才能在经典诠释的过程中产生自省的作用,用圣人之言来省察自我。自省既是读者在进入圣人的问题视域中对自我的发现,又是读者在向经典的提问中有所收获并实际地对自己产生的效用。正是在自省中,读者与经典实现了交融,经典的意义得以敞现,此在的存在方式也在理解的过程中得到澄明与升华。中国古代很早就有以经典为教诫的意识。《国语·楚语上》曰:"教之《春秋》,而为之耸善而抑恶焉,以戒劝其心;教之《世》,而为之昭明德而废幽昏焉,以休惧其动;教之《诗》,而为之导之显德,以耀明其志;教之《礼》,使知上下之则;教之《乐》,以疏其秽而镇其浮;教之《令》,使访物官;教之《语》,使明其德,而知先王之务用明德于民也;教之《故志》,使知废兴者而戒惧焉;教之《训典》,使知族类,行比义焉。"[4]此中列举的九种文本皆具有劝诫和警示的功能,学习和理解经典的意义也正是在于"多识前言往行,以畜其德"[5]。圣人之言的训诫经久不息,深入人心,成为中华文明源远流长的活水,它既构成了民族深切的忧患意识与谨慎收敛的行为方式和心理状态,也是后人敬畏经典的原因所在。

敬畏圣人之言之所以必要,还有一个重要的原因,即只有在敬畏中,读者才能通过圣人之言而领会圣人之意,并在圣人之意的指导下应用于当下的实践生活。虽然圣人之言不是圣人之意,但圣人之言是圣人之意的主要载体,是读者通往圣人之意的重要途径,所以必须要敬畏圣人之言。

在中国哲学中,语言与真意的关系通常概括为言意关系,关于两者关系的讨论称为言意之辩。在孔子看来,言意之间是存在矛盾的,他说:"书不尽言,言不尽意。"[6]从语境上来

---

① 《大学》。

② 《说苑·敬慎》。

③ 《文心雕龙·铭箴》。

④ 《国语·楚语上》。

⑤ 《周易·大畜·象传》。

⑥ 《易传·系辞上》。

说,语言的意义所指离不开谈话的具体语境,当语境改变了,语言所本指的意义必然会流失并发生改变,这就为通过圣人之言来达到对圣人之意的领会带来困难。《庄子·天运》篇中讲述了孔子求问老子的故事,孔子向老子感慨六经之道难明,老子说:"夫六经,先王之陈迹也,岂其所以迹哉! 今子之所言,犹迹也。夫迹,履之所出,而迹岂履哉!"①老子用迹与履来比喻言与意的矛盾:履是鞋子,象征圣人之意;迹是鞋子踏出的脚印,象征圣人之言。追寻鞋子固然可以通过足迹,但是足迹却不是鞋子,发现了足迹并不代表见到了鞋子。同样的道理,每一句圣人之言所体现的圣人之意都曾是鲜活的,但是一旦离开了具体的语境,圣人之言就失去了原本的意义。从圣人之意获得的方法来说,局限于语言的理解是远远不够的,还必须将圣人之言内化为德性,落实于实践,在知行合一中自行领会其真意。正如周敦颐所说:"圣人之道,入乎耳,存乎心,蕴之为德行,行之为事业。彼以文辞而已者,陋矣!"②由此可见,圣人之言是圣人之道的表层,而圣人之意才是圣人之道的深层,从圣人之言进入圣人之意是经典诠释的重要目标。然而,也不能由此得出圣人之言无须敬畏的结论。

圣人之言虽然不能等同于圣人之意,但是作为进入圣人之意的重要通道,圣人之言必须要得到重视和敬畏。孔子教育弟子要做到知与行、学与思、学与习的统一,虽然真正的知不能局限于学,还需要学之外的生活体验,但是对于读书人而言,学六经、理解圣人之言无疑是进入"道"的重要途径。孔子作为当时儒士的代表也主要是以学圣人之言来闻道的。如孔子说:"我非生而知之者,好古,敏以求之者也。"③又说:"十室之邑,必有忠信如丘者焉,不如丘之好学也。"④又比如在佛教中,佛陀是创觉者,后觉者有声闻与缘觉,声闻是直接通过佛陀之言而觉悟的人,缘觉虽然不依赖佛陀之言而独自悟道,但也要通过佛陀的言论来加以验证。因此,圣人之言作为通往圣人之意的重要途径需要加以肯定。正因如此,孔子一方面说"言不尽意",说明对圣人之言的理解有待于上升到圣人之意;另一方面又说"言以足志,文以足言"⑤,认为不能离开圣人之言而求圣人之意(志),对圣人之意的体验一定要有文献依据。孔子说:"辞,达而已矣。"⑥语言一定要达意,达意是语言的目标,而语言也是可以达意的。所以,圣人之意与圣人之言并不矛盾,对圣人之意的领会不能离开圣人之言。

从圣人之言到圣人之意不仅是理解的升华,而且还是经典诠释实现其应用的必经之路,不管是圣人之意的领会还是应用,对圣人之言的敬畏都起到重要作用。董仲舒曾从经、义、权三者的关系讨论过这一问题。首先,经是指圣人所谈到的具体事情,经中之事皆合于

---

① 《庄子·天运》。

② 周敦颐:《周子通书》,上海:上海古籍出版社,2000,第41页。

③ 《论语·述而》。

④ 《论语·公冶长》。

⑤ 《春秋左传·襄公二十五年》。

⑥ 《论语·卫灵公》。

礼且具有典范性，董仲舒称之为"经礼"，然而，不是经中所言之事也未必不合乎礼，就是说，经作为具体的史事难以涵盖所有合于礼的事，经中的圣人之言是有限的，经所起到的作用仅仅是典范，在具体的应用中不能仅限于圣人之言，还需要以此类推。正如董仲舒说："今夫天子逾年即位，诸侯于封内三年称子，皆不在经也，而操之与在经无以异。"①虽然"天子逾年即位"和"诸侯于封内三年称子"二事圣人未曾言，但仍合于礼，故与经无异。由此可见，圣人之言一方面不可以固守，要学会"告诸往而知来者"②，举一反三，触类旁通；但另一方面，圣人之言作为典范是意义引申的根据，又需要重视和敬畏，不可离经叛道、过度诠释。正如苏舆所说："天地万物之事蕃矣，圣人不能一一辨之，有能代圣人辨之，足见圣心者，视之与正经同，而经不遗憾于赘矣。但不可贸然无见而以臆说之。"③其次，对作为具体史事的圣人之言进行类推时，中间需要经过对圣人之志的理解和对圣人之意的把握，这便是由经入义的过程。义不是史事，但不离史事。前者表示史事不同于义，史事是具体的事情，而义则是普遍的伦理原则，所以需要通过对史事的诠释阐明其义；后者表示史事中蕴含了圣人的价值判断和伦理思想，从史事上升为义理、从圣人之言上达至圣人之意不是摒弃具体的思维抽象的过程，而是将心比心，通过具体的圣人之言来体验其善恶动机、追寻圣人之志的过程。最后，圣人之意的意义在于应用，应用于圣人之言外却合于义者，这便要求突破经的局限而灵活应变。《春秋公羊传》说："权者反于经，然后有善者也。"④权变体现了经典诠释中的实践智慧，经典诠释要在善的价值导向下对经典中圣人之言灵活应用，经典诠释不是向圣人之言的简单复归，更不是对圣人言听计从，而是理解者以自身的问题向圣人提问，是过去与当下的视域融合，是圣人之意的具体应用。

所以，对待圣人之言既不能盲从而忽视具体情境的变化，也不可以背离而漠视其权威，圣人之言的意义在于通过对圣人之言的诠释，体会圣人之意，并实现当下之用，这才能令圣人之言在历史中流传，也才是真正在"畏圣人之言"。

研究表明，孔子"三畏"体现了中国经典诠释对敬畏的极度重视，敬畏是经典诠释的合法前见，在敬畏之心的作用下，经典诠释承载着践行历史使命、促进人格塑造、发挥训诫警示和指导当下生活等多重任务，展现了中国经典诠释的传统及特色，在敬畏中理解实现了对传统的继承和对历史的融入。但是敬畏又不是枷锁，而是为意义的生成与创造提供合理的依据，只有在充分尊重经典、"我注六经"的基础上才能在"六经注我"的应用中实现经典意义的延展、批判和创新，只有在敬畏经典的前提下，经典的意义才能在诠释中无畏地绽出。

---

① 《春秋繁露·玉杯》。

② 《论语·学而》。

③ 苏舆：《春秋繁露义证》，钟哲点校，北京：中华书局，1992，第33页。

④ 王维提、唐书文：《春秋公羊传译注》，上海：上海古籍出版社，2004，第76页。

《孟子》政德论的内涵及其文化根脉*

（魏衍华　孔子研究院）

摘　要："仁政"是孟子要实现的理想。"仁政"的实现自然需要具有"仁德"的为政者。为政者的政治素质或者说是政德，是"仁政"理想实现的决定性因素。《孟子》中蕴含的"政德"并不是孟子的独创，而是来自于此前的"唐虞之道""三王之道"和"周孔之教"。这些中华圣道应该是《孟子》政德论的文化根脉。

关键词：《孟子》；政德；"唐虞之道"；"三代明王"；周孔之教

这里所谓"《孟子》政德论"，主要是指《孟子》一书中蕴含着的孟子治国理政的道德原则，与诸侯国君、士大夫、弟子以及时人对话时所强调的官员应有的职业道德和为政操守。这些道德原则、职业操守的拥有者是孟子"仁政"蓝图的重要执行者。孔子曾说："文武之政，布在方策，其人存则其政举，其人亡则其政息。"①孟子所规划的"仁政"蓝图的实现同样如此，此处的"人"主要是指诸侯国君、士大夫等社会中的为政者和精英阶层，他们应是落实"仁政"蓝图的核心力量。当然，如何加强为政者治国理政的道德原则和职业操守，是孟子关注的核心问题。孟子从儒家理想中的虞夏商周之治以及儒学宗师孔子那里汲取治国理政的有益滋养，皆注入在《孟子》一书中。

一、"唐虞之道"与孟子政德论

正如司马迁在《史记·五帝本纪》篇的结尾处所说："学者多称五帝，尚矣。然《尚书》独载尧以来，而百家言黄帝，其文不雅驯，荐绅先生难言之。孔子所传宰予问《五帝德》及《帝系姓》，儒者或不传。"②这句话的意思是说，尽管春秋战国时期的诸子百家还有不少在谈论

---

* 本文为山东省社科规划干部政德教育研究专项"《孟子》中的政德论研究"（批号：20CZDJ02）阶段性成果。

① 《孔子家语·哀公问政》。

② 《史记·五帝本纪》。

与黄帝有关的事迹或者话题，但绝大多数言语皆属于后世看来荒诞不经的神话或者传说，根本无法作为真实的历史进行征引或者采信。正因如此，战国时期邹鲁之地的儒生们对此开始闭口不谈，以至于差不多都说不清楚了，最终导致孔子传给宰予的《五帝德》和《帝系姓》这两篇有关礼的文献差不多也失传了。如何构筑中华上古文明体系，或者说如何从上古三代圣贤那里汲取治理国家的智慧，就成为春秋战国时代诸子所亟须解决的热点问题之一。

"受业子思之门人"的孟子，以"好辩"的姿态成为战国中期社会问题辩论的焦点或者代表人物。从《孟子》中征引的诸位历史名人来看，他最早、最明确的尊崇者理应是帝尧和帝舜二位圣王。孟子之所以尊崇帝尧和帝舜，既与战国时期的社会文化状况有关，也与《尚书》为孔子本人整理有关。既然《尚书》记载帝尧以来的中华文明历史，那么孟子论证其政德理论的起点自然也就应是帝尧和帝舜。就《尚书》中所记载的帝尧、帝舜的形象而言，二人理应是传统中国社会治国理政的圣王和典范。《尚书·尧典》开篇就刻画了帝尧的圣王形象，说："钦明、文、思、安安，允恭克让，光被四表，格于上下。克明俊德，以亲九族；九族既睦，平章百姓；百姓昭明，协和万邦，黎民于变时雍。"[1]在帝尧和帝舜的统治下，传统中国社会呈现出一幅儒家理想中的"大同"世界，为后世传统中国士人们所向往和崇拜。

当然，孟子并未遵循《尚书》及孔子心目中帝尧、帝舜的形象进行描述，而是按照其"仁政"蓝图构建的实际需要，将他们刻画成"性善"的标杆，比如他将尧舜阐释为"性之也"[2]"性者也"[3]。这里的"性"和"性者"分别是何意呢？朱熹解释说："尧舜天性浑全，不假修习。"[4]又说："性者，得全于天，无所污坏，不加修为，圣人之至也。"[5]清代学者焦循《孟子正义》引赵岐注曰："性之，性好仁，自然也。"又引《荀子·正名篇》曰："性之和所生，精合感应，不事而自然，谓之性。"[6]在传统学者看来，帝尧和帝舜不是通过后天的修习，而是天生就具有儒家所期许的善的本性，这是早期儒家特别是孟子儒家论证他"仁政"学说何以成为可能的基础或者前提。

在孟子看来，最好的治理方式就是为政者施行"仁政"，即便是像帝尧和帝舜这样的圣王也应如此，也就是孟子说的"尧舜之道，不以仁政，不能平治天下"[7]。这里所谓的"仁

① 《尚书·尧典》。

② 《孟子·尽心上》。

③ 《孟子·尽心下》。

④ 朱熹：《四书章句集注》，北京：中华书局，2012，第365页。

⑤ 朱熹：《四书章句集注》，北京：中华书局，2012，第381页。

⑥ 焦循：《孟子正义》，沈文倬点校，北京：中华书局，1987，第924页。

⑦ 《孟子·离娄上》。

政",用赵岐的话说就是"行仁恩之政"①,用朱熹的话说就是"治天下之法度"②,用姚永概的话说就是"以仁心仁闻行先王之政"③。三位前贤的理解应该都是有道理的,但从《孟子》文本传递出的内涵来说,或许用"不忍之政"进行解读更为准确和合适,因为孟子曾经说:"人皆有不忍人之心。先王有不忍人之心,斯有不忍人之政矣。以不忍人之心,行不忍人之政,治天下可运之掌上。"④这里的"不忍人之心"就是孟子所说的"性善",就是帝尧、帝舜等圣王先天具有的政治品性。因此,孟子在与其他人辩论性善的问题时,给时人最深刻的印象就是"言必称尧舜"⑤。

孟子给时人最深刻的印象是"好辩""雄辩",但他自己却说是"不得已"⑥。"不得已"的背后蕴含着孟子在推行"仁政"学说时受到难以想象的社会阻力。这种阻力来自时人不认可孟子的"性善"说。既然如此,他的"仁政"蓝图就被釜底抽薪了。如何筑牢"仁政"蓝图的根基?他不得不将"性善"学说溯源到有典籍可查的唐尧、虞舜时代,而且极力论证"人皆可以为尧舜"⑦的命题。正如张奇伟、高书文二先生评价说:"孟子'人皆可以为尧舜'这一命题具有重大的伦理学意义:既坚持了理想人格的道德典范和教化作用,又强调了个体通过德性修养皆能实现圣人人格,将理想和现实紧密地结合在一起,这是将理想扎根于现实之上的现实主义的生动体现。"⑧换句话说,孟子以此对诸侯国君、士大夫以及弟子时人进行适时教育和劝告鼓励。

当然,孟子的"人皆可以为尧舜"一语,并不是说人生下来就天然地可以做唐尧、虞舜这样的圣王,最关键的是要进行个人的修习,而修习的门径或者法门就是孟子说的"孝悌"二字。在孟子看来,现实世界中的人之所以很少达到唐尧、虞舜的圣王境界,最主要是因为人们没有力行孝悌,没有脚踏实地地尽心去做。比如孟子曾对弟子曹交说:"徐行后长者谓之弟,疾行先长者谓之不弟。夫徐行者,岂人所不能哉?所不为也。尧舜之道,孝弟而已矣。"⑨赵岐注解此语时说:"天下大道,人并由之,病于不为,不患不能,是以曹交请学,孟子辞焉。"⑩孟子认为,"仁政"蓝图早已经绘就,要将它变为社会现实,就要在社会中培养数以万计的像唐尧、虞舜这样的为政者。而培养的途径就是从唐尧、虞舜皆有的品性——孝悌

---

① 李学勤主编:《十三经注疏·孟子注疏》,北京:北京大学出版社,1999,第185页。

② 朱熹:《四书章句集注》,北京:中华书局,2012,第280页。

③ 姚永概:《孟子讲义》,陈春秀校点,合肥:黄山书社,1999,第111页。

④《孟子·公孙丑上》。

⑤《孟子·滕文公上》。

⑥《孟子·滕文公下》。

⑦《孟子·告子下》。

⑧ 张奇伟、高书文:《人皆可以为尧舜——评孟子理想人格思想的现实性特点》,《北京师范大学学报》(人文社科版)2007年第3期。

⑨《孟子·告子下》。

⑩ 李学勤主编:《十三经注疏·孟子注疏》,北京:北京大学出版社,1999,第322页。

开始，也就是从身边的小事做起、从人小时候做起，从而构筑起"仁政"大厦的社会基石。

二、三代"明王"与孟子政德论

"祖述尧舜，宪章文武"一语是孔子孙子子思总结孔子学说时所提出的最显著的特征。所谓"祖述"就是"远宗其道"，所谓"宪章"就是"近守其法"①。"远宗其道"固然重要，但"近守其法"可能更具有现实操作性，或者说对孔子而言遵守"文武之道"应该更为紧迫、更为现实。以往人们在研读《孔子家语·礼运》"大同"篇时，通常认为"大道之行，天下为公，选贤与能，讲信修睦"一语说的是唐尧、虞舜时期。然而，随着人们研究的深入，有学者开始认识到孔子所描绘的"大同"世界应该是三代"明王"（大禹、商汤、文王、武王、成王、周公）统治时期。而理解"大道之行"的关键应该是孔子说的"与三代之英"一语中的"与"字。过去人们多将它理解为连词"和"的意思，其实这里应该是动词"犹谓也"②的意思，即"说的是"的意思。很显然，与唐尧、虞舜相比，作为儒学创始人的孔子更尊崇三代时期"明王"统治下的"大同"世界。

作为"私淑诸人"的忠实信徒，孟子更倾向于追随孔子将三代"明王"时期的为政之道作为构建他为政者政治操守的重要资源。《孟子》一书中征引的三代"明王"事件的数量和先王之语的频率足以说明这一点。孟子数次将三代"明王"连称，他说："禹恶旨酒而好善言。汤执中，立贤无方。文王视民如伤，望道而未之见。武王不泄迩，不忘远。周公思兼三王，以施四事；其有不合者，仰而思之，夜以继日；幸而得之，坐以待旦。"③正如焦循注解说："周公能思三王之道，以辅成王太平之隆，礼乐之备，盖由此也。"④

按照《四书章句集注》的版本，"禹"字在《孟子》先后出现30次，分布在9章之中。大禹如此频繁出现，主要阐释的是大禹的政治品格，其中以治水有功为核心内容。《孟子》中3次提到大禹治水的表述，大禹治水之所以能够取得最终的成功，首先是他懂得并善于运用水之行的特殊性，因势利导，也就是孟子说的"如智者若禹之行水也"⑤。其次是大禹的勤奋努力，为治理水患他真可谓做到了鞠躬尽瘁，也就是孟子说的"当是时也，禹八年于外，三过其门而不入"⑥。姚永概在注解此章时说："向使无群圣之忧，则洪水、禽兽之祸何由除？稼穑

---

① 朱熹：《四书章句集注》，北京：中华书局，2012，第38页。
② 杨朝明、宋立林主编：《孔子家语通解》，济南：齐鲁书社，2009，第364页。
③ 《孟子·离娄下》。
④ 焦循：《孟子正义》，沈文倬点校，北京：中华书局，1987，第572页。
⑤ 《孟子·离娄下》。
⑥ 《孟子·滕文公上》。

之教何由布？人伦之教何由明？吾侪欲安于耒耜以修神农之教，亦不可得矣。"①如果前者体现的是禹的大"智"，那么后者所体现的就是禹的大"仁"，代表的是夏朝的开启者舍小家而顾大家的"为民"精神。

如果说"尧舜，性者也"一语的意思是善性"德全于天"的话，那么"汤武，反之也"一语的意思就是"修为以复其性，而至于圣人也"②。其实，三代时期"明王"们治理天下的道德原则或者为政操守的精神皆是一致的，都是要从解决当下的社会问题或者危机出发，从而造福天下的苍生。如宋代学者程颐解释说："性之反之，古未有此语，盖自孟子发之。"③吕大临则进一步说："无意而安行，性者也。有意利行而至于无意，复性者也。尧舜不失其性，汤武善反其性，及其成功则一也。"④这里的"及其成功则一也"一语是说，尽管三代明王和唐尧、虞舜时期的政德不同，但最终结果是一致的，衡量的标准在于是否"得民心"，这是实现早期儒家的"大同"或者"仁政"天下的决定因素。

在孟子看来，商汤和周武王是一致的，与周文王亦有着内在的一致性。比如《孟子·梁惠王下》记齐宣王向孟子请教"交邻国有道"这一问题时，孟子回答说："有，惟仁者为能以大事小，是故汤事葛，文王是昆夷；惟智者未能以小事大，故太王事獯鬻，勾践事吴。以大事小者，乐天者也；以小事大者，畏天者也。乐天者保天下，畏天者保其国。"⑤而且孟子最后还用《诗经·周颂·我将》中的"畏天之威，于时保之"一语进行证明。在他看来，商汤和周文王之所以能够分别取代夏桀、纣商，成为商朝、周朝的实际开创者，本质上是因为他们想竭力避免战争，为普通百姓的生活争取尽可能安定的社会环境。其实，姬周的开创者文王、武王皆有这样的政治品格，《论语·泰伯》篇中的"三分天下有其二，以服事殷"⑥一语说的也是这样一个道理，体现了三代时期"明王"内在的"至德"精神。

孟子认为，商汤是三代"明王"中仁者的典范，以"事葛"为典型。商汤旧居亳地时，曾与葛国为邻。《左传》成公十三年记载曰："国之大事，在祀与戎。"⑦祭祀是人们公认的国家大事，葛伯却"放而不祀"，理由是"无以供牺牲"。商汤使人给葛伯送去"牛羊"，却被葛伯吃掉，并没有举行祭祀。商汤使人问其没有祭祀的原因，葛伯的理由是"无以供粢盛"。商汤又使"亳众往为之耕，老弱馈食"⑧，葛伯却派人抢夺商民的酒食黍稻，尤其是"有童子以黍肉

① 姚永概：《孟子讲义》，陈春秀校点，合肥：黄山书社，2014，第89页。

② 朱熹：《四书章句集注》，北京：中华书局，2012，第381页。

③ 朱熹：《四书章句集注》，北京：中华书局，2012，第381页。

④ 朱熹：《四书章句集注》，北京：中华书局，2012，第381页。

⑤ 《孟子·梁惠王下》。

⑥ 《论语·泰伯》。

⑦ 《左传·成公十三年》。

⑧ 《孟子·滕文公下》。

饷，杀而夺之"①，引起商汤的愤怒。于是，商汤的对外征伐"自葛载"，而其结果是"十一征而无敌于天下"，受到天下百姓的拥护和欢迎，以至于盼着商汤能够尽早地讨伐自己的君主，以脱离苦海，也就是孟子说的"东面而征，西夷愿；南面征之，北狄怨"②。

当有人夸耀"我善为陈，我善为战"时，孟子却认为"善战"是天下的"大罪"。他说："国君好仁，天下无敌焉。南面而征，北夷怨，东面而征，西夷怨。曰：'奚为后我？'"③接着他以周武王"革车三百两，虎贲三千人"④讨伐商纣出现"若崩厥角稽首"⑤的局面为例。为印证周武王伐纣是一种仁义之举，是正当的行为，他对《尚书·武城》篇所描绘的"前徒倒戈，攻于后以北，血流漂杵"⑥的场面提出了质疑。有学者解释说："在孟子看来，商民久困于纣王之暴虐，望人解放如大旱之望甘霖，武王来伐，商民理应箪食壶浆以迎周师，因此不可能出现如此激烈的战况；而作为圣王，……武王也不可能如此虐待商军。"⑦当然，周武王在征伐商纣王时，战争场面几乎与商汤如出一辙，甚至被描述得更为夸张，但其背后是对为政者"仁心"和实行"仁政"的期许。

这种期许是通过对商汤、周武王的征伐的赞誉以及对夏桀、商纣的讨伐传递出来的。在战国时期的诸子看来，孔孟儒家是要极力维持天下的君臣秩序的，理应要极力对商汤和周武王的武力征伐提出批评。然而，当齐宣王向孟子请教"汤放桀，武王伐纣，有诸"时，他回答说："于传有之。"进而问："臣弑其君，可乎？"他却义正辞严地说："贼仁者谓之贼，贼义者谓之残，残贼之人谓之一夫。闻诛一夫纣矣，未闻弑君也。"⑧孟子的这种辩护是有力的，不仅是要维护三代时期明王的圣人形象，要维护孔子儒学的道术根基，更是对后世君王心怀"仁""义"之德提出的警醒。

三、"周孔之教"与孟子政德论

中国古人常将"元圣"周公列入三代时期"明王"的行列，不过多数人仍尊重历史，将周公与孔子连称，将他视为孟子"仁政"蓝图的源头和实施的理论根基。唐代学者韩愈在《原道》篇中就讲得非常清楚，在尧、舜、禹、汤、文、武、周公、孔子以及孟轲这条道统传承的思想体系中，周公是一个分水岭，也就是"由周公而上，上而为君，故其事行；由周公而下，下而为

---

① 《孟子·滕文公下》。

② 《孟子·滕文公下》。

③ 《孟子·尽心下》。

④ 《孟子·尽心下》。

⑤ 《孟子·尽心下》。

⑥ 《尚书·武城》。

⑦ 曹鹏程：《"血流漂杵"：诠释与过度诠释》，《孔子研究》2012年第6期。

⑧ 《孟子·梁惠王下》。

臣,故其说长。"①意思是说,周公、孔子和孟子的身份是"臣",是"圣王之道"的执行者,共同特点就是以说教见长。在《论语·述而》篇中,孔子曾非常惋惜地说:"甚矣吾衰也!久矣吾不复梦见周公。"②后世学者根据周公、孔子的关系,将他二人的教化之道概括为"周孔之教",即皆注重社会教化。

前文所引周公"思兼三王,以施四事;其有不合者,仰而思之,夜以继日;幸而得之,坐以待旦"③,此语主要阐释的是周公的政治品格。《孟子·滕文公下》"以承三圣"章,说的是周公在平定叛乱中的功业以及周公对后世影响的程度。本章从弟子公都子问"好辩"开始,孟子详细阐释了他的历史观:"天下之生久矣,一治一乱。"在孟子看来,自尧舜以来,中国历史上曾先后经历三次大的治乱:一是尧舜时期的大禹治水;二是周公相武王诛纣伐奄;三是孔子作《春秋》乱臣贼子惧。而孟子所处时代的状况则是"诸侯放恣,处士横议,杨朱、墨翟之言盈天下。"④为消除杨朱、墨翟给社会产生的不良影响,"孟子无比坚定地把批判杨朱、墨子之学作为他一生的事业,并将这种批判视为继大禹治水、周公治乱和孔子作《春秋》之后中国历史上的第四件大事。"⑤

孟子的这种选择,给后世塑造了一个既"高调"又"低调"的双重形象。所谓"高调",主要是指孟子毫无掩饰地将自己视为大禹、周公和孔子等"三圣"之道的宣示者;所谓"低调",主要是指将自己视为此前"三圣"的效仿者,视为此前三座"高峰"的私淑者、敬仰者和践行者。正因如此,孟子对当时社会出现的批判周公的言语进行了有力回击,以维护周公的圣人形象。比如由于齐宣王不听从孟子的建议,导致燕国反叛,感觉愧对孟子。齐国大臣陈贾欲借周公"使管叔监殷,管叔以殷畔"为齐宣王开脱。听完陈贾的说辞之后,孟子非常生气,说:"周公,弟也;管叔,兄也。周公之过,不亦宜乎?且古之君子,过则改之;今之君子,过则顺之。古之君子,其过也,如日月之食,民皆见之;及其更也,民则仰之;今之君子,岂徒顺之,又为之辞。"⑥通过"周公之过"的阐释,孟子非常清晰地表达出古代官员的功过和是非观念。

如果说周公的政治品格对孟子来说还有些遥不可及的话,那么孔子的政治品格对他本人的影响应是极为深刻的。尽管孟子距离孔子生活的时代有一百多年,但这似乎并不影响他对孔子的膜拜和敬仰。孟子曾自信地说:"君子之泽五世而斩,小人之泽五世而斩。予未

---

① 韩愈:《韩昌黎文集》,马其昶校注,马茂元整理,上海:上海古籍出版社,1986,第18页。

② 《论语·述而》。

③ 《孟子·离娄下》。

④ 《孟子·滕文公下》。

⑤ 魏衍华:《孟子"以承三圣"的历史、思想、哲学世界》,《燕山大学学报》(哲学社会科学版)2021年第1期。

⑥ 《孟子·公孙丑下》。

得为孔子徒也，予私淑诸人也。"①朱熹解释说："泽，犹言流风余韵也。父子相继为一世，三十年亦为一世。斩，绝也。大约君子小人之泽，五世而绝也。……自孔子卒至孟子游梁时，方百四十余年，而孟子已老。然孟子之生，去孔子未百年也。故孟子言予虽未得亲受业于孔子之门，然圣人之泽尚存，犹有能传其学者。故我得孔子之道于人，而私窃以善其身，盖推尊孔子而自谦之辞也。"②应该说，孔子有关官德的论述，是孟子政德思想的直接来源，是他构筑起"仁政"蓝图和大厦的理论基石。

就孟子注重的孔子品格而言，首推孔子作《春秋》一事。在他看来，孔子作《春秋》的材料源自鲁国的"史记旧闻"③，也就是"其事则齐桓、晋文，其文则史"④，选择的标准"义"则来自三代时期史官。孟子认为这件事尤为重要，将它与大禹抑洪水、周公兼夷狄相提并论。因为在孔子修成《春秋》之后，其中的"寓褒贬，别善恶"观念，使"礼乐征伐自诸侯出"的国君、"陪臣执国命"的士大夫产生了畏惧意识。乱臣贼子的行为有所收敛，自然就会为百姓生活提供和平的环境，部分实现儒家向往的"修己以安人""修己以安百姓"和"修己以安天下"⑤。当然，孟子之所以特别强调此事，应有他自己的考量，可能是为他接下来批判"杨朱、墨翟之言盈天下"⑥的乱象提供历史的、经典的和圣人的依据。

当然，孟子更看重的是孔子"学而不厌"和"诲人不倦"的精神品格。"学而不厌"是"智"的过程，"诲人不倦"是"仁"的过程，"仁且智"就是孟子心目中的"圣人"⑦。正是因为孔子的"学而不厌"，将此前中华文明的精髓都掌握在自己手中，才被称为"集大成者"，造就了孔子的思想比同时代其他思想家具有更高的高度和更深的深度，同时使孟子及后世的儒者也更加折服。我们认为："孟子'私淑'孔子的立场非常坚定。无论是青少年时代的立志向学，中年时期的列国周游、开坛授学，还是晚年时期的著书立说，似乎在孟子身上又看到了另一个鲜活生命体的孔夫子。"⑧换句话说，孟子愿效仿此前的圣贤，特别是孔子，愿意把传承、弘扬圣王之道作为他终生的责任和使命。

就在中国历史上的影响力而论，孟子并没有超越孔子，也没有超越此前的历代圣王。然而，孟子生活在诸位圣贤之后，自然就有他们所没有的优势。孟子可以对此前的文化精髓进行总结、提炼和升华，进而成为继孔子之后中华文明的又一"集大成"者。就国家治理

---

① 《孟子·离娄下》。

② 朱熹：《四书章句集注》，北京：中华书局，2012，第300页。

③ 《史记·十二诸侯年表》。

④ 《孟子·离娄下》。

⑤ 《论语·宪问》。

⑥ 《孟子·滕文公下》。

⑦ 《孟子·公孙丑上》。

⑧ 魏衍华：《原始儒学：早期中国的大成智慧——孔子思想与先秦社会互动研究》，济南：山东人民出版社，2018，第239页。

模式和治理能力而论,孟子从战国社会实际问题出发,结合此前圣贤治国理政的智慧,将传统社会中的为政思想理论提升到一个新的境界。比如宋代著名理学家杨时评价说:"《孟子》一书,只是要正人心,教人存心养性,收其放心。至论仁、义、礼、智,则以恻隐、善恶、辞让、是非之心为之端。论邪说之害,则曰:'生于其心,害于其政。'论事君,则曰:'格君心之非','一正君而国定'。千变万化,只说从心上来。人能正心,则事无足为者矣。"①从心性的角度进行论证,这是孟子有关国家治理模式的创新和创造,也是对为政者治理能力的改革和改良,从而为传统社会的为政者的德性修养提供智力支持。

---

① 朱熹:《四书章句集注》,北京:中华书局,2012,第199—200页。

孟子与心学的原始建构

(傅永吉　北京东方道德研究所)

摘　要:孟子毕生以王道仁政为最高之政治理想,其根基不离日常生活,以人性自我完善为内在凭依,而有仁义礼智"四心"之发微。仁义礼智初始形态即"四端",乃人之为人之人伦义理之道德本能之潜质、潜能,唤醒、激活之,超脱出蒙昧混沌而有知性理性之自觉;而若能进而高扬之则有机缘超越于市侩(庸人)之功利诉求而有道德心之全面自觉。其具体路径,必首先及于"能思"即理性之自觉,而能"明于人禽之分",有逃离兽道的诱惑、冲击,于是脱离混沌、蒙昧之自然境界而初抵"人境"。个体若能不断存养、扩充仁义礼智"四端",则能超越庸人之市侩境而有士、君子人格之诞生,是为道德境界,即基于功利而超越之(即功利超功利、即入世即出世)的生命境界。以功利为生活根基的道德理想即为超越性精神为主体、主导的生命世界的抵达,是"大体"即仁心得到基本健康之发育的状态,进而则能努力于成贤成圣而抵至臻于生命完善(真善美和谐统一即止于至善),即"由仁义行""万物皆备于我"之天地境界。

关键词:孟子;心学;建构;境界

一

孟子身处战国时代,周室衰微,七雄争霸,兵荒马乱。思想界则学术氛围空前自由,遂有百家蜂起,呈多元并发的蓬勃之势,又不免"处士横议"[①]。急功近利的法家、纵横家短平快数术风行,"一怒而诸侯惧,安居而天下熄"[②],风生水起,引领风骚。孟子横刀立马,立中流而成砥柱,挽狂澜于既倒。上续周、孔而下启荀、董,居功厥伟,无愧亚圣美誉。

---

① 《孟子·滕文公下》。
② 《孟子·滕文公下》。

孟子自称"私淑"①于孔子，以儒家道统传承者自居，其哲思直逼社会生活现实而致思深切、博大精深。孟子开心学历史之先河，将周公以来儒家传统对人类独具之主体性的崇拜、张扬作一系统之发挥，承前启后，继往开来，是心学的开山祖师。孟子认为"人皆可以为尧舜"②，个体若修养至"内圣"即天地境界则足以兼善天下，他说："挟太山以超北海，语人曰'我不能'，是诚不能也。为长者折枝，语人曰'我不能'，是不为也，非不能也。……老吾老，以及人之老；幼吾幼，以及人之幼。天下可运于掌。……故推恩足以保四海，不推恩无以保妻子。古之人所以大过人者，无他焉，善推其所为而已矣。"③古圣先贤即有超越常人之智慧者，孟子认为也无非是"善推"这一基本功发挥得比较好而已。推，即推恩，推己及人的德修工夫。"老吾老""幼吾幼"是近乎本然的美德（道德本能），"以及人之老""以及人之幼"，则需要更多的自觉，即善良意志的发挥。王者，能将天下老幼的一体安顿皆纳入政治考量，并落实为制度："伯夷辟纣，居北海之滨，闻文王作，兴曰：'盍归乎来！吾闻西伯善养老者。'太公辟纣，居东海之滨，闻文王作，兴曰：'盍归乎来！吾闻西伯善养老者。'二老者，天下之大老也，而归之，是天下之父归之也。天下之父归之，其子焉往？"④文王践行王道政治，其重要政策表征就是"善养老"，连伯夷、太公（姜尚）这样的超级隐者都被吸引而"盍归乎来"，不约而同地向往之。伯夷、太公天下著名，连他们都对西伯心向往之，那就表明天下的长者都心向西岐；家长们都向往西岐，妇孺们怎么办？跟着家长走呗。那结果就必是天下归心了。孟子对"善养老"有具体解释："天下有善养老，则义人以为己归矣。五亩之宅，树墙下以桑，匹妇蚕之，则老者足以衣帛矣。五母鸡，二母彘，无失其时，老者足以无失肉矣。百亩之田，匹夫耕之，八口之家足以无饥矣。所谓西伯善养老者，制其田里，教之树畜，导其妻子，使养其老。五十非帛不暖，七十非肉不饱。不暖不饱，谓之冻馁。文王之民，无冻馁之老者，此之谓也。"⑤天下出现了施行"善养老"政策（即仁政）的人，那些德高年邵的大智慧者就会体认到自己的归宿（宿命）了，大贤们就愿意出山施展才华（智慧）了，仁政意愿也就得以实现了，必使王道政治成为现实无疑。具体而言，"善养老"之政，就是孟子津津乐道的"五亩之宅""百亩之田"那套"恒产恒心"论，让百姓种桑织帛，养鸡养猪，勤劳耕稼，家家户户都能衣食住无忧，于是"文王之民，无冻馁之老者"⑥，连丧失劳动力的人都衣帛食肉，安度晚年，年轻力壮者生活富足自当不必说了。这番情景，孟子在《梁惠王》中曾经描述过："五亩之宅，树之以桑，五十者可以衣帛矣；鸡豚狗彘之畜，无失其时，七十者可以食肉矣；百亩之田，勿夺

① 《孟子·离娄下》。
② 《孟子·告子下》。
③ 《孟子·梁惠王上》。
④ 《孟子·离娄上》。
⑤ 《孟子·尽心上》。
⑥ 《孟子·尽心上》。

其时,八口之家可以无饥矣;谨庠序之教,申之以孝悌之义,颁白者不负戴于道路矣。"①从反面角度理解,孟子此论透露出,战国时代普通百姓的饥苦冻馁的悲惨状况。大约两百年前,孔子在春秋末年所希冀的"富之""足食"这一初步温饱梦想并未落实。这也暗示着中兴儒家传统的极大必需(这正是孟子自己欲勇担的使命)。同时,孟子明确宣告,儒家政治理想的实现,其实极为容易:"善养老"而已,五亩之宅、百亩之田、"制民恒产"而已。孟子说:"诸侯有行文王之政者,七年之内,必为政于天下矣。"②君王若能彻底地践行仁政,必能"为政于天下",也就是成为"王者"了。孟子夸张地说,这个过程只需要七年,真真是"短平快"! 不过,孟子此处(梁惠王篇)又增加了"谨庠序之教,申之以孝悌之义"这一层面或维度的内涵,即孔子所谓"教之",不仅要创造厚实的物质基础,还要有优良的价值观的引导,才能做到"老有所养"。孟子曾称赞管仲"敬老慈幼"政策,对春秋五霸之首的齐桓公,采取基本肯定的姿态(与孔子同)。

心学之核即其著名的"性善说",即道德理想主义所追求、崇尚的"内圣"之学的哲学伦理学。在孟子,能养其大体,也即"亦有仁义而已矣"! 那么,"然而不王者,未之有也"! 践行了仁义,则王道必然畅行;相反,仁义不行,则一切皆是空想、废话。也就是说,"内圣"则必(必须或自然而然)"外王"——内圣修养到位,自然臻至外王;或内圣即外王。如是,孟子遂将政治理想建立在仁义这一最人性的也即心性本然之善的内在凭依、支撑、根基之上。

孟子之于心学的原始建构,以明于人禽之分为肇始,并大力张扬人之为人的"几希",即仁义礼智所标识的美德"四端"所开启的人的主体性精神特质。孟子说:"人之异于禽兽者几希",将以恻隐之心为端的仁爱之心设为人性之总枢、总核——昭彰为人性之总体特质,是对孔子仁学思想的发扬光大(在孔子则为仁爱,在孟子则为仁心)。人心,仁心也。其初步展开即"仁义之心",而进一步稍微详细的拓展则是孟子津津乐道的"仁义礼智",即"恻隐""羞恶""辞让"("恭敬")"是非"四心。孟子说:"恻隐之心,人皆有之;羞恶之心,人皆有之;恭敬之心,人皆有之;是非之心,人皆有之。恻隐之心,仁也;羞恶之心,义也;恭敬之心,礼也;是非之心,智也。仁义礼智,非由外铄我也,我固有之也,弗思耳矣。故曰:'求则得之,舍则失之。'或相倍蓰而无算者,不能尽其才者也。"③此论,即后世所谓"人之初,性本善"之源头。其实,孔子虽然说过"性相近也,习相远也"④,似乎不重人性本然之态势,然则,他重仁德之系统发微,已经显现出鲜明的人性向善的趋向,亦毫无疑义。孟子断言"仁义礼智,非由外铄我也,我固有之也"⑤,也即断定人生而具有善良本质(或潜质),是对孔子思想

①《孟子·梁惠王上》。

②《孟子·离娄上》。

③《孟子·告子上》。

④《论语·阳货》。

⑤《孟子·告子上》。

的继承,更是发展。"仁义礼智"四心之端乃人人本有,却非天然具足,而仅以"端"之潜然形态存在,即如西汉董仲舒所谓"善质"说。人性具善良之潜质或向善之潜质,而非实然(现实)的善良,能得到唤醒、激活并适当的存养,在群体生活、人际交往中就可以显现为仁义礼智等美德。最初的、朴素的、有限的、简约的善良根芽,是最需要呵护的人性之真善美本根,人生使命之"为己"维度,就是存而养之、扩而充之,促使这一精神特质生长为现实生命运化的主体、主导,由是而成仁,即成长为君子、大人、大丈夫。如是,个体足以完善自我身心,确保身心俱健特别是心灵之康健。"由仁义行",即成长为仁义的化身,则有机缘参与"为政"且"足以保四海";即使无此类机缘,只要能在仁义美德之精神家园中安顿生命之总体,当然也"足以事父母",践履孝悌、谨信等最日常的人伦义务。仁义礼智四心之开掘、培植的最高境界是"尽心知命"进而以"知天""事天",直抵天地之境而与"天地参","赞天地之化育",实现"为天地立心,为生民立命"的神圣使命。

孟子高扬大丈夫气节,主张人生要务乃在"尚志"。"君子之事君也,务引其君以当道,志于仁而已"[1],"王子垫问曰:'士何事?'孟子曰:'尚志。'曰:'何谓尚志?'曰:'仁义而已矣。杀一无罪,非仁也;非其有而取之,非义也。居恶在? 仁是也;路恶在? 义是也。居仁由义,大人之事备矣。'"[2]孟子说:"人之所以异于禽兽者几希,庶民去之,君子存之。舜明于庶物,察于人伦,由仁义行,非行仁义也。"[3]"广土众民,君子欲之,所乐不存焉。中天下而立,定四海之民,君子乐之,所性不存焉。君子所性,虽大行不加焉,虽穷居不损焉,分定故也。君子所性,仁义礼智根于心。其生色也,睟然见于面,盎于背,施于四体,四体不言而喻。"[4]仁心修炼有成则能自然运化、沛然涌流,全无刻意,一切自然而然,一言一行莫非仁义之流动,无须装模作样做仁义道德之秀。孟子还特别教导人们要历经"苦其心志,劳其筋骨"的考验,才能成长为堪担大任的伟丈夫。

孟子说:"尽其心者,知其性也。知其性,则知天矣。存其心,养其性,所以事天也。殀寿不贰,修身以俟之,所以立命也。"[5]将心性之人之为人特有的精神之维充分开掘、张扬、光大,则对人性之特质必有充分之觉解,是为"知性";对天地自然之总体的或基本的运化规律亦必有深切之体察,是谓"知天";而存养心性这一人性本根之呵护亦足令其十足光大,成长为生命现实的主体、主导力量即精神生命脊梁骨,也就是所谓遵循天地必然之律而登临人性自由之绝顶了。无论肉身存续时间长短,此修炼心性之心必矢志不渝、终生恪守,这也就是"立命"了。身之安,重要的依靠并非肉身的物性安顿,而是内在精气神的呵护,是为立命

---

[1]《孟子·告子下》。

[2]《孟子·尽心上》。

[3]《孟子·离娄下》。

[4]《孟子·尽心上》。

[5]《孟子·尽心上》。

而安身也。此"尽心知性知命知天，以事天而立命"之论，所表达的是儒家"内在而超越"之人文信仰传统之核心理念。儒家传统重"与天地合其德"，是谓人之德修必欲与天地之道契合，也即以天地之境为追求，浑然与天地万物为一体（在浑然之境上，与天地万物同体——一体同仁）。此断并非常识意义上的生生之论，而是"为天地立心"，将人类的主体性、能动性发挥到极致，诚如荀子所言："不为而成，不求而得，夫是之谓天职。如是者，虽深，其人不加虑焉；虽大，不加能焉；虽精，不加察焉，夫是之谓不与天争职。天有其时，地有其财，人有其治，夫是之谓能参。舍其所以参，而愿其所参，则惑矣。"①人在天地之间，应践履人的特有的神圣职责，不必与天地争功，更不能俯就于草木蝼蚁猪狗虎狼之属，而必以寻求臻至德性圆满的圣贤之境，此之谓"仁者，浑然与物同体"②。达此目标，必有"几希"的系统唤醒、激活、发微为基本渠道，"与天地合流共生"当作如是观。

二

"心"即仁心，即良心，即初心、本心——赤子之心。若欲详之，则谓之为仁义道德心。孟子说："仁，人心也。义，人路也。舍其路而不由，放其心而不知求，哀哉！"③又说"仁也者，人也。"④这话反过来也成立："人也者，仁也。""人"与"仁"等值，无仁则非人；唯人能成仁、守仁；缺少"仁"，则近乎禽兽；丧失"仁"，则同乎禽兽甚至禽兽不如。孟子说："从其大体为大人，从其小体为小人。"⑤"先立乎其大者，则其小者不能夺也。"⑥存养仁心为代表的"大体"则能远离禽兽而有更多人性；人性既然增多，兽性（欲心）必然减少。人性（仁性）主导生命运化则为人，禽兽性主导则为禽为兽。人性最鲜明的标识就是"仁"德（即仁心），是人之族类的实践理性慧力之潜质。初生婴儿，以潜质、潜能形态存在，必生活在人群中，才有机缘唤醒、激活、显现。孔子讲"里仁"，孟子讲"安宅""居仁由义"，皆彰明人所独具的此一精神生命特质。"仁"代表广袤的博爱的温情，"亲亲""仁民""爱物"，都是仁爱的基本内涵，然则，呈等差次第，不是简单并列平铺。"亲亲"重天伦，"仁民"彰地义，"爱物"通泛化。

"仁""义"是人所特有的良知良能的标识，孟子特别强调"不虑而知，不学而能"，即本能性（与生理本能对应的道德文化之本能），指在社会化过程中可能（才能）由隐至显的人文基因。它是人类独特生命价值即气节、尊严的内在根据，也即人与禽兽之属的根本差别所

---

① 《荀子·天论》。

② 程颢、程颐：《二程集》，王孝鱼点校，北京：中华书局，1981，第16页。

③ 《孟子·告子上》。

④ 《孟子·尽心下》。

⑤ 《孟子·告子上》。

⑥ 《孟子·告子上》。

在——儒家所谓内在超越性的"本体"支撑。"义者,宜也。"①义,就是应该,代表道义责任,即必须无条件(不讲功利,不计得失)地承担起来的人伦义务。儒家论仁义,强调其绝对性,诚如康德式的"绝对命令"。人具有实践理性慧力,故能基于义理而抉择有所为有所不为,于是,儒家人文视野中的人性内在具备了自由性。仁性即基于道义责任与规矩意识的善良意志。人的行为抉择愈是基于内在的心性向善,则人愈自由。这也就是由仁爱心所指引的"为己爱他利生"(遵循道义原则而勇猛精进)之现实运化之路径。

孟子说:"君子所性,仁义礼智根于心。"②君子是仁义礼智为代表的美德修养臻至初步完满境界的人,即超越了功利心(基于世俗功利而超越之)而以道德心为生命主导的精英人群。仁心是每个人都内具的本然之质,最初的形态是美德之端芽,或"善质"(董仲舒语)。君子群体则是那些将此"根于心"的内在品质融贯于身心,精神脊梁骨全然挺拔、卓然独立,浩然正气沛然涌流者。仁义礼智是人格完善的内在根据、源泉。恻隐、羞恶、辞让、是非之心是美德心原发的初始姿态,是为"端"。牟宗三先生曾说:"就孟子言,四端之心皆是指点一本心,本心发为恻隐之心便是仁,发为羞恶之心便是义,发为恭敬之心就是礼,发为是非之心就是智,本心即理,本心之分别表现即是理之分别表现。"③有无仁心为代表的道德心是人禽的根本分野。将此仁心存养、扩充,做大做强,则"人人皆可为尧舜",登临天地之境所代表的道德高地,成长为美德流溢的圣贤。若不善存养、不加扩充而任其放、失,糊里糊涂地自我戕贼,则可能近乎禽兽、同乎禽兽甚至禽兽不如。

孟子说"心之官则思",心有一大功能是思虑,即知性理性力在道德实践中的运用,能辨别是非善恶,引导良知的正常启动("求其放心"),从而呈现为实践理性。这一实践理性是人类在漫长的社会化进程中铄淬、积淀而成的,对于文明时代的个体则显现为某种"固有"的潜质、潜能。孟子说:"恻隐之心,人皆有之;羞恶之心,人皆有之;恭敬之心,人皆有之;是非之心,人皆有之;恻隐之心,仁也;羞恶之心,义也;恭敬之心,礼也;是非之心,智也。仁义礼智,非由外铄我也,我固有之也,弗思耳矣。故曰:求则得之,舍则失之。"④要紧的是知性理性力的优先唤醒、启动。此处之"求",即本文所谓唤醒、激活、开掘、培植之系统努力,主体性之彰明而已。"舍则失之"之"舍",孟子也表达为"放"或"贼",任仁义礼智"四端"沉睡(休眠),久之则归于沉寂甚至死寂,人性之大美光辉就无机缘释放了。仁心之于人类的现实生活,并非若金银财宝堆积面前那么直接、简单。识得本心,需要大智慧(实践理性、善良意志)之开启。在儒家,人生首要大事就是将"我固有之""根于心""非由外铄"的仁义礼智

---

① 《礼记·中庸》。

② 《孟子·尽心上》。

③ 牟宗三:《心体与性体》(三),台北:正中书局,1993,第261页。

④ 《孟子·告子上》。

"四端"唤醒、激活并悉心培植为生命之主干。有人将仁义礼智定义为"先天本性本心"，本文以为，就文明时代之人而言，解为先天（即生来具备的善良潜质）则可；自长期进化之人类总体言，则不可。

孟子说："人之有是四端也，犹其有四体也。有是四端而自谓不能者，自贼者也。谓其君不能者，贼其君者也。"①物质生命（肉身活动）支撑，就其表象言，主要依靠四肢的坚实、灵活、给力；精神生命的支撑，则主要依赖"四端"的彰明、张扬、坚挺。这主要是比喻，却也彰显了人类特有之精神生命的特点。四肢的运行这种生理本能，更具天然（自然而然）性。精神生命的开悟，则更需主体性的幡然自觉。当然，人的体力提升，譬如成为运动员，追求某种行业技能的出类拔萃，都需心力的介入。美德之实践（践履），一定意义上说，也是某种体力活动：必转化为肉身的活动，甚至，其极致要以殉道、牺牲为代价，即"杀身成仁""舍生取义""以身殉道"。若就儒家所专注的美德修养而言，人生必以主要精力投入到仁义礼智为代表的精神生命的完善工程，则更需要主体性的高度自觉，意识、情感、意志的综合造作，并落实为践行能力，故孟子特别强调"尚志"。

在儒家的人文视野中，人生在世的大课题，并非"食色性也"、贫贱富贵这些物化的挑战，而是精神之维即真善美追求的毕生恪守。许多人庸庸碌碌，根本没有任何自我完善、自我超越、自我实现的冲动，是极大的悲哀。生命大智慧的开启，就在于主体性的初步自觉的抵达，即"四心"（良知良能）的自我唤醒、激活。主体清晰地发现人生的精神文化意蕴，而不再满足物欲中沉浮的庸碌。"有是四端而自谓不能者，自贼者也"，甘于蒙昧、暗弱的低俗，而绝无向上的冲动，对仁义礼智毫无感觉，绝不愿尝试身体力行之，以为世人只有功利之一心，不懂美德的任何可能性，这就是"自贼"即自我戕贼——精神上的自宫，主动地屏蔽良知良能即主体性，阉割掉自己的精神生命慧力，自甘堕落为禽兽甚至禽兽不如而乐此不疲。物欲是极鲜活的，更具感性直观性，而德性虽是天然之潜质、潜能，但更其隐蔽（潜然）得多，将之唤醒、激活也倍加困难，培植为生命主干则需终生不懈的努力。孔子曰："吾未见好德如好色者也"②，是之谓也。

孟子强调"有是四端而自谓不能者，自贼者也"，此处言庸人之自暴自弃，很大程度上归于知性上的自蔽。庸人的这种"自贼"当然与价值观密切相关，却与自信无太多关联。"信"，信念、信仰也，人生价值、生命意义的诠释也。对于现实生命运化的总体进程而言，此一精神之维，才最为关键。在金钱、权力、美色、暴力崇拜的氛围中，提倡美德颇显得不合时宜。一些人的自信主要基于钱权等身外附庸，而不及于内在的人品（精神品质）。这类功利之徒多毁礼败义、远离仁道，盖因其精神生命很少发育而一直处在畸形、病态、残败状态。物欲

---

① 《孟子·公孙丑上》。
② 《论语·子罕》。

诱惑与环境熏染,只是外因;内在主体性的黯昧,才是内因与根本。周敦颐《爱莲说》定义君子品格为"出污泥而不染,濯清涟而不妖",道破了人格修养之真谛。孟子强调人性本善,"四端"生来本具的天然性,但他其实更强调"存养""扩充"的后天修炼工夫。其重点在后天,而非先天。"人人皆可为尧舜",一方面因"四端"提供了可能性(潜质、潜能),另一方面更因为个体的后天努力即主体性的幡然自觉,从而唤醒、激活"四端"为现实的仁心,将可能性转化为必然性(实然)。故"存养""扩充"工夫才是个体所实具的生命境界的根本——内因。孟子说:"庶民去之,君子存之",君子历经世俗生活的重重考验,仍保持了本心,并令之成长为参天大树,成长为生命的主导力。君子与小人的分野主要系于后天,而非先天。也就是说,孟子不刻意强调人性的先天分野,而重视张扬个体的主体性自觉方面的后天差异。

孟子说:"故凡同类者,举相似也,何独至于人而疑之?圣人与我同类者。故龙子曰:'不知足而为屦,我知其不为蒉也。'屦之相似,天下之足同也。口之于味,有同耆也;易牙先得我口之所耆者也。如使口之于味也,其性与人殊,若犬马之与我不同类也,则天下何耆皆从易牙之于味也?至于味,天下期于易牙,是天下之口相似也。惟耳亦然。至于声,天下期于师旷,是天下之耳相似也。惟目亦然,至于子都,天下莫不知其姣也。不知子都之姣者,无目者也。故曰,口之于味也,有同耆焉;耳之于声也,有同听焉;目之于色也,有同美焉。至于心,独无所同然乎?心之所同然者何也?谓理也,义也。圣人先得我心之所同然耳。故理义之悦我心,犹刍豢之悦我口。"[1]孟子认为,人之仁心就其原初形态而言,实具极大普遍性。他所举的实例,很是日常生活化,譬如人们的脚的形状,人们的口味、耳目之喜好,总体存在相当的趋同性。鞋匠做鞋,不会将人脚混同于猪脚或鸡爪,也不会做成了手套。某只鞋子的大小肥瘦,虽然可能不太合某特定个体之脚,但终归必定是鞋子的样子。这是肉体方面的共性。另一层面(或维度),人类感性能力也有明显的一致性。这些论证,都是为了证明个体间还有更高明且更要紧的相似处,即"仁义礼智"四端这一原始配置上的共性,以启迪人们对于美德之可能性的普遍自觉。人有肉身上的共性,又有感性知性方面的诸多共性,大家都很容易通过日常生活就自然把握,然而,对于德性潜质上的共性,则不那么容易把握、觉解。孟子故不厌其烦地开导、启蒙之。人同此心,心同此理。在总体的道德认知上,人们可以抵达大致的相同。譬如认同于忠、孝、节、义、诚、信、勇、宽、廉、耻等德目。

孟子说:"何以异于人哉?尧舜与人同耳。"[2]"先得我心之所同然耳",率先实现(完成)了主体性的沛然自觉。"舜之居深山之中,与木石居,与鹿豕游,其所以异于深山之野人者几希。及其闻一善言,见一善行,若决江河,沛然莫之能御也。"[3]这种差异的存在,不在"四端"

---

① 《孟子·告子上》。

② 《孟子·离娄下》。

③ 《孟子·尽心上》。

之有无,而在"思"这一理性慧力是否启动,以及是否良好运行。"心"之官"能思""则思",孟子论心之"思"有最著名的一段:"耳目之官不思,而蔽于物。物交物,则引之而已矣。心之官则思,思则得之,不思则不得也。此天之所与我者,先立乎其大者,则其小者不能夺也。此为大人而已矣。"①其他尚有多处反复从不同角度申述,兹引如下:"居下位而不获于上,民不可得而治也。获于上有道:不信于友,弗获于上矣。信于友有道:事亲弗悦,弗信于友矣。悦亲有道:反身不诚,不悦于亲矣。诚身有道:不明乎善,不诚其身矣。是故诚者,天之道也;思诚者,人之道也。至诚而不动者,未之有也;不诚,未有能动者也。"②"禹、稷、颜回同道。禹思天下有溺者,犹己溺之也;稷思天下有饥者,犹己饥之也,是以如是其急也。禹、稷、颜子易地则皆然。今有同室之人斗者,救之,虽被发缨冠而救之,可也。乡邻有斗者,被发缨冠而往救之,则惑也,虽闭户可也。"③"伊尹耕于有莘之野,而乐尧舜之道焉。非其义也,非其道也,禄之以天下,弗顾也;系马千驷,弗视也。非其义也,非其道也,一介不以与人,一介不以取诸人。汤使人以币聘之,嚣嚣然曰:'我何以汤之聘币为哉?我岂若处畎亩之中,由是以乐尧舜之道哉?'汤三使往聘之,既而幡然改曰:'与我处畎亩之中,由是以乐尧舜之道,吾岂若使是君为尧舜之君哉?吾岂若使是民为尧舜之民哉?吾岂若于吾身亲见之哉?天之生此民也,使先知觉后知,使先觉觉后觉也。予,天民之先觉者也;予将以斯道觉斯民也。非予觉之,而谁也?'思天下之民匹夫匹妇有不被尧舜之泽者,若己推而内之沟中。其自任以天下之重如此,故就汤而说之以伐夏救民。吾未闻枉己而正人者也,况辱己以正天下者乎?圣人之行不同也,或远,或近;或去,或不去,归洁其身而已矣。吾闻其以尧舜之道要汤,未闻以割烹也。伊训曰:'天诛造攻自牧宫,朕载自亳。'"④"乃若其情,则可以为善矣,乃所谓善也。若夫为不善,非才之罪也。恻隐之心,人皆有之;羞恶之心,人皆有之;恭敬之心,人皆有之;是非之心,人皆有之。恻隐之心,仁也;羞恶之心,义也;恭敬之心,礼也;是非之心,智也。仁义礼智,非由外铄我也,我固有之也,弗思耳矣。故曰:'求则得之,舍则失之。'或相倍蓰而无算者,不能尽其才者也。诗曰:'天生蒸民,有物有则。民之秉夷,好是懿德。'孔子曰:'为此诗者,其知道乎!故有物必有则,民之秉夷也,故好是懿德。'"⑤"权,然后知轻重;度,然后知长短。物皆然,心为甚。"⑥孟子使用"权""度"概念,实为"思"的具体化,亦可谓代名词。

个体间的差别,就其启动处而言,"思"与"弗思"是判然两途的关键。思则得,"弗思"则

---

① 《孟子·告子上》。
② 《孟子·离娄上》。
③ 《孟子·离娄下》。
④ 《孟子·万章上》。
⑤ 《孟子·告子上》。
⑥ 《孟子·梁惠王上》。

失（弗得）。此处之"思"不是一般的思考功能，而是道德感的唤醒、激活。就广义而言，"思"（人类致思）的对象林林总总，千奇百怪，无所不包。而孟子所重在"仁心"之维的发微，故当理解为狭义之"思"，也即人类精神生命的反身而思，由是而有人伦义理意识、情感、意志的沛然自觉。仁心是人性最本真的善良之根基、泉源。孟子"道性善，言必称尧舜"，直指人性之本然、真几，并反复强调要通过"思"这一功能的开发而彰显、放大，培植为现实生命运化的主导性力量——坚挺起精神的脊梁骨，并自然地释放于日常言行之中。孟子说："广土众民，君子欲之，所乐不存焉。中天下而立，定四海之民，君子乐之，所性不存焉。君子所性，虽大行不加焉，虽穷居不损焉，分定故也。君子所性，仁义礼智根于心。其生色也睟然，见于面，盎于背，施于四体，四体不言而喻。"这是对心性这一由君子圣贤等所表达的成熟人格的精彩描摹；其前提即道德心——仁心的沛然自觉。孟子说："是故诚者，天之道也；思诚者，人之道也。"①"诚"首先表达为"天之道"，即如孔子所言"四时行焉，百物生焉"②，这样的自然而然，然而又真诚不欺。天道自然以客观规律性来表达。而人之诚，则通过"思"这个中介表达为个体的主体性自觉，即基于必然律的自由律。"明于庶务，察于人伦"，既明且察，都以"思"为基。人类特有的精神慧力起到关键作用。而且，在人之"诚"（作为人品道德的"诚"）的显现中，选择性成为关键。人深思熟虑之后，经由积极主动的选择而"诚"，由诚而信（民信之），造成普遍而持续的公信力，这是执政之最深刻且最坚实的基础。儒家讨论人格之诚，以"为政"为直接之目标。

　　本文不在道德文化本能的意义上泛泛地谈论美德，而在美德意识、情感、意志的统一中谈论之。这个统一的建构就在"思"中。人的道德行为是全然自觉的，即如后来王阳明所断"知行合一"，一念发动处，便就是行了。通常的解读，往往将诚归结到先天、先验，似乎总离不开一个神秘而莫名的物事的暗中帮衬、扶持。本文根本拒绝（拒斥）这种神秘主义的致思路径。

　　四端人人皆具，是文明时代之必备。而四端之一即明辨"是非"的智心，儒家论"智"更强调其德性一维，以求真为基而激活向善审美之系统努力，寻求精神上的自我完善。以仁心为总体的尺度，明察言行所必具的道德价值、意义，发现其"客观"之诚，即真实、真理、真相，都是在道德关系视角讲论。这种衡量、评判能力，是人特有的精神潜质、潜力。由长期的进化所积淀，对文明时代的人则显现为获得性的天赋本能（道德本能、向善基因）。经由"思"这个慧力中介，而转化为主体性能动性之自觉。由是而由"诚者"转变为"诚之者"。"诚者"，强调必然（或必定）如此，即必然性。而"诚之者"则彰明个体以道德自觉为内在凭依而全然积极、主动地如此这般行为，即人类特有的主体性、能动性。基于客观必然之"诚者"而

---

　　①《孟子·尽心上》。

　　②《论语·阳货》。

升华为主观能动的"诚之者"，显现（落实）为人特有的自由。因主体慧力的发挥而有所选择（有所为有所不为），人于是得以实现其天赋之自由本质。这是积极的"上达"的自由，为儒家所悉心推崇，并恪守、笃行。

牟宗三先生深受佛学的影响，以"觉"来表示"思"，先生说："思即觉也。'欲贵者，人之同心也。人人有贵于己者，弗思耳'。弗思即弗觉。觉则乃知人人分有贵于己之良贵；若非逆觉其本心，焉有所谓'良贵'？'是故诚者，天之道也；思诚者，人之道也。'思诚即逆觉而肯认其本有之诚体也。"①本文则倾向以现代汉语中"自觉""觉悟"等词汇表达之。由孟子所使用"察""明"，可资为证。援引如下："'明足以察秋毫之末，而不见舆薪'；……舆薪之不见，为不用明焉"②，"是故明君制民之产，必使仰足以事父母，俯足以畜妻子，乐岁终身饱，凶年免于死亡。然后驱而之善，故民之从之也轻。"③"设为庠序学校以教之：庠者，养也；校者，教也；序者，射也。夏曰校，殷曰序，周曰庠，学则三代共之，皆所以明人伦也。人伦明于上，小民亲于下。有王者起，必来取法，是为王者师也。"④"离娄之明，公输子之巧，不以规矩，不能成方圆；师旷之聪，不以六律，不能正五音；尧舜之道，不以仁政，不能平治天下。""诚身有道：不明乎善，不诚其身矣。"⑤"吾惛，不能进于是矣。愿夫子辅吾志，明以教我。我虽不敏，请尝试之。"⑥通过以上引证可知，孟子所谓"思""明""察"诸范畴实密切相关，都指向人的知性理性慧力，又都进而指向知性理性之升华即实践理性慧力。本文认为，孟子重知，所重者，在"仁心"之自觉，即人类独具之精神本体之自觉，也即主体性之沛然觉醒，以世间唯一具主体性之大格局者而存续于宇宙间，宋儒总结为"为天地立心"。

孟子说："欲贵者，人之同心也。人人有贵于己者，弗思耳。"⑦孟子所重之"思"，要求人们向内探寻、反身而思，即在灵魂深处发现自我内具的美德潜质，也即仁义礼智为代表的善良心性之唤醒、激活。一念之清明，由是而能成己而利他而成物而厚生。追求自我超越的意识人人皆有，然则，许多人却找不到现实路径。儒家仁学，作为"为己"之学，建基于小我，而有"上达"慧命之发现，而以"大我"为目标。故人生最贵者，莫非"己"。"为己"并非主动陷入自私自利（一心一意经营自家安乐窝）的泥沼，而是天然包含内在之超越性，即以超越自我为实现自我之桥梁，而绝不导向人们通常所理解的个人主义或自私自利的市侩哲学。

---

① 牟宗三：《从陆象山到刘蕺山》，台北：台湾学生书局，2000，第170页。

② 《孟子·梁惠王上》。

③ 《孟子·梁惠王上》。

④ 《孟子·滕文公上》。

⑤ 《孟子·离娄上》。

⑥ 《孟子·梁惠王上》。

⑦ 《孟子·告子上》。

三

即使我们承认孟子颇多谈论"存养""扩充"等心性工夫,然而,如何操作,却仍需推敲,不可简单定论。一般认为,关键在"如何"存养、扩充。说来简单易行,做起来却极可能云里雾里,摸不着头脑。有人以为,诉诸"直觉"即可解决,本文以为,绝非如此简单易成。因为存养、扩充所代表的德修工夫,其实是复杂或复合的人生命题。

孟子或有夸大人类实践理性的自发性的倾向。这是我们需要对治的前现代缺陷。孟子所言并非"句句是真理","一句顶一万句"。但他所彰明的滋养"心性"为标识的人性特质以及相应的"养其大者"的人伦义理修养的基本路径,却精到之至,实具划时代性。唯因有孟子力挽狂澜,周孔之道统得以传承、弘扬。

仁心之存养、扩充工夫之实践开启,固必有"思",却不仅仅基于"思"。孟子重视一念之萌动处,即"心性"所代表的人类精神慧力的唤醒、激活这一最原始步骤的启动。此一"初心"之萌动,堪比牛顿所谓"第一推动力",但却不是依赖于上帝之手或任何其他神秘力量的外来启蒙或提携,而是纯然依赖于每一个体自身主体性的幡然觉醒。孟子讲到大舜"闻一善言,见一善行,若决江河,沛然莫之能御也。"[①]在日常生活中,混沌浑噩的个体,人群中所在多有,要紧的是得机缘有此善良本根之灵明慧力之开启。然而,灵明开启之后,德修并非一了百了或一劳永逸,而是"靡不有初,鲜克有终"[②],万里长征虽然迈出了最为关键的第一步,但此后仍有漫漫长路,任重道远非死而后已则不可,必有终生之不懈"存养、扩充",不能毕其功。故曾子有"仁以为己任,不亦重乎? 死而后已,不亦远乎?"[③]"战战兢兢,如履薄冰,如临深渊。"[④]"善端"的扩充或存养工夫,只在日常生活中,而不在之外。《孟子》中大量谈论,其所关涉,远远超出了"明于人禽之分"这一念之善的初心蕴涵,而必有仁心的丰富内涵之次第展开、徐徐绽放。孟子所感慨的是,许多人缺乏这"万里长征第一步"之肇始,捕捉不到精神生命唤醒的契机,找不到慧命开启的门径。孟子谈论人性向内寻求人伦义理的支撑,岂仅思、明、察、知以启心性? 必建基于日常生活、生产矣。孟子慨慨然直谏于诸侯之堂,纵论人性贤愚之分野与家国之兴亡更替,复论及个体筋骨心志的生命历练,质诸人之生命独特形态,必欲得其"大"而能御其小;求其"放心",而复归人性之本真,则成长为士、君子、圣贤矣。凡夫俗子难免失其"大"而就其"小",随物从欲,载沉载浮,身入堕途而不自知。

① 《孟子·尽心上》。

② 《诗经·大雅·荡》。

③ 《论语·泰伯》。

④ 《诗·小雅·小旻》。

孟子说："耳目之官不思，而蔽于物，物交物，则引之而已矣。心之官则思，思则得之，不思则不得也。此天之所与我者，先立乎其大者，则其小者不能夺也。此为大人而已矣。"①孟子既说"此天之所与我者"，又说"我固有之"。本文更倾向于"固有"方向解读之，不理解为天赋能力，而将"固有之"理解为文明时代个体所内具的潜能、潜质，而此潜能、潜质并非原始人从来固有，而是人类漫长进化史中获得性遗传之结晶；而其唤醒、激活必在人的社会中，经由个体的社会化而实现。也就是说，不存在天赋的仁义道德性。孟子所谓"知其性则知天"中的"天"范畴，不必解读为人格化之神秘本体，而当解释为客观必然性的模糊阐述模式，而"性"范畴则应如上所述即阐释为漫长进化史中之人性积淀的精神结晶。人之超越性精神慧力，是物质世界长期发展在地球这个特殊环境中激变与渐变结合之交替之产物，其总源不离物质的统一性。故人之本体，就物性而言，终必归结为"客观实在"的物质性。而就人之诞生后所积淀而成的精神特质而言，则有与物性（肉体性）相对称、对峙的"神"性（灵性）维度，是为人类特有（独具）的主体性慧力。故曰，人是独具双本体（灵与肉统一）的存在。"天"之范畴，在孔孟时代，具有多重含义。本文主张从客观必然性之物性根基或基础角度理解之，不离辩证唯物主义之基本立场。孟子所言"仁"心，所代表的人类之精神特质，具内在之超越性，是人特有的"神性"。神并不在人之外，也不在物之后——不存在于宇宙间任何不可知的神秘之处，只存在于人类内心深处。所谓"神性"之真几，便只是（只不过是）人性的最高精神特质（即慧力或灵性）而已。

孟子张扬"心之官则思，思则得之"，所强调的是主体性的自觉。这当然具有合理性。然而，人性现实演化的分野，不仅是"思"与"不思"所能分别解决，更关键的是致思的方向或内涵，才左右了人性变化之基本方向。当然，若聚焦于"大体""小体"之别而致思，则必有人的发现，由是，我们可知孟子所断，终归指向真理（引导我们走向真理）。质诸现实，即可发现，庸常之人并非不能"思"（或不懂"思"），只不及道义耳。就个体而言，激活仁义之心，需特殊机缘。贵人之点拨或为其一；读书而私淑古圣先贤，又得其一。若慧力潜质高标，如尧舜禹者，则可"闻一善言，见一善行，若决江河，沛然莫之能御也"，此路径非常人所能及也。既无贵人点拨，亦难以亲近古圣先贤，复不喜读书明理，即使偶有闻善言、见善行之机遇也终归难逃麻木不仁、冥顽不灵的内在困顿，是庸人市侩之徒的生存常态，故"小体"勃勃坚挺，而"大体"疲软或全失矣。

仁心之一维即知性理性，或及于功利得失，而不及于善恶是非。灵性始终为重重昏昧所蒙蔽而不得显现。声色犬马诱惑重重，物质生活急迫而真实，时时处处，不离肉身色相，世人（庸常个体）熙熙攘攘，皆只知利来利往，自发自然的倾向是物欲本能的陷溺、沉沦，难以自我超拔，而不复虑及仁义道德，此谓"自贼其心"，夫复何以为救?！仁心则是人之为人

①《孟子·告子上》。

之高端属性,表达为"大体"之心的幡然觉醒,非有大慧力者则莫能明察。孟子高调张扬仁心,将其视为重中之重。其与时代之经济、政治、文化发展特别是时代精神的演化密切相关。

孟子虽"言必称尧舜",却仍将"明于人禽之分"置诸绝对首位。呼吁人们首先千方百计努力做到与禽兽们划清界限,才最为要紧;至于是否做得成圣贤,那是等而次之又次之的事情,不必太过着急。

儒家传统论"思",又曰"慎思""慎独""日三省",孔子尝言"君子有九思"①,特别强调:"学而不思则罔,思而不学则殆。"②《大学》载:"此谓诚于中,形于外,故君子必慎其独也。"所谓慎独,即自我反省的德修工夫,如曾子所力主的"日三省":"吾日三省吾身:为人谋而不忠乎? 与朋友交而不信乎? 传不习乎?"③孟子认为:"思则得之,不思则不得。"④韩愈说:"业精于勤,荒于嬉;行成于思,毁于随。"⑤综而言之,儒家主张"学""思""行"的统一,其关键的枢纽在知性理性之慧力的全面开启,是为勤学而善思。

孔子说:"古之学者为己"⑥,并强调"里仁为美""为仁由己""修己以敬"。"为己""为仁"实有大学问。"为仁"就是为己。"为仁"且必"由己"——仁只在自己内心深处,仁心是人之为人的内在精神品质的总称,故"仁"德实不可假于外求。孟子秉承孔子"里仁为美"的理念,认为"夫仁,天之尊爵也,人之安宅也"⑦,要求人们努力以仁德为精神家园,安顿自我之慧命,此即所谓"大体"。"大体"即仁心,是人特有的精神生命的核心、主干、根本内涵,又是人类生命运化特有的指挥中心。其特质在于以真为基,而以善、美为核心和主体追诉,即基于知性理性而超越狭义的知性理性(即庸常的功利判断与诉求为主要内容的市侩主义),既而升华至无条件的道德情感、意志为主导、核心的生命诉求的境界,由是则有人性之全面升华,则有士人格的耸然出现。"小体"指物质生活,亦即市侩心,即功利之心,是为色心,或如上所述之市侩主义。

当然,必须补充的是,本文以为,儒家当然并不简单否定色相、功利为生活之一维,相应之色心(功利心)亦为人生所不能不有,且绝不否认其重要性。诸如"饭疏食饮水"⑧"食不厌

---

① 《论语·季氏》。

② 《论语·为政》。

③ 《论语·学而》。

④ 《孟子·告子上》。

⑤ 《进学解》。

⑥ 《论语·宪问》。

⑦ 《孟子·公孙丑上》。

⑧ 《论语·述而》。

精、脍不厌细"①"富与贵,是人之所欲也。……贫与贱,是人之所恶也"②等均资为证。儒家只是以为,此类"小体"诉诸本能即已具足,而不必特别在意;若一定要有所刻意,就是节制欲望,特别是对于那些欲望强烈者,或身处欲望偾张的人生阶段时,以理性抑制欲望而不使其泛滥,成为生命的紧迫课题。这就是孔子所谓"欲而不贪"的道理。需要特别指出的是,儒家所指引的人生方向,是专注于精神生命之健康发育,即令之唤醒、激活而培植为现实生命运化的主导力,在这种生命状态下,欲望自然得到节制、抑制。也就是说,儒家人文视野中,人之为人,就其最高本质而言,必以健全之精神为主导性慧力,方可为"成人"(即成长为志士仁人亦即士君子——精神生命健全或个体微观人文生态全面优化者)。孔子强调"为仁由己,而由人乎哉?"③仁心的唤醒、激活、培植,主要靠自己,怎么可能依靠别人呢?!成就自我的仁德之大美,别人是指望不上的。所谓"内因是根据,外因是条件"是也。小人之所以为"小人",根本原因在于其"思"仅及乎"小体"而不得超拔,于"大体"却浑然不觉。孔子曾批评弟子:"枨也欲,焉得刚?"④申枨的欲望太多太强,怎么可能有真正的坚强意志? 心体被色相所充斥、接管、主导、占领且成为常态,必然堕落为欲望的奴隶,这样的个体自然谈不上刚强。这种汲汲于功利之私的个体,势必贪生怕死,重色轻友,为满足一己之私常至无所不用其极。在这样的生命状态下,即便"心之官"有发育,也不得健康之发育。

孔子希望弟子们"入则孝,出则弟,谨而信,泛爱众,而亲仁"⑤,并要求他们"志于道""志于仁""志于学",修习"文、行、忠、信",通过"博学于文,约之以礼"⑥而发现生命升华的现实路径,并要求大家修炼到"非礼勿视,非礼勿听,非礼勿言,非礼勿动"⑦的境界,言行皆能中规中矩即合于礼的要求,而内在的根基则是仁德(即仁心或仁义心)。视、听、言、动,直接的根据或标准便是礼,即既成的规矩体系;而间接的或更深刻的根据或标准则是仁义,即每个人天然自具的那个最本真的道德心性。由内在的规矩感(知情意一体)为凭依,而有所为有所不为,言行以"中"为核心标的,未发之中,即发之中,允执厥中。中,就是刚刚好,恰到好处,不偏不倚,无过无不及。其基本尺度就是仁义,而其外化则以礼乐(制度)为标识。将此仁义心唤醒之、激活之、培植之,促之成长为生命运化之核心动力与总指挥部,则必有"勿视""勿听""勿言""勿动"之功。孔子尝云"从心所欲不逾矩"⑧。心非无欲,然仁心主导下,欲心得到合理的节制,必不泛滥、恣纵,久之,则一言一行莫不中规中矩也。博于文而习于

① 《论语·乡党》。

② 《论语·里仁》。

③ 《论语·颜渊》。

④ 《论语·公冶长》。

⑤ 《论语·学而》。

⑥ 《论语·雍也》。

⑦ 《论语·颜渊》。

⑧ 《论语·为政》。

礼,养成优良之习惯,则一颦一动皆"由仁义行",实不必时时处处假于"思"耳,此境界非圣贤莫之能也。由"明于人禽之分"到圣贤之"从心所欲不逾矩",必有生命境界之自我否定(辩证否定即扬弃)即生命层次的飞跃的一再(反复)出现,由禽兽人、市侩人、庶(庸)人而士而君子而贤人而圣人,是生命境界不断攀援的历程,自然绝非一蹴而就。

孟子说:"万物皆备于我矣。反身而诚,乐莫大焉。强恕而行,求仁莫近焉。"①此论判在特别张扬主体性优先、优越于主体际性。主体性、自主性、能动性,是人特有的精神文化属性。因为人(首先是个体)内在具备无假于外的价值评判、定位、认同、践行的实践理性慧力,所谓"内在而超越"的人文信仰的泉源,完全来自人类自身(人之族类及其每一健全个体)。也就是说,儒家传统中,人生价值、生命意义的定位、诠释,由此而形成的人伦(道德)意识、情感、意志及践行能力,都建基于人之自身,都只需且只能向内(心灵深处)追寻、开掘,而不必诉诸身心之外的莫须有的诸神或神秘的"天理"或"道"。人首先是个体的。由个体而组成群体。无个体则无群体。有个体并有仁德慧力之觉醒而能群,则人性的高尚性得以升华、发微。天地间一切事物,都有待人来"立法"②,否则就是一派死寂的"杂多"。价值必有待人类这个唯一具备主体性的存在出现之后方才可能。人类出现之前的世界(宇宙间之天地万物)及其价值之纯粹客观性,是人类思维虚拟之产物。"万物皆备于我"并非本体、本原意义上言说,而是价值论意义上之言说。万物因人的认知而彰显其客观性之存在及其相应价值。无人认知的万物,只是混沌无序的"杂多"死寂,其价值亦无从论起。

这样,我们就在儒学道统中,就根本理念而言发现了某种完整的现代性甚至后现代性精神之核。前现代的浑然的僵硬的整体,现代性视域中被夸张为游离的、孤独的个人,重新聚合为独立、自由的个体所自觉组织(建构)起来的群体。个体依存于整体而追寻最大限度的自由,因自由而能更恰当地融入群体并服务于群体之公共目标。"人""心""己"等范畴并非作为中介而存在,而是作为第一实体而存在。人建基于肉身即物质实体之上,却能建构起人之为人的独特之精神实体、本体,即人之族类共有的心性特质。人于是成为天地间唯一具备"双重本体"之存在。人相对于"天",心相对于"身",己相对于"群",不仅是对待、对等、对称的范畴,而且特别是主体、本体意义上的范畴,是这世间唯一具备能动性的因子,是唯一的主体意义上的本体。就物性本原而言,人在宇宙间并不具有特别之优先性;而就心性本体(本原)言,人之于宇宙万物具备完全的逻辑优先性。有了人,宇宙间一切事物才第一次作为属人之物即"人化自然"而真正存在。此即"万物皆备于我"(孟子语)"吾心便是宇宙,宇宙便是吾心"(陆九渊语)的真切意蕴。

孟子心学博大精深,关涉中华人文精神暨人文信仰之内在凭依。

---

① 《孟子·尽心上》。
② 康德曾在《纯粹理性批判》中提出过"人为自然立法"的主张。

孟子"勇"论

（王睿智　安徽大学哲学学院）

摘　要：在中国传统的伦理思想中，作为极其重要的道德范畴——"勇"，是主体德行不可或缺的一个层面，传统儒家将"勇"与"仁""智"一起归于"三达德"，搭建起儒家学派完美人格的道德基础。而儒林的代表人物孟轲，他对勇之德进行进一步阐释，并有着自己独特的理解。孟子的勇德思想除了体现自己的德性要求之外，还进一步映射出个体的社会层面的价值应有之责。故深入剖析孟子的勇德理论，发现他德行思想的特点，势必具有重要的理论价值，也能为现实生活提供指导。

关键词：孟子；道德；人格

东周时期战争频发的时代印记孕育出"以武为勇"的"勇"理念，社会中"尚勇"之风随处可见，完全忽略了"勇"的另一面，即德性层面。孔夫子发掘"勇"的异于平常的含义与价值，在前人的"勇"观念之上，将"勇"融入以"仁"为核心、以"礼"为规范的儒家哲学体系里去揆诸"勇"之内涵，完成"义、礼、知、仁"对"勇"的统摄。孟子对孔子的"勇"观念继续完善，使"勇"观念又有不同风貌。孟子将"勇"观念与"气"融合，从内修的层面提倡勇气的秉持，孟子"养勇"的理念又将培养"浩然之气"作为其最终的目标与价值导向。

一、孟子"勇"思想的来源

段玉裁在《说文解字注》中说："气，云气也。引申为人充体之气之称。力者，筋也。勇者，气也。气之所至，力亦至焉。心之所至，气乃至焉。故古文勇从心。"[①]此外，刘熙的《释名》中有"勇，踊也，遇敌踊跃欲击之也"[②]的解释。

由此可见，"勇"字最初产生意在指向主体有力量及战斗时很勇猛，含有"勇力""勇士"

① 许慎：《说文解字注》，段玉裁注，上海：上海古籍出版社，1988，第701页。
② 刘熙：《释名》，北京：中华书局，2016，第55页。

的意蕴,后来又发展为能够引起行动的"气",有"勇气""勇敢"之意,意为一种无畏、果断的意志品质与精神风貌。"勇"字的含义是一个时刻变化的进程,在《尚书》《诗经》等早期典籍中多次出现,但意在表达"勇力""勇武""勇夫"的意思,也用来形容主体的样子,主体在拥有魁梧的外在条件后,既以"勇"来称谓。除此以外,"勇"也有其他含义,例如用来描摹人的心理变化,在《左传》《国语》等东周典籍中有表达"勇气"含义的用法。值得一提的是,在这一历史时期,"勇"已因其特有的思想意蕴成为一个重要的道德范畴与对主体产生影响的价值导向。

据上文的论述,我们已经把"勇"的基础含义厘清,"勇"字在最开始产生的时候未有道德层面的诉求。但在孔子哲学话语中,"勇"变为一个极其重要的道德概念而存在,"勇"和"仁""知"相提并论,演变为不可或缺的道德理念。孔子拓展"勇"观念的内核,将前人的"勇"融入其自创的以"仁"为内核,包括礼、义、知等诸多道德理念的哲学体系里。孟子不仅继承了孔子的"勇"观念,又继续拓展"勇"的含义,将"勇"的层级进行阐明,即"大勇与小勇"。孟子关于"勇"的培养重在内修,善养浩然之气为"勇"的外在,即理想人格之勇。

在孔子那里,"勇"主要作为一种完善人格的道德修养而备受推崇,孟子则将"勇"从个人修身层面上升到治国理政的高度,将"勇"与自己仁政王道的政治理想结合起来。孟子将"勇"由内圣的道德层面推扩到外王的政治层面,希望当今君主能效法圣王之勇,实现和承担大勇以安天下的治世理想与责任。如孟子在与齐宣王的对话中,论及他的"小勇"和"大勇"的不同划分。

齐宣王问曰:"交邻国有道乎?"孟子对曰:"有。惟仁者为能以大事小,是故汤事葛,文王事昆夷。惟智者为能以小事大,故太王事獯鬻,勾践事吴。以大事小者,乐天者也;以小事大者,畏天者也。乐天者保天下,畏天者保其国。《诗》云:'畏天之威,于时保之。'"王曰:"大哉言矣!寡人有疾,寡人好勇。"对曰:"王请无好小勇。夫抚剑疾视曰:'彼恶敢当我哉!'此匹夫之勇,敌一人者也。王请大之!《诗》云:'王赫斯怒,爰整其旅,以遏徂莒,以笃周祜,以对于天下。'此文王之勇也。文王一怒而安天下之民。《书》曰:'天降下民,作之君,作之师,惟曰其助上帝宠之。四方有罪无罪惟我在,天下曷敢有越厥志?'一人衡行于天下,武王耻之。此武王之勇也。而武王亦一怒而安天下之民。今王亦一怒而安天下之民,民惟恐王之不好勇也。"[①]

齐宣王和孟子谈论起与邻国交往的方法时,齐宣王说自己有个毛病,就是喜爱勇敢,孟子便说请齐宣王不要喜爱"小勇",而应该把"勇"扩大之。这段话中提到两种"勇",孟子认为只能敌得住一个人的"勇"是匹夫之勇的体现,"勇"的目的是为个人。接着引出"文王之勇"与"武王之勇",文王一生气整顿军队可以阻止敌人的侵略,护佑邦国内的百姓,武王一

①《孟子·梁惠王下》。

生气而兴兵伐纣，铲除暴政，拯救百姓民众于水深火热之中，文王和武王一怒而安天下之民是"大勇"的体现。对于孟子"小勇"与"大勇"的划分，朱熹解释为："小勇，血气所为。"①

二、孟子"勇"思想的创新

孟子认为，人性生来就是善的，即在人的自然本性中就有仁义礼智的善端，同时仁义礼智是人们先天就具有的道德意识和道德规范。"仁义礼智，非由外铄我也，我固有之也，弗思耳矣。故曰：'求则得之，舍则失之。'"②这句话表明孟子伦理"四德"的先天来源，强调了人生下来便具有道德的可能性，认为人的行为自然要符合天赋道德的要求。相对于孟子对仁义礼智德性的重视，勇德尚不能构成其思想主要伦理规范。他聚焦的那四个美德是要表明倾向于伦理行为是天然的。勇敢不是倾向性。

"勇"不是天然形成的倾向性道德，"勇"作为一种身体的力量，突出标志主要是"力"，与天赋道德关系不大。孟子认为，"勇"之所以成为德性，是在社会生活实践中由四端"扩而充之"体现出来的内在的精神力量和道德意志品质，使"勇"成为有德性的"勇"。这样，"勇"构成了儒家道德规范体系中重要的伦理范畴。孟子维护和发展了孔子仁的思想，把仁作为维护宗法制度的纽带，坚持了早期儒家的"仁为孝悌之本"，认为"好勇斗狠，以危父母"是不孝的表现；同时，孟子又把仁看作国家施行政策的道德规范，进而提出了"仁政"的思想。孟子生活在战国时期，当时各国连年征战，主张富国强兵，争取用暴力的手段实现各自的报复，完成统一，这样一来军人杀戮、刺客典范以及英雄主义就会成为各国的推崇对象。"争地之战，杀人盈野；争城以战，杀人盈城"③是孟子最为痛恨的，"以力服人者，非心服也，力不赡也"④。如果当时的统治者能采纳他所设计的仁政方案，不论君主好货、好色，抑或好勇，都会结束动乱局面，"以德服人者，中心悦而诚服也，如七十子之服孔子也"⑤。

三、儒家人文学视野下的"勇"

"勇"作为一种道德品质，由气来呈现，这倒没什么问题。"勇"在进入现代话语体系后，直接升华为"勇气"，这也是可以接受的。然而，接下来勇气在各种人文学科中不断地被叙说或阐述时，却越来越脱离其生长的道德土壤，这就让人难以接受了。细观今人重提勇气

---

① 朱熹：《四书章句集注》，北京：中华书局，2012，第215页。
② 《孟子·告子上》。
③ 《孟子·离娄上》。
④ 《孟子·公孙丑上》。
⑤ 《孟子·公孙丑上》。

这一主题,多半还是运用了西学的思想资源,而与儒家作为一种道德品质的勇气关系不大。古希腊哲学家柏拉图论勇时将"勇"作为一种美德,其实是多少有些犹疑的。在"美德即知识"这一眼光的打量下,"勇"作为人的一种品质显得太特殊了,"在所有的美德中,勇敢最难被还原为知识"①,将其视为一种美德实在有着太大的考验。不能还原为知识,也就意味着孟子之"勇"不是一种可以教育的必然品质,"勇"就成了一种被"意气"所决定的东西。当然,柏拉图将"勇"作为城邦卫士的品质,依然是可以进行教育的。"如果一个人的激情无论在快乐还是苦恼中都保持不忘理智所教给的关于什么应当惧怕什么不应当惧怕的信条,那么我们就因他的激情部分而称每个这样的人为勇敢的人。"②意气或者是激情接受理智的教导,哪些"应当"惧怕还是不惧怕,从而确保勇气还是植根在道德之上。这也是作为一种古典的思想立场,能够与儒家共同抵达之处。不过细说起来,以理智的教导方式来克服,"无论在快乐还是苦恼中"的心情,通过坚守"关于什么应当惧怕什么不应当惧怕的信条"而成为"勇敢的人",这实在是太像告子的"不得于言,勿求于心;不得于心,勿求于气"③了。与此同时,"勇"终究只是作为城邦卫士的品质出现,这也说明并没有完全摆脱从孟贲到孟施舍这一脉勇士的影响。当然,由此树立起来的理性主义传统的力量还是很强大的。从此以后,"勇"是继续保持在道德的根基上,还是从道德的视域中剥离出来,都由理性说了算。在理性头脑的作用下,勇气的位置忽上忽下,直到现代西学中出现两种极端的处置:要么沦为心理学意义上的性格特征,要么提升为本体论意义上的存在属性。这倒是特别符合理性的分析。

四、结语

先秦儒家"勇"观念蕴含着丰富的内涵,"勇"观念孕育在春秋战国战争频仍的社会环境下,不可避免地带有以"尚武为勇"的特征。孔子继承前人的"勇"观念,将"勇"纳入以仁为核心,以义、礼、知、仁为原则的思想体系中加以考察,将"勇武之勇"在义、礼、知、仁等道德原则的辅助下,升华为君子之勇,使"勇"成为完善人格修养的重要组成部分。孟子则对"勇"观念的内涵进一步丰富和发展,通过小勇、大勇的划分,明确了大勇是以文王之勇和武王之勇为代表,承担着安天下的责任担当。当然,孟子也认为只要通过"自反"的方式,坚守内心的道德法则,每一个人都可以达到大勇的境界,孟子给予"勇"一定的道德使命,当面临生死抉择时,勇于"舍生取义","勇"落实于大丈夫的理想人格之上。荀子的"勇"也体现着

---

① 转引自韩潮:《美德的整体与勇敢的殊异——柏拉图〈普罗泰哥拉篇〉的叙事与论证》,《世界哲学》2011年第2期。
② 柏拉图:《理想国》,郭斌和、张竹明译,北京:商务印书馆,2017,第172页。
③ 《孟子·公孙丑上》。

一种治世的担当，表现为一种遗世而独立的人格，如他塑造的"勇者不惧"人格的深刻展现与表达。

孔、孟、荀三者的"勇"观念有着一以贯之的发展脉络和线索，从孔子、孟子到荀子，儒家之"勇"是一个由浅入深，由表及里的内化过程。首先，孔子奠定了儒家"勇"观念的发展基调，"勇"以修身为本。孟子则从"内仁"的角度侧重勇气的培养和大勇的政治功能的发挥，荀子则沿着"外礼"的发展路线加强"勇"的修身意蕴和社会责任担当。对儒家"勇"观念的价值和意义的考察主要是基于与法家"勇"观念的对比，从而凸显出"勇"在儒家思想体系中无可撼动的地位和价值。儒家"勇"观念不仅是个体人格素质的展现，它更是一种实践原则和手段。就前者而言，孔子、孟子和荀子的"勇"观念都表现为个人道德修养的加强，将"勇"的品质落实在一定的理想人格之上，然后希望世人修炼至君子之勇的境界，可以具备君子之勇的品格，然后承担起勇以济世的责任和使命。当然，孔子、孟子和荀子他们本身也践行着"勇"观念，春秋战国时期，他们奔波于各个诸侯国之间推行自己的学说，用实际行动践行着儒家的治世理想，承担着时代赋予的使命。儒家"勇"观念的特点与儒家追求"内圣外王"的思想路线有着密不可分的关系，首先重视自身道德修养，先自修其身，而后再治天下。先秦儒家"勇"观念对战国、秦汉社会产生了长远而深刻的影响。在前面的讨论中，我们已经说过儒家"勇"观念重视对个人勇德的培养，从而加强自身道德修养，以及儒家之勇还以追求有序的社会秩序为己任。在战国秦汉社会中，儒家"勇"观念依然延续着这个方向发展，即重视个人修养并兼顾与外在社会秩序的良好互动。在这个过程中，儒家"勇"观念不断丰富自身外延。虽然在制度层面，早期的军功爵制及秦统一六国过程中的尚武观念主要受法家"勇"观念的影响，但我们仍可以看到在战国时期伴随着国家观念的增强而发生的"忠""孝""勇"等观念的比附和合流现象，这一现象显然受儒家忠、孝观念与家国一体思想的影响较重，忠、孝、勇观念的合流对秦汉以来的古代社会产生了深远影响。此外，儒家"勇"观念提倡培养独立的人格，这种独立的人格精神表现为敢于追求正义事业而无所畏惧，对战国时代的士人阶层产生很大影响，促使他们形成英勇无畏、敢于献身的独立人格。这些士人阶层为了认定的有价值的事业敢于以身殉道，如《战国策》中记载的聂政、荆轲、豫让等人身上体现出来的敢于献身的精神，产生巨大的社会能量，推动士人阶层为社会做出贡献。

论孟子"万物皆备于我"中的生死观

（唐超　安徽大学哲学学院）

摘　要：本文对孟子"万物皆备于我"一句分"我""万物""备"三个要素进行解析。"万物"为"我"的环境即为生。生的起点即"万物"。死亡不仅仅是一种被动的行为，也可能成为一种主动的选择。孟子又主张"修身以俟命"，用现实人生的积极进取来消解生命短暂与死亡的虚无。"我"拥有道德人格，便能超越生死。

关键词：万物；备；我；生死

生死问题自古有之，是一个关乎个体生命意义与价值的终极问题。《孟子·告子上》中有言："如使人之所欲莫甚于生，则凡可以得生者何不用也？ 使人之所恶莫甚于死者，则凡可以辟患者何不为也？"[①]由此可见古人对于生死问题的基本看法。生与死作为哲学的终极问题，是无法回避的，只有洞悉生命本质，超越死亡，才能享有真正的自由。孟子作为儒家思想的代表人物，他的思想无不透露着对于他人生命的尊重以及舍生取义的崇高价值。这也就奠定了后世儒家的一种基本观念，即人之生固然可贵，但是比生命更可贵的乃是万物，也就是"道"。有"万物"而后有道义。从"万物皆备于我"则可见得孟子对于生死的态度。

一、"万物"为生

冯友兰先生对"万物皆备于我"作出过解释，一个人的"自我""自私"都逐步减少了，一旦减无可减，他就感觉到再也没有人与"我"的分别，再也没有人与天的分别。这就是说，他已经同天，即与宇宙同一，成为一个整体。这里的"宇宙"也就是万物即"道"。孟子认为，天道以"生"为德，化生万物。关于"生"，徐复观先生认为，"生之本义为'象草木生出土上'；故作动词用则为自无出有之出生，作名词用则为出生以后之生命"[②]。从这个意义上来看，

---

① 《孟子·告子上》。

② 徐复观：《中国人性论史·先秦篇》，上海：上海三联书店，2001，第6页。

"生"不仅仅是一种状态,也是一个过程。万物作为客体,也是一种状态,不会因为主体存在与否,而失去自身存在的意义。孟子的万物为"道","道"又生德流行贯于万物而为万物之性,《孟子》有言:"思诚者,人之道也。"①人则为万物之灵,置身于诚,从而通天道,得其天道性命。在孟子看来,"我"的德即天的道,天的道即"我"的德。道又与万物一体,万物便能体现出"我"的德。每个人都要发展自己的生命,万物也是如此。

与古希腊哲学不同,中国古代哲学不太专注于自然本身的规律。自然之物虽被提及,但所关注的不是自然之物自身的本质和规律,而是纳入人的人伦道德来看待。②孟子也曾说过:"夫物之不齐,物之情也;或相倍蓰,或相什百,或相千万。"③也就是说,"万物"即一种道德伦理。孟子主张人性本善,他没有孤立、抽象地谈论人性,而是将人性与天道万物相连。这里的天道万物,就成为了人性的一种生存环境。那么,孟子所论"万物"与人性到底是怎样一种关系呢?《孟子·离娄上》有言:"顺天者存,逆天者亡。"④也就是说,顺天道则为生,天道乃万物,乃自然及其所具之理。这里的理也制约着天下万人万物,人的生存发展需依附此理,不可逆之。孟子又曰:"且天之生物也,使之一本"⑤,天生万物,万物生万象,一切事物逐本归原,所以天是一切事物的始祖,也就是说一切是由上天创造的,由上天衍生了万物,又使它还之本来面目。朱熹也曾说过:"且人物之生,必各本于父母而无二,乃自然之理,若天使之然也。"⑥天道自然之运行而以阴阳二气之激荡成万物。孟子把"万物"作为一个自然运动、发展的过程去认识,并从这种对"天道"的朴素认识中去认识天理,洞察人性。孟子以天下为己任,赋予"万物"以生,只有尊重万物,才能真正得到生。人与物的不同在于人活着不只是为了吃饭,如"饱食终日,无所用心",那么人和物无异,人的生命就失去了意义,自然也就无所谓"生"。生的起点即"万物",有了万物才会有生的意义。

二、"备"之于死

"备",繁体为"僃",许氏《说文》训借为"慎"。段注《说文》则认为徐氏未尽其义,还可训为"具""咸"。"备"则有一切、全部之意,但是,"备"的主要含义不是"具""咸",而是"慎"。"慎"于死,方知生之可贵,一个人对于死漠不关心,并不为勇,实为一种不负责任的表现。孟子在一定程度上继承了孔子的思想,并且增加了九死不悔的殉道思想。有别于西方的不

---

① 《孟子·离娄上》。

② 参见方尔加:《论中国古代哲学中的缘象比附:读列维·布留尔》,《中国哲学史》2000年第3期。

③ 《孟子·滕文公上》。

④ 《孟子·离娄上》。

⑤ 《孟子·滕文公上》。

⑥ 朱熹:《四书章句集注》,北京:中华书局,2012,第266页。

朽观念,中国百姓讳谈死亡,甚至刻意回避"死"。虽然直到今天,人类都没有回答这个问题。没有人说得清楚死后到底发生了什么,也没有一个曾经死去的人回来告诉我们答案,所以孟子本着实事求是的精神,毫无保留地回答了这个问题。他也认识到正因为人之必死,所以乞求于鬼神和道术指望不死是没有意义的,生死有命是一个客观事实。人唯有在有生之年发愤图强,而别无他法。孟子将人自身的道德扩展到家国天下,以内心之道德对抗天下之武力,不可谓不强大,实现了主观道德和客观世界的哲学统一。

在孟子的生死观中,死亡比生命更为震撼,因为人在世的时间很久,但死亡只有一次,且不可逆。正如《孟子·离娄下》有言:"惟送死可以当大事。"①那么"备"之于死也就成为重中之重。很多时候,死亡不仅仅是一种被动的行为,也可能成为一种主动的选择。当道德使命与自然生命发生冲突的时候,死亡则成为不可推辞的行为。此时的死亡并不是结束,而是生的完成,更好地诠释了生的意义。孟子重德,敬畏天命,将自己的死亡归于天,故而面对死亡之境能泰然处之。但天命对于孟子而言,更为重要的意义乃是以道德使命指引个体发现自身的价值。当个体的自然生命与道德使命不能两全时,孟子认为应该舍弃自然生命,而成全道德使命。孟子眼中道德使命的最高原则是"义",自然生命次之。尽管孟子认为"取义"是更高的道德要求,但儒家的道德标准大多时候并不与"生"的价值相冲突,不需要牺牲生命来成全道义。因此孟子"舍生取义"的必要性取决于行为背后的道德价值。在面对死亡时,根据不同的情境,可以"舍生取义",即为道义而抛却自然生命;倘若"死亡"无关"仁义",则"舍生"也无意义,不应该贸然一味求死,作无谓的牺牲。孟子的态度是儒家道德灵魂运用的表现,也表现出孟子对死的重视。不仅如此,孟子还通过性善论,认为仁、义植根于人的内心,为"舍生取义"的行为建立了道德自觉的基础,常以"仁"备于死,实现"患有所不必"的舍生取义之境界。善待自身,如《孟子·告子上》所言:"人之于身也,兼所爱。兼所爱,则兼所养也。无尺寸之肤不爱焉,则无尺寸之肤不养也。"②对身体的每个部分都要爱护,没有一块肌肤不爱护,没有一块肌肤不保养。孟子还说:"可以死,可以无死,死伤勇。"③可以死,可以不死,死了有损于勇敢。人是一个目的性存在,所有活动都带有一定的目的性,其终点虽为死,其过程应备有仁义道德。其对待死的态度仍为"慎"。"备"之于死,就是不要,无所谓于死,让生变得无意义,而是要积极面对,完善其身。

---

① 《孟子·离娄下》。
② 《孟子·告子上》。
③ 《孟子·离娄下》。

三、"我"超越生死

"我"为万物的主宰,万物为我的工具;我能认识和把握万物的本性,而万物为其本性之外在表现。主观的"我"决定自身的存在。"我"究竟意味着什么? 在一般印象中,"我"作为常见的第一人称代词,它的含义十分简单,但此命题中的"我"并非此义。陆象山和后来的同类解释者没有对"我"作具体解释,朱子则将"我"解作"性分",这和他的"性即理"的思想有关。就孟子思想本身而论,"我"的意义包含着人性中的道德性。孟子认为,人性乃是先天的、内在于人的东西,这种东西就是人与生俱来的知识与能力。从价值的维度来看,这种东西、这种与生俱来的知识与能力是好的东西、好的知识与能力,因而其价值指向"善"。就自我概念而言,先秦哲学中常是通过"我""自""身"等语词表达之。相比于其他语词,"我"更强调自我的主体性,这一点和"我"作为人称代词时常用于和"尔""彼"对言有关。

那么如何完善"我"? 孟子认为生命的全部价值来自尊严,尊严超越了生命本身,所以才会有舍生取义的观点。在孟子的生死观中,很多东西和生命一样可贵,甚至超越了生命本身,如仁义礼智信,这就增加了"我"的选择。儒家之道强调对当下生命的关注,追求现世个体生命的圆满与幸福,而不把希望寄托于来生。天道远离人间,人道永存世上,在先秦生命主体意识逐渐觉醒的背景下,对生命的关怀日益凸显。孟子所谓的圆满与幸福,不单是活着,拥有生命,比如在"一箪食,一豆羹,得之则生,弗得则死"[1]的选择下,如果是嗟来之食,即使是路上饿莩也不会接受。也就是在孟子的生死观中,生命本身超越了衣食住行,如果让士人光着身子生存,那么就会认为这是不如禽兽。孟子在生死抉择问题上高扬"舍生取义"的旗帜,但其对待生命的态度仍旧是审慎的,并没有一味地强调因"礼义"付出生命的代价,特别是当礼仪之细节问题关涉人之存亡,人之种族延续这样的重大生存问题时,孟子主张要根据原则作出适当的调整和变通,体现出一种中国式智慧。这种"舍生取义"的价值观是与超越死亡,实现不朽的理想联系在一起的。

《孟子·离娄下》有言:"君子有终身之忧,无一朝之患也。乃若所忧则有之:舜,人也;我,亦人也。舜为法于天下,可传于后世,我由未免为乡人也,是则可忧也。忧之如何? 如舜而已矣。"[2]当一个人把成为尧舜那样的人作为自己追求的理想人格时,唯恐不能完成道德上的修身进德之时,就已经超越了世俗的凡务。而当他把生命的价值定位在"为法于天下"和"传于后世"的历史功业时,就超越了肉体生命的限度。正如冯友兰先生指出:"人能

---

① 《孟子·告子上》。
② 《孟子·离娄下》。

有所立,则即能为人所知,为人所记忆,而不死而不朽。"①这种强调用积极的人生实践创造出为后人永恒记忆的功业,为时间所不可磨灭的价值来实现死而不朽,不仅超越了肉体生命的有限性,而且超越了家族生命传承的局限性。

四、结语

孟子主张"修身以俟命",用现实人生的积极进取来消解生命短暂与死亡的虚无。这种生死超越理念,用充实的人生冲淡了死亡,用家族生命的传承克服了个体生命的有限性,用高尚的道德人格与历史功业超越了时间的限囿,使得死后的意义存在于此生取得的功名德誉之中。孟子为生命价值建立了最高的道德标准。如此,"舍生取义"这一行为便成为生死抉择时刻人之道德本性的必然表现。孟子也确立了"我"之为道德自我的基本地位。总之,"万物皆备于我"之"备"蕴含着"我"在悟察、顺化"万物"过程中,资藉万物、升华自身的本末关系。有了这种关系,君子才算"深造之以道""资之深""取之左右逢其原"。君子之心一动,即化万物而顺合其理。所以"万物皆备于我"一句后,孟子接着说:"反身而诚,乐莫大焉。强恕而行,求仁莫近焉。"②万物皆备于"我","我"与万物共生,修身得其德,便超越死亡。

---

① 冯友兰:《三松堂学术文集》,北京:北京大学出版社,1984,第144页。
②《孟子·尽心上》。

孟子"义利之辩"试析

（姚巧云　安徽大学哲学学院）

摘　要："义利之辩"最早由孔门开出，孟子通过对其所处时代的现实批判、与诸子百家的争鸣以及对孔子儒家思想的继承，对"义利之辩"问题进行补充和发展，形成了鲜明的个人见解。"义利之辩"在孟子哲学中具有重要地位，其内容广泛，涵盖国家政治、社会民生、个人修养等。对孟子"义利之辩"的线索整理，有助于理解孟子的哲学思想，深入反思当代社会的价值偏向，从思想上推动构建社会主义和谐社会。

关键词：孟子；义利之辩；和谐社会

《孟子》一书中有三个重要的"辩"论，分别为："义利之辩""人禽之辩""王霸之辩"。三者虽然"辩"论的角度、侧重点也不同，但又回环相扣，构成了较为完整的孟子哲学体系。在《孟子》"三辩"中，其中"义利之辩"的话题，涉及价值偏好，而每个时代的"义利之争"都带有时代特色的烙印，由此衍生了许多富有创造性的观点。孟子的"义利之辩"有何魅力可吸引古今中外各大家经久不衰的讨论？本文将对孟子的"义利之辩"的含义、内容、角度以及现代价值铺开阐释，以求挖掘孟子"义利之辩"的魅力。

一、孟子"义利之辩"的溯源

春秋战国时期，群雄并起、诸侯争霸，社会处于大变革的漩涡之中。政治上，随着新兴地主阶级的出现，各国掀起变法运动，逐步确立封建制度；经济上，铁器牛耕的出现，极大地提高了社会生产力；思想上，百家争鸣，各为其说。社会的剧烈变革，催生对君臣、君民之间"义"的关系思考，公义与私利以及义、利先后价值取向等都是孟子需要思考的问题。社会生活中"义"与"利"无处不在，无时不在，孟子的义利思想正是对当时的社会反思、批判以及对孔子所开创的儒家思想的继承和发展得出的。因此，对孟子"义利之辩"的溯源分为两部分：一是现实来源，二是理论来源。

（一）孟子"义利之辩"的现实来源

"呜呼！君臣之礼既坏矣，则天下以智力相雄长，遂使圣贤之后为诸侯者，社稷无不泯绝，生民之类糜灭几尽，岂不哀哉！"这是《资治通鉴》中对战国时期的描述。"庖有肥肉，厩有肥马，民有饥色，野有饿莩，此率兽而食人也。"①这是《孟子》对当时的社会不满之言，并由此提出"五霸者，三王之罪人也；今之诸侯，五霸之罪人也；今之大夫，今之诸侯之罪人也"②的批判。就当时的社会现状而言，孟子将扰乱社会纲纪的诸侯与臣子视为社会的罪人："今之事君者曰：'我能为君辟土地，充府库。'今之所谓良臣，古之所谓民贼也。君不乡道，不志于仁，而求富之，是富桀也。"③并直言如果一个社会、一个国家、君臣上下都争相讲利而不顾道义的话，那么这个社会这个国家就岌岌可危了："王曰：'何以利吾国？'大夫曰：'何以利吾家？'士庶人曰：'何以利吾身？'上下交征利而国危矣。"④孟子并借此发出对良性义利认知模式的个人呼吁，认为一个良性的社会秩序必须依靠"义"来引导。

孟子生活的时代，虽政治混乱，但却为诸子思想的产生创造了条件。当是时，政治上分两种立场："以攻伐为贤"与德政。孟子是主德政的，孟子主德政的出发点不外乎两个，一是现实社会需要"义"将偏离的价值取向引向正道，二是对抗"以攻伐为贤"的政治主张。

（二）孟子"义利之辩"的理论来源

朱熹有言："义利之说，乃儒者第一义"⑤，对"义利之辩"进行深入思考和研究是儒学研习不可回避的问题，亦可证知"义利之辩"在儒家思想体系中具有举足轻重的地位。

"义利之辩"作为在伦理道德层面上的评价，由孔子最先揭举，孔子认为趋利行为为君子所不齿，故而很少说"利"："君子喻于义，小人喻于利"⑥；"放于利而行，多怨"⑦；"子罕言利"⑧。孔子对"义"在个体人格修养中十分推崇，认为"义"应存于所有人的人格修养中："君子义以为质，礼以行之，孙以出之，信以成之。君子哉！"⑨"子路曰：'君子尚勇乎？'子曰：君子义以为上。君子有勇而无义为乱，小人有勇而无义为盗。"⑩孔子表示"义"是一个人存在

---

① 《孟子·梁惠王上》。
② 《孟子·告子下》。
③ 《孟子·告子下》。
④ 《孟子·梁惠王上》。
⑤ 《与延平李先生书》。
⑥ 《论语·里仁》。
⑦ 《论语·里仁》。
⑧ 《论语·子罕》。
⑨ 《论语·卫灵公》。
⑩ 《论语·阳货》。

的根本，是个人行为的最高标准，君子有勇无义尚且会作乱，小人、普通人若无义则只会更甚："君子之仕也，行其义也。道之不行，已知之矣。"①

"孔子之道大而能博，门弟子不能遍观而尽识也，故学焉而皆得其性之所近。其后离散，分处诸侯之国，又各以其所能授弟子，源远而末益分。惟孟轲师子思，而子思之学出于曾子。自孔子没，独孟轲氏之传得其宗。"②由此可见孟子的师承关系。《孟子·公孙丑上》中亦有言："乃所愿，则学孔子也。"③由此可见孟子向孔子学习之韧心。在承袭前人的基础上，孟子认为"义"是人类最应该坚持的正确道路："义，人之正路也。"④同时他还认为"义"是"大人"的品格中最不可或缺的一个道德因素："大人者，言不必信，行不必果，唯义所在。"⑤为了彰显"义"，他表示甚至可以放弃生命："生，亦我所欲也；义，亦我所欲也，二者不可得兼，舍生而取义者也。"⑥

孟子"义利之辩"的另一来源是诸子百家之说，尤其是对杨墨之学的批判："圣王不作，诸侯放恣，处士横议，杨朱、墨翟之言盈天下。天下之言，不归杨，则归墨。杨氏为我，是无君也；墨氏兼爱，是无父也。无父无君，是禽兽也。公明仪曰：'庖有肥肉，厩有肥马，民有饥色，野有饿莩，此率兽而食人也。'杨、墨之道不息，孔子之道不著，是邪说诬民，充塞仁义也。仁义充塞，则率兽食人，人将相食。吾为此惧，闲先圣之道，距杨、墨，放淫辞，邪说者不得作。作于其心，害于其事；作于其事，害于其政。圣人复起，不易吾言矣。"⑦孟子的这段话一则说明杨墨之学在当时的地位，二则表明孟子认为杨墨之学严重破坏礼义秩序。因此，出于安邦定国的需要，孟子必须保卫先圣之道，继承先学，拒辟杨墨之说，使"淫辞""邪说"不得作害。孟子认为杨子之学自私自利，哪怕是对于自身损害轻如汗毛却利于整个天下的事情，他都不肯干，是一种为我之学。而墨子则与杨子相反，只要是于群、于天下人有利，他都干。杨子、墨子是两个极端，皆有失于中道，子莫做到了执中，但却拘于一定之中，不知变通，实际上仍不出执一端也。所以孟子认为要学会"权"，若无"权"，颜回也是杨墨的同路人。

---

① 《论语·微子》。

② 朱熹：《四书章句集注》，北京：中华书局，2012，第198页。

③ 《孟子·公孙丑上》。

④ 《孟子·离娄上》。

⑤ 《孟子·离娄下》。

⑥ 《孟子·告子上》。

⑦ 《孟子·滕文公下》。

二、"义利之辩"的理论内涵

（一）孟子"义""利"的概念分析

"义"，最早为会意字。从我，从羊。"我"是兵器，又表示仪仗；"羊"表示祭祀品。本义为正义；"我"的威仪；合宜的道德和行为或道；有义德之美。杨伯峻认为"义"主要有两种意思：合于某种道和理的叫"义"；道理，正理。孟子哲学中"义"的含义多变。一指伦理秩序，也可称之为"礼义"，体现为"敬长之义"。"敬长"又分为两种，于家庭指尊敬兄长，于社会则指尊敬"君长"。"义"另指我们通常所说的合乎某种道理的"义"，如《孟子·梁惠王上》上说道："王何必曰利，亦有仁义而已矣。"①朱熹对"义"是这样解释的："义者，心之制，事之宜也"②，认为"义"是人心依循的准则、最一般的规律，同时也是评判所做之事该与不该、正确与否的标准。孟子用"义"区分人与禽兽，认为"义"是使人之所以为人的一个前提条件。所以在孟子的哲学中，无论国家还是个人，"义"都应被贯彻，"义"是处理好人与人之间、人与社会之间关系的重要条件。

（二）孟子"义利之辩"的主要内涵

1.先义后利

孟子所谓的"先后"不仅指时间和空间层面，更指逻辑上的先后之分。从"王！何必曰利？亦有仁义而已"可窥探孟子认为"义"比"利"更重要。对于国家、社会而言，秩序是一定要有的，但秩序的维持不能仅依靠外在的强制措施，更重要的是必须要以根本的人心道德为发端，"义"正是人之"正路"。人的利欲思想不可估量，若失去了道义的制约，人与人之间的利益争夺便将成为一种病变的"常态"了，君臣之义、兄长之义、亲亲之仁的伦理秩序就会被破坏，社会便无法正常运行。因此，相对于财富之利、权势之利，孟子更重视仁义："曾子曰：'晋、楚之富，不可及也。彼以其富，我以吾仁；彼以其爵，我以吾义。吾何慊乎哉？'夫岂不义而曾子言之？"③相比于财货、爵位，道义是最尊贵的东西，且唯有常怀道义之人才不会因财货、爵位不及他人而认为人生有缺憾。

"枉己者，未有能直人者也"④，正己方可以正人，人各自正，且以"义"要求自己，则人人

---

① 《孟子·梁惠王上》。

② 朱熹：《四书章句集注》，北京：中华书局，2012，第201页。

③ 《孟子·公孙丑下》。

④ 《孟子·滕文公下》。

得正，人人正则礼乐兴，道义显，不以利相轧。孟子对"不义"之"利"十分唾弃，不义之物不食，不义之居不住，因而也格外推崇淡泊名利、轻私利的人："禹、稷当平世，三过其门而不入，孔子贤之。颜子当乱世，居于陋巷。一箪食，一瓢饮，人不堪其忧，颜子不改其乐，孔子贤之。"①

那么对于"利"，孟子是否持全盘否定的态度呢？非也。孟子认为，合于"义"的即合适的、恰当的"利"，还是可以接受的。孟子的弟子陈臻问："前日于齐，王馈兼金一百而不受；于宋，馈七十镒而受；于薛，馈五十镒而受。前日之不受是，则今日之受非也；今日之受是，则前日之受是非也。夫子必居一于此矣。"孟子回答道："无处而馈之，是货之也。焉有君子而可以货取乎？"②以此观之，孟子的出发点并非关于金钱数量的获取，而是金钱的接受当"有度"，是为"义"。那是否说明只要有正当的理由就可以接受"利"呢？显然不是这样，如果只要自己有正当理由就可以接受"利"，而不顾赐予的一方理由，那么这两者之间就是利益的交换，如果对方只是借"义"的正当理由，行其不正当之事，那么这"利"就万不可受，因此双方都必须以"义"为先，其中没有掺杂任何的利益关系。

2.舍生取义

在先义后利的逻辑基础上，孟子对"义"的推崇进一步拔至可为之牺牲性命的高度。"生，亦我所欲也；义，亦我所欲也，二者不可得兼，舍生而取义者也。"③生命是人们所渴望的，义也是人们所渴望的，但是两相抉择之后孟子认为"义"比生更重要。将"义"作为生命的尊严，得到"一箪食""一豆羹"则可以活下去，但如果是嗟来之食，即使饿死也不能接受。

孟子看到阶层之间文化、生活、思想的差异，在认可合"义"之利的基础上，进一步提出"制民之产"的呼吁："无恒产而有恒心者，惟士能。若民，则无恒产，因无恒心。"④没有固定的资产而能恪守道义，只有有道德修养的士阶层才能做到，普通的民众若是没有固定的资产，则很难恪守道德信念。所以普通民众必须保有一定的资产，使之具有赡养父母、抚养妻儿的能力，更有甚者，即使在收成不好的年头也不至于饿死。孟子反"利"，是指不要追求过多的欲望并沉溺其中，最基本的物质保障还是需要的，只是不能超出所必需的那部分。孟子的"制民之产"根本目的还是为了"义"，试想一个人连基本的生存都无法保障，又何来学习仁义道德的心思与时间呢？

---

①《孟子·离娄下》。

②《孟子·公孙丑下》。

③《孟子·告子上》。

④《孟子·梁惠王下》。

三、孟子"义利之辩"的价值

前文已经基本将孟子"义利之辩"的重要概念、含义、内容进行了较为清楚的阐释,但欲进行更深层次的理解,仅对含义、内容的阐释还是不够的,必须将"义利之辩"置于孟子的整体哲学体系中理解,用更全面的视角观之。对于一个哲学问题的研究,并非为了研究而研究,更重要的是发掘其更深刻的现实意义,将知识转化为实际的应用,让理论鲜活。

(一)孟子哲学的"枢纽"

孟子的"义利之辩""人禽之辩""王霸之辩",被称为"三辩之学",其中"义利之辩"在孟子的哲学体系中有重要的地位,起着联系"枢纽"的重要作用。首先,就"义利之辩"与"人禽之辩"的联系而言,孟子认为人与禽兽的区别甚微,人之所以为人,是因为人具有仁义道德的社会属性:"人之有道,饱食,暖衣,逸居而无教,则近于禽兽。"①在人满足了"饱食""暖衣"的基本生存需要外,还要进行道德仁义的教育,使人伦有序、民众有礼。孟子"四端"之说,即"恻隐之心""羞恶之心""是非之心""辞让之心",认为无此"四端"者"非人也",人正是有了"仁义礼智"才不同于禽兽。其次,行笔至此,不由发问,孟子"义"的支撑点是什么?在孟子认知中,"义"并非外在于人,而是内在于人的:"仁、义、礼、智,非由外铄我也,我固有之,弗思而已。"②"义"是个体都具有的天赋,根植于心,非从外部世界获得。至此,孟子将个体的"不忍人之心"视为道德本心,并将之拔高扩充至全体人类的"性善"的支撑。在孟子哲学中,就人类的整体发展而言,是先善后恶,先是后非;从个体天性而言则善即性,初与尧舜无异,且古今圣愚本同一性,而后私欲作祟,使得性染恶:"孟子道性善,言必称尧、舜。"③由此实现了"义利之辩"与"性善论"的联动。在前两者的基础上,"义利之辩"进一步深化与王霸之辩的联系。孟子认为,一个国家要长治久安,必须要得到民心,而得民心就必须要实行仁政。孟子曰:"域民不以封疆之界,固国不以山溪之险,威天下不以兵革之利"④"封疆之界""山溪之险""兵革之利",这些都不是一个国家长治久安的重要条件,只能是有利于长治久安,重要条件是"得民心"而"得其民"。孟子反对统治阶级用"霸道"去统治人民,主张用"王道"以德服民。

孟子的"义利之辩"不仅联系着"人禽之辩""性善论""王霸之辩",且贯穿着孟子的人格

---

① 《孟子·滕文公上》。

② 《孟子·告子上》。

③ 《孟子·滕文公上》。

④ 《孟子·公孙丑下》。

修养论。孟子将具有高尚品德的君子称为"大人""大丈夫"，孟子认为"居仁由义"就具备了大人之事，而"大丈夫"则是能时刻保持自己品格的人，可以做到"贫贱不移""威武不屈""富贵不淫"。孟子还提到了一种"气"，其名曰"浩然之气"，这浩然之气是"集义"所生成，同样也要用"义"加以存养，一点也不能伤害它。在孟子的人格论中孟子对"义"十分重视，而对利则相对淡泊了。

（二）"义利之辩"之于家国社会

"义利之辩"无处不在，无时不在，下至个人，上至国家，在利益划分中都不免面对这一对范畴，所以说"义利关系是一个国家必须着力处理的主要社会关系，也是一切政治关系的根本归宿"[①]。

一个国家的强大与发展，必须要有强大的经济实力，但经济实力强盛，这个国家就一定是强国吗？国强民富还应表现在强大的科技实力、军事实力、文化实力中。经济、科技、军事是一个国家的"硬实力"，一个强大的国家还必须辅以强大的文化"软实力"。美国经济伦理学家罗伯特·所罗门说道："资本主义成功并非因为它使人致富，而是因为它产生负责的公民和繁荣的社会。它不可能长久容忍经济活动只关注利润和粗俗，忽视传统责任、社会和整体美德。"[②]18世纪中叶以来，英国大兴工业革命，一跃成为世界上最先进的工业国家，环境污染等问题随之而来。此时环境保护的理念尚未兴起，人们对环境污染的认识并不深刻，对环境污染的危害更是无从所知，并认为这是工业发展的必然结果。直至20世纪后半叶，生态危机加重，已然危及人类生存，人们才开始反思人对自然不加节制的开采方式，世界各国也开始致力于走绿色发展的道路。工业发展确实为各国的经济发展做出了贡献，与此同时，恢复生态建设所需的高额费用、先进科技及人力亦不可估量。

孟子义利观中，并非全盘否定"利"，他认为合"义"的"利"可求，生活所必需的"利"可求，这其中所需掌握的不过是一个尺度罢了。每个人都在"义"的指导下进行经济活动，虽发力点不同，可最终汇向的都是发展国家经济这一方向，由此便又实现了真正意义上的国民一体化。因此，在现代社会中，孟子的义利观与经济追求并行不悖。彼时，个人经济得到保护，国家经济得到发展，国家与个人的双向联动，也避免了社会整体美德下滑。

---

① 吴圣正：《义利之辩与科学发展》，《山东师范大学学报》（人文社会科学版）2012年第3期。

② 杨俊一、陈超南主编：《真善美的求索：面向21世纪的马克思主义哲学的新思考》，上海：上海人民出版社，2002，第598页。

中编　思想与流变

论孟子的敬畏思想及其当代价值

（吴光　浙江省社会科学院）

摘　要：习近平总书记在参加十二届全国人大二次会议安徽代表团审议，提出"三严三实"的要求，其中之一是要求干部"树立敬畏意识"，这是十分必要的。有敬畏就有信仰，无敬畏也就是无信仰。本文在论述孟子敬畏思想的基础上，深刻阐述儒学敬畏思想的功能和当代价值，以期发挥传统文化的当代价值。

关键词：孟子；敬畏；儒学；信仰

在20世纪80年代"文化热"乃至在"当代中国文化热"中，有一种似是而非的论调，即认为西方国家之所以科技发达、社会进步，是因为西方有宗教信仰传统，特别是西方发达国家有基督教信仰，而中国之所以落后，是因为中国的主流文化传统是儒家文化，所以中国"没有宗教""没有信仰"。因此，很多人鼓吹要建立"国教"，主张以"儒教"为"国教"，似乎这样一来，就解决了中华文化的"宗教缺失""信仰缺失"问题，中华民族伟大复兴就指日可待了。

关于儒学是否是宗教的问题，历来有不同见解，在此不拟详论。古代所谓"儒教"，是"以儒为教"，这个"教"并不是宗教之"教"，而是教化之教、教育之教，与佛教、道教并不相同。1958年，几位港台新儒家发表文化宣言，回应西学对中国文化的挑战，企图证明"中国文化中之伦理道德与宗教精神"是"合一而不可分"的，未免有拾人牙慧之嫌。而实际上，现代新儒家仍然是将儒学作为系统性的学术文化看待，并不当作宗教的。近30年来，学术文化界关于儒学是否是宗教的争论，缘起于上个世纪。著名学者任继愈基于马克思"宗教是人民的鸦片烟"之说，站在批判儒家的立场上视儒学为"儒教"。至90年代，其弟子李申出版了《中国儒教史》一书，重新确认任氏"儒教"说，于是再次引起比较广泛的争论。任、李之外，现代新儒家在当代的传人、美籍华裔学者杜维明先生也经常谈论"儒教中国"，称儒学为"儒教"。但多数中国学者并不同意"儒教"之说，而认为儒学是学术文化而非宗教。

但把儒学当作学术的定位，又有伦理本位与道德本位之间的差异。梁漱溟在《中国文化要义》中讲中国社会"文明早熟"，是千年不变的社会，是伦理本位的社会。这个观点为某些反儒学者如金观涛等所接受，成为"儒家伦理本位主义"论和"中国社会超稳定结构"论之"滥觞"。另一种是"泛道德主义"说，是北大学者汤一介先生提出的。第三种是以牟宗三先生为代表的港台新儒家，认为儒学是"道德理想主义"或"道德的形上学"。

我认为，儒学并非宗教，更不是麻醉人民的"鸦片烟"。且不说儒学没有类似宗教的固定组织形式与教规、教仪，仅就精神层面的信仰而言，它也与宗教有本质不同：宗教所谓的"终极关怀"，追求的是对彼岸世界具有至上性、超越性神灵（如基督教的上帝、伊斯兰教的真主、佛教的佛祖、道教的"天尊""太上老君"）的崇拜，儒学追求的是此岸世界道德人格的完善与人生价值的实现，本质上是一种人文情怀，而非宗教情怀。儒学作为一种学术文化传统，固然重视伦理关系，但并非"以伦理为本位"，儒学的根本价值不在于外在性伦理秩序，而是以内在的道德自觉为根本，确立了道德主体性的人文主义哲学。例如，三纲五常是伦理，仁、义、和、敬，孝、悌、忠、信，温、良、恭、俭、让等是道德。

概言之，就学术特性而言，儒学是一种哲学而非宗教，但又不同于西方哲学意义上的知识哲学，而是一种特殊形态的人文哲学。更确切地说，儒学是一种"学"与"术"兼而有之、"道"与"术"辩证统一的"学术"。就其"学"而言，儒学有"道"有"体"，有一套知识系统。这个道体在孔子那里是"仁"，在孟子那里是"善"，在董仲舒那里是"德"，在程朱那里是"理"或"太极"，在陆王那里是"心"或"良知"，在刘宗周那里是"独"与"意"，在黄宗羲那里是"力行"的"工夫"……尽管概念不尽相同，但本质上都是一个作为德性本体的"仁心"。在这个德性本体的观照下，儒学建立了一套以"德性之知"为根本、以闻见之知为实用的特殊知识体系。这个体系，涵括了仁、义、礼、智，孝、悌、忠、信，慈、惠、和、敬，温、良、恭、俭、让，真、诚、中、实、美、知、行等多个道德、伦理与知识范畴，从而构成儒家之"学"。就其"术"而言，"儒术"是把握、实践那个根本之道的方法、途径与工具。例如，孔子的"克己复礼为仁"[1]，"仁"是道体，是最高境界，"己"与"礼"是发生作用的客体，"克"与"复"则是达到目标的方法与途径，是"术"。再如朱熹的"格物穷理"、王阳明的"致良知"，其物其理其良知，是体是学；其格、其穷、其致，则是方是术。儒家是很重视"术"的，所以《汉书》讲武帝"上向儒术"，大臣田蚡等"隆推儒术"，即以实践儒家之学为修身治国的根本方法。

儒学是中国历史上的国家意识形态，它的功能比较强大，具备道德、政治和法律、信仰三位一体的社会功能。尤其是儒学被奉为官学之后，其功能发挥得更加淋漓尽致。儒学的功能具体表现为以下几点：

第一，道德功能。儒学最根本的功能是确定道德的主体性，它向人类昭示了人之所以为人的根本价值就在于人的道德性，"仁者，人也"[2]，是说人之所以为人是因为有道德良知。

———————————

[1] 《论语·颜渊》。

[2] 《礼记·中庸》。

首先,儒学在一定程度上促进了社会精英道德自我意识的觉醒。儒者自觉担负起了修身齐家治国平天下的社会责任和道德义务,他们以天下为己任,具有忧患意识。其次,保持了相对稳定的以家庭为单位的社会结构,有利于社会的稳定及生产力的不断发展。最后,促进了中华民族仁爱、和谐、厚德、诚信、自强等民族精神的形成,为中华优秀传统文化自觉地注入了道德精神和人文精神。需要注意的是,如果过分强调内圣和道德,就容易出现道德决定论或道德万能论的偏向。

第二,政治和法律功能。儒学的政治功能表现为为当政者提供治国理念和政治思想,如王道论、仁政论、德治论、民本论、纲常论等。汉代独尊儒术,此后儒家成为国家意识的主导,儒学思想得以制度化和法律化。比如"孝",本属道德伦理范畴,但在中国历史上,不孝曾被定为十恶不赦的大罪,"孝"就成了法律规范。

第三,儒学信仰的宗教性功能。儒家崇尚祖先、先王、天命,讲究敬天敬祖,带有一定的超越性。儒者从祖先和圣贤的言行中获得生活的勇气,带有信仰性和宗教性。儒学总体而言是无神论哲学,但也有泛神论倾向。孔子"朝闻道,夕死可矣"[1],就是对"道"的强烈信仰。

儒学本质上是道德人文主义哲学,其社会功能是随着社会的发展而不断变化的。在中国历史上,儒学对中华民族产生了巨大影响。尤其是儒学作为国家意识形态以后,对中国的影响更是涉及方方面面。从意识形态到治国纲领,从日常起居到内在品格,无一不受到儒学的影响。当今时代背景下,社会飞速发展的同时,也带来了一些问题。面对现实,在寻求解决之道时,人们应当从儒学中发掘精华,在治国实践、道德教育、精神信仰、生活习俗等方面寻求启示。

然而,以儒家文化为主体的中华文化传统中有没有宗教传统与中华民族有没有信仰,这是两个完全不同的问题,不可混为一谈。

不可否认,儒家学说有宗教性的一面,如所谓神道设教,就带有宗教性,但儒学在本质上是一种理性的道德人文主义学说,而非具有非理性信仰的宗教。儒学虽然不是宗教,但却是一种信仰。而作为一种信仰,它主要体现在其敬畏意识上。

敬畏就是信仰。孔子说:"君子有三畏:畏天命,畏大人,畏圣人之言。"[2]孟子加三畏:敬畏道德、历史、民心。概括而言,中华文化传统有六大畏:第一是敬畏天命,用现代语言讲是敬畏自然,敬畏客观规律;第二是敬畏圣人之言(包括敬畏大人即在上位者),第三是敬畏礼法,第四是敬畏道德(孟子言:"人之异于禽兽者几希"[3],是人兽之别,文野之别),第五是敬畏历史(孔子作《春秋》而乱臣贼子惧),第六是敬畏民心(得民心者得天下。"三代之得天下

---

① 《论语·里仁》。

② 《论语·季氏》。

③ 《孟子·离娄下》。

以仁，其失天下以不仁"①）。儒家民本思想的发展阶段：《尚书》《孟子》到明末，是君以民为本；明清之际启蒙思想，从民本到民主。（黄宗羲："天下为主，君为客"②；张岱《四书遇》："予夺之权，自民主之"③，主权在民思想；现代民主，人民当家作主，人民为中心，人民至上。）

敬畏的当代价值：敬畏天命，就是敬畏自然，人与自然和谐相处；敬畏道德是中华民族传承几千年的优秀传统；敬畏历史，就是要吸取历史教训，反对唯意志论；敬畏民心，就是树立人民至上观念，以人民好恶为好恶；敬畏圣人之言，就是要敬重圣贤的言行；敬畏民心，就是要真正代表人民的利益。

对干部"三严三实"的要求其中之一就是要求干部"树立敬畏意识"，这是十分必要的。有敬畏就有信仰，无敬畏也就是无信仰。所以，我们现在有必要重建敬畏意识，重建我们的信仰。

---

①《孟子·离娄上》。

②《原君》。

③《四书遇》。

从孟子的生存民本到戴震的伦理民本

（解光宇　安徽省孟子思想研究会）

摘　要：孟子的民本学说，提出"制民之产""省刑罚，薄税敛"等举措，使人民有"五亩之宅""不饥不寒"，着重强调生存民本。南宋以降，程朱"存理灭欲"成为后期封建社会伦理内容之一。"存理灭欲"实质上是对人民生存权的扼杀，尤其对妇女的摧残达到了登峰造极的地步。戴震目睹社会现状，展开了对"存理灭欲"的批判，提出"理存于欲""体民之情，遂民之欲"等民本伦理观，为平民阶层争取生存权，其伦理思想影响了如凌廷堪、俞正燮等后世学者，为建构新的民本、人权、伦理思想开了先河。

关键词：孟子；生存民本；程朱；存理灭欲；戴震；伦理民本

孟子的民本学说，提出"制民之产""省刑罚，薄税敛"等举措，使人民有"五亩之宅""不饥不寒"，着重强调生存民本；戴震继承并发展了孟子的民本思想，提出"理存于欲""体民之情，遂民之欲"等民本伦理观，着重强调伦理民本，为平民阶层争取生存权。可见，戴震的伦理民本是对孟子生存民本思想的深化。

一、孟子民本思想

中国古代重民思想渊源甚早。《尚书·五子之歌》说："民惟邦本，本固邦宁。"[①]《尚书·酒诰》说："人，无于水监，当于民监。"[②]先儒周公更是注重"敬德保民"："天视自我民视，天听自我民听"[③]，"天矜于民，民之所欲，天必从之"[④]。

孟子继承并发展先贤的民本思想，第一次明确提出了"民贵君轻"的观点：

---

① 《尚书·五子之歌》。

② 《尚书·酒诰》。

③ 《尚书·泰誓》。

④ 《尚书·泰誓》。

"民为贵,社稷次之,君为轻。是故得乎丘民而为天子,得乎天子为诸侯,得乎诸侯为大夫。"①

"三代之得天下也以仁,其失天下也以不仁。国之所以废兴存亡者亦然。"②

"孔子曰:'道二,仁与不仁而已矣。'暴其民甚,则身弑国亡;不甚,则身危国削。"③

天下之得失,国家之兴亡,都与是否实行"仁政"并由此导致的民心向背有关。得民心者得天下。"民为贵"就是强调民心是政治统治的基础。

既然"得乎丘民而为天子",那么,失去丘民者自然应该被废掉。孟子赞成伊尹流放不得民心的君主太甲的行为,颂扬"汤放桀,武王伐纣"的义举,主张凡失之于民者,即使是"继世以有天下"之君也应坚决废掉。

怎样才能得民心、保民而王呢?孟子认为首先要"制民之产":

"民之为道也,有恒产者有恒心,无恒产者无恒心。苟无恒心,放辟邪侈,无不为己。"④

"是故明君制民之产,必使仰足以事父母,俯足以畜妻子,乐岁终身饱,凶年免于死亡。然后驱而之善,故民之从之也轻。"⑤

"制民之产"就是耕者有其田,有能够维持生存的日用私有财产。人民只有有了土地,才能安心生产,从而维持一般家庭的最低生活水平,才不至于到处流离作乱。

孟子还将"制民之产"具体化:"五亩之宅,树之以桑,五十者可以衣帛矣。鸡豚狗彘之畜,无失其时,七十者可以食肉矣。百亩之田,勿夺其时,数口之家可以无饥矣。谨庠序之教,申之以孝悌之义,颁白者不负戴于道路矣。老者衣帛食肉,黎民不饥不寒,然而不王者,未之有也。"⑥可见"制民之产"包括解决人民的土地、衣食、教育等问题,这同时也是"仁政"的基本目标。

人民有了田地,可调动生产的积极性。但是统治者横征暴敛,则适得其反。所以孟子提出"省刑罚,薄税敛"的思想,以此来保护人民的生产积极性,这也是"仁政"的基本要求。孟子说:

"王如施仁政于民,省刑罚,薄税敛,深耕易耨;壮者以暇日修其孝悌忠信,入以事其父兄,出以事其长上,可使制梃以挞秦楚之坚甲利兵矣。"⑦

"市,廛而不征,法而不廛,则天下之商皆悦,而愿藏于其市矣;关,讥而不征,则天下之

---

① 《孟子·尽心下》。

② 《孟子·离娄上》。

③ 《孟子·离娄上》。

④ 《孟子·滕文公上》。

⑤ 《孟子·梁惠王上》。

⑥ 《孟子·梁惠王上》。

⑦ 《孟子·梁惠王上》。

旅皆悦,而愿出于其路矣;耕者,助而不税,则天下之农皆悦,而愿耕于其野矣;廛,无夫里之布,则天下之民皆悦,而愿为之氓矣。……如此,则无敌于天下。……然而不王者,未之有也。"①

在市场储藏货物不征税,对积压的货物则依法收购;关卡上对来往商人只作稽查,不征税;农民只要助耕公田,不另征税;对一般居民,不收额外的劳役钱和地税。这些都是为减轻百姓的负担。

二、程朱"存理灭欲"的伦理观

南宋以降,程朱理学独占统治阶级意识形态的宝座,尤其是在社会伦理领域,"存天理,灭人欲"是道德的评价标准。二程开创了以"天理"为核心的理学体系,认为这种形而上的"天理"是世界的本原,万事万物皆来自"天理"。这个"理"在不同事物身上会呈现不同的特性。"其体则谓之易,其理则谓之道,其用则谓之神,其命于人则谓之性。"②"天理"具有绝对性、普遍性和恒常性的特点。"天理云者,这一个道理更有甚穷已?不为尧存,不为桀亡。人得之者,故大行不加,穷居不损。这上头来,更怎生说得存亡加减?是它元无少欠,百理具备。"③

在人性方面,二程吸收张载的"天地之性"和"气质之性"的理论,将人性分为"天命之性"和"生之谓性"。"天命之性"即理,是善的;"生之谓性"即"气禀之性","气禀之性"有善有恶。"性即理"即"天命之性",即"天理",包含仁、义、礼、智、信等伦理道德规范,天理即社会伦理道德的最高原则。这种天理是人的最高价值标准,而内在的仁、义、礼、智、信之性具有先验性、普遍性和恒常性,需要人们遵守。作为"天命之性"的"天理"落实到社会生活中就表现为礼,成为父子、君臣、兄弟、夫妻、朋友之间各种行为关系的标准和原则。"人伦者,天理也。"④"父子君臣,天下之定理,无所逃于天地之间。"⑤二程所论述的天理是体用贯通、内外合一的,也体现了儒家内圣外王以及极高明而道中庸的特点。二程进一步阐述天理与人欲的关系:"人心私欲,故危殆。道心天理,故精微。灭私欲则天理明矣。"⑥"人心"发乎"情",是不善的,是"私欲",而"道心"就是"天理"。私欲危害人的生活,尤其对社会伦理道德体系的构建和真善美的理想境界的追求有极大危害,必须通过消灭人的私欲才能使天理

---

① 《孟子·公孙丑上》。
② 程颢、程颐:《二程集》,北京:中华书局,1981,第4页。
③ 程颢、程颐:《二程集》,北京:中华书局,1981,第31页。
④ 程颢、程颐:《二程集》,北京:中华书局,1981,第394页。
⑤ 程颢、程颐:《二程集》,北京:中华书局,1981,第77页。
⑥ 程颢、程颐:《二程集》,北京:中华书局,1981,第312页。

澄明而彰显出来。二程还指出人的私欲的内容："甚矣欲之害人也。人之为不善，欲诱之也。诱之而弗知，则至于天理灭而不知反。故目则欲色，耳则欲声，以至鼻则欲香，口则欲味，体则欲安，此皆有以使之也。"[①]人的各种私欲来源于眼、耳、鼻、口、身等感官刺激所产生的色、声、香、味、安等物欲。这些私欲不断膨胀而导致人的不善，从而泯灭"天理"不知返回。二程笼统地将维持人基本生命的物质需求都列入"私欲"范围，从而与天理相对立，这是对人性的严重束缚和压抑。

朱熹进一步发展了二程的理欲观。他对二程的"人心即人欲"做了修正，提出了"道心"与"人心"的说法。他说："心之虚灵知觉，一而已矣，而以为有人心、道心之异者，则以其或生于形气之私，或原于性命之正，而所以为知觉者不同，是以或危殆而不安。或微妙而难见耳。然人莫不有是形，故虽上智不能无人心，亦莫不有是性，故虽下愚不能无道心。"[②]

朱熹把"道心""人心"与"天命之性""气质之性"联系了起来，"人心"就是要追求和满足眼、耳、鼻、口、身等欲望，"道心"就是追求和实现"天理"。"人心"也是有善有恶的，而"道心"受"人心"私欲的蒙蔽而无法显现。圣人具有"道心"，不会被私欲杂念所蒙蔽，而大多数"众人"都只具有"人心"，都是不合"天理"的。要想达到圣人的境界，就必须去掉耳、目、鼻、口、身等私欲，不被外物所诱惑，使人的一切思想行为都符合宗法伦理纲常的要求，符合"天命之性"的要求，因而需要"存天理，灭人欲"。

程朱"存理灭欲"的伦理观作为后期封建社会正统的伦理观，极大地扼杀了人们的生存权，尤其是对妇女生命的轻视和摧残，令人触目惊心。在徽州的文献记载中，妇女节烈现象随处可见。康熙《徽州府志》中说："节妇烈女，惟徽最多。"[③]有学者作过统计，民国《歙县志》中记载的祁门烈女有2839人，而黟县旧志则载该县烈女1834人。在婺源县，道光十八年（1838年）立了一座孝贞节烈总坊，"表彰"宋代以来孝、贞、节、烈的女性有2658人。光绪三年（1877年）重建节孝祠，人数骤增至5800多人。自元延祐六年（1319年）见于记载的徽州第一座贞节牌坊出现后，到明代弘治年间（1488—1505年），贞节牌坊已有14座。明代中后期以后，伴随着徽州一系列社会变化，如宗法制度不断完善、封建仪礼观念日益深入人心、徽商不断崛起等，徽州节妇烈女大量涌现，贞节牌坊在徽州遍地林立。以歙县为例，在现存的101座牌坊中，贞节坊占了近37%，共有37座。"徽州贞节牌坊表彰的女性，或一坊一人，或一坊多人"，"还有一些总坊，表彰的人数可达数千甚至上万。比如至今仍立于歙县县城南街应公井巷口的'孝贞节烈坊'，建于清代光绪三十一年（1905年），高6.6米，宽6.46米，厚

---

① 程颢、程颐：《二程集》，北京：中华书局，1981，第319页。

② 朱熹：《四书章句集注》，北京：中华书局，1983，第14页。

③ 《徽州府志》，台北：成文出版有限公司，1975，第443页。

0.65米,旌表徽州府及属县有记载的孝贞节烈者共65078人。"①这些记载了清代及以前的妇女节烈的历史事实令人震惊,反映了徽州女性节烈成风。这种现象的形成与理学思想对人们潜移默化的影响有明显的关系。程朱理学在明清时期开始片面地强调"存天理,灭人欲",秉持"饿死事小,失节事大"的观点,斥责妇女的"夫丧改嫁"行为,对妇女的束缚十分明显,它鼓励守节或轻生,压抑人性,刻意提倡和建立一个男女不平等的社会秩序,这种对妇女泯灭人性的摧残,是封建时代的产物。

三、戴震提出"体民之情,遂民之欲"的民本伦理观

戴震,字慎修,一字东原,安徽休宁(今黄山屯溪区)人。生于雍正元年(1723)年十二月,卒于乾隆四十二年(1777年)。戴震生活在这样的时代中,深受社会现实的震撼,展开了对程朱理欲观的批判,提出了新的理欲观,开启了解放人性的思潮。戴震对"理"的理解与传统理学家有显著区别。戴震认为:"理者,察之几而几微必区以别之名也,是故谓之'分理';在物之质,曰肌理,曰腠理,曰文理;得其分则有条不紊,谓之条理。"②戴震所解释的理不是空泛的、形而上学的理,而是一种内在于事物本质的理,"理"就是肌理、腠理、纹理,是事物内在本质的规定性,否定了至高无上的天理。"就事物言,非事物之外别有理义也;'有物必有则',以其则正其物,如是而已矣。"③不存在脱离事物的理,不同事物有其各自不同的理,理不在事外,也不是先验存在的,它只存在于事物之中,戴震反对程朱将理看作主宰万事万物的抽象实体。

对程朱"存理灭欲"的批判,戴震作出了突出贡献。戴震人性学说基本观是"性成于阴阳五行,理义根于性",万物由"阴阳五行""气化流行"自然生成的,人性也不例外。"在人言性,但以气禀言","举凡品物之性,皆就气类别之,人物分于阴阳五行以成性。舍气类,更无性之名。"肯定"性"是事物相互区别的自然物质特性。人性是由"气类"生成的,其具体表现形式就是"血气心知"。他说:"血气心知,性之实体也。"程朱所谓"义理之性"并不是先天存在的,而是"气知"的活动,是后天的认识。所以戴震说"言理义之为性,非言性之为理","血气心知"才是性的唯一的内在规定性。

戴震不仅以"血气心知"之性反对"天命之性",还以情欲为性反对以理为性,肯定人的自然的欲望、情感以及对知识的追求。他说:"人生而后有欲、有情、有知,三者,血气心知之

① 周晓光:《新安理学》,合肥:安徽人民出版社,2004,第267页。
② 戴震:《戴震全书》(六),合肥:黄山书社,1995,第151页。
③ 戴震:《戴震全书》(六),合肥:黄山书社,1995,第158页。

自然也。"①"欲"是指人对声色味的要求，"情"是指人的喜怒哀乐的表现，"知"则是指人辨别美丑是非的能力。戴震不是把"情欲"排斥于性之外，而是将之直接纳入性之中。因此他说："有血气，则所资以养其气者，声色嗅味也。""口之于味，目之于色，耳之于声，鼻之于嗅，四肢之于安佚之谓性。"即声色嗅味、饮食男女、穿衣吃饭等都是人的自然而正常的要求，这种要求并不是恶。相反，在人特有的"心知"指导下，能够使欲望得到合乎自然规律的发展，这就是"善"。所谓人性善，并不是先天具有善，而是性中之"心知"能认识理，故人性善。从这个观点出发，戴震认为善恶的区别不在于能否"存天理，去人欲"，而在于有没有理智地指导情欲。人欲不是恶的，只要欲望能得到合乎自然规律的发展，就是"善"。

戴震关于理欲的关系和程朱的不同之处就在于他没有把"理"与"欲"对立起来，同样都是扬善去恶，戴震认为扬善去恶的方法是理智地指导情欲，只要情欲按自然准则发展，结果一定是善的。他说："欲者，血气之自然，其好是懿德也，心知之自然，此孟子之所以言性善。心知之自然，未有不悦理义者，未能尽得理合义耳。由血气之自然，而审察之以知其必然，是之谓理义。"②

他进而用"物"和"则"来说明"理"和"欲"的关系。他说："理者存乎欲者也。"③"欲，其物；理，其则也"，又说"欲者，血气之自然"，"由血气之自然而审察之以知其必然，是之谓理义"④。所以，"天理"与"人欲"不仅不是对立的，而是互相统一的，是"理存于欲"。他旗帜鲜明地提出："有欲而后有为，有为而归于至当之不可易谓理。无欲无为，又焉有理？"充分肯定了人的正当欲望和要求，表达了"体民之情，遂民之欲"的良好愿望。

理与欲是相辅相成、相互统一的关系，戴震肯定了人的正常欲求，主张"体民之情，遂民之欲"，而不是借着"天理"的刀子来残害老百姓。戴震曾说："今之治人者，视古贤圣体民之情，遂民之欲，多出于鄙细隐曲，不措诸意，不足为怪；而及其责以理也，不难举旷世之高节，著于义而罪之，尊者以理责卑，长者以理责幼，贵者以理责贱，虽失，谓之顺；卑者、幼者、贱者以理争之，虽得，谓之逆。于是下之人不能以天下之同情、天下所同欲达之于上；上以理责其下，而在下之罪，人人不胜指数。人死于法，犹有怜之者；死于理，其谁怜之！"⑤

戴震"理存于欲""体民之情，遂民之欲"的思想为"卑贱者"的生存权提供了理论根据。当时的人民"饥寒号呼，男女哀怨，以至垂死冀生"，而统治者骄奢淫逸，对人民施以暴政，其中"存理灭欲"充当了统治者"忍而残杀之具"。成千上万的受压迫人民，就是在这把软刀子残害下含怨而死。戴震所在的古徽州，这种情况比比皆是，妇女更是深受其害。根据"存天

---

① 戴震：《戴震全书》（六），合肥：黄山书社，1995，第197页。

② 戴震：《戴震全书》（六），合肥：黄山书社，1995，第171页。

③ 戴震：《戴震全书》（六），合肥：黄山书社，1995，第159页。

④ 戴震：《戴震全书》（六），合肥：黄山书社，1995，第171页。

⑤ 戴震：《戴震全书》（六），合肥：黄山书社，1995，第161页。

理,去人欲""饿死事小,失节事大"的理论,强调妇女"从一而终,以顺为正",严重损害了妇女对正当生活的追求和个性发展,把对妇女的束缚推向极端,使妇女坠入黑暗的深渊。

"呜呼!今之人其亦弗思矣。圣人之道,使天下无不达之情,求遂其欲而天下治。后儒不知情之至于纤微无憾,是谓理。而其所谓理者,同于酷吏之所谓法。酷吏以法杀人,后儒以理杀人,浸浸乎舍法而论理。死矣!更无可救矣!"①

戴震愤慨地指出了"存理灭欲"的弊端和残忍,试图为底层百姓讨回公道,向封建等级制度叫板,向封建礼教抗议。

戴震呼吁"体民之情、遂民之欲",指出人民追求物质需求、追求美好生活的正当性,为民众生存发展争取权利。他的思想有利于萌芽时期商品经济的发展,并为新兴阶层代言,对中国近代思想具有重大的启蒙意义,为后来的思想解放运动拉开了序幕。他的这种敢于与黑暗势力、与封建权贵斗争的精神和勇气令人钦佩。

四、戴震的民本伦理观对凌廷堪、俞正燮的影响

中国封建社会,男尊女卑的思想根深蒂固,等级观念森严。戴震率先对这种腐朽落后的思想观念进行斥责和反抗,在社会生活中引起了一场巨大的波动,在学术界也掀起了一场暴风骤雨。戴震的学术思想对后世学者影响深远,其中与戴震同乡的徽州学者凌廷堪和俞正燮,是两位最具代表性的人物。

嘉庆、道光年间著名的朴学家凌廷堪继承并发展了戴震的思想,他长期从事《礼经》的研究,提出了自己的礼学思想。在"理"的涵义的理解中,他认为宋明理学所说之"理"实则禅学思想,完全背离了原始儒学的思想,凌廷堪将"理"归结为"实事",继而提出了"以礼代理""礼实理虚""学礼复性"等思想。在他看来,程朱理学的天理实际上已经成为一种政治统治的工具和附属物,已经扭变成封建君主专制制度下的伦理道德规范,这样的理论已经丧失了其学术发展的活力。西方著名唯意志论哲学家叔本华曾经讥讽过黑格尔,说他当时的思想已经枯萎,变成了统治阶级的工具和附庸,成为赚钱、求生存的东西,而非真理、非哲学。叔本华的执著最终迎来了理性时代的到来。一个时代不是永恒的,最终会有一个新的时代来终结它、代替它。哲学是时代精神的精华,对传统质疑,向权威挑战,才能保证学术的生命力和创造力。凌廷堪也是时代的抗争者,他认为天理和人欲不是对立的,而是相合的,"礼"能够很好地调节天理和人欲之间的关系,"礼"在满足人性情欲的同时,也节制规范人欲,使天理与人欲协调发展,发而皆中节。

俞正燮,安徽黟县人,生活在下层社会,家庭生活贫苦,十分了解贫民的生活疾苦,但他

① 戴震:《戴震全书》(六),合肥:黄山书社,1995,第496页。

从小就十分好学，博览群书，视角独特，不盲从权威。他自小倾慕于江永、戴震的学问，关心国事，视野开阔，有雄心壮志，继承了戴震一派的新的学术体系，提倡男女平等，尖锐批判男尊女卑的不平等现象，尤其是所谓的"贞节"观念。他在《节妇说》中强烈指责封建礼教对妇女的严重束缚："自礼意不明，苛求妇人，遂为偏义。古礼，夫妇合体，同尊卑，乃或卑其妻，古言'终身不改'，言身，则男女同也。七事出妻，乃七改矣；妻死再娶，乃八改矣。男子礼义无涯涘，而深文以网妇人，是无耻之论也。"①

同时，他还表达对节烈妇女的悲惨命运和男女不平等的强烈斥责："三丈华表朝树门，夜闻新鬼求返魂。呜呼！男儿以忠义自责则可耳，妇女贞烈，岂是男子荣耀也！"他又指出，妇女"再嫁者，不当非也；不再嫁者，敬礼之斯可矣。"②妇女有再嫁或不再嫁的自由，他人无权干涉，他还进一步提出了具体的措施和方向。如何实现男女平等，这对于戴震所提出的"体民之情，遂民之欲"实则是一脉相承的，在凌廷堪那里得到一定程度的诠释并加深了对实践的影响。俞正燮对男女平等问题的深思不仅在于对历史的批判和揭露，更力图将其与古代礼教联系起来，注重妇女地位的提高。他说："礼本人情，必各遂之，其义始备"③，"天下无生而贵者也。"④他曾引用《汉书》记载的"使其国，见其小君；其君出朝会，亦夫妇偕行"等，来证明古代礼节中男女地位是平等的。对此，有学者指出："维护妇女权益，主张男女平等，最能体现俞正燮近代人文思想先驱者的风采。俞正燮的妇女观，完全撇开了以二十四史为代表形成的礼教道德为观察问题的立场，异常鲜明地反对摧残、压迫、歧视妇女。"⑤

可见，俞正燮继承了戴震等民本伦理思想并予以发展，是一位伟大而具有创新精神的思想家。

戴震提出"理存于欲""体民之情，遂民之欲"的民本伦理观，是一个时代的强音，他的学术思想的形成，标志着对理学中旧伦理的扬弃和新伦理的到来。戴震以降，思想界更加重视对封建社会伦理道德规范的质疑和反思，对天理、人欲的内涵、关系进一步思索，虽然力量还不足以冲破封建藩篱的束缚，但是戴震的"体民之情，遂民之欲"思想，则为建构新的民本、人权、伦理思想开了先河。

---

① 《俞正燮全集》，合肥：黄山书社，2005，第630页。

② 《俞正燮全集》，合肥：黄山书社，2005，第631页。

③ 《俞正燮全集》，合肥：黄山书社，2005，第118页。

④ 《俞正燮全集》，合肥：黄山书社，2005，第307页。

⑤ 于石：《试论俞正燮》，《安徽大学学报》（哲学社会科学版）1998年第4期。

孟子的经济哲学思想

（李季林　安徽省社会科学院哲学与文化研究所）

摘　要： 孟子在王霸观、君民观、农商观、义利观、公私观上，主张以王、以民、以农、以义、以公为本，是本末哲学关系在其政治、伦理、经济思想上的体现。孟子在当时就提出了一个饱食、暖衣、逸居、乐教的国家经济发展路径，在"乐岁终身饱，凶年免于死亡"成为百姓生活理想的传统农业社会，具有超时代的前瞻性。孟子恢复井田制的经济策略，不是为了恢复商周之制，而是为了便于"分田制禄"、发展经济。他所主张、所肯定的生产关系是封建制的，而不是奴隶制的。孟子这种以仁政为核心的经济哲学思想，在维护当时政权的同时，也兼顾了百姓的利益，体现了其时代性、人民性、先进性，而其"薄税赋"的税务观至今仍然闪烁着思想的光辉。

关键词： 孟子；仁政；王道；民产；经济哲学

关于经济哲学，有三种说法，其一为哲学的经济学，即用哲学方法研究经济问题，为经济学的一个分支；其二为经济学的哲学，即用现代经济学的方法研究哲学问题，为哲学的一个分支；其三，经济哲学就是一门独立的新兴学科，研究的是经济学与哲学的关系。

孟子所生活的时代，既无现代意义上的经济学、哲学，更无所谓经济哲学。但是，这不等于说那时或孟子本人没有经济思想、哲学思想或经济哲学思想。孟子关于经济的论述中，富含着无意识的经济哲学思想。

本文拟从哲学的经济学视角，论述孟子的经济哲学思想。

孟子在王霸观、君民观、农商观、义利观、公私观上，主张以王为本、以民为本、以农为本、以义为本、以公为本，是本末哲学关系在其政治思想、伦理思想、经济思想上的体现。

在王霸观上，孟子主张王道、反对霸道，其王道思想以仁政为基础，体现为爱民、惠民、与民同乐、家国天下。而爱民、惠民的根本是"制民之产"，即让老百姓有一定量的相对稳定的土地、山林、水面等私有财产：恒产。因为老百姓有了一定的恒产，才会有相对稳定的良心：恒心。"民之为道也，有恒产者有恒心，无恒产者无恒心。苟无恒心，放辟邪侈，无不为已。"①可见，孟子那时就已经朴素地意识到了经济与道德的关系。

在君民观上，孟子提出了"民为贵，社稷次之，君为轻"②的以民为本、以民为重的民本思想。当然，孟子的"民贵君轻"思想，只是程序上的而不是本质上的，并不是说民比君还尊贵、还重要。在本质上，孟子贵民、重民、利民的目的，是用民。孟子的民本思想还不是近代意义上的资产阶级的人民主权的民本，而是早期封建地主阶级的民为君之源、民为君之本的民本。孟子从哲学上阐述了人民与君主之间的相对关系。

在农商观上，孟子力主发展农业生产，并肯定了商品流通和社会分工的必然性和合理性。下面是孟子与农家代表许行的门徒陈相的一段对话：

陈相拜见孟子，转达了他的老师许行的话，说"滕文公确实是一位贤明的君主，可是他还不懂得治理国家的道理。因为贤明的君主应当与百姓一样，靠自己的耕种来获得食物，自己一边做饭，一边治理国家；可是滕国却有大量存放粮食的仓库和储存财物的府库，这不是剥削百姓来养活自己吗？这样的国君怎么能算得上贤明呢？"孟子没有直接回答，而是反问陈相：许行穿戴的衣帽是自己织、自己做的吗？"不是。是用粮食跟别人交换的。"许行烧饭用的炊具、耕种用的农具是自己做的吗？"不是。是用粮食跟别人交换的。"为什么不样样都自己做呢？"因为耕种、收割粮食，没有时间。"孟子由此总结道：君主与百工也是这样，他们也是由于各司其职而无暇于耕种啊！因此，社会的分工、交换是必然的。我为他人，他人为我。

"有大人之事，有小人之事。且一人之身，而百工之所为备。……故曰：或劳心，或劳力；劳心者治人，劳力者治于人；治于人者食人，治人者食于人。天下之通义也。"③

孟子在这里只是指出了"分工"作为一种社会和经济现象的现实性和必然性，并没有说它是合理的。劳资关系是社会大生产的必然产物，阶级和阶层也是社会发展到一定阶段的社会现象。

孟子在批驳许行关于贤者与民并耕而食、饔飧而治的观点时，又以后稷为例，提出了一个饱食、暖衣、逸居而有教的国家经济发展路径，近乎孔子的"富而后教"思想。这在"乐岁终身饱，凶年免于死亡""养生丧死无憾"都成为百姓生活理想的传统农业社会，具有超越时代的前瞻性。

孟子与陈相另一段关于"市贾不贰"的议论，则朴素地涉及商品的价格与价值、计划经济与市场经济的关系问题。

陈相说："如果按照许先生的说法去做（市贾不贰），那么市场上的同一物没有两种价，

---

① 《孟子·滕文公上》。

② 《孟子·尽心下》。

③ 《孟子·滕文公上》。

国内因此也没有欺诈行为,即使是让小孩到市场上去买东西,也没有人欺骗他。麻布和丝绸的长短相同,价钱就一样;麻线与丝绵的轻重相同,价钱就一样;各种粮食只要多少相同,价钱就一样;鞋子只要大小相同,价钱就一样。"孟子反驳道:各种货物的品种质量不一样,这是货物的实际情况。有的价钱相差一倍到五倍,有的相差十倍到百倍,有的相差千倍到万倍。你们硬要把精粗优劣不同的货物的价钱拉平,那是扰乱天下市场的做法。要让粗糙的鞋子与精美的鞋子卖同样的价钱(虽然他们的尺码大小相同),人们怎么会做那样的傻事呢? 如果按照许先生的学说去做,那就是领着大家一同去弄虚作假。那样怎么能治理好国家呢?

商品的价格与价值的内在一致,供应与需求的协和发展,计划经济与市场经济的持续均衡等问题,即便在市场经济环境相对完善的欧洲国家,至今也没有得到很好的解决。

孟子倾向于市场经济的经济思想,与其肯定社会分工的思想是一致的。孟子认为,为了促进商品流通、活跃市场,对贩运、流通中的商品不必征收关税,主张"去关市之征"[1];而对欺行霸市的奸商行为、垄断行为,则必须惩治。

"古之为市也,以其所有易其所无者,有司者治之耳。有贱丈夫焉,必求垄断而登之,以左右望,而罔市利。人皆以为贱,故从而征之。征商自此贱丈夫始矣。"[2]

这种主张除了有利于工商业发展、促进市场经济的发展外,同时也减轻了手工业者、小商贩的税负,维护了他们的基本权益。

税收是封建社会重要的财政收入。孟子比较了夏、商、周三代的税收制度:"夏后氏五十而贡,殷人七十而助,周人百亩而彻,其实皆什一也。"[3]夏朝每户给田五十亩而实行贡税法,商朝每户给田七十亩而实行助税法,周朝每户给田一百亩而实行彻税法。所谓贡税法,就是比较几年内的好坏收成,取一个平均数作为税收的基数,不分丰年、灾年,都按这个基数来征收;所谓助税法,就是借助农人的劳动力来耕种公田以实现税收;所谓彻税法,就是按十分之一的税率来征税。孟子比较的结果认为,助税法较为理想,它能够在保证国家税收的前提下,极大地提高劳动者生产的积极性。

劳役和捐税一样,是封建社会统治者剥削劳动人民的主要形式之一,但是不可无度。

孟子警告说:征收布帛、征收粮食、征集人力这三种赋役,作为国君只能采用其一而缓用其他两种;如果同时用两种,百姓就会有因此而饿死的;如果同时用三种,即又征棉又征粮又征人,百姓就会因此而被弄得妻离子散、家破人亡。因此,孟子主张"省刑罚,薄税赋"。

由于当时生产力的低下和认识上的局限,孟子不可能提出免税、补贴、藏富于民等现代

---

① 《孟子·滕文公下》。

② 《孟子·公孙丑下》。

③ 《孟子·滕文公上》。

工业社会对农林牧渔业的优惠政策，但是他的"薄税赋"的思想至今仍然闪烁着光辉的人民性。

在关系到百姓切身利益的问题上，孟子主张要主动处理，要及时、高效。"民事不可缓也。"①

在义利观上，孟子主张以义为本、以义为先。他说："王何必曰利？亦有仁义而已矣"②；"生亦我所欲也，义亦我所欲也；二者不可得兼，舍生而取义者也。"③

孟子这么说，并没有重义轻利的意思。他只是在价值取向上，界定了人们"应当"的行为原则：如"义，人路也"④；"大人者，言不必信，行不必果，惟义所在"⑤；"穷不失义，达不离道"⑥；"非其有而取之，非义也"⑦。

孟子重义而不轻利。"重义"只是以义为本、以义为先、先义后利、以义求利。

孟子重利的思想，体现在他的以仁政为核心的经济哲学思想中。

孟子关于诸侯的论述中，有一句话具有高度的概括性，说诸侯有三件宝：土地、人民、政事。⑧这就已经提高到国家利益的层面上了。

春秋战国时期，我国社会正由奴隶制度向封建制度转化，生产关系得到了解放，生产力得到了发展，各诸侯国通过战争相互兼并，最终形成高度集权的大一统的封建制度国家，已经是社会历史发展的必然趋势。因此，如何扩大土地面积、怎样拥有更多的人民以及采取什么样的政策，的确是各诸侯国所面临的三大现实问题。

作为生产资料的土地和作为劳动力的人民，是封建社会生产关系和生产力的主要因素。如何有效地利用土地、提高劳动者的积极性，在当时不仅是一个政治问题，也是一个关系到国计民生的经济问题。作为代表封建地主阶级利益的思想家孟子，敏锐地意识到了这些问题，并向他所游说的各国诸侯王提出了相应的对策。

公私观上，孟子主张以公为主，以公为先。关于农田土地和农业生产，孟子主张实行"井田制"："方里而井，井九百亩，其中为公田。八家皆私百亩，同养公田。公事毕，然后敢治私事。"⑨即在一片方形土地上划出一个井田单位，每一井田单位若为九百亩的话，中间一百亩为公田，其余的八百亩为私田，分给八家耕种；这八家共同耕种中间的公田，公田耕种

---

① 《孟子·滕文公上》。
② 《孟子·梁惠王上》。
③ 《孟子·告子上》。
④ 《孟子·告子上》。
⑤ 《孟子·离娄下》。
⑥ 《孟子·尽心上》。
⑦ 《孟子·尽心上》。
⑧ 《孟子·尽心下》。
⑨ 《孟子·滕文公上》。

好了,然后再料理私田上的农事。孟子说,推行井田制是君主实行仁政的开端。因为农民耕种公田可以保证公粮的缴纳,可以维持国家行政的正常运转,而有了一定的可以自由支配的私田,农民就能够植树种粮并从事饲养家禽家畜以及鱼鳖水产等副业;如果不违农时又风调雨顺,那么,他们就能够丰衣足食、安居乐业,用孟子的话说,就是"养生丧死无憾",而这是"王道之始也"①。

"五亩之宅,树之以桑,五十者可以衣帛矣。鸡豚狗彘之畜,无失其时,七十者可以食肉矣。百亩之田,勿夺其时,数口之家可以无饥矣。谨庠序之教,申之以孝悌之义,颁白者不负戴于道路矣。七十者衣帛食肉,黎民不饥不寒,然而不王者,未之有也。"②

即一家如果有五亩宅基地,把它都种上桑树,那么养蚕、织布,五十岁的人就能够穿上帛衣了;圈养鸡鸭猪狗等家畜家禽,不错过时机,七十岁以上的老人就能够时常吃到肉了。时时耕种百亩的农田,几口之家就不会挨饿。开办乡校、提倡孝道,白发老人就不会再迫于生活而依然在道路上奔波。连丧失劳动能力的七十岁以上的老人都能够穿上帛衣、吃上肉,黎民百姓没有饥寒,那么,在这样国度里的国君还没有称王的,我还没有见过。

可见,孟子所推崇的井田制是为他所推行的王道思想服务的。

孟子所主张的井田制与他之前的古代奴隶制有所不同。孟子所生活的时代已经是封建社会初期。他主张分给农民土地,以"治民之产",使他们无饥无寒,甚至长者老人都能够衣帛、食肉,从而"死徙无出乡"。这对于发展农业生产、安定社会秩序是有利的,也是新兴的封建地主统治阶级所希望的。

孟子恢复井田制的经济策略,不是为了恢复商周之制,而是为了便于"分田制禄",发展经济。他所主张、所肯定的生产关系是封建制的,而不是奴隶制的。

孟子的经济思想与他的政治思想是一致的,也是为他的政治思想服务的。

孟子这种以仁政为核心的经济哲学思想在维护当时政权的同时也兼顾了百姓的利益,体现了其时代性和人民性,至今仍具有积极的价值和意义。

①《孟子·梁惠王上》。
②《孟子·梁惠王上》。

孟子农业观述略

（贾名党　安徽农业大学人文社科学院）

摘　要：孟子是我国古代著名的思想家、教育家，他在农业生产等方面也有许多慧识。孟子的农业观主要表现在重视农业生产、农业科技、农业生态，加强田间管理，保护农民劳动生产积极性，实现农林牧副渔协调发展等方面，对当时的社会发展起到一定的促进作用，对当今农业的发展亦有一定参考价值。

关键词：孟子；农业思想；述议

在古代，农业在整个国民经济发展中占有重要地位。孟子是我国古代著名的思想家、教育家，其深邃的思想主要体现在《孟子》一书中。孟子少有专门论述农业的篇章，其农业观主要体现在《孟子·梁惠王上》《孟子·滕文公上》《孟子·尽心上》等篇章中。学术界对孟子的研究，多集中在他的政治思想、哲学思想、伦理思想和教育思想等方面，很少有学者关注其农业观。本文试着对孟子的农业观展开讨论，以求教于方家。

一、重视农业生产

民以食为天。孟子站在社会全局、国计民生的高度，以安农、安天下为目标，深刻认识到粮食的重要性："一箪食，一豆羹，得之则生，弗得则死。"[①]孟子认为，要实行仁政，就必须发展农业生产。

土地是农业生产的基础。为了实现政治清明、国家富强、人民安居乐业，孟子主张让人民有一定的产业。《孟子·滕文公上》载：滕文公问治国之事。孟子曰："民事不可缓也。《诗》云：'昼尔于茅，宵尔索绹。亟其乘屋，其始播百谷。'民之为道也，有恒产者有恒心，无恒产者无恒心。"[②]

[①]《孟子·告子上》。

[②]《孟子·滕文公上》。

"民事"即农业生产。在孟子看来,实行农业生产必须要让民有"恒产","恒产"即土地的生产资料必须为农民长期所有。

《孟子·梁惠王上》中,他指出"恒产"与"恒心"的关系:"若民,则无恒产,因无恒心。苟无恒心,放辟邪侈,无不为已。"①民有"恒产"才有"恒心",即"仁义"之心。孟子认为农民有了"恒产",就可以走向善良的道路。在农闲的时候,学习礼义,抚养老幼,遵守法纪,不会胡作非为,"既强调恒产又强调恒心,揭示了人类物质生产和精神修养之间的内在关系,因此既反映了孟子的唯物论,又体现了他的价值观。"②

如何解决民的"恒产"的问题?孟子在《孟子·滕文公上》中提出了井田制方案。

实行井田制的目的:"夫仁政,必自经界始。经界不正,井地不均,谷禄不平,是故暴君污吏必慢其经界,经界既正,分田制禄可坐而定也。"③井田制是仁政的基础。实行仁政,一定要从划分整理田界开始,因为官吏是从井田中公田收获的粮食作为俸禄的。田界划分不正确,井田的大小就不均匀,作为俸禄的田租收入就不会公平合理,所以暴君和贪官污吏要打乱田间界线。可见,其目的是针对破坏井田制的地主阶级当权者。

就井田制及井田如何实施而言,孟子指出:"方里而井,井九百亩,其中为公田,八家皆私百亩,同养公田;公事毕,然后敢治私事。"每一方里的土地定为一个井田,每一井田有九百亩地,当中一百亩是公有田,以外八百亩分给八家作私有田,这八家共同来耕种公有田,先把公有田耕种完毕,然后做私田的事,"所以别野人也"④。

"卿以下必有圭田,圭田五十亩,余夫二十五亩,死徙无出乡,乡田同井,出入相友,守望相助,疾病相扶持,则百姓亲睦。"⑤一个人从生到死,都不能离开乡井。因为乡井的范围是固定的,在这范围内的居民,要相互帮助,相互爱护,像朋友一样亲睦。当然,这只是居民之间的关系,而不是居民与统治者之间的关系。

孟子的井田方案,是立足于自给自足的自然经济,是基于百姓对土地具有较强的人身依附关系。但他未把全国土地都划为井地,未触动已为私人占有的土地。其时,原来隶属于奴隶主阶级的井田制已逐渐被新兴地主阶级的土地私有制所代替,故孟子的井田思想不可能为各诸侯国所接受。

① 《孟子·梁惠王上》。

② 欧阳伟华:《〈孟子〉农业思想考》,《农业考古》2014年第1期。

③ 《孟子·滕文公上》。

④ 《孟子·滕文公上》。

⑤ 《孟子·滕文公上》。

二、注重农业科学及技术运用，加强管理

战国时代，生产工具由青铜时代进入铁器时代，生产力也有了一定提高，但由于战乱不断，各个诸侯国都无暇顾及农业生产，更无意追求农业科学及技术的运用。而《孟子》中有一些关涉农业科学及技术等方面的论述，虽然不多，然弥足珍贵。

五谷是人类生存和发展的基础。《孟子·滕文公上》曰："后稷教民稼穑，树艺五谷，五谷熟而民人育。"①提出后稷教民种植五谷的技艺。并曰："五谷者，种之美者也，苟为不熟，不如荑稗。"②人们选择植物类最好的品种五谷进行栽培，而且要注意它们的生长季节。如果五谷不熟，还不如荑稗。

土地耕种方面，孟子提出要深耕细作，勤于除草，"深耕易耨"③，意在提高农业产量。在他看来，深耕不仅有益于疏松土壤，还有利于祛除杂草。

播种之后，要科学施肥，使用畜粪和农业废弃物作肥料。《孟子·万章下》曰："耕者之所获，一夫百亩，百亩之粪。上农夫，食九人，上次食八人，中食七人，中次食六人，下食五人。"④将田地收成的等级直接与施用肥料的多少挂钩，如"粪田畴"⑤之论，亦是他关于合理施肥观点的表征。

孟子强调人力的"有为"。"今夫麰麦，播种而耰之，其地同，树之时又同，浡然而生，至于日至之时，皆熟矣。虽有不同，则地有肥硗，雨露之养、人事之不齐也。"⑥天、地、人三者关系中，他特别强调"人事"，认为人起着主导作用，在相同的土地、气候等自然条件下，"人事之不齐"是收获不好的原因。

《孟子·梁惠王下》中，他提醒"明君"要看到人民的力量，否则会自食其果：如果农民遇到"凶年饥岁，君之民老弱转乎沟壑，壮者散而之四方者"⑦，"仓廪实，府库充，有司莫以告"⑧，"师行而粮食，饥者弗食，劳者弗息。睊睊胥谗"等情形，可能就会由对统治者的不满而变为报复行动，会"疾视其长上之死而不救"⑨。因此，"明君""制民之产，必使仰足以事父

---

① 《孟子·滕文公上》。

② 《孟子·告子上》。

③ 《孟子·梁惠王上》。

④ 《孟子·万章下》。

⑤ 《孟子·滕文公上》。

⑥ 《孟子·告子上》。

⑦ 《孟子·梁惠王下》。

⑧ 《孟子·梁惠王下》。

⑨ 《孟子·梁惠王下》。

母,俯足以畜妻子,乐岁终身饱,凶年免于死亡,然后驱而之善,故民之从之也轻"①。孟子认为,天子巡狩或诸侯述职,都应当把灾民和贫困的人民放在重要地位,切切实实地解决他们的生产和生活问题,"春省耕而补不足,秋省敛而助不给"②。春天视察耕作情况,补助那些穷困的人;秋天视察收获情况,周济那些收成不够养家的人。对于"土地辟,田野治,养老尊贤,俊杰在位"③者,则给予赏赐;对"土地荒芜,遗老失贤,掊克在位"④者,则给予处罚。如此便会得到人民的欢迎和拥护。如齐宣王在齐国遇到灾害时,听了孟子的劝告,"出舍于郊。于是始兴发补不足"⑤,受到了人民的信任和欢迎。

孟子认为各级政府的主要职责就是管理好农业生产,并指出地方官吏的从政重农标准,"入其疆,土地辟,田野治"⑥,把"土地辟""田野治"与"耕者乐田"联系起来,将其看成是"治国的表现"。这就将农业管理与行政管理统一起来,促进了官吏重农和农业经济的发展。

三、重视农业生态

众所周知,农作物的生长需要一定周期,有的周期还较长,且耕种的环节也有较强的时间性。孟子强调按天时安排农事活动。天时即农业生产中气候变化的时序性,"虽有智慧,不如乘势;虽有镃基,不如待时"⑦。他主张不违农时,保护自然资源。《孟子·梁惠王上》:"不违农时,谷不可胜食也;数罟不入洿池,鱼鳖不可胜食也;斧斤以时入山林,材木不可胜用也。谷与鱼鳖不可胜食,材木不可胜用,是使民养生丧死无憾也。养生丧死无憾,王道之始也。"⑧按照大自然的运动规律和农作物的生长规律来安排生产,是获得丰收的必要条件。换言之,按照季节安排农业生产,物资就充足,就能够满足人民生产和生活的需要,"王道"就会实现,国家也会安定。

根据这种认识,孟子反对人类对自然资源过度索取。《孟子·告子上》曰:"牛山之木尝美矣,以其郊于大国也,斧斤伐之,可以为美乎?是其日夜之所息,雨露之所润,非无萌蘖之生焉,牛羊又从而牧之,是以若彼濯濯也。"⑨牛山上的树木曾经长得很茂盛,是因为它长在郊

---

① 《孟子·梁惠王上》。
② 《孟子·梁惠王下》。
③ 《孟子·告子下》。
④ 《孟子·告子下》。
⑤ 《孟子·梁惠王下》。
⑥ 《孟子·告子下》。
⑦ 《孟子·公孙丑上》。
⑧ 《孟子·梁惠王上》。
⑨ 《孟子·告子上》。

外,如果人们常用斧子去砍伐,或有新条嫩芽生长出来,就去放羊牧牛,最终只会使绿色的牛山成为秃山,"故苟得其养,无物不长;苟失其养,无物不消"①。自然万物要能得到滋养。失掉滋养,没有东西不消亡。因此,人类应树立科学发展观,对自然资源要珍惜,必须用养结合,使自然资源得以可持续性利用。

鉴于土地是一种不可缺少的自然资源,对人类生存发展非常重要,孟子也主张对土地资源进行合理配置与使用,反对人们随意加以开发。他甚至主张以法律来保护土地资源,"善战者服上刑,连诸侯者次之,辟草莱任土地者次之"②。在他眼里,乱垦、乱用土地的行为,是仅次于"善战"和"连诸侯"的罪行,必须加以处罚。

孟子高度重视对农业环境的治理。《孟子·滕文公上》说:"当尧之时,天下犹未平,洪水横流,泛滥于天下,草木畅茂,禽兽繁殖,五谷不登,禽兽逼人,兽蹄鸟迹之道,交于中国。尧独忧之,举舜而敷治焉。舜使益掌火,益烈山泽而焚之,禽兽逃匿。禹疏九河,瀹济漯,而注诸海;决汝汉,排淮泗,而注之江。然后中国可得而食也。"③尧时,洪水横流,到处泛滥,草木繁密,禽兽大量繁殖,谷物没有收成,禽兽危害人类,农业环境比较恶劣。尧让舜来全面治理,舜派伯益掌管用火、大禹疏通九条河道,从此没有洪水泛滥、禽兽逼人,百姓得以安心耕种,生产粮食。

在事农的"天道"观、"地道"观、"人道"观上,孟子认为世界上的万物都是大自然的一部分,都有其存在的权利和价值,人应该与自然万物和谐相处,"尽其心者,知其性也,知其性,则知天矣。存其心,养其性,所以事天也"④。在治理农业环境时,孟子认为天有自己运行的规律,将自然视为人与万物的生命本源,自然之道是必须遵循的自然法则,主张以"天意"建立人间秩序,协调人和自然的关系,"天时不如地利,地利不如人和"⑤,强调人与自然和谐共生。

《孟子·滕文公下》中,他举出例证:"当尧之时,水逆行泛滥于中国,蛇龙居之,民无所定,下者为巢,上者为营窟。《书》曰:'洚水警余。'洚水者,洪水也。使禹治之。禹掘地而注之海,驱蛇龙而放之菹,水由地中行,江、淮、河、汉是也。险阻既远,鸟兽之害人者消,然后人得平土而居之。"⑥尧派禹治水,禹遵循自然规律,疏通河道,把龙蛇驱赶到最适合其生存的草木沼泽之地,使水顺着河床流动,让河水流进大海,然后百姓能安心地在平地上居住,进行农业生产。

① 《孟子·告子上》。
② 《孟子·离娄上》。
③ 《孟子·滕文公上》。
④ 《孟子·尽心上》。
⑤ 《孟子·公孙丑下》。
⑥ 《孟子·滕文公下》。

四、减轻租赋，保护百姓劳动生产积极性

孟子重视农业，主张施仁政，提倡减轻百姓租赋，保护其劳动生产积极性。

《孟子·尽心上》中，他言："易其田畴，薄其税敛，民可使富也。"①他认为减轻税收，可使百姓富足，希望君王对民采取轻税等政策。

税种方面，孟子建议君王只征收单一的农业税，"昔者文王之治岐也，耕者九一，仕者世禄，关市讥而不征"②。当时诸侯互相侵夺，战事不断，一有战事，人民就得负担三种赋税："有布缕之征，粟米之征，力役之征。"③对这三种赋税，孟子主张只让百姓承担其中的一种："君子用其一，缓其二。用其二而民有殍，用其三而父子离。"④孟子认为如果同时用两种或三种税制，百姓就可能会饿死，或出现父子离散的悲惨情景。只有实行单一的税制，老百姓才能安心生产，生活才能富裕，国家才能兴旺富强。

税率方面，孟子主张征收十分之一的轻税。孟子与魏相白圭就此有过一次谈话：

白圭曰："吾欲二十而取一，如何？"孟子曰："子之道，貉道也。万室之国，一人陶，则可乎？"白圭曰："不可，器不足用也。"孟子曰："夫貉，五谷不生，惟黍生之，无城郭、宫室、宗庙、祭祀之礼，无诸侯币帛饔飧，无百官有司，故二十取一而足也。今居中国，去人伦，无君子，如之何其可也。陶以寡，且不可以为国，况无君子乎？欲轻之于尧舜之道者，大貉小貉也，欲重之于尧舜之道者，大桀小桀也。"⑤

孟子认为三种税率中，"尧舜之道"是古代传下来的最好税率。因此，他建议税率按照周初所订的"彻"法：十分取一，这使得国家、君臣和人民这三方面的利益都能照顾到，较为合适。"认真考虑孟子的想法，显然是想一举两得，使国家和人民都得利，认为重于十一之税，对民不利，轻于十一之税，对国不利，而只有十一之税才能同时保证国富民强，下富而上尊。"⑥

孟子指出税收制度的"助"法优于"贡"法，"治地莫善于助，莫不善于贡"⑦。因为贡法是比较若干年的收成得一个定数，即不分丰收和灾荒，都按这一定数来征收。而"助"法则不同，在《滕文公上》中，孟子建议滕文公"请野九一而助，国中什一使自赋"⑧，即郊野用九分抽

① 《孟子·尽心上》。
② 《孟子·梁惠王下》。
③ 《孟子·尽心下》。
④ 《孟子·尽心下》。
⑤ 《孟子·告子下》。
⑥ 转引自侯辉、赵世博：《孟子仁政学说中的重农思想初探》，《农业考古》2014年第4期。
⑦ 《孟子·滕文公上》。
⑧ 《孟子·滕文公上》。

一的"助"法，将土地分为公田和私田，农民助耕公田，统治者收取公田上的农产品作为税收。遇到丰收年，君王可以多得收入而不影响农民的生活；灾荒年，君王可以少收入一些，不会使农民活不下去。

孟子希望君王广施仁义，实行免税。《孟子·公孙丑上》说："市，廛而不征，法而不廛，则天下之商皆悦，而愿藏于其市矣。关，讥而不征，则天下之旅皆悦，而愿出于其路矣。耕者，助而不税，则天下之农皆悦，而愿耕于其野矣。廛，无夫里之布，则天下之民皆悦，而愿为之氓矣。"[1]给商人空地以储藏货物，不征收货物税；关卡只稽查而不征税；对农民以"助"法，农民出劳役便不再征税；居住之地，不收"夫"税即人头税，也不收"廛"税即地税。由此可见孟子主张以商促农，让人们自由往来，让农民出力，让百姓安居，以促进社会的全面发展。

五、实现农林牧副渔协调发展

孟子的农业理念并非仅限于单纯的种植业，他主张农业、林业、畜牧业等合理协调发展，认为实施大农业系统，有利于资源的持久利用，有助于社会的稳定发展。

《孟子·梁惠王上》中，他提出多种层次协调发展的大农业系统构想："五亩之宅，树之以桑，五十者可以衣帛矣。鸡豚狗彘之畜，无失其时，七十者可以食肉矣。百亩之田，勿夺其时，数口之家可以无饥矣。"[2]住宅周围种植桑树，家庭饲养各种牲畜，积极发展种植业，"勿夺农时"，农民可持久生活。孟子在此勾画出一幅可持久生活的理想农家乐园图。这是以"农"为核心的社会理想，宅—桑—衣帛，畜—时—食肉，田—时—无饥，这就从宏观上认同了人和自然的一致性和统一性。"住宅周围种桑树，同时饲养家禽牲畜、种植作物，以此保证百姓生活，这就是一种大农业系统的思想。这种思想注重协调人与自然的统一性、种植业与其他副业的统一性，表达了如何进行有效的农业生产才能解决人们生活的观点。"[3]

在孟子设定的这个方案中，核心层次是人们"居"的问题，即百姓要居有所居；其次是百姓"衣"的问题，孟子提出通过栽桑养蚕的办法来解决人们的穿衣问题；最后是百姓"食"的问题，孟子强调通过发展畜牧业来解决人们所需的动物产品，发展种植业来满足人们日常的植物产品的需要。在这一结构中，既有一般的种植业（田），也有畜牧业（畜）、林业（桑）和手工业（蚕），合理协调这几方面的关系，就可以基本上解决人们的衣食住行等一系列生活问题。

毫无疑问，在"大农业"系统中，孟子坚持农业与畜牧业、林业和手工业等发展并重。他

---

[1]《孟子·公孙丑上》。

[2]《孟子·梁惠王上》。

[3] 闻文、张理峰：《论先秦儒家农业思想及对我国农业发展的启示》，《山东农业工程学院学报》2014年第1期。

既强调善用土地类型种植五谷,也强调通过农业结构调整使农业发展更趋于合理和达到优化,并由此带来更大的生态和经济效益。这种理念,有利于持久地利用自然资源,保证社会的可持续发展。

孟子生活在诸侯争霸、战争不断的战国时代,社会凋敝,各诸侯国为了争夺土地和人口,大肆兼并,加重对人民赋税的剥削,阶级矛盾极其尖锐,生产力不断遭到破坏。在如此的社会背景下,孟子提出了以上发展农业生产的思想和措施,其中虽然有少数不太切合时代,但诸如制民之产、科技兴农、薄赋税、加强田间管理及保护自然资源等惠识,则表现出一个大思想家的高瞻远瞩。孟子的农业观对当时的社会发展起到一定的促进作用,对当今的农业发展亦有一定参考价值。

吕祖谦对孟子民本思想的继承和发展

（宋冬梅　孔子研究院）

摘　要：吕祖谦，南宋著名的理学家。他深切关怀儒家政治和社会现实，其民本思想在继承孟子的基础上，从君民关系、经济政策和社会扶困等方面出发，对孟子的重民、富民、恤民思想加以继承和发展。在政治视角的"重民"方面，吕祖谦强调"君臣民上下相应"；在经济政策的"富民"方面，他提出"土均之法""共享成果""与民同乐"；在社会救济的"恤民"方面，他提倡"取民有制""散利薄征""恩鳏寡，逮困疾"等主张，不仅使孟子民本思想更加系统化、哲理化，而且具有深刻的社会政治意义和实践意义。

关键词：吕祖谦；孟子；民本思想；仁爱德政；践履经世

作为儒家的政治思想之一，民本思想发端甚早。上古时期的大禹和皋陶在讨论治国之道时曰："在知人，在安民，知人则哲，能官人，安民则惠，黎民怀之。"[①]《尚书·五子之歌》曰："皇祖有川，民可近，不可下，民惟邦本，本固邦宁。"[②]商朝借鉴夏朝灭亡教训，总结曰："古我前后，罔不惟民之承保。"[③]周武王伐纣时曰："天视自我民视，天听自我民听。"[④]上述内容代表着早期民本思想的萌芽。春秋战国时期，孔子、孟子、荀子等儒家学者，在剧烈的社会震荡中，看到"民"在列国争霸中的重要作用，意识到民心向背为"王天下"之根本，对民本思想又进行了更深入的探讨与阐述。孔子认为："古之为政，爱人为大……弗爱不亲，弗敬不正。爱与敬，其政之本与！"[⑤]同时强调"为政以德"[⑥]。孟子认为："民为贵，社稷次之，君为轻"[⑦]，强调"民贵君轻"。荀子认为："天之生民，非为君也；天之立君，以为民也"[⑧]，强调"恩惠于

---

① 《尚书·皋陶谟》。
② 《尚书·五子之歌》。
③ 《尚书·盘庚》。
④ 《尚书·泰誓》。
⑤ 《礼记·哀公问》。
⑥ 《论语·为政》。
⑦ 《孟子·离娄上》。
⑧ 王先谦：《荀子集解》，北京：中华书局，1988，第504页。

民"。孔子、孟子、荀子等儒家先贤的论述,初步形成了儒家民本思想体系。至西汉时期,董仲舒从天人感应为基础的神学目的论出发,又提出"君为政本——民为国本"为基础框架的民本思想体系。此后,在中古时代,民本思想始终是沿着大体平衡、双向强化的途径不断向前推进的。

南宋时期,作为"东南三贤"之一的吕祖谦,在继承孟子民本思想的主体框架和基本思路的基础上,又对儒家民本思想进行了更加深入阐述和发展,使儒家民本思想更加系统化、哲理化,他是这一时期社会脊梁和社会良知的担当者,是时代精神和价值理想的创造者。

一、政治视角的"重民":强调"君臣民上下相应"

中国古代先哲很早就提出了天、地、人和的思想观念,其中把人居于中心地位,强调以人为本,以凸显人的重要性。《周易·系辞下》曰:"有天道焉,有人道焉,有地道焉,兼三才而两之。"[1]《春秋穀梁传·桓公十四年》载:"民者,君之本也。"[2]《荀子·王霸》曰:"上不失天时,下不失地利,中得人和,则百事不废。"[3]战国时期,孟子在总结前人的基础上,对重民思想加以阐发,曰:"民为贵,社稷次之,君为轻。"[4]又曰:"天时不如地利,地利不如人和。"[5]意思是说,对于整个国家来说,人民利益最重要,而后是国家社稷,君是为民众为国家设立的,所以其中的轻重关系是很清楚的,国家政治和江山社稷,一切以民为本,君臣、君民以及臣民之间上下和谐,这是古今的大道理。"民为贵,社稷次之,君为轻"的观点是孟子重民思想的核心,也是孟子民本学说的基石。

吕祖谦,作为南宋积极入世的士大夫,他接续古代民本思想的源流,特别重视和发挥孟子民本思想的精髓,认为南宋统治者要实现国家中兴,就必须树立以民为本的理念。他在《诗说拾遗》中曰:"民之服田力穑,岂不其劳?君若以为宝,民则以为好。谓其甘心代人之力而奉养也。"[6]《泰誓中》曰:"爱民者天之本心,奉天者君之本职。"[7]《武成》曰:"民,神之主,民归,神亦归也。"[8]又《五子之歌》曰:"不遇合天下之民而聚之耳,则民岂非邦本乎?民所聚而成邦,民所贰则不成邦,岂非本固则邦宁乎……民惟邦本……百世兴王之定法。"[9]《楚大

---

① 来知德集注:《周易集注》,北京:民主与建设出版社,2015,第447页。

② 范宁注:《春秋穀梁传注疏》,杨士勋疏,上海:上海古籍出版社,1990,第38页。

③ 孙晓春译注:《百子全书·荀子·王霸》,沈阳:辽宁民族出版社,1996,第161页。

④ 《孟子·尽心下》。

⑤ 《孟子·公孙丑下》。

⑥ 《吕东莱文集·诗说拾遗》卷十五。

⑦ 《增修东莱书说·泰誓中》卷十五。

⑧ 《增修东莱书说·武成》卷十六。

⑨ 《增修东莱书说·五子之歌》卷六。

饥庸人帅群蛮叛楚》曰："丰歉在人，而不在天；强弱在人，而不在地。……无其人，则山川形势，地虽与之，而不能全。有其人，则馈馈粮饷，天虽夺之，而不能病，人之权重矣哉！"①吕祖谦上述论述皆强调君主要"以民劳为宝"，把人民放在根本地位，这与孟子重民思想是一致的。

在君民关系上，孟子认为，君民间相互依存，谁也离不开谁。孟子曰："无君子，莫治野人；无野人，莫养君子。"②吕祖谦继承孟子对君民关系的理解并加以阐发。其《宋公杀母弟须及昭公子》中曰："君民之间，盖自有不胶漆而固者。"③又《易说·临》曰："大抵在上临下，下虽未应，在上不可不过厚以临之，如尧舜之世，上厚于下，下厚于上，上下相应，固尽善矣。若盘庚迁都，胥动浮言，下不应上，如此盘庚三篇之戒谆谆告谕，此亦敦临之意。"④《易说·损益》曰："损之卦，损下益上故为损，盖上虽受其益，殊不知既损下，则上亦损矣……损下益上为损，损上益下为益。"⑤认为人民是君主之根本，国家之根基，是"恢复大事"之根本，强调统治者要调整好君民关系，做到上下相应，以保持政治稳定、社会和谐。

在重民上，孟子还通过总结朝代更迭的历史经验，认为得天下必须得民，得民必须先得民心，认为民心向背乃是国家存亡之根本。孟子曰："桀纣之失天下也，失其民也；失其民者，失其心也。得天下有道：得其民，斯得天下矣；得其民有道：得其心，斯得民矣；得其心有道：所欲与之聚之，所恶勿施尔也。"⑥吕祖谦亦在孟子基础上，以史为鉴，就民心向背作了进一步阐述。其《召诰》曰："盖国之根本，全在小民。其兴其亡，不在大族，不在诸侯，不在奸雄盗贼，止在小民之身。"⑦又《宋公杀母弟须及昭公子》曰："君，天也。民之于君，固有不可解于心者。昭公虽无道，然尝托在君位矣。君民之间，盖自有不胶漆而固者。……惜乎！怨在身前，思在身后，昭公亲当今日之怨，而不及待他日之思，此其所以履危亡而莫救软？当昭公将弑之际，彷徨四顾，无非仇敌，途穷势极，自赴坑阱。抑不知民心本未尝忘昭公，特夺于残虐而不暇思耳。使昭公奋发悔悟，改前之为，则民将移其身后之思于身前。"⑧

由上可知，吕祖谦强调统治者要重视民本，收服民心，以巩固天下。其以史为鉴的方式，结合时代特点，对重民思想的阐发，不仅是对孟子重民思想的继承与发展，而且体现了他在社会实践中对儒家入仕议政以及民本传统上的继承和发展。

---

① 《东莱博议·楚大饥庸人帅群蛮叛楚》卷二十三。
② 《孟子·滕文公上》。
③ 《东莱博议·宋公杀母弟须及昭公子》卷二十三。
④ 《吕东莱文集·易说·临》卷十二。
⑤ 《吕东莱文集·易说·损益》卷十四。
⑥ 《孟子·离娄上》。
⑦ 《增修东莱书说·召诰》卷二十二。
⑧ 《东莱博议·宋公杀母弟须及昭公子》卷二十三。

二、经济政策的"富民"：提出"土均之法""共享成果""与民同乐"

在孟子看来，百姓的幸福与其物质生活紧密相连，丰富百姓物质生活质量，就会争取到民心。孟子曰："民之为道也，有恒产者有恒心，无恒产者无恒心。苟无恒心，放辟邪侈，无不为已。及陷乎罪，然后从而刑之，是罔民也。焉有仁人在位，罔民而可为也？是故贤君必恭俭、礼下，取于民有制。"①又曰："圣人治天下，使有菽粟如水火。菽粟如水火，而民焉有不仁者乎？"②孟子主张制民之产，使百姓有固定的产业收入，百姓的粮食要像水与火一样充足，这样百姓精神道德上也会富裕。与孟子一样，吕祖谦亦认为，物质生活资料"且如布帛粟菽，人人所须，泉货金贝，人人欲用"③，不可缺少，必须人人均足。其《史说》曰："大凡天生万物将欲留于天地间，人同用，须使人人均足，方是两间正理，一或不均，便是暴殄天物。"④在封建小农经济下，土地为百姓物质生活的支撑资料，针对当时"奸民豪族公侵强据"⑤土地之状况，吕祖谦认为，只有让百姓有安身立命之土地，统治者才能争取到民心，维持社会稳定，为此他提出了"分民授土""以丁颁田"的"土均之法"。其《周礼说》载："土均掌其禁令，……以土会之法辨五地之物，施十二教并牧其田野。……然一乡之间，其土又有肥瘠厚薄，无缘事为之制，曲为之防，须设官斟酌弥缝于其间，此土均之法所以设也。……土均之职，其位下，可以出入阡陌，周旋井里，随乡土均之。……惟是土均周旋阡陌，然后能均，所谓以均地守者，是分民授土，各守其地，以均地事者，是各任其事，以均地贡者。"⑥吕祖谦提出的"分民授土"，就是让每个百姓"各守其地""各任其地"，这样百姓既可提高自己的物质生活，又可以保证国家的财富收入。尽管吕祖谦的"土均之法"与孟子恢复井田制之思想存在差异，但两者所秉承的"富民"思想是完全一致的。可见，吕祖谦的"土均之法"是在不同历史条件下对孟子富民思想的实践运用。

孟子认为，君主要做到富民，除了丰富百姓物质生活之外还要实行德政，与民同忧同乐，让百姓之精神也富裕。孟子曰："以力服人者，非心服也，力不赡也。以德服人者，中心悦而诚服也。"⑦孟子认为用强力去压服，不会让人心服，如果用仁德却感化，就会心悦诚服，就会得到拥护。吕祖谦继承了孟子为政以德、宽则得众的思想。其《史记》曰："以法服人，

---

① 《孟子·滕文公上》。

② 《孟子·尽心上》。

③ 《吕东莱文集·史说》卷十九。

④ 《吕东莱文集·史说》卷十九。

⑤ 王十朋撰：《梅溪文集后集·鉴湖说》（上），上海：上海书店，1989，第778页。

⑥ 《吕东莱文集·周礼说》卷十六。

⑦ 《孟子·公孙丑上》。

其外者密，其中实疏；以德服人，其外虽疏，其中实密。"[1]认为只有"民本民心"的德治，才是治国的根本。

孟子又认为，实行德政，争取到民心，还要与民同忧同乐，共享社会发展成果。孟子批判了梁惠王的自我享乐思想，提出了"古之人与民偕乐，故能乐也"[2]之规劝。又曰："为民上而不与民同乐者，亦非也。乐民之乐者，民亦乐其乐；忧民之忧者，民亦忧其忧。乐以天下，忧以天下，然而不王者，未之有也。"[3]孟子认为，君主只有与百姓共忧乐，想百姓之所想，急百姓之所急，才能争取到民心，使百姓尊爱自己，归服自己，才能称王于天下。对孟子与民同忧同乐，以顺民心的思想，吕祖谦亦有阐发。吕祖谦首先批评了那些只顾自己享乐，而不管百姓困苦死活之人，其《横山吴君佚老庵记》曰："畏峤登舆，身闲心栗，厌市筑墉，目静耳暄，君虽善自佚，逾闽以往，肩颊腹栌者，踵相接，岁或不升，艇瘠、困惫、呻吟交于大逵，专一室之佚，乐乎哉。"[4]对横山吴珉为自娱而晚年精心营建别室之事进行了批评。又《孟子说》曰："大抵人君非特是坐庙堂临政事便是为民，凡一嚬一笑，无非为民。""天子凡一出一入也。……无非为民事也。如省耕省敛是也。……三代之时，君民相信。君省出入必为民，民见君之出入亦知其为己，故幸其来。"[5]"大凡人君不与民同忧同乐，寻常无事固不见其祸福，及一旦有不测之祸，如卫懿公伐狄，兵有使鹤之怨，其失方见。"[6]又《周礼说》曰："时和岁丰，所以与民共乐，乐民之乐，亦忧民之忧，所以荒岁不乐。"[7]认为统治者要真正为民着想，所思所行无非为民。只有与民同忧同乐，才能永远维持国家稳定。

吕祖谦在继承孟子富民思想基础之上，结合时代特点，使儒家富民思想更加深入和具体地落实于当时社会经济政策上。尽管在一些具体措施上，吕祖谦与孟子的观点有所差异，但是其主旨则与孟子思想是完全一致的。

三、社会救济的"恤民"：提倡"散利，薄征""恩鳏寡，逮困疾"

"轻徭薄赋""赈济鳏寡"是中国古代先贤治国理政智慧的重要体现，其对发展民生、维护社会稳定具有重要意义。《淮南子·修务》载："轻赋薄敛，以宽民氓；布德施惠，以振困穷，吊死问疾，以养孤孀。百姓亲附，政令流行。"[8]《新唐书·来济传》载："省徭役，驭下之宜

---

① 《吕东莱文集·史说》卷十九。
② 《孟子·梁惠王下》。
③ 《孟子·梁惠王下》。
④ 《吕东莱文集·横山吴君佚老庵记》卷六。
⑤ 《吕东莱文集·孟子说》卷十。
⑥ 《吕东莱文集·孟子说》卷十。
⑦ 《吕东莱文集·周礼说》卷十六。
⑧ 刘安：《淮南子》，陈静注译，郑州：中州古籍出版社，2010，第292页。

也。"①战国时期，孟子对此也有深刻阐述，并成为其"民本"思想之重要内容。孟子曰："彼夺其民时，使不得耕耨以养其父母。父母冻饿，兄弟妻子离散。"②孟子认为赋税徭役过重，会"陷溺其民"，提出"王如施仁政于民，省刑罚，薄税敛，深耕易耨；壮者以暇日修其孝悌忠信，入以事其父兄，出以事其长上，可使制梃以挞秦楚之坚甲利兵矣！"③指出轻徭薄赋既能富民，又有利于发展生产，可使国家天下无敌。

南宋时期，统治者横征暴敛，苛捐杂税，名目繁多，"万室连甍，剽夺时鸣于桴鼓；千艘衔尾，转输日困于舳舻"④，导致"民力凋残"，"垣墙颓仆，庐舍倾摧，资用散失，生计萧然。"⑤面对当时社会，吕祖谦继承孟子恤民思想，认为"轻徭薄赋"关系国安危，强调要"取民有制"。其《宋人围曹》载："小人之情惟利是嗜，既衣其帛，何恤乎不蚕之名？既食其粟，何恤乎不农之名？……天下之所以有侥幸而得帛者，以蚕妇阴为之织也，天下之所以有侥幸而得粟者，以农夫阴为之耕也。如使天下尽厌耕织、焚其机、斧其末，则虽有巧术，何从而取粟帛？皆将冻于冬而馁于涂矣。"⑥认为要使天下免于"冻于冬而馁于涂"之厄运，就要"何恤乎不蚕之名"，"何恤乎不农之名"，对百姓"恤其劳"，使他们甘于"力穑"。又《易说·损益》曰："损之卦，损下益上故为损。盖上虽受其益，殊不知既损下，则上亦损矣。然其下为兑。兑，悦也。又下三爻皆应于上，是下乐输以奉上，人君固可以安受之，何名方损乎？盖损下益上，人君之失也，乐输于上，人臣之义也，两者自不相妨。……凡上有取于民皆为之损，合上下二体而观之，下当乐输而不怨，上当取于民有制，不可无！所止也。"⑦认为百姓要诚心悦服地向君主缴纳赋税，但君主也要有所节制，不可以无止境地强迫"民输"，否则就是"人君之失"。

孟子以史为鉴，认为邹国之败，败在重赋残民。曰："邹与鲁讧。穆公问曰：'吾有司死者三十三人，而民莫之死也。诛之，则不可胜诛；不诛，则疾视其长上之死而不救，如之何则可也？'孟子对曰：'凶年饥岁，君之民老弱转乎沟壑，壮者散而之四方者，几千人矣；而君之仓廪实，府库充，有司莫以告，是上慢而残下也。'"⑧对此，吕祖谦亦以史为鉴，作了相似阐述，其《郑伯侵陈大获》一文就认为陈侯失败之主要原因为"犯笞杖之罪，而加斧钺之刑。逋升斗之租，而责仓廪之粟"⑨。"轻徭薄赋"对国之兴亡极其重要，因此，实施"轻徭薄赋"则为必要之举。

---

① 许嘉璐主编：《二十四史全译·新唐书·来济传》，上海：汉语大词典出版社，2004，第2687页。

② 《孟子·梁惠王上》。

③ 《孟子·梁惠王上》。

④ 《吕东莱文集·代仓部知吉州谢表》卷一。

⑤ 《吕东莱文集·为张严州作乞免丁钱奏状》卷一。

⑥ 《东莱博议·宋人围曹》卷三。

⑦ 《吕东莱文集·易说·损益》卷十四。

⑧ 《孟子·梁惠王下》。

⑨ 《东莱博议·郑伯侵陈大获》卷二。

对实施"轻徭薄赋"之具体措施,孟子曰:"有布缕之征,粟米之征,力役之征。君子用其一,缓其二。用其二而民有殍,用其三而父子离。"①认为布帛税、粮食税及徭役,征收一种即可。在税负比重上,孟子主张:"夫滕,壤地褊小,将为君子焉,将为野人焉。无君子莫治野人,无野人莫养君子。请野九一而助,国中什一使自赋。"②又曰:"白圭曰:'吾欲二十而取一,何如?'孟子曰:'子之道,貉道也。万室之国,一人陶,则可乎?'曰:'不可。器不足用也。'曰:'夫貉,五谷不生,惟黍生之;无城郭、宫室、宗庙、祭祀之礼,无诸侯币帛饔飧,无百官有悟,故二十取一而足也。'"③孟子强调根据实际情况征税,吕祖谦对实施"轻徭薄赋"之举措亦有类似阐述。其《周礼说》曰:"荒政十有二……一曰散利,二曰薄征,此两者荒政之始,散利是发公财之已藏者。薄征是减民租之未输者,已藏者既散之,未输者又薄之,荒政之大纲既举矣。"④吕祖谦虽没有像孟子一样,就税负比重做出具体阐述,但其所提出的"散利""薄征"两项举措,则是与孟子"轻徭薄赋"举措之主旨是一致的。

除"轻徭薄赋"外,在"赈济鳏寡"上,孟子曰:"老而无妻曰鳏,老而无夫曰寡,老而无子曰独,幼而无父曰孤。此四者,天下之穷民而无告者。文王发政施仁,必先斯四者。"⑤又曰:"老吾老以及人之老,幼吾幼以及人之幼。"⑥强调要对鳏寡孤独及弱势群体进行救济。吕祖谦继承了孟子恤民思想,其《朝散潘公墓志铭》曰:"恩鳏寡,逮困疾,旁及棺椁、饘药、桥梁、井泉之属给予除治,亡所靳。"⑦又《与周丞相》曰:"但得庙堂之上,主张元气,俾得与鳏寡废疾者。俱安于蓬荜之下,志愿毕矣。""使四方无虞,鳏寡废疾者得自佚衡茅之下,其必有自矣。"⑧

总之,吕祖谦与孟子一样,都把恤民作为儒家德政的重要内容进行了阐述。尽管两者论述的视角不同,孟子是站在庶民政治的角度来阐述,而吕祖谦是站在统治阶级的角度来阐述,但两者都秉承了儒家对社会民众的仁爱关怀。

四、小结

吕祖谦的民本思想是南宋新儒学思想的重要组成部分。现代学者张分田先生说:"自夏商周至元明清,论及民本思想的文献汗牛充栋,而公然反对民本思想基本思路的思想家

---

① 《孟子·尽心下》。
② 《孟子·滕文公上》。
③ 《孟子·告子下》。
④ 《吕东莱文集·周礼说》卷十六。
⑤ 《孟子·梁惠王下》。
⑥ 《孟子·梁惠王上》。
⑦ 《吕东莱文集·朝散潘公墓志铭》卷七。
⑧ 《吕东莱文集·与周丞相》卷四。

则绝无一人。"①吕祖谦对孟子民本思想的继承和发展,深刻体现了南宋儒家士大夫对现实政治和百姓生活的深切关怀和践履,使得儒家思想更加接近民众生活,促进了儒家思想的传播与发展。

吕祖谦《官箴》曰:"当官处事,常思有以及人。如科率之行,既不能免便就其闲,求所以使民省力,不使重为民患,其益多矣。"②尽管作为南宋朝廷的官员,吕祖谦对民本思想的论述,无不着眼于维护南宋政权统治,但是作为一位思想家,一位社会良知的承担者,他也始终站在百姓的立场上来衡量国家政治的得失,并将其贯通于他的整个政治思想中。吕祖谦秉承了孟子的民本思想传统,并根据社会现实提出了一系列民本实践理论,虽然其民本思想在当时并未得到很好实施,但对于调节封建社会的阶级关系,缓和封建社会矛盾,制约专制君主的肆意妄行,在国家建设与治理方面具有积极的社会意义和政治意义。

---

① 张分田:《民本思想与中国古代统治思想》,天津:南开大学出版社,2009,第4页。
②《吕东莱文集·官箴》卷十。

孟子的"民本"思想及其现代意义

（梁辉成　凯里学院）

"孟子道性善，言必称尧舜。"①这句话被认为是孟子性善说的经典表述，而"性善论"也被认为是孟子的主要哲学思想。既然人性都是善的，那么现实的人性的贪婪、残暴与丑陋又如何解释，荀子对此提出了质疑。荀子指出，孟子之所以认为人的本性是善的，是没分清先天本性与后天作为的关系："凡性者，天之就也，不可学，不可事，礼义者，圣人之所生也，人之所学而能，所事而成者也。不可学、不可事而在人者谓之性，可学而能、可事而成之在人者谓之伪，是性、伪之分也。"②

孔子生活在一个"礼崩乐坏"的时代，到孟子所处的社会更是动荡不堪，这一点在《庄子》里描述得尤为深刻。作为一名政治思想家，孟子对此定有审察，他之所以提出"性善论"，是因为"善"是他整个"仁政"学说的理论基石。

一、由"性善论"到"以民为本"

孔孟思想是一脉相承的，"仁"是孔子思想的核心，而对人性问题孔子却甚少论及："夫子之文章，可得而闻也；夫子之言性与天道，不可得而闻也。"③孔子只说过："性相近也，习相远也。"④朱熹注曰："此所谓性，兼气质而言者也。气质之性，固有美恶之不同矣。然以其初而言，则皆不甚相远也。但习于善则善，习于恶则恶，于是始相远耳。程子曰：'此言气质之性。非言性之本也。若言其本，则性即是理，理无不善，孟子之言性善是也。何相近之有哉？'"⑤朱熹认为孟子的"性善论"与孔子的人性论是有区别的，孔子所说的是气质之性，而孟子所说的是本质之性。也许，孔子认为能达"仁"的人必定也是"善"的，因而未对"善"详

---

① 《孟子·滕文公上》。

② 《荀子·性恶》。

③ 《论语·公冶长》。

④ 《论语·阳货》。

⑤ 朱熹：《四书章句集注》，北京：中华书局，2012，第176—177页。

加论述。

"恻隐之心,仁之端也;羞恶之心,义之端也;辞让之心,礼之端也;是非之心,智之端也。人之有是四端也,犹其有四体也。有是四端而自谓不能者,自贼者也;谓其君不能者,贼其君者也。凡有四端于我者,知皆扩而充之矣,若火之始然,泉之始达。苟能充之,足以保四海;苟不充之,不足以事父母。"①朱熹注曰:"端,绪也。因其情之发,而性之本然可得而见,犹有物在中而绪见于外也。"②由此可见,"四端"即仁义礼智的原初状态。就像刚刚燃烧的火源,像泉水的源头,需要我们发现与扩充。如果能将"四端"扩充为"四德",则上可以安定天下,否则连父母都侍奉不好。

孟子认为,人的本性都具有"四端",有的人不善,不是因为本性不善,而是因为没有保持"四端"并扩充之。所以他指出:"水信无分于东西,无分于上下乎?人性之善也,犹水之就下也。人无有不善,水无有不下。今夫水,搏而跃之,可使过颡;激而行之,可使在山。是岂水之性哉?其势则然也。人之可使为不善,其性亦犹是也。"③水的本性是向下流的,使其倒流或引上高山,都是对其本性的改变。同样,人的本性也是可以改变的,被改变本性后的行为往往都是恶的。所以孟子指出:"仁,人心也;义,人路也。舍其路而弗由,放其心而不知求,哀哉!人有鸡犬放,则知求之;有放心而不知求。学问之道无他,求其放心而已矣。"④朱熹注曰:"程子曰:'心至重,鸡犬至轻。鸡犬放则知求之,心放而不知求,岂爱其至轻而忘其至重哉?弗思而已矣。'愚谓上兼言仁义,而此下专论求放心者,能求放心,则不违于仁而义在其中矣。"⑤做学问如此,做人也是如此,归结到一点就是"放心"。"放心"就是指向自己的内心寻求,恢复失去的本性。这样就能够不受恶劣环境的影响,抵御不良诱惑,使"四端"不断巩固、扩充,成为一个至善的人。

至善还不是孟子理想人格的终极目标,孟子是要人做顶天立地的大丈夫。在孟子看来,公孙衍、张仪之流的纵横家,虽然威风一时,但只能算是"妾妇之道"。真正的大丈夫应是"居天下之广居,立天下之正位,行天下之大道;得志,与民由之;不得志,独行其道。富贵不能淫,贫贱不能移,威武不能屈,此之谓大丈夫。"⑥孟子的这种人格理想曾激励过多少仁人志士以天下为己任,置生死于度外,救国家民族于危难之中。那么怎样才能成为"大丈夫"呢?孟子认为一要"不动心",二要"善养浩然之气"。做到这些,首先要坚定自己的思想意志,不要滥用自己的义气感情。其次要"知言",只有本身的道德修养达到一定的高度,才

---

① 《孟子·公孙丑上》。

② 朱熹:《四书章句集注》,北京:中华书局,2012,第239页。

③ 《孟子·告子上》。

④ 《孟子·告子上》。

⑤ 朱熹:《四书章句集注》,北京:中华书局,2012,第340页。

⑥ 《孟子·滕文公下》。

能判断别人言论的是非得失。最后就能"其为气也，至大至刚，以直养而无害，则塞于天地之间。其为气也，配义与道。无是，馁也。是集义所生者，非义袭而取之也"[①]。

孟子一生都在追求"仁政"："离娄之明，公输子之巧，不以规矩，不能成方员；师旷之聪，不以六律，不能正五音；尧、舜之道，不以仁政，不能平治天下。"[②]那么"仁政"何以可能呢？这就是："人皆有不忍人之心。先王有不忍人之心，斯有不忍人之政矣。"[③]也就是说，"仁心"是"仁政"的前提和基础。这也就是孟子宣扬人性善的原因，性善论是为其仁政思想服务的。孟子"仁政"思想中最为后世所称道的是"以民为本"："民为贵，社稷次之，君为轻。"[④]朱熹注曰："盖国以民为本，社稷亦为民而立，而君之尊，又系于二者之存亡，故其轻重如此。"[⑤]民本思想是中国传统文化中极其伟大的思想，它发端于商周交替之际。孔子提出的"节用而爱人，使民以时"的思想，发展到孟子时的"民贵君轻"的仁政思想，告诫统治者要"爱民""利民""轻刑薄赋""听政于民""与民同乐"。

当然，孟子作为孔子思想的发扬光大者，"对建立在严格的阶级制度上的礼乐体系是赞成的"[⑥]："是故得乎丘民而为天子，得乎天子为诸侯，得乎诸侯为大夫。"[⑦]朱熹注曰："丘民，田野之民，至微贱也。然得其心，则天下归之。天子至尊贵也，而得其心者，不过为诸侯耳，是民为重也。"[⑧]但是，孟子的"民贵君轻"思想主观有维护阶级统治的需要，在客观上表达了广大人民的心声。

二、"以民为本"的现代启示

在弱肉强食的战国时代，孟子的"仁政"统治理念是不可能为统治者所采纳的。秦始皇通过武力与强权统一了全国，然二世而亡。秦帝国的短命成为后世的警戒："居马上得之，宁可以马上治之乎？且汤武逆取而以顺守之，文武并用，长久之术也。昔者吴王夫差、智伯极武而亡；秦任刑法不变，卒灭赵氏。乡使秦已并天下，行仁义，法先圣，陛下安得而有之？"[⑨]历史证明，以武力可以夺取天下，而继续以武力统治天下是不能长久的。汉高祖刘邦采纳了陆贾的建议，对老百姓实施休养生息的政策。后来汉文帝提出了"先民后己"观念，

---

① 《孟子·公孙丑上》。

② 《孟子·离娄上》。

③ 《孟子·公孙丑上》。

④ 《孟子·尽心下》。

⑤ 朱熹：《四书章句集注》，北京：中华书局，2012，第375页。

⑥ 谷中信一：《先秦秦汉思想史研究》，孙佩霞译，上海：上海古籍出版社，2018，第45页。

⑦ 《孟子·尽心下》。

⑧ 朱熹：《四书章句集注》，北京：中华书局，2012，第375页。

⑨ 《史记·陆贾列传》。

这才有了"文景之治"局面的形成,也为汉武帝施展雄才大略提供了经济和政治基础。

此后历代帝王多承袭了这种思想,隋炀帝宣称:"是知非天下以奉一人,乃一人以主天下也。民惟国本,本固邦宁,百姓足,孰与不足!今所营构,务从节俭,无令雕墙峻宇复起于当今,欲使卑宫菲食将贻于后世。有司明为条格,称朕意焉。"①唐太宗主张:"君依于国,国依于民。刻民以奉君,犹割肉以充腹,腹饱而身毙,君富而国亡。故人君之患,不自外来,常由身出。夫欲盛则费广,费广则赋重,赋重则民愁,民愁则国危,国危则君丧矣。"②宋元之际《孟子》被朝廷列为核心经典,成为官方儒学的主要书目,并成为储君教育与皇帝再教育的必读书籍,也成为统治者向社会各阶层灌输官方学说及其核心价值的载体。

这种传统最为重大的负面历史作用就是严重阻滞了现代政治观念在中国大地的产生,导致泯灭民族英气、阻碍中国创新的四书之学极度盛行。与此相应,皇权日益强化,帝制及其统治思想日益僵化,重大变革举步维艰,社会发展长期迟滞。③故孟子的民贵思想"与近代之民权有别"④,人民不应只是政治目的,必须同时具有参与国家管理的权利。明末清初,随着社会矛盾的加剧和新的生产关系的产生,以黄宗羲、顾炎武、王夫之为代表的进步思想家对君主专制独裁进行了深刻揭露和批判,指责君主制度是"天下之大害",提出"天下为主,君为客",君的责任就在于"以天下万民为事",这种社会政治思想可以看作是早期民主思想的启蒙。随着清末西方列强的入侵,一批又一批仁人志士寻求救亡图存的良方。他们多是向西方或日本去寻求救世之策,而对自己的传统文化丧失了信心,甚至提出了"打倒孔家店"的口号。

最早形成体系并付诸实践挽救中国的思想是孙中山的"三民主义",这种思想主要是借鉴了西方民主,但也不可避免地与中国传统思想有着千丝万缕的联系。正如有的学者所说:"孙氏学说是有目的的对儒教文化、民生主义(社会主义)和西方民主这三个传统的结合。孙氏相信一个独特和自豪的中国,只要以儒教文明为基础,就会在文化上复兴。"⑤三民主义由民族主义、民权主义和民生主义组成。其中,民权主义是儒家"仁"的思想和西方民主法治思想的统一,这与孟子的"仁政"有很深的渊源。而民生主义重要原则之一就是平均地权,也就是实行耕者有其田。中国是个农耕文明国家,自古以来就非常重视土地问题,在《谷梁传》就有"井田"的记载。而孟子对"井田"予以了详细描述,将土地分为公田与私田,先把公田耕种完毕,再来耕种私田,这样既解决了民众的土地问题又解决了政府的财政

① 《隋书·炀帝上》。

② 《资治通鉴·唐纪八》。

③ 参见张分田:《思想体系分析法的构成要件及具体运用——以揭示"民贵君轻"专制本质的学术路径为例证》,《天津社会科学》2017年第1期。

④ 萧公权:《中国政治思想史》,北京:商务印书馆,2017,第97页。

⑤ 张文蔚:《孙中山思想与中国前途》,郑竹园主编:《孙中山思想与当代世界》,台北:台北编译局,1996,第359页。

问题。

孟子的土地思想蓝图一直是中国人所向往达到的目标，至近代洪秀全在《天朝田亩制度》中确立了平均分配土地的方案，以"凡天下田地，天下人同耕"来笼络人心。但是，不论是洪秀全还是孙中山都没能摆脱几千年来封建主义的束缚，他们的设想也只能停留在理论上，解决这个问题的是中国共产党。1926年12月20日，毛泽东在湖南全省第一次农、工代表大会上发表《工农商学联合的问题》的演说时指出："国民革命的中心问题，就是农民问题，一切都要靠农民问题的解决。"①

经过毛泽东的坚持和努力，这种思想对以后党的方针政策产生了重大影响。1927年，党的"五大"通过了《土地问题决议案》。1928年至1931年，中华苏维埃政府先后完善和颁布了《井冈山土地法》《兴国土地法》《中华苏维埃土地法》，切实解决了当时农民的切身利益，为中国革命和解放区的巩固提供了有力保障。1947年，中国共产党召开全国土地会议，制定了《中国土地法大纲》。大纲规定没收地主土地，废除封建剥削的土地制度，按农村人口平均分配土地。1950年中央人民政府颁布了《中华人民共和国土地改革法》，废除封建土地所有制，实行农民阶级的土地所有制，真正做到了耕者有其田。

毛泽东在《新民主主义论》中深刻指出："中国的长期封建社会中，创造了灿烂的古代文化。"②他用中国传统文化来指导中国革命与建设，也用马克思主义指导中国传统文化的研究，为马克思主义中国化做出了典范。他多次强调，一定要用唯物辩证法的两点论来分析传统文化，采取批判继承的态度，不能食古不化。③中国几千年的文化，是在几千年封建社会里形成的，是中华民族智慧的结晶。珍惜祖先留给我们的优秀文化，并在实践的基础上不断加以创新，依然任重道远。党的十八大以来，以习近平同志为核心的党中央十分重视继承和弘扬中华优秀传统文化，并把中华优秀传统文化作为治国理政的重要思想文化资源。中国特色社会主义，其中"中国特色"就包含了对中华民族优秀文化遗产的传承和弘扬。正如习近平总书记所说，中国特色社会主义植根于中华文化沃土。中华民族五千年的悠久历史和丰厚优秀文化传统，是中国特色社会主义深厚的历史渊源，五千年的中华文明是我们坚持和发展中国特色社会主义的文化自信。

孟子民本思想的另一个重要内涵就是对弱势群体的重视："昔者文王之治岐也，耕者九一，仕者世禄，关市讥而不征，泽梁无禁，罪人不孥。老而无妻曰鳏，老而无夫曰寡，老而无子曰独，幼而无父曰孤。此四者，天下之穷民而无告者。文王发政施仁，必先斯四者。"④在

---

① 中共中央文献研究室编：《毛泽东著作专题摘编》，北京：中央文献出版社，第497—498页。

② 《毛泽东选集》（第二卷），北京：人民出版社，2006，第707页。

③ 参见夏文斌：《以科学态度对待传统文化》，《人民日报》2003年12月23日。

④ 《孟子·梁惠王下》。

这里,孟子把对弱势群体的关爱与帮扶上升到实施"王道"的高度,彰显了孟子对于弱势群体的高度重视。当今中国,经济的发展取得了举世瞩目的成就,人们在享受着美好幸福生活的同时更应该关注弱势群体的生存状态和幸福指数。我们在制定相关政策的时候要考虑到这些弱势群体的利益,倾听他们的呼声,帮助他们解决生活中遇到的困难,让全体国人都能享受到改革开放和经济社会的长足发展所带来的红利,让全社会都沐浴着幸福的阳光。①因此,孟子济弱抚民的思想在今天仍然具有一定的借鉴价值和现实意义,济弱抚民是和谐社会建设不可或缺的组成部分。

"治国有常,而利民为本。"②在我们党治国理政的价值坐标中,始终不变的是以人民为中心的发展思想,不断延展的是为人民创造美好生活的奋进足迹。党的十八大以来,以习近平同志为核心的党中央以造福人民为最大政绩,从群众最关心的问题入手,把民生疾苦放在心头,把改革发展责任扛在肩上,发展成果正在不断惠及全体人民,在更高水平上不断满足人民群众日益增长的美好生活需要。党的十九届四中全会明确了全党的重大战略任务,处处体现着"一切为了人民"的伟大情怀。

2017年10月18日,习近平同志在十九大报告中提出,坚持和平发展道路,推动构建人类命运共同体。中国共产党始终把为人类作出新的更大的贡献作为自己的使命。中国将高举和平、发展、合作、共赢的旗帜,恪守维护世界和平、促进共同发展的外交政策宗旨,坚定不移在和平共处五项原则基础上发展同各国的友好合作,推动建设相互尊重、公平正义、合作共赢的新型国际关系。

2018年12月18日,在庆祝改革开放40周年大会上的讲话中,习近平总书记总结改革开放40年来我国所取得的伟大历史成就时指出:"我们积极推动建设开放型世界经济、构建人类命运共同体,促进全球治理体系变革,旗帜鲜明反对霸权主义和强权政治,为世界和平与发展不断贡献中国智慧、中国方案、中国力量。"着眼推动新时代改革开放走得更稳、走向更远,习近平总书记强调:"必须坚持扩大开放,不断推动共建人类命运共同体。"

孟子曰:"老吾老,以及人之老;幼吾幼,以及人之幼。天下可运于掌。"③中华民族具有这种博大的情怀,中国共产党领导下的社会主义中国必将把这种情怀发扬光大,造福于全人类。

① 参见郭步山:《论孟子民本思想对和谐文化建设的促进作用》,《大众文艺》2018年第4期。
② 《淮南子·氾论训》。
③ 《孟子·梁惠王上》。

孟子"民本主义"思想的历史价值与时代意义

（高伯羽　河北省国学学会）

摘　要：孟子"仁政德治"的政治理论和"民贵君轻"的民本主义思想，在人类政治思想发展史上，可谓震古烁今，具有无可争议的先进性和亘古常新的时代价值；其"君权民授"的政治理想，可以合乎逻辑地演化和发展为现代"民主政治"的理论基石；其对统治者一旦堕落为"独夫民贼"，则人民有权"诛一夫"的革命理论，更是可以成为——事实上也一直成为——历代农民起义和王朝更替的思想先导，从而构成历史进步的理论根据。当前，在大力提倡、全力实施"民主法治"建设的环境下，特别是在习近平总书记"以人民为中心"思想的引领下，重新发掘孟子"民本主义"思想的时代价值，意义尤其突出。

关键词：孟子；仁政；民本主义；民贵君轻；亚圣道统

一、孟子"民本主义"思想的渊源

孟子以"民本主义"思想为核心内容的仁政理论，是在继承孔子仁学思想和德政理论的基础上发展而来的。孟子常说："乃所愿，则学孔子也"①，将孔子的仁学理论延伸到政治领域，形成了中国政治思想史上影响深远的仁政学说。

"民本"和"德治"思想在中国古代可谓源远流长。孔子"言必称尧舜"，以恢复周礼和继承文武周公的社会理想为己任，其仁学理论和德治主张源自"尧舜禹汤文武周公"的文化系统，脉络十分清晰。

民本思想和德治主张滥觞于殷商至西周，是在反思和总结前朝覆亡的基础上形成的。《尚书·盘庚》首先提出"重民"概念："重我民，无尽刘。"②《尚书·五子之歌》曰："民可近，不可

---

① 《孟子·公孙丑上》。
② 《尚书·盘庚》。

下;民惟邦本,本固邦宁。"①这些都是殷商统治者在反思夏王朝覆灭的过程中得出的可贵思想。同样,在对商朝灭亡原因的思考中,周公提出了"敬德"和"保民"的德治主张。据《尚书·周书》记载,周公认为,统治者首先要"敬德",才能确立统治地位。正是由于殷商统治者不"敬德",才导致了商王朝的最终灭亡。与殷商统治者不同的是,周的先王正是由于"敬德""修德",才最终确立了统治地位。因此,周公屡屡要求成王注重"修德",《诗经·周颂·噫嘻》对此做了明确记载。其次,要延续统治地位,在"敬德"的基础上,要进一步做到"保民"。"敬德"是德治的内在体现,而"保民"则是德治的外在体现。周公认为"保民"是"天命"之所在,也是体现"天命"意志的周天子的职责之所在。周王朝要保住自己的统治就必须"保民","保民"的基本准则是上天及其代表者——国君要顺民之所欲,做到"急民""康民""裕民"。这是中国"民本"思想的最初表述,也是孔子"仁学""德政"思想的理论来源。

孔子在继承"文武周公"敬德、保民政治思想的基础上,发展出丰富的"仁者爱人""为政以德"的仁学理论和德政主张,可谓承上启下。但不得不说,孔子的"仁学"理论虽然丰富,但主要是针对个人的内在修养和道德要求而言的,缺乏政治层面的升华;而其"为政以德"的德治主张,也更多聚焦于对统治者行"善政"的正面引导与劝喻,而缺乏对事实上统治者行"恶政"的有力挞伐与惩戒。孟子在继承孔子仁学、德政思想的基础上,将其发展为更加丰富的、充满革命性的"仁政"学说,无疑是中国政治思想史上的巨大进步。

二、孟子"仁政"学说和"民本主义"思想的丰富内容

孟子以"仁心仁政""君权民授""仁者居位""民贵君轻""制民之产""王道霸道""得道多助""仁者无敌""与民同乐"等一系列政治概念,构筑起其"仁政"学说和"民本主义"思想的丰富体系,成为中华政治思想史上的一笔宝贵遗产。下面,分述之。

第一,"人性本善"的哲学基础。孟子的"民本"思想与"仁政"理论,是建立于其"人性本善"的哲学基础之上的。由于人人先天具有仁、义、礼、智的"人之四端",因此,以人为本就是国家治理的前提,而对人民实行"仁政"就成为对统治者的客观("天命")要求。孔子罕言人性,仅仅说"性相近也,习相远也"②,并未对人性的善恶做过多的探讨;而孟子在与告子的论战中则明确坚持"性善"的观点。在论述了人皆有"不忍人之心"等"四心"乃人之本性之后,得出"恻隐之心,仁之端也;羞恶之心,义之端也;辞让之心,礼之端也;是非之心,智之端也"③的结论,即"仁义礼智"是人与动物相区别的、人之为人的本质规定。顺应人的这种本

---

① 《尚书·五子之歌》。

② 《论语·阳货》。

③ 《孟子·告子上》。

性,将之实施于政治领域,就会合乎逻辑地得出必须实行"仁政"的结论。孟子曰:"人皆有不忍人之心,先王有不忍人之心,斯有不忍人之政矣。以不忍之心,行不忍之政,治天下可运之掌上。"①显然,这种以"不忍人之心"而行的"不忍人之政"便是"仁政"。

第二,"君权民授"的权力来源。在中国古代,统治权来源的合法性和正当性似乎是一个难以回避的问题。在周以前,由于时代所限,"君权神授"的观念比较流行,人们普遍认为"天命"是统治者权力的来源。周公在总结殷商灭亡的历史教训时,首先提出"天命靡常"的观念,并把"人事"作为"天命"的必要补充。这"人事"就是要求统治者"敬德"与"保民"。他说"天畏棐忱,民情大可见"②,已经初露"民情"向背影响权力来源之端倪。孟子对这一思想则给予了充分的展开与发挥,几乎接近"君权民授"的思想高度。他引用《尚书·泰誓》的话说:"天视自我民视,天听自我民听。"③所谓"天命",不过是"民心"的另一种说法而已。《孟子·离娄上》说:"桀纣之失天下也,失其民也;失其民者,失其心也。得天下有道:得其民,斯得天下矣;得其民有道:得其心,斯得民矣;得其心有道:所欲与之聚之,所恶勿施尔也。民之归仁也,犹水之就下、兽之走圹也。"④"君权神授"("天授")归根结底是要靠"民受之",这已经非常接近"君权民授"的思想高度了。孟子说:"天子能荐人于天,不能使天与之天下;诸侯能荐人于天子,不能使天子与之诸侯;大夫能荐人于诸侯,不能使诸侯与之大夫。昔者,尧荐舜于天,而天受之;暴之于民,而民受之;故曰,天不言,以行与事示之而已矣。"⑤统治者权力的正当性与合法性在于"使之主祭,而百神享之,是天受之;使之主事,而事治,百姓安之,是民受之也"⑥。"民"的接受与否,成为与"天"是否接受同等重要的标准。根据孟子"天时不如地利,地利不如人和"⑦的一贯观点,君权最终来自民授,就成为合乎逻辑的自然结论。

第三,"仁者居位"的道德要求。孟子倡导"贤者在位,能者在职"⑧的理想政治生态。他认为,作为统治者的国君,必须是"仁者"。他说:"天下之本在国,国之本在家,家之本在身。"⑨天下国家之本在于统治者个人的道德修养。统治者最终需要得到国人的认可,才能为民之父母:"左右皆曰贤,未可也;诸大夫皆曰贤,未可也;国人皆曰贤,然后察之,见其贤,然后用之。左右皆曰不可,勿听;诸大夫皆曰不可,勿听;国人皆曰不可,然后察之,见之不

---

① 《孟子·公孙丑上》。
② 《尚书·康诰》。
③ 《尚书·泰誓》。
④ 《孟子·离娄上》。
⑤ 《孟子·万章上》。
⑥ 《孟子·万章上》。
⑦ 《孟子·公孙丑下》。
⑧ 《孟子·公孙丑上》。
⑨ 《孟子·离娄上》。

可焉,然后去之。左右皆曰可杀,勿听;诸大夫皆曰可杀,勿听;国人皆曰可杀,然后察之,见可杀焉,然后杀之。故曰国人杀之也。如此,然后可以为民父母。"①相反,如果是"不仁"者居于高位,则必然是"播其恶于众",难保长久。他说:"惟仁者宜在高位。不仁而在高位,是播其恶于众也。天子不仁,不保四海;诸侯不仁,不保社稷;卿大夫不仁,不保宗庙;士庶人不仁,不保四体。"②必须是"仁人""仁者"才适合任职。

第四,"制民之产"的经济思想。孟子"民本主义"思想的另一个十分有价值的亮点,就是他"取于民有制"③,通过"省刑罚,薄税敛"④,实现"制民之产"的经济思想。首先,孟子认为应当合理分配生产资料,"夫仁政,必自经界始"⑤,并且要划分田畴,使耕者有其田。其次,通过减轻人民的负担,达到"富民"的效果,"易其田畴,薄其税敛,民可使富也"⑥。最后,通过对"有恒产者有恒心"这一经济规律的探索,强调"制民之产"是实行"仁政"的经济基础。他说:"无恒产而有恒心者,惟士为能。若民,则无恒产,因无恒心。苟无恒心,放辟邪侈,无不为己。乃陷于罪,然后从而刑之,是罔民也。焉有仁人在位,罔民而可为也?是故明君制民之产,必使仰足以事父母,俯足以畜妻子,乐岁终身饱,凶年免于死亡,然后驱而之善,故民之从之也轻。"⑦

第五,"王道霸道"的是非标准。孟子认为"春秋无义战"⑧,面对"世衰道微,邪说暴行有作,臣弑其君者有之,子弑其父者有之"⑨的混乱时代,孟子对百姓"民有饥色,野有饿莩","乐岁终身苦,凶年不免于死亡"⑩的境遇深表同情。他谴责诸侯混战的野蛮行径:"争地以战,杀人盈野;争城以战,杀人盈城,此所谓率兽而食人肉。"⑪从而提出"王道霸道"的是非标准。他说:"以力假仁者霸,霸必有大国;以德行仁者王,王不待大。汤以七十里,文王以百里。"⑫虽然,从实用主义的角度讲,战国时期各诸侯国纷纷变法图强,魏用李悝,楚用吴起,齐用孙膑,秦用商鞅,相继都达到了富国强兵、称王称霸的目的,然而,从政治文明的角度讲,谁又能说孟子的仁政王道思想不是一种政治文明的光辉结晶呢?孟子思想的不合时宜也许恰恰是他思想超越性的表现。

---

① 《孟子·梁惠王下》。
② 《孟子·梁惠王下》。
③ 《孟子·滕文公上》。
④ 《孟子·梁惠王上》。
⑤ 《孟子·滕文公上》。
⑥ 《孟子·尽心上》。
⑦ 《孟子·梁惠王上》。
⑧ 《孟子·尽心下》。
⑨ 《孟子·滕文公下》。
⑩ 《孟子·梁惠王上》。
⑪ 《孟子·离娄上》。
⑫ 《孟子·公孙丑上》。

第六,"得道多助"的政治判断。面对战国诸侯的混战局面,孟子站在一位思想家、哲学家和"仁者"的角度,对饱受战争苦难的民众充满了悲悯。因此,他对战争的正义性和非正义性十分敏感,进而对政治正确性保持十分理智和冷静的态度。正是在对不义战争和恶劣政治大加挞伐的基础上,孟子产生了对施"仁政"、行"王道"的渴望与信念,最终得出"得道多助"的积极结论。他说:"域民不以封疆之界,固国不以山溪之险,威天下不以兵革之利。得道者多助,失道者寡助。寡助之至,亲戚畔之;多助之至,天下顺之。以天下之所顺,攻亲戚之所畔,故君子有不战,战必胜矣。"①

第七,"仁者无敌"的政治信念。怀着对文明必将战胜野蛮的高度信心,孟子坚信"国君好仁,天下无敌焉。"②在回答梁襄王如何才能结束纷争、一统天下的问题时,曾有这样一段对话:"卒然问曰:'天下恶乎定?'吾对曰:'定于一。''孰能一之?'对曰:'不嗜杀人者能一之。'"③孟子的观点十分鲜明,那就是只有不嗜杀人的"仁者"施"仁政",行"王道",才能统一天下。他的理由也很充分:"今王发政施仁,使天下仕者皆欲立于王之朝,耕者皆欲耕于王之野,商贾皆欲藏于王之市,行旅皆欲出于王之途,天下之欲疾其君者,皆欲赴愬于王。其若是,孰能御之?"④

第八,"与民同乐"的社会理想。在与梁惠王讨论"独乐乐,与人乐乐,孰乐"⑤的音乐问题时,孟子引申发挥出国君只要"与民同乐",就能实现"王天下"的社会理想。他开导梁惠王说,听闻国君独自田猎游乐的钟鼓之声,百姓就愁眉紧锁、怨声载道,这是为什么呢?"此无他,不与民同乐也"⑥。而同样听闻国君与百姓在一起的钟鼓之声,百姓就笑逐颜开、欢欣鼓舞,原因是"无他,与民同乐也。今王与百姓同乐,则王矣"⑦。这是因为"乐民之乐者,民亦乐其乐;忧民之忧者,民亦忧其忧。乐以天下,忧以天下,然而不王者,未之有也"⑧。在孟子这里,一旦实现了"与民同乐"的社会理想,几乎就可以实现"一天下"的政治目标,作用何其大也!

第九,"可诛一夫"的革命理论。从"民本主义"的基本观点出发,孟子站在人民的立场上,对君权的合理性与正当性提出了相当理性的判断标准,从而形成颇具革命性的政治变革理论。首先,对昏庸无道的国君和不关心百姓疾苦的官长,臣下和民众可以保持不合作的态度。在回答邹穆公问,在战争中,士兵对其长官的死无动于衷、见死不救,该怎么处理

① 《孟子·公孙丑下》。
② 《孟子·尽心下》。
③ 《孟子·梁惠王上》。
④ 《孟子·梁惠王上》。
⑤ 《孟子·梁惠王下》。
⑥ 《孟子·梁惠王下》。
⑦ 《孟子·梁惠王下》。
⑧ 《孟子·梁惠王下》。

时,孟子认为:"凶年饥岁,君之民老弱转乎沟壑,壮者散而之四方者,几千人矣;而君之仓廪实,府库充,有司莫以告,是上慢而残下也。曾子曰:'戒之戒之!出乎尔者,反乎尔者也。'夫民今而后得反之也,君无尤焉!君行仁政,斯民亲其上、死其长矣。"①同样道理,在君臣关系上,"君之视臣如手足,则臣视君如腹心;君之视臣如犬马,则臣视君如国人;君之视臣如土芥,则臣视君如寇雠。"②总之,面对君王的残暴,孟子认为,"无罪而杀士,则大夫可以去;无罪而戮民,则士可以徙。"③其次,对不合格的国君,臣下和百姓有权"易位",有权"变置"之。在齐宣王问伊尹放逐太甲的历史记载,人臣岂可放逐天子时,孟子的回答是"可以",判断标准是,太甲不得人心,伊尹放逐他而"民大悦";齐宣王接着问"王曰:'请问贵戚之卿'曰:'君有大过则谏;反复之而不听,则易位。'王勃然变乎色。"④在《孟子·尽心下》里,孟子更是直接说"诸侯危社稷则变置"⑤,变置就是更换,完全符合孟子"民为贵,社稷次之,君为轻"的一贯主张。最后,孟子在评价汤武革命时,终于喊出对"残贼之人"国人可杀之的响亮宣言。"贼仁者,谓之'贼';贼义者,谓之'残'。残贼之人,谓之'一夫'。闻诛一夫纣矣,未闻弑君也。"⑥孟子的依据仍然是"国人"的标准,"国人皆曰可杀,然后察之,见可杀焉,然后杀之。故曰国人杀之也。"⑦

三、孟子"民本主义"思想的历史价值与时代意义

孟子的"民本主义"思想在中国政治思想史上,发挥着承上启下、继往开来的作用。晚于孟子半个世纪的荀子,亦有近似的思想。他的"载舟覆舟"观点或许就受到孟子的启发。在《荀子·王制》中,他说:"君者,舟也;庶人者,水也。水则载舟,水则覆舟。"⑧成书晚于《孟子》的《管子》,多次讲到"以人为本"的观点。一次见于《管子·霸形》:"桓公变躬迁席,拱手而问曰:'敢问何谓其本?'管子对曰:'齐国百姓,公之本也。'"⑨;一次见于《管子·霸言》:"夫霸王之所始也,以人为本。本理则国固,本乱则国危。"⑩另一次见于《管子·权修》:"欲为天下者,必重用其国,欲为其国者,必重用其民,欲为其民者,必重尽其民力。"⑪同样成书年代

① 《孟子·梁惠王上》。

② 《孟子·离娄上》。

③ 《孟子·离娄上》。

④ 《孟子·万章下》。

⑤ 《孟子·尽心下》。

⑥ 《孟子·梁惠王下》。

⑦ 《孟子·梁惠王下》。

⑧ 《荀子·王制》。

⑨ 《管子·霸形》。

⑩ 《管子·霸言》。

⑪ 《管子·权修》。

晚于《孟子》的《晏子春秋》，也曾多次提到"以民为本"的观点，很难说没有受到孟子的影响。

要准确理解和把握孟子"民本主义"思想的历史价值，首先，必须将这一思想放在孟子整体的思想和理论体系中加以观照。正是由于孟子的"民本"思想在孟子思想体系中占有突出重要的地位，才凸显出这一思想的珍贵价值。其次，必须将孟子放在整个中华文化的"道统"和"学统"中加以观照。因为，正是由于孟子在中华文化道统中"亚圣"地位的最终确立，才使其思想理论能够发挥巨大的影响力，从而具有了不朽的历史价值。

孟子是较早建立起自己完整思想体系的思想家、哲学家和教育家。其政治思想集中表现为"仁政""王道""民本""诛一夫"等理论；其伦理思想包含鲜明的"重义轻利"的义利观和强调"父子有亲，君臣有义，夫妇有别，长幼有序，朋友有信"①的"五伦思想"；其人格理论则表现为对中华民族人格塑造起到重要作用的"吾善养我浩然之气"的"养气"论和"大丈夫"论。孟子认为，每个人在人格上都是平等的，这就培养出他敢与诸侯"分庭抗礼"的大无畏精神。面对无能的国君，他敢于发出"望之不似人君，就之而不见所畏焉"②的嘲讽；对国君不礼貌的召见，他常有"采薪之忧"的婉拒；他还常用"德尊、爵尊、齿尊"的"三达尊"之说，来宣示人格尊严；最后，他用"吾善养吾浩然之气。其为气也，至大至刚，以直养而无害，则塞于天地之间。其为气也，配义与道；无是，馁也"③的宣言，昭示无数后人，有志者事竟成。他甚至给出了培养浩然之气的修炼方法："故天将降大任于是斯人也，必先苦其心志，劳其筋骨，饿其体肤，空乏其身，行弗乱其所为，所以动心忍性，曾益其所不能。"④最终，将国人培养成顶天立地的"大丈夫"，"得志，与民由之；不得志，独行其道。富贵不能淫，贫贱不能移，威武不能屈，此之谓大丈夫。"⑤孟子坚信通过磨砺，每个人都有可能培养出"至大至刚"的"浩然之气"，形成"虽千万人吾往矣"的勇气，这对后世产生了深远影响。可以说，正是由于以孟子丰富的哲学思想、伦理思想、人格理论为基础，才决定了其"民本主义"政治思想的产生顺理成章、合情合理，具有很强的说服力。

中华文化尤其是儒家文化中源远流长的道统思想，以及孟子在文化"道统"中的崇高地位，一定程度上决定了孟子思想的影响力和巨大的历史价值。

"道统"思想萌芽于孔子，孔子曾谈到尧、舜、禹的传承次第："尧曰：'咨，尔舜！天之历数在尔躬，允执其中。四海困穷，天禄永终。'舜亦以命禹。"⑥同时他多次提及尧舜禹汤、文武周公的精神传统。"道统"说的最初表述者则是孟子，他说："五百年必有王者兴，其间必有

---

① 《孟子·滕文公上》。
② 《孟子·梁惠王上》。
③ 《孟子·公孙丑上》。
④ 《孟子·告子下》。
⑤ 《孟子·滕文公下》。
⑥ 《论语·尧曰》。

名世者"①,总结了从尧舜至孔子以来的传承规律:"由尧舜至于汤,由汤至于文王,由文王至于孔子,各五百有余岁,由孔子而来至于今,百有余岁,去圣人之世,若此其未远也,近圣人之居,若此其甚也。"②以孔子传人自居的志向跃然纸上。

完整而明确地表述"道统"思想的人是唐代大儒韩愈。出于拒斥佛老、弘扬儒学的需要,为了与佛教的创世佛陀至初祖、二祖、三祖……的传承体系相抗衡,与道教元始天尊、太上老君、三清真人……的神魔体系相匹敌,弥补儒学在"神创论"思想背景下缺乏创造者与传承体系的不足,韩愈首次提出了儒家的"道统"谱系:"尧以是传之舜,舜以是传之禹,禹以是传之汤,汤以是传之文武周公,文武周公传之孔子,孔子传之孟轲。轲之死,不得其传焉。"③韩愈以儒家道统传承者自任的愿望十分强烈:"使其道由愈而粗传,虽灭死,万万无恨。"④韩愈之后,南宋的朱熹又一次挑起了儒家"道统"传承的重担,从而使儒家道统不绝如缕。将道与统联用,"道统"一词是由朱子首先提出的。他说:"子贡虽未得道统,然其所知,似亦不在今人之后。"⑤"《中庸》何为而作也?子思子忧道学失其传而作也。盖自上古圣神继天立极,而道统之传有自来矣。"⑥在宋人眼中,儒家道统的传承,至少在当代(南宋)是脉络清晰的:"由孟子而后,周、程、张子继其绝,至熹而始著。"⑦

综上,早在2000多年前,孟子就有完整而深刻的"民本主义"思想,为人类政治思想的发展做出了巨大贡献。其"民为贵,社稷次之,君为轻"的"民贵君轻"论,"仁者居位"的政治理想,"王道霸道"的是非标准,直至"变置"君王,"可诛一夫"的革命理论,影响了中国政治长达两千年。直至今日,仍然富含巨大的现实意义。这种现实意义至少可从以下三个方面加以理解。

第一,有利于当代社会的"人权"保护和"民主"建设。黑格尔曾经说过,任何人(思想家)都跳不出他的时代,正如人都跳不出他的影子一样。我们要理解一位思想家的思想价值,就绝不能脱离他所处的时代。用今天的眼光来看,经过近代资产阶级革命和历次思想解放运动,世界已进入"民主政治"时代。孟子的"民本"思想,终归是对应着"君本"而展开,远未达到"人本""人权"和"民主"的高度。此言差矣!须知,直到近代民主革命的先行者孙中山先生,也最多只是达到了"民治""民权"的高度,而尚未达到"民主""人权"的高度。可见,清朝封建统治对革命先行者的时代局限是何等严重。且孙中山先生不止一次提到孟子

---

① 《孟子·公孙丑下》。

② 《孟子·尽心下》。

③ 《原道》。

④ 《与孟尚书书》。

⑤ 《与陆子静》。

⑥ 朱熹:《四书章句集注》,北京:中华书局,1983,第14页。

⑦ 《宋史·朱熹传》。

的民本思想是其革命理论之先导。在"君权神授"的思想背景下，在2000多年前的封建社会早期，孟子提出几近"君权民授"的政治观点，不仅难能可贵，而且振聋发聩。随着时代发展，由君主制进入民主制和共和制，孟子的"民本主义"思想完全可以合乎逻辑地引申和推演出"民主"和"人权"的结论，这可能是孟子思想的最光辉之处吧！

第二，有利于当下中国和谐社会的建设。孟子"独乐乐，与人乐乐，孰乐"的判断，对"与民同乐"理想社会的憧憬，将其"君"与"民"置换为今天共和国的"政府"与"人民"，对我们会有很大的启发。

第三，有利于在当今国际政治生活中反对"霸权主义"。孟子的"王霸思想"当然是针对君主制时代而言的，倡导以"仁政""德治"而达到"王天下"的王道，反对"以力假仁"者的霸道，在当时就是极具超越性的。他的"得道者多助，失道者寡助"的至理名言，放在今天的国际政治生活中，仍然放射出熠熠光辉！

《孟子》的实学思想

（刘长城　郑州大学哲学学院）

摘　要：本文从治国理念、道德伦理和民本思想三个方面简述、分析《孟子》的实学思想。其治国思想的核心是仁政学说；其道德伦理思想集中体现在"老吾老以及人之老，幼吾幼以及人之幼"的人伦关怀；其民本思想集中反映于民为贵、社稷次之、君为轻的言论。由此指出这三个方面的实学思想大都是对于孔子仁学思想的继承与发扬，肯定孟子的实学思想对构建当今时代新实学具有借鉴意义。

关键词：仁学；孟子；道德伦理

"孔学"即孔子的思想，"孟学"即孟子的思想，前者以《论语》为载体，后者以《孟子》为载体。儒学思想的先驱即孔孟学说，前者被称为先圣（至圣先师），后者被称为亚圣。孔孟学说是中国封建社会的主流意识，是封建社会的上层建筑，同时又为老百姓所广泛接受与认可，代表着中华民族的精神和文化。中国封建社会发展到南宋，出现了一位哲学大家——朱熹，他将《论语》《孟子》与《大学》《中庸》并列为"四书"，编著《四书集注》。《大学》《中庸》本是《礼记》中的两篇，并未单独成书，因为司马迁说子思著《中庸》，才得到后人的重视。在唐以前，没有人为《大学》作解说，直到北宋时，司马光著《〈大学〉广义》，《大学》便受到重视。基于"二司马"对《中庸》《大学》的倡导和阐发，才有之后朱熹把《中庸》《大学》与《论语》《孟子》并举。朱熹是中国封建社会后期一位哲学（理学）大家，他是官方文化的一面旗帜，由于朱熹的倡导，"四书"成为封建时代科举考试的必考书目。

2005年11月，任继愈先生在北京大学召开的纪念冯友兰先生诞辰110周年的学术会议上讲：儒家文化是中国封建社会两千多年来的主流文化、主流意识，但并不是说释、道文化就不重要了，历代的为官者，在位时讲儒，退位时尊道、崇释。在此之前，清华大学的一次学术会议上，一位知名学者讲：一个民族如果没有自己的哲学，就像一座庙中没有神像，显得空空荡荡，中华民族有我们自己的神像，他们是孔孟老庄诸子。张岱年先生在为《传统文化时述》作序说："中华文化源远流长，在人类历史的轴心时代，中国出现了孔孟老庄诸子，与希腊苏格拉底、柏拉图、亚里士多德东西辉映,各具特色……"①

一、仁学与仁政——孟子的治国理念

据统计,《论语》中讲"仁"共109处。②鉴于孔子对于"仁"的重视,从多方位、多层面、多维度赋予"仁"以丰富的内涵,因此本文把孔学称为"仁学"。孟子继承和发扬了仁学,将孔子思想广泛运用于当时的社会之中。如果说,孔学即仁学,那么,孟学即仁政学,换言之,孟子学说即以仁治天下的政治哲学。孔孟生活在春秋战国时期,而春秋战国时期正是一段各国为"争利"而打得头破血流的时期,尽管孟子生活在战国而非春秋,但是历史上之所以把春秋与战国合而论之,是因为二者皆为战乱时代。所不同的是,春秋是众多国家打来打去,到了战国时,一些弱小的国家被强国吞并,只剩下七大强国:齐、楚、燕、韩、赵、魏、秦。所以孟子见梁惠王(即魏惠王)时,梁惠王急于向孟子讨要"争利"的良方。请看《孟子》首篇首章的记载:

> 孟子见梁惠王。王曰:"叟! 不远千里而来,亦将有以利吾国乎?"孟子对曰:"王何必曰利? 亦有仁义而已矣。王曰:'何以利吾国?'大夫曰:'何以利吾家?'士庶人曰:'何以利吾身?'上下交征利,而国危矣。万乘之国,弑其君者必千乘之家。千乘之国,弑其君者必百乘之家。万取千焉,千取百焉,不为不多矣。苟为后义而先利,不夺不餍。未有仁而遗其亲者也,未有义而后其君者也。王亦曰仁义而已矣,何必曰利?"

梁惠王见到孟子,很高兴,他开句即问:"老先生,你不远千里奔波而来,很是辛苦,你的到来,必定会给我国带来很大的利益。"孟子回答:"大王,你为什么一开口就说利呢? 但讲仁义就行了。如果大王说怎样才能对我国有利,那么大夫也跟着说,怎么会对我的封地有利,一般的士人或者老百姓们也会跟着说,怎样才会对我本人或我的小家庭有利。上上下下都在为利而来,国家就有些危险了。"

为什么不敢轻言"利"? 且看胡适先生在《中国哲学发生的时代》时所说的话:

> 这三百年(前八世纪至前六世纪——引者)可算得一个三百年的长期战争。一方面是北方戎狄的扰乱(宣王时,常与猃狁开战。幽王时,戎祸最烈。犬戎杀幽王,在西历前771年。后来周室竟东迁以避戎祸。狄灭卫,杀懿公,在前660年),一方面是南方楚吴诸国的勃兴(楚称王在前704年,吴称王在前585年)。中原的一方面,这三百年之

---

① 刘长城:《传统文化时述》,北京:九州出版社,2010,第1页。张岱年先生手书《序》,张先生为该书作序时,书名暂定《传统文化与现代中国》,出版时改为现名。

② 杨伯峻:《论语译注》,北京:中华书局,1980,第16页。

中,哪一年没有战争侵伐的事?周初许多诸侯,早已渐渐地被十几个强国吞并去了。东迁的时候,晋、郑、鲁最强。后来鲁郑衰了,便到了"五霸"时代。到了春秋的下半段,便成了晋楚争霸的时代了。这三个世纪中间,也不知灭了多少国,破了多少家,杀了多少人,流了多少血。只可惜那时的政治和社会的情形,已无从详细查考了。[①]

胡适讲的是中国哲学产生时期的中国社会的历史现状。孟子生活的时代仍然战乱不断,当梁惠王向孟子询问怎样才能使魏国摆脱危机时,孟子的答案是:仁者无敌。孟子认为,用暴力、施虐政不能征服人心,而只有施仁政才能得人心而无敌于天下。他说:"以力服人者,非心服也,力不赡也;以德服人者,中心悦而诚服也,如七十子服孔子也。"[②]当梁惠王向孟子询问怎样才能替战死的人们雪耻报仇,孟子劝他不能只图眼前报复,而要着眼于施仁政以统一天下,他说:"王如施仁政于民,省刑罚,薄税敛,深耕易耨,壮者暇日修其孝悌忠信,入以事其父兄,出以事其长上,可使制梃以挞秦楚之坚甲利兵矣。彼夺其农时,使不得耕耨以养其父母,父母冻饿,兄弟妻子离散,彼陷溺其民,王往而征之,夫谁与敌?故曰:仁者无敌,王请勿疑。"[③]施仁政势必"省刑罚,薄税敛",施仁政必不夺农时,施仁政必用孝悌忠信教化百姓,只有这样,才是行仁政。至此,我们应当指出,孟子反对"争利"是有特指的,并不是反对老百姓安居乐业,而是从仁政的角度使百姓安居乐业。

遗憾的是,梁惠王为了与天下争利,并没有听孟子的劝说,最后还是把国给"丢"了。

孟子曰:"不仁哉,梁惠王也!仁者以其所爱及其所不爱;不仁者,以其所不爱及其所爱。"公孙丑曰:"何谓也?""梁惠王以土地之故,糜烂其民而战之,大败,将复之,恐不能胜,故驱其所爱子弟以殉之。是之谓以其所不爱及其所爱也。"[④]

孟子非常生气,"骂"梁惠王不仁!为了与人争利,把本国的老百姓都驱赶到战场上,让他们充当炮灰,此举是"糜烂其民"!我们看孔子为了推行他的主张,周游列国,"微服过宋""厄于陈蔡"……孟子讲仁政与孔子讲仁一样,效果并不明显。为什么?我们的回答仍然是:"争利"。历史的教训是一面镜子。

二、老吾老与幼吾幼——孟子的道德伦理思想

孟子的道德伦理学说是建立在其"仁政"的基础之上的,或者说,其道德伦理思想是推行仁政的重要手段与措施。仁政的具体实施在于如何善待"人"。孟子说:"仁也者,人也。

[①] 胡适:《中国哲学史大纲》,上海:上海古籍出版社,1997,第25页。

[②]《孟子·公孙丑上》。

[③]《孟子·梁惠王上》。

[④]《孟子·尽心下》。

合而言之,道也。"①强调"仁",实际上就是强调人,而人是有同情心的,同情心就是仁的基础。孟子说:

> 人皆有不忍人之心。先王有不忍人之心,斯有不忍人之政矣。以不忍人之心,行不忍人之政,治天下可运之掌上。所谓"人皆有不忍人之心"者,今人乍见孺子将入于井,皆有怵惕、恻隐之心,非所以内交于孺子之父母也,非所以要誉于乡党朋友也,非恶其声而然也。由是观之,无恻隐之心,非人也;无羞恶之心,非人也;无辞让之心,非人也;无是非之心,非人也。恻隐之心,仁之端也;羞恶之心,义之端也;辞让之心,礼之端也;是非之心,智之端也。人之有是四端也,犹其有四体也。②

仁、义、礼、智是人之所以成为人所必须具备的四种品质。这四种品质是"性善说"的理论基础,它既是人的基础,更是人心的基础,同时也是施仁政的基础。"君子远庖厨"之说足以说明上述道理。

> (孟子问齐宣王)……王坐于堂上,有牵牛而过堂下者,王见之,曰:"牛何之?"对曰:"将以衅钟。"王曰:"舍之! 吾不忍其觳觫,若无罪而就死地。"对曰:"然则废衅钟与?"曰:"何可废也? 以羊易之。不识有诸?"曰:"有之。"曰:"是心足以王矣。百姓皆以王为爱也,臣固知王之不忍也。"王曰:"然。诚有百姓者。齐国虽褊小,吾何爱一牛? 即不忍其觳觫,若无罪而就死地,故以羊易之也。"曰:"王无异于百姓之以王为爱也,以小易大,彼恶知之? 王若隐其罪而就死地,则牛羊何择焉?"王笑曰:"是诚何心哉? 我非爱其财而易之以羊也。宜乎百姓之谓我爱也。"曰:"无伤也。是乃仁术也,见牛未见羊也。君子之于禽兽也,见其生,不忍见其死;闻其声,不忍食其肉。是以君子远庖厨也。"③

孟子问齐宣王:听说有一次王在殿上坐,见有人牵牛从下边过。王问把牛牵到哪儿? 回答是宰了它用以祭祀。王说:"还是把它放了吧,我害怕它那被杀时发抖的样子。要么我们不祭祀了。"王说不可,于是找了一个变通的办法,把牛换成羊。此处的出发点在于"以小易大"以施"仁",王亲见了牛而没有见到羊,以羊换牛能求得心理上的安慰。由此告诉世人——有不忍人之心,就能行不忍人之政,就能"仁民而爱物":"君子之于物也,爱之而弗仁;于民也,仁之而弗亲。亲亲而仁民,仁民而爱物。"④由仁民而爱物推而广之,直至"老吾

---

① 《孟子·尽心下》。
② 《孟子·公孙丑上》。
③ 《孟子·梁惠王上》。
④ 《孟子·尽心上》。

老以及人之老,幼吾幼以及人之幼",只有这样,方能"天下可运于掌"①。孟子继承了孔子的"推己及人"的仁学的忠恕思想,至此,儒家的道德伦理学说在"人"的问题上臻于完善。

三、民为贵与君为轻——孟子的民本思想

孟子的民本思想与其仁政学说不可分割,或者说民本思想是其仁政思想的逻辑延伸。孟子仁政学说表现在多个方面,譬如说对于知识分子(士)要使"尊贤使能,俊杰在位";对于商人要减轻他们的负担,对于城市居民要免除他们的住宅税等。总而言之,欲施仁政,必须切实地从"民"的实际利益出发而制定国策,继而从理论上首次提出了"民为贵,社稷次之,君为轻"的观点,这在中国传统文化史上具有里程碑式的意义。

孟子曰:"民为贵,社稷次之,君为轻。是故得乎丘民而为天子,得乎天子为诸侯,得乎诸侯为大夫。诸侯危社稷,则变置。牺牲既成,粢盛既洁,祭祀以时,然而旱干水溢,则变置社稷。"②

老百姓是最为重要的,土谷之神(社稷)是其次,而最为轻的是君主。为什么是这样一个顺序?孟子的回答是:如果得到老百姓的欢心,那么你就可以做天子(天子之宝座有百姓的拥戴即可坐稳);诸侯只要能得到天子的爱(使天子高兴、欢心),你就可做诸侯(天子让你坐在诸侯的位置上,与老百姓无关紧要);大夫只要能取得诸侯的信任,那么你这个大夫之位便安稳了(天子不去干预诸侯以下的大夫之事)。

对于孟子的民本思想,本文在此略作一点分析。"民本"从字面上解是"以民为本",民是天下社稷的根本,即便贵为天子,如果没有老百姓,天子只是一个光杆司令,事实上也不可能成为天子。有人曾把中国古代的民本思想与西方近代的民主思想相提并论,实际上这两个概念不可混同。民主是指国家大事要听取民众的意见,代表民众的意愿;民本并不是人民说了算,也没有人民的代言人,没有议会,是天子说了算,是"朕即天下"。民主是一种制度,民本不是制度,而是统治者维护其统治的一种手段。孟子毕竟是封建社会制度的维护者,他为梁惠王出谋划策,目的是封建时代的君主能安坐其位,而不是老百姓的代言人。

孟子对于当时位居高位的统治者敢于仗义执言,甚至使其"顾左右而言他"。孟子主张"君有大过则谏,反复之不听,则易位"③。像桀纣那样的暴君,应该允许汤武征伐,太甲不知爱民而有伊尹放逐。④孟子认为,不仅君主应当如此,就是诸侯不善,也可以随时改换,"诸

---

① 《孟子·梁惠王上》。

② 《孟子·尽心下》。

③ 《孟子·万章下》。

④ 桀,夏朝末代国君,因其无道而被汤推翻,汤乃商代第一任国君;纣,商末之国君,因其无道而被武所推翻,武乃周代第一任国君;太甲(商代国君)无道,不遵汤法,被伊尹放逐于桐宫,三年后,改过,伊尹又迎之为君。

侯危社稷，则变置。"①齐宣王问孟子曰："臣弑其君可乎？"曰："贼仁者谓之贼，贼义者谓之残。贼残之人，谓之一夫。闻诛一夫纣矣，未闻弑君也。"②当齐宣王问孟子有没有臣弑其君这样的事情，孟子的回答是：破坏仁爱的人叫作"贼"，破坏道义的人叫作"残"。这样的人，我们称他为"独夫"，我只听说过周武王诛杀了独夫殷纣，没有听说他"以臣弑君"。孟子的问答直接继承了孔子的"正名"思想。《论语·子路》记载子路问孔子：卫君请您去治理国政，您打算先从何处下手？孔子说，当然首先是纠正名分上的不当，即必须做到"君君、臣臣、父父、子子"，严格等级名分。也就是说，为君者必须符合"君"的名分，如果一位君王不行君道，胡作非为，乱了纲常名教，他就不是君，而是"独夫"。因此，当齐宣王问有没有弑君之事出现，孟子的回答非常干脆，没有听说弑君，只是杀了一个独夫殷纣而已。

四、结语

本文从治国理政、道德伦理和民本思想三个维度简述了《孟子》的"实学"思想。实学这一哲学概念，最早见于朱熹编纂《四书集注》关于《中庸》引注，说《中庸》"乃孔门传授心法，其书始言一理，中散为万事，末复合为一理，'放之则弥六合，卷之则退藏于密'，其味无穷，皆实学也"。实学是"一理应万事"的理论体系。中国实学会会长王杰教授说，实学思想集中反映了儒学的经世理念和价值追求。综合古今之说，实学首先是一种理论，其次是具有"经世致用"的价值追求。《孟子》中所反映的经世理念与价值追求，可以说是实学思想的成功运用。历史进入了21世纪，诚如王杰教授所说，在实现中华民族伟大复兴中国梦的时代背景下，大力继承和弘扬中国传统实学精神，努力发掘传统实学思想资源，充分发挥其经世致用的功能，积极构建当代"新实学"，对于助推民族文化复兴，服务治国理政具有十分重要的意义。

---

① 《孟子·尽心下》。

② 《孟子·梁惠王下》。

孟子天道观思想及内在理路探析

（王晓珂　安徽大学哲学学院）

摘　要: 孟子天道观里"天"主要有四种含义:主宰之天、自然之天、命运之天和道德之天。主宰之天是神权天道,自然之天是自然天道。在主宰之天向自然之天转变的时代思潮中,主宰之天被消解并转型为命运之天。人之主体性的发掘使命运之天避免走向宿命论,并孕育着民本思想的发端。道德之天的含义表现为,孟子构建的天人相通的理论模型为性善论创造理论基础。内容相互区别的四种"天"在发展理路上相承相通,成为孟子性善、民本思想的根源,证明天道观在孟子哲学体系中有十分重要的地位。

关键词: 孟子;天;天道观;理路

"天"是中国哲学体系中的一个重要范畴。在《孟子》之前,"天"的各种意涵已被广泛运用。到了孟子,他继承了一部分主宰之天的意志,又顺应时代思潮变革的方向,对自古以来"天"在绝对领域的主宰意志进行了改造,赋予"天"更丰富的内涵,促进天道观向主宰之天、命运之天、道德之天、自然之天多元并存的模式转化发展。

一、主宰之天

《孟子》之前,关于"天"的使用,最多的就是主宰之天。孟子继承了这一思想,他认为"天"作为主宰一切的最高意志,具有人格神的品质和至高无上的权威。孟子承认上帝的存在,他说:"虽有恶人,斋戒沐浴,则可以祀上帝。"①"上帝"就是"天"。很明显,孟子在这里将"天"人格化了,使"天"成为拥有主宰力量的人格神。人格化的"天"具有"生物"的能力:"天之生物也,使之一本,而夷子二本故也。"②世间万物都由"天"生出,"天"是万物的本源。不

---

① 《孟子·离娄下》。
② 《孟子·滕文公上》。

仅如此，天还能干预人间事，他赋予人使命："天将降大任于是人也。"①也在无言中对人事更替做出指引："天不言，以行与事示之而已矣。"②作为超越意义上的神，主宰之天的意志是至高无上的："畏天之威，于时保之。"③人们只有敬畏"天"的威仪才能获得庇护和保佑。

然而到了春秋战国时期人们对"主宰之天"的信仰逐渐崩塌。在礼崩乐坏、诸侯争霸的乱世格局下，周天子势力衰微，"天"的权威受到挑战，主宰之天的威信也随之衰退。另外，农业科技水平的提升和天文历法的发展，使得生民的关注转移到"天"的自然物质属性上。面对一些自然现象，人们不再向神明寻求答案，开始自发地用"气""阴阳""五行"等范畴去解释。如周太史伯阳父说："夫天地之气，不失其序。若过其序，民乱之也。阳伏而不能出，阴迫而不能蒸，于是有地震。"④这已经突破了向神明追根溯源的思路。在这种大环境下，孟子的天道观思想也受到影响，主宰之天的意义逐渐被削弱。在孟子理论中，主宰之天的消解首先体现在主宰之天人格形象和能力的破灭。"天不言，以行与事示之而已矣。"⑤"言"是一种人格能力，"天不言"则可以理解为"天"这种人格属性的退化。与此同时，孟子对自然之天的认可又加速了这种意义消解。

二、自然之天

自然之天即自然层面的"天"，又可称为物质之天，是孟子天道论中有唯物主义色彩的部分。孟子说："七八月之间旱，则苗槁矣。天油然作云，沛然下雨，则苗渤然兴之矣。其如是，孰能御之？"⑥这里的"天"是自然界的天，与"地"对应，亦可解释为"天象"。孟子认可自然之天的存在，并且认识到"天"有自己的运行规律，"孰能御之？"无人能御之，人们能做的只有"顺天"，顺应天道规律，认识天道规律。当人的认识达到一定程度以后，便不再只能被动顺从，人们发挥自身的主体性，使规律为我所用。正如"天之高也，星辰之远也，苟求其故，千岁之日至，可坐而致也。"⑦所以说，掌握了天体运行的法则，那么就算千年以后的冬至之日也可推算出来。

从孟子对自然之天规律性的认识可以看出他对一种不可抗力的发掘。这种不可抗力在主宰之天的层面就有，但二者根源不同，前者源于神权天道，后者源于自然天道。从人在

---

① 《孟子·告子下》。
② 《孟子·万章上》。
③ 《孟子·梁惠王下》。
④ 《国语·周语上》。
⑤ 《孟子·万章上》。
⑥ 《孟子·梁惠王上》。
⑦ 《孟子·离娄下》。

这种不可抗力面前的作为来看,相比对"上帝"主宰一切的能力的绝对服从,人能在自然规律的必然下发挥能动性,大大提升了人的主体性,冲击了"天"在绝对领域的权威,因此可以说自然之天的出现促进了主宰之天意义的进一步消解。

三、命运之天

自然之天的出现无疑对主宰之天的地位造成冲击,然而主宰之天的意义并未被全部取代,转而以另外一种非人为的不可抗力的方式存在着,即命运之天。孟子对这一层面的"天"有过定义:"非人之所能为也,天也。"①又说:"莫之为而为者,天也;莫之致而至者,命也。"②所谓命运之天乃是外在于人而又不能为人主宰的力量,是个人生命际遇乃至社会政治活动中表现出的非人为、非主观的必然。所以有时孟子也用"命""天命"来指代命运之天。孟子有言:"君子创业垂统,为可继也。若夫成功,则天也。"③是说君子想要开创一番事业使后人继承,至于能不能成就,是天命说了算的,这里的"天"便是人力无法干预的命运。孟子对命运之天的理解一定程度上有其个人经历的投影。据记载,鲁平公曾欲起用孟子,后听信谗言打消了这个念头,孟子知道了这件事说:"行,或使之;止,或尼之。行止,非人所能也。吾之不遇鲁侯,天也。臧氏之子焉能使予不遇哉?"④他将自己的怀才不遇归结为"天意"这种盲目的必然性,颇具宿命论的意味。但是若结合具体语境来分析,孟子此言不能排除增加了个人情绪的可能,至于能否作为宿命论的支撑还有待商榷。

既然"天命"的主宰力量是人力无可奈何的,那么人是否只能被动地等待"命运"降临呢?孟子给出的答案是否定的,他提出"顺受天命"的思想:"莫非命也,顺受其正;是故知命者不立于岩墙之下。尽其道而死者,正命也;桎梏死者,非正命也。"⑤人应该顺应和接受命运的降临,但是在正常命运的范围内,人需要充分发挥主体性来达到"正命"。"正命"是竭尽所能做应做之事,若不能做到"顺受其正"就如同明知危险仍立于岩墙之下者,死于非命,那就是"非正命"。可见,孟子在这里所说之"命",非他力所定之"宿命",而是在主体作为下尚有转圜余地的命运。

在社会政治问题上,孟子也常以"天命"来解释历史的必然性,它不是盲目的,人的主体作用以"民意"形式贯彻其中。孟子曾用"天命"说明帝位更替,据记载:"万章曰:'尧以天下与舜,有诸?'孟子曰:'否;天子不能以天下与人。''然则舜有天下也,孰与之?'曰:'天与

---

① 《孟子·万章上》。
② 《孟子·万章上》。
③ 《孟子·梁惠王下》。
④ 《孟子·梁惠王下》。
⑤ 《孟子·尽心上》。

之。''天与之者，谆谆然命之乎？'曰：'否；天不言，以行与事示之而已矣。'曰：'以行与事示之者，如之何？'曰：'天子能荐人于天，不能使天与之天下。昔者尧荐舜于天而天受之，暴之于民而民受之。故曰，天不言，以行与事示之而已矣。'"①孟子认为尧禅让给舜不是个人相予而是天意使然，舜得天道认可才能担任下一任君主。天意不能言"以行与事示之"，那么能言的是谁呢？"民"。因而与其说这里的"天"是借"主宰之天"说"天命"，不如说是借"天意"言"民意"，表明"民意"之可贵。"天与之"看似"君权神授"，实际上与后世董仲舒等人以神权拥君权的思想有根本区别，它是说"天意"是"民意"的另一种表述，在削弱"天"的神秘性的同时证明了"民意"的至高无上，这便为孟子以"民本"为核心的政治主张提供了立足点。

总体来看，孟子认为的命运之天作为一种外在于人的主宰力量展现了社会人生中的某种必然性，这种必然性并不是完全盲目的必然，孟子发掘了人类的主体性意义，在很大程度上避免了宿命论。从社会历史层面来看，孟子对人事运行必然性的认识是在总结社会历史变更的经验中得出的具有普遍意义的规律，这个规律在孟子理论中主要运用到以"民本"为核心的政治主张，事实上孟子对历史循环规律性的认识本身对后世理论研究具有极其重要的意义。

四、道德之天

孟子天道论中最突出的内容是道德之天，在这里孟子将"天"看作道德的本体。他引用《诗经》的话："天生蒸民，有物有则。民之秉彝，好是懿德。"②意思是"天"生育万民，赋予他们形体和法则，使他们生而具有追求美好品德的秉性。可以看出，孟子延续了孔子"天生德于予"那种道德天降的模式，将"天"看作仁义礼智等道德规范的根源。孟子在谈论人性的时候也说："君子所性，仁义礼智根于心。"③道德根植于人心。如此一来就引发了这样的问题：一时说"天"是道德的根源，一时说"心"是道德的根源，两种说法不是冲突吗？笔者认为并不存在冲突，因为此处"根源"的用意并不相同："天"是道德规范在形而上范畴的本原，"心"是道德规范能够实现的现实基础。

孟子言性善基于"人心"之功用。"心之官则思，思则得之，不思则不得也。此天之所与我者。"④心天生具有反思的功能，有思才有道德领悟，因此心是性善的基础。"恻隐之心""羞

---

① 《孟子·万章上》。

② 《孟子·告子上》。

③ 《孟子·尽心上》。

④ 《孟子·告子上》。

恶之心""恭敬之心"和"是非之心"是善的发端,由于此"四心"是人生而固有的,人只要扩充此"心"就能做到"仁义礼智"。人心的扩充是道德修养的现实基础。就终极意义而言,道德修养的根源和归宿在于具有道德属性的"天"。以此心为基础,将心扩充出去便是道德修养的工夫,从而打通人心与天道的壁垒,建立起一套以"天"为终极根源,"人心"为现实基础,仁义礼智等道德法则为主要内容的天人关系体系。

孟子的"天爵""人爵"理论进一步说明了这种天人相通的理论模式。"有天爵者,有人爵者。仁义忠信,乐善不倦,此天爵也;公卿大夫,此人爵也。古之人修其天爵,而人爵从之。今之人修其天爵,以要人爵;既得人爵,而弃其天爵,则惑之甚者也,终亦必亡而已矣。"①在孟子关于"天爵"与"人爵"的区分中,"仁义忠信,乐善不倦"这样美好的品德修养得之于天,属于"天爵",而"公卿大夫"这样的官职则是普通的人间爵位。理想中二者关系应当是"修其天爵,而人爵从之",即天爵是第一性的,人爵是第二性的,应当让道德品质为本决定人间官职。然而现实中后人却多本末倒置,将修身进德作为加官晋爵的途径。"天爵"是仁义道德的代名词,君子修养身心具备高尚德行以后"人爵"自然到来。"天爵"与"人爵","天"与"人"以"道"为基础成为天人合一的有机整体。

"天"就是道德法则的本体,那么人们道德修养的最终目的就是"知天""事天",孟子提出一套"尽心知性知天"的修养论工夫,也是人体认天道的方法。"尽其心者,知其性也。知其性,则知天矣。存其心,养其性,所以事天也。"②孟子认为人本性善,原因在于人本性中的仁义礼智等道德属性是天赋予人且生来具有的,反过来说,天道赋予的仁义礼智本然地存在于人心中,那么普通人在后天只要能保持善端,推扩本心就能够做到认识本性,进而体认天道,达到"知性""知天"的境界。这一番修养工夫是在天人相通的理论模式内找到的打通人心与天道的具体方法,在方法论层面上进一步论证了从天到人、从人到天的天人合一,从心性到天道的论证逻辑也说明了道德之天层面上孟子心性论与天道论的融合。

五、孟子天道观的内在理路

孟子天道论对"天"的范畴进行的多角度、多层面论证带着理论目的并且深受社会思想环境影响。一方面,儒家学派传承体系下孟子继承孔子思想的同时也继承了发展"仁"学的使命,其中一项重要任务就是为"仁"寻求一个形而上的立足点,毕竟孟子之前孔子的"仁"的思想体系虽然相对完善,但对"仁"之本原这个问题仍缺乏抽象的哲学追问,所以在根本上是立不住脚的。另一方面,孟子"性善""民本""仁政"等一系列思想政治主张也需要形而

---

① 《孟子·告子上》
② 《孟子·尽心上》

上的支持。最终，孟子选择"天"这样一个"无证之证"的范畴作为一系列理论主张的出发点。[①]

孟子在继承前人天道论的基础上做了很大程度的修正，这种修正在当时的时代背景之下是很有必要的。首先，人的主体性明显提升。人不再只能被动承受主宰意志和命运的必然，而能够在顺应和体认天道过程中获得一种普遍性的规律，发挥能动性，尽所能地实现人的价值。结合孟子所处时代背景来看，"主宰之天"的威信和信仰陷落，生产劳动过程中个体意识的觉醒以及人对自然认识和运用能力的提升都是孟子有意识地发掘人之主体性的现实根源。人之主体性的提升也是此后孟子建立天人相通的理论结构的重要条件。其次，虽然我们总以主宰之天、自然之天、命运之天、道德之天等范畴来界定和区分孟子天道观思想的具体内容，但实际上各种"天"之间也是相承相通的。比如，自然之天冲击了主宰之天的地位，促进了去人格化的主宰之天向命运之天转型，而主宰之天的权威性注定其在道德方面也该尽善尽美，那么道德之天在脉络上便有了合理性。因此，我们不可能完全拆分地讲孟子的天道论，需要注意这种内在理路。与此同时，也要看到在孟子理论体系中天道论与性善论、民本论等主张一气贯通的整体性。如上文论证，孟子用命运之天来解释王朝更替和君主禅让，实际上是借"天意"诉"民意"，说明了"民心"之可贵，可见民本论思想的萌芽。而作为孟子核心思想的另外一部分，性善论也在道德之天的范畴里获得了形而上的依据。可以说，道德之天是孟子性善论的理论基础，命运之天则凝结了孟子民本思想的发源，天道观在孟子哲学体系中的重要性由此可见。

总而言之，孟子所谓的"天"主要有主宰之天、自然之天、命运之天和道德之天四种含义，四者相互区别却又在发展脉络上相承相通，共同组成了孟子天道观的主要内容。其中，命运之天和道德之天的意义更为突出，为性善论、民本思想的论证提供了理论支持，也为性善论和民本思想在形而上领域的追根溯源创造了可能性，因而天道观在孟子哲学中占据十分重要的地位。

---

① 参见高齐天：《论孟子天道观中的神性》，《黔西南民族师范高等专科学校学报》2009年第3期。

试析孟子哲学的现实关怀精神

（孟祥运　安徽省孟子研究会）

摘　要:本文首先指出哲学家孟子是具有现实关怀精神的哲学家,主要表现在他不遗余力、不畏艰难地推行仁政上。接着,分别从性善论是孟子哲学现实关怀的源头,民本思想是孟子哲学现实关怀的基础,推行仁政是孟子哲学现实关怀的追求,当代更需要学习孟子的现实关怀精神等四个方面加以阐述。最后,要求人们努力践行孟子哲学中的优秀思想,更好地造福当代社会。

关键词:孟子哲学;仁政;关怀精神;民本

哲学不能仅仅是寻求理性智慧的思维活动,而且应当是在身体力行的过程中追求理想境界的实践。儒家本来就是一种实践的哲学,其主张是将学问融入生命中,贯彻到为人处世的每一个方面。哲学家不但要有自己独立的人格和思考,还要有现实关怀精神,这其中儒家做得很好,尤其是孟子的现实关怀精神更为强烈,主要表现在他不遗余力、不畏艰难地推行仁政上。

一、性善论是孟子哲学现实关怀的源头

《孟子·告子上》说:"人性之善也,犹水之就下也。人无有不善,水无有不下。"这里孟子用水作比说明人性是向善的。《公孙丑章句上》说:"由是观之,无恻隐之心,非人也;无羞恶之心,非人也;无辞让之心,非人也;无是非之心,非人也。"这里孟子认为,如果没有这四种心就不是人,这是他对人的本质属性的界定,是人性的本质内涵。同时,孟子又说:"仁义礼智,非由外铄我也,我固有之也。"①也就是说,仁义礼智"四端"犹如人生而具有的四肢一样,都不是外界所赋予的,就是说每个人都具备向善的"四端"。既然每个人都拥有"四端",那么社会上应该个个行善、无争斗才是啊,然而,为什么现实中却还是有那么多人在行恶,相

①《孟子·告子上》。

互斗争甚至残害呢？这便涉及孟子性善论中的另一个问题：修善。虽然每个人都具有"四端"，但孟子认为这只是一种潜在的可能性，会向善性的方向发展，要真正拥有善还必须通过后天的努力。

《孟子·告子上》说："人有鸡犬放，则知求之；有放心，而不知求。"就是说，"四端"虽然是天生于人心的，却往往容易被自己遗失掉，所以孟子认为"学问之道无他，求其放心而已矣"[1]，即要人们不断努力修行，将失去的善心找回来，保持下去。同时，他还要人们"格君心之非"[2]，即要人们清除掉"好色""好货"的奢侈贪欲，这样才能逐步达到修善的目的。所以说，孟子性善论，是人类友爱互助的基础，是人类生存发展的正能量，更是中国文化对人类社会的美好信念和期望。试想一下，假如以性本恶为人性的本质，即承认人性本来就是恶的，那么，人们做了坏事，就会理直气壮地说，人性本来是恶的，这怨不得我，甚至还以做坏事为荣。这样，人们就很难能安心、专心修善、行善了，如此下去，社会岂不早就乱套了？

孟子的性善论，为人们精神境界的提升提供了理论支撑。自古以来，中国人大都是从人类友爱、协作的本质性中认同孟子性本善思想的，认同其性善论大厦是以人的社会道德属性作为立论根据构筑的。孟子提出的性善论是符合人类社会特性的，当然也认同其是中华民族以人为本、与人为善、胸怀天下的哲学源头。

二、民本思想是孟子哲学现实关怀的基础

相传民本思想起源于夏代。《尚书》借太康兄弟之口述大禹的训诫说："民惟邦本，本固邦宁。"[3]意思是说，人民构成国家政治稳定的根本基础，只有基础巩固、稳固，才能实现国家的长治久安。细检孟子民本思想的内容，大致可分为两个层次：一是执政者应重视人民的利益甘苦，为人民谋福利，即实行"仁政"；二是民心、民意是构成政权合法性的基础，即"得民心者得天下"。这其中包括一些抽象的原则与具体的政策，如视民如伤、民事不可缓也、与民同乐、制民之产、省刑罚、薄税敛、深耕易耨、关市讥而不征等，更有他提出的"民为贵，君为轻，社稷次之"[4]等震古烁今的民本观，且已有现代民主思想的萌芽。

（一）孟子认为国君要把民生问题放在首要位置

民生问题是孟子民本思想的关键。据说，孟子到齐宣王那里做官，齐宣王还有些自知

---

① 《孟子·告子上》。
② 《孟子·离娄上》。
③ 《尚书·五子之歌》。
④ 《孟子·尽心下》。

之明,就对孟子讲:"我这个人有些昏聩,孟先生何不辅佐我,教导我? 我虽然不是很聪明,但是我愿意去试一试。"于是,孟子就提出了"有恒产者才能有恒心"的著名论断,告诉齐宣王:贤德的明君会划分给百姓一些产业,让他们上可以孝敬父母,下可以供养妻儿,有饭可吃,有房可住,遇到天灾人祸也不会饿死,然后引导他们向善,老百姓自然会愿意听从。正所谓"仓廪实而知礼节,衣食足而知荣辱"①,物质基础决定上层建筑。在《孟子》中反复出现的话题,就是如何解决民生问题,他认为解决民生问题是国君的重要职责,滕文公向他请教治理国家的问题时,他一张口就说"民事不可缓也"②。

他讲的"仁政",其核心问题要保障民众有基本的生存条件,减轻民众赋税,不误农时,发展贸易等。孟子曰:"尊贤使能,俊杰在位,则天下之士皆悦,而愿立于其朝矣;市,廛而不征,法而不廛,则天下之商皆悦,而愿藏于其市矣;关,讥而不征,则天下之旅皆悦,而愿出于其路矣;耕者,助而不税,则天下之农皆悦,而愿耕于其野矣;廛,无夫里之布,则天下之民皆悦,而愿为之氓矣。信能行此五者,则邻国之民仰之若父母矣。率其子弟,攻其父母,自有生民以来未有能济者也。如此,则无敌于天下。无敌于天下者,天吏也。然而不王者,未之有也。"③在这五条政策中,除了第一条与发展经济没有直接关系以外,其余四条可以说都是经济问题,或者说是与发展经济密切相关的问题。孟子虽然重视仁义问题,但他说圣人治理天下一定要把解决老百姓的物质生活问题放在首要位置。

《孟子·尽心下》中讲:"诸侯之宝三:土地、人民、政事。宝珠玉者,殃必及身。"这是孟子民本思想的突出表现。政事就是治国理政的事情,主要的是政治。政事突出的内容,一是要处理好土地问题,通过制定土地政策,不使土地闲置,也不让土地集中到少数人手里,尽可能地发挥土地使用的社会效益和经济效益。二是要解决好人民的需求问题,使人民衣食有保障不为生存而担忧,尽可能地发挥民力、民心的作用。他认为,为政者不以"土地、人民、政事"为宝,而以自家的金钱、珠玉为宝,只能为世人所不齿。孟子以土地、人民为"宝"的思想,早于西方政治经济学之父威廉·配第提出的"劳动是财富之父,土地是财富之母"的主张两千年。

孟子的"三宝"思想有着深远的影响,如民主革命时期我们党的三大法宝思想与其有一定的思想联系性。1939年毛泽东在《〈共产党人〉发刊词》中提出:"统一战线,武装斗争,党的建设,是中国共产党在中国革命中战胜敌人的三个法宝,三个主要的法宝。"④毛泽东提出的"三宝"是对中国革命经验的总结,是在革命实践中产生的,其与孟子的"三宝"有很多相

①《管子·牧民》。
②《孟子·滕文公上》。
③《孟子·公孙丑上》。
④《毛泽东著作专题摘编》(下),北京:中央文献出版社,2003,第1902页。

通之处。如统一战线就是要"得人"，就是站在人民的立场上广交朋友，这与孟子"三宝"中的"人民"之宝是相通的。武装斗争的主要参加者是农民，依托的是农民土地问题的解决，立足之处是根据地，这与孟子"三宝"中的"土地"之宝是相通的。而"党的建设"这一宝，与孟子以处理土地、人民问题为主要内容的"政事"这一宝也是相通的。

（二）孟子指出国君不爱民的问题及后果

在孟子看来，无论是君道、臣道，其核心就是由仁行义，就是爱民。《孟子》一开篇，就有一组对当政者进行政治批判的文章，其中的一个重要内容就是国君没有爱民意识，不知道想办法解决民众在荒年饥饿而死的问题。孟子曰："狗彘食人食而不知检，涂有饿莩而不知发；人死，则曰，'非我也，岁也。'是何异于刺人而杀之，曰，'非我也，兵也。'王无罪岁，斯天下之民至焉。"①"狗彘食人食而不知检"是指丰收的年景，国家不知道收购和贮存粮食，致使许多粮食被糟蹋；"涂有饿莩而不知发"是指荒年之际，国家不能打开粮仓救济无粮的百姓。这两种情况都表明国君心中没有爱民的意识，不知道为民众着想，等到人都饿死了，还把责任推到老天爷的身上，不知道反省自己的责任。同时他还做了一个恰当的比喻，警察抓到杀人犯时，杀人犯却说："人不是我杀的，是兵器杀死了人。"由此孟子指出，君王假若不归罪于年成，而从政治上的根本改革着手，这样，别的国家的老百姓就会来投奔了。他在谴责当政者没有爱民意识的同时，也列举了古代贤君爱民的例子，并且还指出国君不爱民的后果。孟子曰："暴其民甚，则身弑国亡；不甚，则身危国削。名之曰幽厉，虽孝子慈孙，百世不能改也。"②即君王过分残害百姓，就会招致杀身或者是亡国之祸；如果残害得不太厉害，也避免不了遭遇一些人身危险和国家削弱。他同时指出，死后被人们称为"幽"或者"厉"的，即使是再孝顺仁慈的子孙，经历百世也改变不了祖先曾经作恶的事实。因此，他要求后世子孙若想实现人生的跨越，就必须把祖先消极、腐败的影响完全消弭掉。

三、推行仁政是孟子哲学现实关怀的追求

孟子所生之战国时代，世衰道微，诸侯连年争战，杀人盈城盈野。在此情况下，孟子显示出强烈的忧患意识，他四处奔走为黎民百姓歌与呼，提倡民本仁政，多发恻隐之心，并以舍我其谁的精神，担当起改变率兽食人、天下无道的社会责任。孟子以天下为己任的责任意识，最典型地表现在"禹思天下有溺者，由己溺之也；稷思天下有饥者，由己饥之也"③这段

---

① 《孟子·梁惠王上》。

② 《孟子·离娄上》。

③ 《孟子·离娄下》。

话里。就是说,禹认为天下人民凡有饥饿灾苦,似乎皆是自己造成,因此自己具有不可推卸的责任去拯溺救焚。据此,孟子力图将儒家的政治理论和治国理念转化为具体的国家治理主张,并推行于天下。而当时各家为了实现自己的政治主张,游说各国诸侯。在这样的社会背景下,孟子开始周游列国,游说于各国君主之间,推行他的政治主张。

(一)孟子的现实关怀更多地表现在推行仁政实践上

孟子说:"先王有不忍人之心,斯有不忍人之政矣。以不忍人之心,行不忍人之政,治天下可运之掌上。"[①]"先王"指尧、舜和夏商周三代之王。"不忍人之心",就是不忍人受苦受难的仁爱之心;"不忍人之政",也就是"仁政",就是说每一个人都有这种不忍人之心的善性,如果我们把这些善性运用到国家的治理上,这就是施行仁政,如果你施行仁政,治理天下就像运在手掌一样非常容易。孟子说:"无恻隐之心,非人也。"[②]这意味着,执政者作为一个人,其本性中都有恻隐之心,所以他应该按照本性来施行仁政。如果没有恻隐之心,那就不是人了,如果执政者不施行仁政,那就是非人性或反人性的。

孟子在推行仁政上与齐宣王的对话最多,也最为精彩。孟子谓齐宣王曰:"王之臣,有托其妻子于其友而之楚游者。比其反也,则冻馁其妻子,则如之何?"王曰:"弃之。"曰:"士师不能治士,则如之何?"王曰:"已之。"曰:"四境之内不治,则如之何?"[③]王顾左右而言他。这里孟子采用层层设问,步步深入论证法,从生活中的事情入手,推论到执法官吏的行为,再推论到治国之君身上,逼得齐宣王毫无退路,尴尬不已,只得"顾左右而言他"。这也体现了孟子的雄辩技巧。

又一次,孟子见齐宣王说:大王如果真正喜欢音乐,那么齐国治理得也就差不多了。当时齐国的臣子庄暴见到孟子,将齐宣王喜好音乐的事告诉了孟子,并询问孟子对于齐宣王喜好音乐的看法,于是孟子就说了这句话。改日,孟子见到齐宣王,又向齐宣王说了这句话,并进而使齐宣王省悟到"独乐乐"不如"与人乐乐","与少乐乐"不如"与众乐乐"的道理。孟子讲道,如果大王能够将国家治理得井井有条,做到与民同乐,那么就能得到民众的拥护和爱戴。百姓听到自己的大王欣赏音乐就会非常高兴,为大王能够有健康的身体和如此的闲情雅致而兴高采烈。否则,如果百姓流离失所,怨声载道,而大王仍在欣赏音乐,那么这样一定会使民怨沸腾,使百姓以为大王骄奢淫逸,不顾他们的死活。所以孟子说道,如果大王是真正喜欢音乐,那就要与民同乐,这样就能够称王于天下了。

齐宣王想成就一番大事业,孟子主张称霸天下的根本就是推行仁政。他认为为了保护

---

① 《孟子·公孙丑上》。

② 《孟子·公孙丑上》。

③ 《孟子·梁惠王下》。

百姓而成为君主的人，就会得到百姓的拥戴，而如果百姓们能够安居乐业，那么国家也就相应地会变得强大，自然也就离称霸不远了。

同时，孟子在推行"仁政"周游列国期间，还与梁惠王、邹穆公等诸侯王都有精彩的对话。孟子见梁惠王时，王曰："寡人愿安承教。"孟子对曰："杀人以梃与刃，有以异乎？"曰："无以异也。""以刃与政，有以异乎？"曰："无以异也。"曰："庖有肥肉，厩有肥马，民有饥色，野有饿莩，此率兽而食人也。兽相食，且人恶之，为民父母，行政不免于率兽而食人，恶在其为民父母也？仲尼曰：始作俑者，其无后乎！为其象人而用之也，如之何其使斯民饥而死也？"①孟子通过比喻的方法，巧妙地说明了实行仁政的重要性。

《孟子·梁惠王下》中记载了孟子和邹穆公这样的一则对话。邹与鲁哄。穆公问曰："吾有司死者三十三人，而民莫之死也。诛之，则不可胜诛；不诛，则疾视其长上之死而不救。如之何则可也？"孟子对曰："凶年饥岁，君之民，老弱转乎沟壑，壮者散而之四方者，几千人矣；而君之仓廪实，府库充，有司莫以告：是上慢而残下也。曾子曰：'戒之戒之出乎尔者，反乎尔者也。'夫民今而后得反之也，君无尤焉。君行仁政，斯民亲其上，死其长矣。"②这里孟子认为邹国百姓在本国与鲁国发生战争之际，面对本国官长之受难，见死不救，其根源是没有实行仁政造成的。

孟子推行仁政期间，在魏国还遇到了滕国的太子。后来在孟子的影响下，滕国举国上下进行了全国性的"善行义举"教化实践。滕文公按照孟子"政在得民"的主张，效法先王，施行善政，实行善教，政绩卓著，名声大振。各诸侯无不刮目相看，称滕国为"善国"。楚国、宋国等国的人，也都慕名纷纷来到滕国定居。其任政期间，滕国人丁兴旺，国富民强，"卓然于泗上十二诸侯之上"。他也因此博得一个贤君的美称，滕国也被誉为行圣人之道的善国，也是孟子仁政实践唯一成功之国。"上善"，不仅仅是一种境界标准，更应该是让一个国家"举国皆善"，唯有如此，才能体现孟子的责任和担当。

当时也有人说孟子实行的仁政不好。陈相见孟子，道许行之言曰："滕君则诚贤君也；虽然，未闻道也。贤者与民并耕而食，饔飧而治。今也滕有仓廪府库，则是厉民而以自养也，恶得贤？"③这段话是说，滕国的君主确实是个好的君王，但是还是没有得道。贤者应该和民众一起种田吃饭，一起治理国家大事。现在滕国虽然有很多储存粮食的地方，然而却是损害百姓来使自己得到满足，怎么能称得上是贤人呢？孟子则回答说：如果无论什么都必须自己亲自动手去做，那么根本就不是带着天下的民众去好好生活，而是带着他们天天奔波劳碌了呀！所以说，有的人是劳心，有的人是劳力，劳心者去治理人民，劳力者被别人

---

① 《孟子·梁惠王上》。

② 《孟子·梁惠王下》。

③ 《孟子·滕文公上》。

治理,这是天下所共通的道理啊！这里孟子论证了社会分工的必要性,就社会发展来说,劳力和劳心的分工为科学文化的发展创造了必要条件,推动了社会进步。

(二)孟子的现实关怀还表现在强烈反对暴政上

孟子一方面呼吁"视民如伤"的仁政,另一方面则猛烈批判那些不顾人民死活的暴政。孟子曾这样愤怒地斥责道:"庖有肥肉,厩有肥马,民有饥色,野有饿莩。此率兽而食人也!兽相食,且人恶之。为民父母,行政不免于率兽而食人,恶在其为民父母也!"①他还尖锐指出,统治者"狗彘食人食而不知检,涂有饿莩而不知发"②,以此来抨击暴政的冷漠残酷。同时,他还引述孔子反对以人偶陪葬,痛骂"始作俑者,其无后乎"的事例来说明,孔子连用人的形象都不允许,更何况虐待活生生的人,统治者怎么能让人民"饥而死"!

孟子坚决要求统治者"与民同乐",即统治者吃得好、穿得好、用得好、住得好,也要让人民过上幸福的生活,"劳力者"虽然与"劳心者"有等级之差,但他们也是人,同样有追求快乐和享受的权利。所以对于齐宣王设置王家花园,不准老百姓进,而且"杀其麋鹿者如杀人之罪"③,将人的生命看得还不如麋鹿,孟子怒斥他为"不仁者"!对那些不管人民死活、只顾自己享乐的暴君,孟子甚至主张人民杀死他们是完全合法的,因为他们先违背了仁道原则。所以他才说:"贼仁者谓之贼,贼义者谓之残,残贼之人谓之一夫。闻诛一夫纣矣,未闻弑君也。"④就是说,破坏仁爱的人叫作"贼",破坏道义的人叫作"残",毁仁害义的残贼叫作"独夫"。我只听说周武王诛杀了独夫殷纣,却没有听说是君主被(臣下)杀害了。

孟子反对暴政杀人,也同样反对战争杀人。战国时期的兼并战争愈演愈烈,交战双方动员的兵力动辄数万甚至几十万人,死伤的人数也非常多。长平一战,赵国被活埋的俘虏就达数十万,孟子说当时"争地以战,杀人盈野;争城以战,杀人盈城"⑤,并非臆想和夸张。孟子认为这种兼并战争,为的是夺取城池和土地,不惜牺牲大量的生命,他痛心而愤怒地说"此所谓率土地而食人肉,罪不容于死"⑥,认为那些善于打仗的人,都应该处以极刑。认为纵横家张仪不择手段的获胜之举是"以顺为正者,妾妇之道也"⑦。孟子指出,那些崇尚暴力的国家,草菅人命,是不会得到人民的拥护而取得天下的,只有那些爱惜生命的人,"不嗜杀人者",才能获得人民的支持而赢得天下。

---

① 《孟子·梁惠王上》。

② 《孟子·梁惠王上》。

③ 《孟子·梁惠王下》。

④ 《孟子·梁惠王下》。

⑤ 《孟子·离娄上》。

⑥ 《孟子·离娄上》。

⑦ 《孟子·滕文公下》。

孟子反战、控诉战争戕害生命，主张好战者应服"上刑"，故遭战国权势者忌恨，其思想被讥笑为"迂远而阔于事情"。但正是这种"迂远"，恰反衬出孟子生命哲学的超越性和深刻性，它代表的是一种文明普遍而久远的关切和利益。事实上，孔孟仁学所建构并强化的"仁者爱人"理念，深入人心，人的生命至上意识，差不多成为古代中国的自然法。暴君虽然可以无视它，但其结果必然像秦二世一样迅速灭亡；相反，只有遵循这一自然法的人，才能得到人民的认可和拥护。中国数千年的历史一再证明了这一点。

总之，在孟子看来，一个真正有为的国君不仅能够让自己国家的老百姓得到幸福生活，同时，还能吸引别的国家的老百姓纷纷归服。如果邻国的国君要率领这样的人民来攻打他，就好比率领他的儿女来攻打他们的父母，从有人类以来，这种事还没有能够成功的。这样的圣君就叫作"天吏"，即代表天道的官吏，如此而不能统一天下的，也是不曾有过的。可以说，"讲仁爱，重民本"，是中国文化最重要的核心价值。孟子的仁政思想，就是要求执政者爱民、仁民，体现了强烈的现实关怀精神。

四、学习孟子哲学现实关怀精神的当代意义

在当代，日益严峻的全球气候问题构成了哲学反思的当务之急。治理环境污染、保护生态平衡、与大自然交友之声不绝于耳。然而，生态危机的根源，却在于人心私欲的膨胀。倘若以局部利益牺牲整体利益，以眼前利益牺牲长远利益，以一己私利牺牲人类利益，则生态问题只能日趋严重。当前，随着工业化的发展，地球的气候变化我们也看到了，各种极端气候现象增多的趋势似乎在全球不断蔓延，而最为严峻的可能就是气温上升的问题，随着温室气体排放的不断增加，我们看到越来越多的问题出现，其中海平面上升、极端天气增多变强的情况最为严峻。人类的这种只知索取糟蹋地球，不知感恩守护它的后果正在加快显现，所以为了子孙后代的永续发展，我们每个人都应承担起保护人类唯一家园的责任。早在20世纪初，我国哲学家梁漱溟就曾感慨万千地指出："科学发达至于今日，既穷极原子、电子种种之幽渺，复能以腾游天际，且即攀登星月，其有所认识于物，从而利用乎物者，不可谓无术矣。顾大地之上人祸方亟，竟自无术以弭之。是盖：以言主宰乎物，似若能之；以言人之自主于行止进退之间，殆未能也。"[①]

人类今天，环顾当下的世界，思考人类的未来，积极地协调个人之间、群体之间、阶层之间、民族之间、国家之间的利益与心态，不正是人类实现和平与发展的当务之急和长远之计吗？社会历史的发展在某些阶段总是表现为某种片面性，这就需要对社会的总体行为和历史的总体进程进行全面的反思、深层的反省、规范性的矫正和理想性的引导。哲学就是社

---

① 梁漱溟：《人心与人生》，上海：上海人民出版社，2011，第17页。

会不断反观自身的观念与行为的自我意识。哲学"爱智"的激情、现实的关怀,就是对人类困境的焦虑和推进社会发展的渴望。英国汤恩比博士曾说过,能拯救20世纪人类的,只有中国的儒家思想和大乘佛教。可以说,儒家的思想特别具有包容性、天下性、道德性、和合性、生态性、时中性以及忧患意识、民本思想和现实关怀精神等,这正是儒家的一种智慧、一种责任、一种情怀、一种担当,更是当下人们敬畏自然、关爱生命、造福社会而取之不尽的精神财富。

孟子的利益观所涉及的哲学问题

（钱凤仪　吉林省儒学研究会）

摘　要：本文以孟子反对治国以追逐利益为出发点。孟子的民本思想、仁政学说、法先王思想、王道学说都是反对追逐利益倡导儒家仁义道德的。孟子提出的性本善的理论依据是人性自天地而来，故而人理应守仁义之道，而不应该以贪求利益为本。孟子的思想对于当今我们治国理政，在理论上依然有不可多得的参考价值，在实践上依然具有现实的指导意义。

关键词：孟子；仁义；利

《孟子》一书开篇第一章：孟子见梁惠王。王曰："叟！不远千里而来，亦将有以利吾国乎？"孟子对曰："王！何必曰利？亦有仁义而已矣。王曰：'何以利吾国？'大夫曰：'何以利吾家？'土庶人曰：'何以利吾身？'上下交征利而国危矣。万乘之国，弑其君者，必千乘之家；千乘之国，弑其君者，必百乘之家。万取千焉，千取百焉，不为不多矣。苟为后义而先利，不夺不餍。未有仁而遗其亲者也，未有义而后其君者也。王亦曰仁义而已矣，何必曰利？"①

太史公曰：余读《孟子书》，至梁惠王问"何以利吾国"，未尝不废书而叹也。曰：嗟乎，利诚乱之始也！夫子罕言利者，常防其原也。故曰"放于利而行，多怨"。自天子至于庶人，好利之何以异哉！②

《太史公自序》说："猎儒墨之遗文，明礼义之统纪，绝惠王利端，列往世兴衰，作《孟子荀卿列传》第十四。"③就是说本传的传旨是通过记写孟、荀的事迹，肯定他们的"明礼义""绝利端"的思想学说，并说明这种思想学说的渊源及影响。作者总结诸家思想，通过思想学说和为人两个方面对诸子作了比较客观、公允的评述。对于孟子，着重强调了他是直接继承孔子思想的人，具有守道不阿、执着追求的精神；同时，也指出他的仁政主张不合时宜。

---

① 《孟子·梁惠王上》。
② 《史记·孟子荀卿列传》。
③ 《史记·孟子荀卿列传》。

我们应该知道,中国的伦理学阐释方式是有别于西方的伦理学的。西方的伦理学自亚里士多德之后,是从范畴上展开讨论的。到了康德之后,将范畴仅仅用作主观上的判断的分类,形成了二律背反基础上的范畴。

太史公说:"利诚乱之始也!"①阐述的是《姤》变《否》,《否》变《剥》和《坤》的过程。《姤》以阴蚀阳,变为《否》为子杀父,是变乱之象。《易经》定义《乾》阳为利,《坤》阴为乱。

《论语·里仁篇》子曰:"放于利而行,多怨。"②所依据的哲学基本原理是,以《姤》为起点,以阴剥阳,为放于利而行,《乾》变为《坤》,《乾》为四月,《坤》为十一月,如暑热变寒冷。《坤》为多,为怨。故而理论上,剥夺他人的利益,如同寒气剥蚀暑热,万物因寒冷而怨恨天地。统治者掠夺百姓,太过分了,百姓也会多怨、多乱。

孟子开篇阐述的,放于利而行,正是延续了孔子所演绎出的论断。《易经》将《乾》定义为天、为善、为仁,将《坤》定义为地、为义、为恶。且《乾》与《坤》旁通。在上位者仁爱民众,民众自然应该顺从在上位的统治者。因此,孟子认为,封建社会的统治者,其核心要领不是利益,而是仁义。利益如果是互助的,就能长久。《易经》将《益》与《恒》卦之间的变化过程,阐述得非常清楚。如果国家上下急功近利,社会演化过程,必然是相互伤害,恰如统一了诸侯列国的秦朝,社会最后被追逐利益而瓦解。所以太史公说:"自天子至于庶人,好利之何以异哉!"③无论是国家最高统治者,还是平民百姓,只有以互助为利益原则,才是长久之道。否则国家上下以片面追求利益为原则,最终的结果只能是土崩瓦解。

我们知道,孟子的核心理念是:民本思想、仁政学说、法先王思想、王道说、性本善、养浩然正气。

一、民本思想

民本思想是孟子思想的精华所在,在孟子的政治思想中占有突出的位置。孟子明确提出要"保民",要"与民同乐",提出:"民为贵,社稷次之,君为轻。"④他认为决定统治者统治地位的政治基础是民心的向背,民心归服是统一天下的决定性因素,从某种意义上说人民比君主更重要,基于这种观点,他提出"天时不如地利,地利不如人和"⑤。民本思想的核心,归根结底是以民众的利益为本。让民众受益,才是社会长治久安的仁义之道。

---

① 《史记·孟子荀卿列传》。

② 《论语·里仁》。

③ 《史记·孟子荀卿列传》。

④ 《孟子·尽心下》。

⑤ 《孟子·公孙丑下》。

二、仁政学说

仁政思想是孟子政治思想的核心。孟子仁政思想主要表现在养民、教民两个方面。

养民，一要制民之产。孟子说："是故明君制民之产，必使仰足以事父母，俯足以畜妻子，乐岁终身饱，凶年免于死亡。"①孟子的仁政就是要合理解决土地、衣食、教育等基本问题，其中最主要的是土地问题。二要使民以时，轻徭薄役。孟子认为统治者在征用劳役时需要以"不违农时"为前提，同时也反对滥捕乱伐。三要取民有制。他主张薄税轻敛，不能滥征，不能搞苛捐杂税。他把这看作是富民之道，还骂那些自称能为君"辟土地，充府库"②的所谓"良臣"是"民贼"。养民，体现为不剥夺民众的各种利益和权利，这同他的民本主张是一致的。

教民：向人民施以教化。孟子屡屡说："谨庠序之教，申之以孝悌之义。"③他认为教化是保证社会和谐的重要措施，要提升民众的道德修养。

孔子对《易经》所作的《序卦传》中说，万物和人一样，都是生而无知的。因此皇帝对民众进行教化是首要职责。如果搞愚民政策，也等于变相让民众服从统治，服从被奴役，被剥削，是统治者变相地与下层民众争夺利益，其发展趋势是导致社会相互争夺，最后导致发生灭国战争。

三、法先王思想

我国先秦时期以儒家为代表的"法古"的政治观，主张效法古代圣明君王的言行、制度，言必称尧、舜、文、武。孟子主张仁政与"王道"，其心目中的楷模就是古代圣王。孟子曰："规矩，方圆之至也；圣人，人伦之至也。欲为君，尽君道；欲为臣，尽臣道。二者皆法尧舜而已矣。不以舜之所以事尧事君，不敬其君者也；不以尧之所以治民，贼其民者也。"④古代圣王被孟子统称为"先王"。孟子所提倡的仁政也就是效法先王"以不忍人之心行不忍人之政"。在孟子看来，为政必须"遵先王之法"⑤，否则就是离经叛道。孟子的法先王思想是先秦儒家所固有的政治倾向，孔子就是"祖述尧舜"又"宪章文武"的。荀子也认为"先王之道，

---

① 《孟子·梁惠王上》。

② 《孟子·告子下》。

③ 《孟子·梁惠王上》。

④ 《孟子·离娄上》。

⑤ 《孟子·离娄上》。

仁之隆也。"①

四、王道说

"王道"是孟子提出的国家治理的最高理想。孟子认为民本与仁政能否实现,关系到能否实现"王道"这一目标。孟子所谓"王道",即"以德行仁者王"②。在孟子看来,实行王道之治就是"保民而王",就是"乐以天下,忧以天下"③。正因为孟子把实现王道作为最高的政治理想,所以凡不以"王道"治国者,便都被他视为"罪人",视为"独夫民贼",遭到他的猛烈抨击。

因为在《易经》的理论框架之下,《乾》为王,《坤》为民。《周易·系辞》曰:"黄帝、尧、舜垂衣裳而天下治,盖取诸乾坤。"④国家作为一个整体,君王和民众是不可或缺的,君王集团如同国家的上衣,民众如同国家的下裳。国家只有上、下不相互争夺利益,整个国民才会生活得更加和顺。孟子的王道观与他的法先王思想是不可分割的。

五、性本善

孟子的性善论是其伦理思想和政治思想的根基。第一,人类有着共同的本性,认识和探究性善是人和动物的区别,人都有向善的能力。第二,人的善性是先天固有的,并非后天形成的。第三,"人皆有之"的善性,起初只是一种道德的萌芽,必须经过自我修养,才能发展成为完美的道德。这三点陈述是从《孟子》一书字面上得出的结论。

事实上,"心本善"的论断理论上同样源于《易经》。因为《周易·序卦传》指出:"有天地,然后万物生焉。盈天地之间者唯万物,故受之以《屯》。《屯》者,盈也;物之始生也。物生必蒙,故受之以《蒙》。"⑤天地为万物之本,天又在地之前。古人认为天旋导致地转。《乾》为天,《坤》为地。《乾》又定义为善,为世界之本,这就是孟子提出性本善超越性本恶的理论的逻辑学源头。正因为肯定了人性本善,才能顺理成章地制定仁政,善政和利民之政。这也是消除不仁之政、争利的恶政和害民之政的理由。

孔子和孟子倡导仁义的理论依据是人性自天地而来。《易经》定义《乾》为天、为善、为仁,定义《坤》为地、为义、为恶。故而人,虽然有物欲之恶,当以向善为本,应该理所当然地

---

① 《荀子·儒效》。
② 《孟子·公孙丑上》。
③ 《孟子·梁惠王下》。
④ 《周易·系辞》。
⑤ 《周易·序卦传》。

守仁义之道,而不应该因物欲而以贪求利益为本。

六、教育思想

孟子的教育目的是使得人明白人伦之理,强调学习过程中要有独立思考和独立见解。他提倡的教育方法是"存养式",即保持并发展人的善性。孟子教育名言是:"富贵不能淫,贫贱不能移,威武不能屈,此之谓大丈夫。"①

孟子说的"富贵不能淫",字面上理解是富贵了,不能淫乱。其哲学依据依然是《易经》的《姤》卦。在《易经》中"天尊地卑,乾坤定矣"②。富贵为乾,以阴蚀阳,为淫。上天是生养万物的天,贪得无厌的本质归结为淫。《史记·殷本纪》描述殷纣王是典型的富贵而淫乱:"帝纣资辨捷疾,闻见甚敏;材力过人,手格猛兽;知足以距谏,言足以饰非;矜人臣以能,高天下以声,以为皆出己之下。好酒淫乐,嬖于妇人。爱妲己,妲己之言是从。于是使师涓作新淫声,北里之舞,靡靡之乐。厚赋税以实鹿台之钱,而盈钜桥之粟。益收狗马奇物,充仞宫室。益广沙丘苑台,多取野兽蜚鸟置其中。慢于鬼神。大取乐戏于沙丘,以酒为池,县肉为林,使男女倮相逐其间,为长夜之饮。"③孟子认为"富贵而淫"不再是践行王道,而是有悖于王道。因为《易经》将《乾》就定义为王。这也说明了为什么孟子是赞同武王伐纣的。

孟子提出的"贫贱不能移",阐述的是《易经》中的《复》卦初九爻或《困》卦。比如《论语·卫灵公》中子曰:"君子固穷,小人穷斯滥矣。"④阐述的就是君子即使在困境中,也会固守正道,通过文化知识或兢兢业业摆脱困境。《易经·系辞》:"子曰:颜氏之子,其殆庶几乎。虞翻曰:几者,神妙也。颜子知微,故'殆庶几'。孔子曰:回也其庶几乎。有不善未尝不知,虞翻曰:复以自知。老子曰:自知者明。知之未尝复行也。虞翻曰:谓颜回不迁怒,不贰过。克己复理,天下归仁。《易》曰:不远复,无祗悔,元吉。侯果曰:复初九爻辞。殆,近也。庶,冀也。此明知微之难。则知微者唯圣人耳。颜子亚圣,但冀近于知微而未得也。在微则昧,理章而悟,失在未形,故'有不善'。知则速改,故无大过。"⑤《困》卦《象》曰:"泽无水,困。"王弼曰:"泽无水,则水在泽下也。水在泽下,困之象也。处困而屈其志者,小人也。'君子固穷',道可忘乎?君子以致命遂志。"⑥虞翻曰:"'君子'谓三,伏阳也。否坤为'致',巽为

---

① 《孟子·滕文公下》。
② 《周易·系辞》。
③ 《史记·殷本纪》。
④ 《论语·卫灵公》。
⑤ 《易经·系辞》。
⑥ 《十三经注疏·周易正义》,北京:北京大学出版社,1999,第195页。

'命',坎为'志',三入阴中,故'致命遂志'也。"①

孟子阐述的"威武不能屈",说的是《易经》中的《师》卦的"刚中以应"。做人不仅要有文化,更要有气节,要努力做到孔武有力,决不能向邪恶的人、邪恶的势力、邪恶的国家屈服。

七、结语

孟子提出民本思想,期望国家是一个关心百姓疾苦的仁义的集体,而不是唯利是图的领导集体。孟子倡导的仁政学说,是要求国家政府机构,要按自然规律、自然法则作为最高的行政原则。孟子推崇法先王思想,是因为尧、舜是一个美好而伟大的时代,是值得我们学习和借鉴的时代。孟子的王道说,指明了社会分工不同,要各自在不同的位置上尽职尽责。孟子构建性本善的学说,依据是上天是善的,是上天使得万物得以出生。孟子的教育理念是培养我们的"浩然正气"。

总而言之,孟子作为儒家的代表人物,自称是孔子的私淑弟子,他的核心理念是一个社会应该以仁义为基础,而不应以利益为基础。因为社会成员都以追逐利益为核心,这个社会必然是你争我夺的社会,是隐藏着战争的社会。孟子的思想对于当今我们治国理政,在理论上依然有不可多得的参考价值和实践上的现实指导意义。

---

① 李道平:《周易集解纂疏》,潘雨廷点校,北京:中华书局,1994,第422页。

情感感受视域下王阳明"良知"思想研究

（陈清春　山西大学;刘科迪　山西大学）

摘　要:王阳明的"良知"说蕴含着丰富的哲学意蕴。从本体论的角度来看,作为情感感受的良知有其发用与流行的一面;从工夫论的角度来看,良知亦体现了主体的实践道德实践能力。本文结合"天理""性""心"等核心概念阐发王阳明对于朱熹天理之说的转戾,进而以"性""心"为切入阐发其良知思想,并从胡塞尔现象学角度分析"情感感受"何以能够成为本体。当然这里的"情感感受"不是仅指"四端",而是从人的所有感受上来说的,由此王阳明哲学实现了由"四端"到"七情"的扩展,这正是王阳明哲学在情感感受领域的重大贡献所在。

关键词:王阳明;良知;情感感受;性;心

明代大儒王阳明创立的"心学"是儒学思想从先秦到宋明发展的一个高峰。"良知"思想是王阳明哲学体系的"拱心石",通过对王阳明"良知"说展开分析,有助于我们更进一步了解王阳明哲学理论的核心思想,深刻体会其"良知"说的魅力。

"良知"一词源于孟子提出的"良知良能"说,"人之所不学而能者,其良能也;所不虑而知者,其良知也。孩提之童无不知爱其亲者;及其长也,无不知敬其兄也。亲亲,仁也;敬长,义也;无他,达之天下也。"[①]这句话点出了"良知"与"良能"的区分,"良能"重在强调一种先天的不学而能的道德能力,"良知"重在强调一种不虑而知的道德认识。廖晓炜从孟子的"四端之心"入手,指出"四端之心"自发且直接地推动善的行为的发生,"良能"中的"能"表示其本身具有活动性,而"能"的活动性乃是由"四端之心"的情感面向所决定的,并指出"良能"作为"四端之心"的实践能力,是情感的直接动力,因而廖晓炜提出孟子是以"良能"摄"良知"[②]。而就王阳明的理论体系来说,对"良知"的表述与强调明显是要高于"良能"的,但这并不代表王阳明对"良能"的忽视。事实上,"良能"说在王阳明的体系当中也起着至关重

---

① 《孟子·尽心上》。
② 参见廖晓炜:《良知与良能——从孟子到王阳明》,《人文论丛》2014年第1期。

要的作用。"良知"与"良能"均是"天命之性,吾心之本体,自然灵昭明觉者"①,在王阳明哲学中"良知"概念又兼有"良能"的含义。

目前,学界对王阳明"良知"说展开了细致而丰富的分析,但是目前对王阳明"良知"说的相关探讨,大多都是立足于王阳明的整个心学体系而展开的相关分析,鲜有从情感感受视域出发把王阳明的"良知"说与具体的诸如"天理""性""心"等具体问题联系在一起进行细致考察的文章。"天理""性""心"的问题是哲学史上的重要问题,尤其是宋儒们对"天理"与"性"做了详细的分析,而我们之所以说王阳明"良知"说的提出代表了区别于宋儒的哲学思想的转向,也在于王阳明对"天理"与"性"做出了新的哲学理解与诠释。因而,从情感感受为视域对王阳明"天理""性""心"的梳理,有助于我们更直观地了解王阳明是如何构建其"良知"体系的。

一、从"天理"到"良知":内在而自然的本体感受的揭示

王阳明从小立圣人之志,其"良知"思想的发展与完善与其一生的人生经历紧密相连。王阳明早年受朱熹的影响颇大,庭前格竹不仅没有使其参透成圣之方,反而使其累倒了,这甚至一度让他怀疑是因为自己的成圣之资不够而导致格物的失败。朱熹为《大学》所作的《格物致知补传》也反映了朱熹的认识论路线:"所谓致知在格物者,言欲致吾之知,在即物而穷其理也。盖人心之灵莫不有知,而天下之物莫不有理,惟于理有未穷,故其知有不尽也。是以大学始教,必使学者即凡天下之物,莫不因其已知之理而益穷之,以求至乎其极。至于用力之久,而一旦豁然贯通焉,则众物之表里精粗无不到,而吾心之全体大用无不明矣。此谓物格,此谓知之至也。"②朱熹"格物致知"的路线为:即物—穷理—至其极—用力之久—豁然贯通—吾心之全体大用无不明。从方法路径上看,主要是通过"博学之,审问之,慎思之,明辨之,笃行之"③这样的理性认识,来达到心之全体的洞明状态。阳明早年也是按照这种认识路线的方法去格物的,然而为何没有达到"豁然贯通"的认识境界呢?

王阳明针对朱熹"格物—穷理"的认识方式,一方面极力主张恢复《大学》古本,另一方面极力对《大学》做出新的解释,提出以"诚意"统摄"格物"的思想。王阳明以"如恶恶臭,如好好色"来解释"诚意",以"诚意"统摄"格物",并认为"穷理"的关键不是求之于外,而在于"诚其意""求其内",这一观点体现了王阳明哲学中的"情感感受"。"见好色""闻恶臭"中的"见"与"闻"均属于对于"好色""恶臭"的价值感受行为,属于"知",而"好好色""恶恶臭"则

---

① 《大学问》。
② 朱熹:《四书章句集注》,北京:中华书局,2012,第7页。
③ 《礼记·中庸》。

属于对"好色""恶臭"的反应行为，即体现了对于同一价值对象的"感"与"应"，而顺着这种感与应的感受行为的发生则是情感的自然发用与流行，否则就会有价值欺罔的发生。这种感与应的自然发用流行可以与王阳明的"诚意"思想联系起来，"诚意"思想在王阳明道德哲学中起着至关重要的作用，也代表了一种区别于朱熹的哲学思维方式。

那么，问题在于宋儒以"天理"来表示准则与标准义，然而"良知"作为心之本体，侧重于主体的内在感受，这种感受性的存在能视为本体吗？胡塞尔的意向性理论为我们回答此问题提供了思路。意向性是所有意识行为的本质特征，意向关系的发生顺着"意向行为—意向相关项"这一过程，其中，意向行为代表了"实项部分"（实项部分由材料的组成部分构成），"意向相关项"代表了"现象部分"。在意向性关系的发生过程中，如果以本体、现象为区分的话，"意向相关项"属于"现象部分"，那么其余的非现象部分我们自然可以把其称为"本体"部分，这样也就可以确定"意向行为"（材料的组成部分）即为"本体"。接下来的问题是如何理解这里的"材料"？胡塞尔对"感知"与"感觉"的区分能够很好地说明这个问题。以"一个球"为例，当我们面前出现一个球，我们发现这个球是红色的，因为这得益于我们的感知，也是由于有视觉感知能力我们还能看到蓝色、绿色、粉色等颜色的球，而实际上这个球的色彩作为构成感知对象的材料并没有被我们感觉到。也就是说，我们日常生活中所说的"感觉到"其实恰恰是在说"感知到"，这是因为感觉或者感觉材料属于现象之外的超越的存在，感觉因其不具有时空形式而不能向人的意识显现出来，因而"感觉"对于人的意识而言是一种现象分析中的本体设定。胡塞尔的这个思路，让我们从现象学的角度理解"良知"本体所蕴含的理论智慧所在。"感觉"最大的特点即在于其内在感受性，这也启示着我们，对于价值的追寻不应于外在事物中去求索，而应以"良知"本体的当下呈现为依据。也难怪阳明要发出"后儒不明圣学，不知就自己心地良知良能上体认扩充，却去求知其所不知，求能其所不能，一味只是希高慕大，不知自己是桀、纣心地，动辄要做尧舜事业，如何做得！终年碌碌，至于老死，竟不知成就了个什么，可哀也已！"[①]的感叹了。

二、"性"与"良知"：四端之理向七情之理的扩展

"性"在中国哲学史上具有重要的研究价值与意义，对"性"的不同哲学阐释，影响着基本哲学问题走向，对"天命之谓性"的不同哲学解释就能很好地说明这一点。《易》《庸》体系秉承的是天为人奠基、宇宙为人奠基、存在为价值奠基的本体论结构，而王阳明则提出"心即道，道即天"和"良知即天道"两个重要的哲学命题，这样就形成了与《易》《庸》体系截然不同的哲学思路，肯定心之本体即宇宙本体，宇宙本体在逻辑上反而奠基于心之本体的思想。

---

① 王阳明：《传习录注疏》，邓艾民注，上海：上海古籍出版社，2012，第71页。

因而"对于'天是性之原'中的'天',与其被理解为性的形上根据不如说它只是表明了性是绝对的超越存在,与其被理解为性的先天来源不如说它只是表明了性是人生而具有的先天存在。"①王阳明对"性"的相关理解关涉到与朱熹"性即理"思想的区分。朱熹持"性气二分"的思想,指出人生而具有的人性由"天命之性"与"气质之性"两部分构成,其中"天命之性"是纯善而无恶的,而"气质之性"则是有善有恶的。王阳明针对这种看法,提出了"性气一元"的思想,王阳明从"生之谓性"谈起。首先,他肯定了告子"生之谓性"的说法,然而,认为告子"认得一边去了,不晓得头脑"。其次,王阳明指出"若晓得头脑,依吾良知上说出来,行将去,便自是停当"②。王阳明把本己的良知作为行动的准则,就"性"与"气"的关系,王阳明提出了"性气一元论"的观点:"'生之谓性','生'字即是'气'字,犹言气即是性也。气即是性,人生而静以上不容说,才说气即是性,即已落在一边,不是性之本原矣。孟子性善,是从本原上说。然性善之端须在气上始见得,若无气,亦无可见矣。"③

"气"在阳明的哲学体系中区别于宋儒的重要一点在于,王阳明把气分为"物质之气"与"灵明意识之气"两种形式,而不仅仅把"气"解释为习气。宋儒们对"性即理",以及"性"与"气"的关系做出过详细区分。以"仁义礼智"之理来规定"性",赋予"性"纯善无恶的性质,并把"性"与"理"联系起来,上升成一种准则性的存在。然就内涵与外延的层面来说,"'理'的一般含义是'脉络分明',它作为本体的一个侧面是本体的法则义。而仁义礼智之理是价值之理和实践之理,其含义的外延就比理的含义外延狭窄,仅仅是本体的道德义。"④可以看出,宋儒们重点从表示精神层面的感受"四端"上来为人伦实践寻找依据,而王阳明则提出"七情顺其自然流行,皆是良知之用,不可分别善恶,但不可有所着;七情所着,俱谓之欲,俱为良知之蔽;然才有着时,良知亦会自觉,觉即蔽去,复其体矣。"⑤王阳明从表示"仁义礼智"的四端之理扩充到包括情欲、情绪、情感在内的所有感受,而"仁义礼智"对应了"七情"中的"爱"之理,七情之理重点即在于对价值感受之理的强调,这一点与舍勒对"情感感受"的强调有着相互的呼应。舍勒把价值视为感受行为的对象,感受是包括感性感受、生命感受、心灵感受、精神感受在内的独立的意识行为,与感知一样也是奠基性的客体化行为,正如王阳明强调:"尔那一点良知,是尔自家底准则。尔意念着处,他是便知是,非便知非,更瞒他一些不得。尔只要不欺他,实实落落依着他做去,善便存,恶便去,他这里何等稳当快乐。"⑥这也正体现出王阳明对良知的内在准则性的强调,注重良知的内在感受力。

---

① 陈清春:《七情之理——王阳明道德哲学的现象学诠释》,北京:人民出版社,2016,第196页。
② 王阳明:《王阳明全集》,上海:上海古籍出版社,2012,第75页。
③ 王阳明:《王阳明全集》,上海:上海古籍出版社,2012,第45页。
④ 陈清春:《七情之理——王阳明道德哲学的现象学诠释》,北京:人民出版社,2016,第197页。
⑤ 王阳明:《王阳明全集》,上海:上海古籍出版社,2012,第83页。
⑥ 王阳明:《王阳明全集》,上海:上海古籍出版社,2012,第69页。

三、"心"与"良知"：真诚恻怛的主体感受

孟子视"良知"为"不虑而知"，强调"良知"是一种根植于人类本性的内在的直觉，可以看出，"良知"一词与"心"密切相关。"心"是人的精神生活的栖息地。"何谓身？心之形体，运用之谓也。何谓心？身之灵明，主宰之谓也。"①心之所以称为"灵明"，在于其中所包含的感知、感受、思虑、意志等各种内在的心理活动，而"心"对于身体的主宰作用主要是通过意志的价值实现活动而体现，"王阳明的'立圣人之志'行为可以看作是一种追求，但其中还有选择人生目标和实现人生目标的实践含义，就不是意欲和意愿了。这种将意愿或动机抉择为实践目的并通过实践活动使之得以实现的意识行为是意志行为，它所构成的意向对象就是作为实践目的的未来的、有待实现的观念价值。"②王阳明对"心"的论述主要表现在：

其一，对心之本体的内在性的揭示。王阳明以"是非之心"作为其"良知"说的一个重要特点，指出："良知者，孟子所谓'是非之心，人皆有之'者也。是非之心，不待虑而知，不待学而能，是故谓之良知。是乃天命之性，吾心之本体，自然灵昭明觉者也。"③阳明肯定"良知"作为心之本体的"知是知非"的能力，在主体内在的"良知"指引下做出直观的价值判断。这一点恰如舍勒"心的秩序""心有其理"的看法，并指出"心有其理"的规律就是指价值规律或感受规律，规律即"理"，感受的具体内容有情欲、情绪、情感，因而感受规律一般称为情理。舍勒认为："心灵的基本活动就是感受价值；情感经验不是内部的混乱（康德）而是弥漫着价值内容的秩序。这种秩序与推理和思维用的逻辑法则完全不同。"④这就是王阳明所说的"心之本体"的本然状态，这种状态注重对作为意识活动自身的纯粹感性体验的强调，在这种感性体验当中随感随应，顺着自己内在的情感，自然地流露于日常的生活之中。

其二，"良知"的当下体认与呈现。阳明从心本体的角度强调心体原本自由自在与自明自觉的特点，王阳明的"致知"工夫有体认良知与扩充良知的特点，体认良知注重的是良知当下内在的感性呈现。然而为何现实生活中还会有恶的现象发生？这恰恰是以后天的经验性的习心遮蔽了对事物的真实的内在感知而产生价值欺罔。王阳明把"心"比作"天渊"，由于人的私欲窒塞，而失去了心之天渊，只有不断扩充自己的良知，清除私欲，才能恢复到

---

① 王阳明：《王阳明全集》，上海：上海古籍出版社，2012，第797页。
② 陈清春、蒋丽英：《王阳明"立圣人之志"的现象学探究》，《山西高等学校社会科学学报》2021年第5期。
③ 王阳明：《王阳明全集》，上海：上海古籍出版社，2012，第797页。
④ 弗林斯：《舍勒的心灵》，张志平、张任之译，上海：上海三联书店，2006，第18页。《舍勒的心灵》一书中对"价值是什么"的问题有着详细的论述，文中提出了价值独立于客观事物的观点，并指出价值独立于客观事物所带来的消极性的一面即在于它使价值经验中的欺罔成为可能。这种价值欺罔一方面表现为对价值关系做出过高或过低的评估，另一方面表现为价值性质的转变，如将肯定价值变成否定价值。而之所以会发生价值欺罔，在于后天经验习性的影响。

心的本来面目,即王阳明所说的:"若良知之发,更无私意障碍,即所谓充其恻隐之心,而仁不可胜用矣。然在常人不能无私意障碍,所以须用致知格物之功,胜私复礼,即心之良知更无障碍,得以充塞流行,便是致其知,知致则意诚。"①也正是在良知之为善去恶的内在充实的过程当中,获得人的内在品格的提升与完善。

其三,克己—为己—成己。王阳明从小有圣人之志,其一生的经历也在不断朝着这个方向笃定前进。对于道德实践的追寻是中国哲学工夫修养的永恒话题,而"为己""成己"指向的正是主体道德品质的提升。王阳明提出:"所谓汝心,亦不专是那一团血肉。若是那一团血肉,如今已死的人,那一团血肉还在,缘何不能视听言动? 所谓汝心,却是那能视听言动的,这个便是性,便是天理。有这个性才能生。……这心之本体,原只是个天理,原无非礼,这个便是汝之真己。这个真己是躯壳的主宰。若无真己,便无躯壳,真是有之即生,无之即死。"②可以看出,从克己—为己—成己这一路线关键在于从"心"上下功夫,保守自己的心之本体的明净透亮,不让丝毫的物欲萌动于心,而遮蔽了我们本真的良知本体。

四、小结

丁为祥认为,从精神危机的角度看,如何化解自己的精神危机,如何给自己确立一个坚实的精神立足点,始终是阳明思想探讨及发展的根本动力。也恰恰是因为王阳明强调"良知"不是一个虚空隔离的概念,而是主体当下的情感呈现,也凸显出了王阳明的"良知"说对我们生活的指导意义所在。

王阳明的"良知"思想从孟子的"良知良能"说谈起,在其理论构建的过程中,阳明赋予"良知"颇多含义,既有向善的秉性亦有作为知是知非的意思,也从情感感受角度出发,充分体现"良知"说在王阳明心学理论体系下的重要意义。王阳明也用其自身的经历说明了在对道德的追寻过程中,于经验事物中去寻求价值之理终究只是"抛却自家无尽藏,沿门托钵效贫儿"。

---

① 王阳明:《王阳明全集》,上海:上海古籍出版社,2012,第5页。
② 王阳明:《王阳明全集》,上海:上海古籍出版社,2012,第27页。

孟子性善论及其当代启示

（赵小璇　安徽大学哲学学院）

摘　要：孟子的人性论思想内容丰富，其中最为著名的主张是性善说。他基本上继承了孔子的思想体系，是儒家学派的代表人物之一。孟子主张性善论，认为人性本善，包括人的社会本性如恻隐之心、羞恶之心、辞让之心、是非之心四种德性，这四心虽是人与生俱来的，但也需要不断修养保护。本文首先论证了孟子学说中的人性本质，并与儒家学说的仁爱之心相联系，列举了孟子是如何通过道德修养实现善。最后阐明了孟子人性论的现代价值及意义。

关键词：性善说；孟子；"四心"；道德修养；现代价值

一、人性本质

人性的善恶是先秦儒家一直所关注的问题。孟子的性善论是儒家性善思想成熟的理论表达，是对孔子仁的思想和学说的继承和发展。从战国时期开始，中国便开始了关于人性的思考与研究，战国初期，世硕主张"有善有恶"，告子则认为无善也无恶，以孟子为代表的则持有"性本善"的观点，荀子持有相反的观点认为"性本恶"，我更为赞同孟子的观点。

在战国初期，"性""生"两字是可以相互通用的。"性"字在《孟子》中一共出现了37次，由"生"转化而来。告子认为："食色，性也。"①孟子与之不同，孟子强调人性与兽性的差别，并批评了以告子为代表的"生之谓性"的言论，孟子认为这种观点没有看到人性真正的本质，生之谓性并没有突出人与兽之间的差别。孟子认为，人具有与动物或他物不同的特性，这种特性就是道德性。

孟子在论述"性善"时，进一步将其建立在"四心"的基础之上。他认为人皆有"四心"。"恻隐之心，人皆有之；羞恶之心，人皆有之；恭敬之心，人皆有之；是非之心，人皆有之。恻

---

① 《孟子·告子上》。

隐之心,仁也;羞恶之心,义也;恭敬之心,礼也;是非之心,智也。仁义礼智,非由外铄我也,我固有之也,弗思耳矣。"①人所具有的内在情感,如恻隐、羞恶、恭敬、是非等,是人们处人处世的道德判断的导向和道德鉴别的标准,同时,这些东西也是"仁""义""礼""智"的初始状态和象征。孟子认为这"四心"是一种本性,是人不虑而知、不学而能的"良知良能",这种本心并不是外界所强加于人的,是本来就存在于人内在的本质之中,只是有些人不愿意去探索而已。在孟子看来,"心"是人性的本源。他也因此提出"仁、义、礼、智根于心"②的说法,并在《孟子·公孙丑上》中以"孺子将入于井"的事例加以论证。他说:"今人乍见孺子将入于井,皆有怵惕恻隐之心。非所以内交于孺子之父母也,非所以要誉于乡党朋友也,非恶其声而然也。"③在孟子看来,每个人都具有恻隐之心,当人们看到小孩将要掉进井里,会不自觉地想要去救人,这是一种人的内在本质——"善"的流露,人们的这种不自觉想去救人的行为并不是因为外在的名声、利害关系或者交情。仅仅是因为个人的内在本性。在孟子看来,道德本性才是人最根本、最重要的特性,人按照内在的"本心"去做,去发展,自然可以为"善"。这种道德本性在孟子看来也是人之所以为人的标尺。

孟子的"性"也是类的意义上的性,"凡同类者,举相似也。"④孟子从人的本质出发,推出人在"类"性面前是平等的。按照孟子的看法,"善"是人的本性,是人内在的本质,这是天所赋予人的,更是人可以区别于动物和他物的类本质、类特性。孟子关于人性的讨论是从人的内在情感,即不忍人之心、恻隐之心出发的。人的道德直觉、道德担当,当下直接的正义活动,其实是并没有任何功利目的的。它是主体基于道德的情感要求,给自己下命令的一种当下的正义行动。恻隐、羞恶、辞让、是非等心,既是理,又是情。这种"四端之心"本身就具有道德价值感,同时也是人们进行实践时的判断准则,这种准则("四端之心")内在地推动人们去完成当下的善的行为,成为道德主体自我实现其价值的一种内在动力和价值导向。

二、人性善与仁爱之心

在古代汉语中,"善"其实是一个高度抽象化的概念。凡是人们心中认为的一切美好善良的属性,都可以用"善"来形容。孟子所说的人性善更是继承并发展了儒家传统关于仁爱之心的说法。"仁爱"是儒家思想的核心内容,"仁爱"思想主要包含了三个不同层次的含义:

---

① 《孟子·告子上》。

② 《孟子·尽心上》。

③ 《孟子·公孙丑上》。

④ 《孟子·告子上》。

"亲亲""仁民""爱物"。关于"亲亲"，孟子在《孟子·梁惠王上》中说："老吾老，以及人之老；幼吾幼，以及人之幼。"①意思是我们不仅要善待、敬爱自己的长辈，同样也要尊重和爱护其他没有血缘关系的长辈；在抚养照顾自己的孩子的同时，也要同样去对待他人的孩子。从尊敬自己家里的长辈，从而推广到敬爱他人长辈；对自己家的小孩呵护备至的同时，推广到爱护他人家里的儿女。这就是孟子的博爱，也就是推己及人。这是一种性善论的表达，更是一种仁爱之心。

孟子不仅继承了孔子的"仁爱"思想，并在孔子"亲亲"之"仁爱"的基础上进一步发展，提出"仁民爱物"的思想，扩大了"仁爱"的内涵，打破了以血缘关系为纽带的"仁爱"思想的界限。孟子曰："君子之于万物也，爱之而弗仁。于民也，仁之而弗亲。亲亲而仁民，仁民而爱物。"②我们不仅要爱护人，也要将"仁"推己到物，仁者之爱应该在满足血缘亲情的关系之后，将爱心由己及人、由近及远地外推开来。孟子的可贵之处就在于，他提出了爱护自然生态，需要首先爱护人的观点；爱护人是治本，爱护生态是治标，二者以爱护人为最。

三、性善向善实现途径

在《孟子·告子上》中，孟子论证了人性善的学说，并进一步阐述了后天修养的重要性。人的善是与生俱来的，是天赋予人的，可是如果不注意修养与保持，这种善性就会被蒙蔽、被侵蚀，最终会让许多人失去自身的天赋善性。孟子注意到，物欲横流是造成人心向恶的重要原因。因此孟子提出人应当更加注重追求自己的精神层面与内心世界的统一。在《孟子·告子上》中，孟子讲到人们知道如何去养护树木，却不懂得如何爱惜自己。在孟子的话语中，我们不难看出养身不仅指保养自己的形体，还需要修养自己的内心，从而形成健全的人格。

四端之心会因外在的环境而丢失，因此我们需要不断反省自觉，这也是孟子所强调的"思"的工夫。"思"的工夫我们又可以将它称之为"求放心"。孟子曰："仁，人心也；义，人路也。舍其路而弗由，放其心而不知求，哀哉！人有鸡犬放，则知求之；有放心，而不知求。学问之道无他，求其放心而已矣。"③孟子把学问之道概括为"求放心"，这一概念对儒家思想的发展具有重要的意义。"思"的方向在于"求其放心"，即收拾起散失的本心，重建自己完整的天赋"四心"：恻隐之心、羞恶之心、辞让之心和是非之心，并使之成为自己的恒心。

"思"之后，是扩充四端，求其放心之后是如何存心。孟子曰："君子以仁存心，以礼存

---

① 《孟子·梁惠王上》。

② 《孟子·尽心上》。

③ 《孟子·告子上》。

心。仁者爱人,有礼者敬人。"①在做人做事的过程之中,时时做到爱人、敬人,遵从仁与礼的方法,人们就可以好好地涵养心,从而保管好心,不再丢失它。孟子随后还提出要善养"浩然之气"。"浩然之气"是坚守正义的道德勇气,是一种刚毅之气。"其为气也,配义与道"②,坚守"浩然之气"需要以仁义来配合,用正义来培养,如此才能使"浩然之气"持久光大。求放心、存养心及养浩然之气这一系列存养工夫都是扩充四端的重要手段,"凡有四端于我者,知皆扩而充之矣"③,"因为恻隐、羞恶、辞让、是非四心只是四端,并不是完成了的德,因此只有将它们扩充才能达到四德的理想境界,最终达到个体善人格的完成。"④

在孟子的"存心""养心"等一系列的修养工夫中,我们可以看出存心养心的道德修养过程可以说为"尽心""知性"。性善的道德修养过程是一条由内而外、由下而上的进路。所以,人作为道德主体,是自己给自己下命令,自己支配自己。这一主体既是意志主体,又是价值主体,更是实践主体。仁、义、礼、智、信等,不完全是社会对人施加的道德规范,同时是本心所制定的法规法则,也是道德生活的内在性。

四、性善论现代意义之体现

孟子生活的时代,硝烟四起,诸侯国之间的兼并战争日趋激烈。虽然现代的国际背景与孟子生活的时代有所不同,但是,孟子的性善论对儒家文化,特别是儒家的人性论等理论发展起到了重要的奠基作用,并会影响其发展的过程与方向。在当代,随着科学技术的不断发展,人们越来越心浮气躁,面对社会上的各种诱惑,利欲熏心,无法抵抗,做出僭越本心与道德的事情。我们的精神世界正在被不同的价值观、物质欲望等不断地冲击着。面对如此严峻的现实情况,孟子的性善论为我们倡导"善"提供了理论基础。孟子的性善论主张"圣人,与我同类者"⑤"人皆可以为尧舜"⑥等圣人观,极大地拉近了普通人与圣人之间的距离,给人成就完美人格以极大的鼓舞。

孟子的性善论在强调人格发展的同时,更加注重人们的道德修养,他提出人应该具有一定的同情心,真正做到"老吾老,以及人之老;幼吾幼,以及人之幼"⑦,同时具有以天下为己任的格局与胸襟,在社会的发展、国家的发展中积极地贡献自己的力量,为祖国的繁荣、

---

① 《孟子·离娄下》。

② 《孟子·公孙丑上》。

③ 《孟子·公孙丑上》。

④ 参见黄义鹏:《孟子性善向善的实现路径——"恻隐"而"羞恶"》,《青年文学家》2021年第15期。

⑤ 《孟子·告子上》。

⑥ 《孟子·告子下》。

⑦ 《孟子·梁惠王上》。

民族的复兴、人民的幸福做出自己应有的贡献。这倡导了一种积极向上的人生观、价值观。在道德修养的过程中，孟子主张要持之以恒。道德素质的提高是一个有计划、有节奏，需要长期坚持下来的过程。对于个人来说，我们需要在修养身心的过程之中，树立正确的道德信念和坚定的道德意志，培养良好的道德行为和习惯。自尊自强，保持初心，在成长的过程中不断充实自己，加强自身的道德修养，在经济、政治、文化发展的大潮中明辨是非，坚持自我，坚守初心，经受住考验。

总的来说，孟子的性善论与其道德修养学说，具有积极向上的价值和不朽的生命力。不仅对于我们个人具有积极的意义，对于国家、民族也具有重要的价值。一个国家和民族要想立足于世界之林，需要有开阔包容的胸怀以及放眼世界的格局。作为中国人，我们应当树立文化自信，自立自强，坚持正确的价值观，大力弘扬中华优秀传统文化，在世界的发展与人类的进步中，贡献出自己的一份力。中国作为世界上最大的发展中国家，拥有五千年的文化底蕴，在发展的过程中，我们应努力提升综合国力，大力发展生产力，使得国强民富、国泰民安，树立良好的国际形象。在对待孟子的性善论理论时，我们同样需要"取其精华、去其糟粕"，本着批判继承的态度，摒弃其中不适合现代社会发展的部分。对于适合的部分加以继承和创新。只有这样，才能使个人、民族以及国家永远朝着积极向上、健康进步的方向不断发展。

孟子"性善论"中的生态思想

（李习妹　安徽大学哲学学院）

摘　要：孟子"性善论"中包含有生态思想，主要为：性善，生态关怀；为善，顺应自然；成善，和谐共生。剖析孟子"性善论"中的生态思想，对我国当下生态文明建设具有启发意义。

关键词：性善；为善；成善；生态

一、性善：生态关怀

　　孟子用性善论来标宗立派。然而《孟子》一书中提到"性善"的字眼少之又少。在《孟子》一书中，《滕文公上》篇是最早提到性善的，篇中提道："滕文公为世子，将之楚，过宋而见孟子。孟子道性善，言必称尧舜。"[①]这里的"道性善"就是孟子在宣扬性善论。孟子在性善论方面通过"人禽之辩"与告子进行争论，在《告子上》中，告子将性比喻为水，"性犹湍水也，决诸东方则东流，决诸西方则西流。人性之无分于善与不善也，犹水之无分于东西也。"[②]告子认为"人无善无不善"的，并用"生之谓性"来定义人性。在中国古文化的传统中，"生"与"性"是同源字。据考证，在甲骨文中，只有"生"字，却没有"性"字。"所以'以生言性'从字源的角度看，乃表示'性'字源自'生'字；从思想的角度看，则表明古人是从'生'来理解'性'。"[③]"生之谓性"意即人本身的欲望即人性，但是孟子却反对这一点，主张人禽之辩。孟子认为，如果人的生理欲望即人性，则人与动物无异。然现实情况是，人与动物是有差别的，应当着眼于这种差异去探讨人性。《离娄下》里曾言："人之所以异于禽兽者几希。"[④]孟子认为，正是这些许的"几希"把人与动物相互区别，把人提升到动物之上，正是这些"几希"构

---

① 《孟子·滕文公上》。

② 《孟子·告子上》。

③ 梁涛：《"以生言性"的传统与孟子性善论》，《哲学研究》2007年第7期。

④ 《孟子·离娄下》。

成了人的"类特性"。李存山先生曾说过："孟子所讲的人性，是人之所以为人，即人之区别于其他物类的特性。"①这里的特性是去除掉人身上动物性的特性，人具有动物所不具备的道德性，能够获取并践行道德。正是由于人的这种善性，这种道德性，所以人在面对自然万物时，怀有悲悯之心，尊重自然万物。

《孟子·滕文公下》有言："周公相武王诛纣，伐奄三年讨其君，驱飞廉于海隅而戮之，灭国者五十，驱虎、豹、犀、象而远之，天下大悦。"②这里用的是驱而并不是杀，体现了人对动物的爱护。正是人内心具有的这种善端，才使许多生灵免遭涂炭。《梁惠王上》中孟子与齐宣王有这样一段对话："臣闻之胡龁曰，王坐于堂上，有牵牛而过堂下者，王见之，曰：'牛何之？'对曰：'将以衅钟。'王曰：'舍之！吾不忍其觳觫，若无罪而就死地。对曰：'然则废衅钟与？'曰：'何可废也？以羊易之！'不识有诸？"③后人将之概括为"以羊易牛"。齐宣王用羊代替牛来进行祭祀，并不是说相对于羊来说更珍视牛，而是不忍见牛觳觫之态，因此触发不忍之心，产生共情心理。这是一种对动物普遍关怀的心态，这种推己及物的思想活动使人产生了一种尊重、保护动物的心理，人与动物要处于一个平等的世界中，要互相关爱。

二、为善：顺应自然

钱穆先生曾这样描述孟子的"性善论"："孟子所谓性善者，谓人人之性皆有善，非谓人人之性皆纯乎善。"④意即孟子所言"性善"是指人拥有善的禀赋，是可以为善，并不是说每个人都是善良的，人有向善的可能，并通过后天的礼义教化成为一个至善之人。一些学者通过形式逻辑来证明孟子的性善论，这是不正确的.杨泽波在《孟子与中国文化》中明确地指出："孟子论性善并不是通过形式逻辑证明性善可以成立，而主要是通过生命体验启发人们对于自己良心本心的体悟，只要体悟到了自己有良心本心，就会相信良心本心是人所固有的，就会对性善论坚信不疑。"⑤孟子也提到了命与性的区别，性是"求则得，舍则失"，而命却不然，通过命与性的对比，更加凸显了人是道德主体。人要不断培养自己，探求"万物皆备于我"之理，遇事"反求诸己"，净化自己的心灵。孟子也用心来论性，这里的心主要指的是"不忍人之心"，这种本来就存在于内的善心是人性之本体。孟子以"不忍人之心"为基础，又延伸出"四心"，《公孙丑上》里提道："恻隐之心，仁之端也；羞恶之心，义之端也；辞让之

---

① 李存山等：《中国文化通志·哲学志》，上海：上海人民出版社，2002，第150页。

② 《孟子·滕文公下》。

③ 《孟子·梁惠王上》。

④ 钱穆：《孟子研究》，上海：开明书店，1948，第80页。

⑤ 杨泽波：《孟子与中国文化》，贵阳：贵州人民出版社，2000，第199页。

心,礼之端也;是非之心,智之端也。"①并通过"尽其心者,知其性也。知其性,则知天矣"②,将心与性,同天相连,融为一体。孟子对于天的理解,大致包含了三个维度:自然之天、命运之天以及义理之天。其中,自然之天主要探讨了人与自然的关系。这里的"天"意即自然界,是万物不断创生的生命之源,人与天处于一个共同体中。在孟子看来,万物运行自有其规律,应顺应天道,遵循万物生长规律做事,不违农时。如果破坏自然规律,则如《公孙丑上》中言:"天下之不助苗长者寡矣。以为无益而舍之者,不耕苗者也;助之长者,揠苗者也——非徒无益,而又害之。"③天下不通过自己力量助苗生长的人很少,认为做一件事情对自己没有好处,就选择放弃的人,就像是不给禾苗锄草的人一样,最终也不会有太大收获。而那些盲目帮助它生长的人,就像不断把禾苗拔起,用形式的长高来掩饰实际生长的人一样,不仅对禾苗无益,而且导致禾苗更加脆弱。所以要顺应自然的规律,切不可如拔苗助长者,盲目追求功效,而不顾事物的自然发展。

在《梁惠王上》中也有关于人要顺应自然的言语,"不违农时,谷不可胜食也;数罟不入洿池,鱼鳖不可胜食也;斧斤以时入山林,材木不可胜用也。"④不耽误农业丰收的时节,那么粮食就会吃不完。如果池塘里不遍布捕鱼的渔网,那么鱼鳖之类的水产也会吃不完。按一定的时节入山伐木,那么木材就会用不完,这样做不仅尊重了自然规律,也有利于社会的可持续发展。《梁惠王上》中有言:"五亩之宅,树之以桑,五十者可以衣帛矣。鸡豚狗彘之畜,无失其时,七十者可以食肉矣。百亩之田,勿夺其时,数口之家可以无饥矣。"⑤有五亩大的田地用来种植桑树,接近50岁的人大概就可以穿上丝绸了。在合适的时节去饲养鸡猪狗鸭,那么接近70岁的人大概都可以吃肉了。百亩的田地,不违农时进行耕种,那么有很多人便不会闹饥荒了。"取之有时,用之有节",使万物各得其所,有所生长,万物都有其自身的位置,不强求,顺遂天意。推己及物,去"爱物",在尊重自然的基础上,对自然进行合理的开发。

三、成善:和谐共生

要成善,需要对善进行存养、扩充,并不断进行思考。《告子上》中有言:"耳目之官不思,而蔽于物。物交物,则引之而已矣。心之官则思,思则得之,不思则不得也。此天之所与我

---

① 《孟子·公孙丑上》。
② 《孟子·尽心上》。
③ 《孟子·公孙丑上》。
④ 《孟子·梁惠王上》。
⑤ 《孟子·梁惠王上》。

者。先立乎其大者，则其小者不能夺也。"①要不断思考，求得放心。求放心之后，便要存心养心，养吾浩然之气。如何养心，则须寡欲。那些欲望少的人，很少有失其本心的；那些欲望多者，很少有能够保存本心的。在此基础之上，还需要用仁义礼智来扩充受蒙蔽的"本心"。《公孙丑上》曰："凡有四端于我者，知皆扩而充之矣，若火之始然，泉之始达。苟能充之，足以保四海；苟不充之，不足以事父母。"②由此可见，养心须尽心，为善之道也须尽心。同时，成善也须养气，养"浩然之气"。《公孙丑上》篇里对"浩然之气"是这样解释的，曰："'敢问夫子恶乎长？'曰：'我知言，我善养吾浩然之气。''敢问何谓浩然之气？'曰：'难言也。其为气也，至大至刚，以直养而无害，则塞于天地之间。其为气也，配义与道；无是，馁也。是集义所生者，非义袭而取之也。行有不慊于心，则馁矣。'"③公孙丑问孟子："敢问老师擅长哪一方面呢？"孟子说："我能够明白别人说言之意，也懂得如何培养自己的浩然之气。"公孙丑又问："那请问什么叫浩然之气呢？"孟子解释道："浩然之气很难用语言表述清楚。这种只可意会不可言传之气，十分浩大充盈，且颇有力量，以正直的品格去培养它，并且不加以伤害，那么天地之间便会充盈这种气，便有一种和谐的氛围。但是，这种气需与仁义道德相辅相成，否则便不会圆满。而且，这种气必须要辅以经常性的礼义教化蓄养才能生成，而不是说，偶然去做好事便可得到这种气。如果你的行为不符合道义，于内心的善心有偏颇，那么这种浩然之气便会逐渐衰竭。这是一种经养心养性达到的道德修养境界，修养到了一定境界，则为君子，拥有独特的人格魅力，对万物持有平等的观念，相信人与万物是和谐共生的。

《梁惠王上》中有言："七八月之间旱，则苗槁矣。天油然作云，沛然下雨，则苗浡然兴之矣！"④庄稼的灌溉需要水源，而山林的存在又可以起到蓄水的作用，人们有节制地使用树木，便可以保证森林的繁育，生物之间是相互联系的，共同处于一个统一体中。植物的存在有其内在的价值，《离娄下》里曾言："源泉混混，不舍昼夜，盈科而后进，放乎四海。有本者如是，是之取尔。苟为无本，七八月之间雨集，沟浍皆盈；其涸也，可立而待也。"⑤有本源的水滚滚而来，从早到晚一直不停歇，注满洼地再往前流，直到抵达了大海。有本源的水便像这样，取这一点罢了。没有本源的水，在每年七八月份大雨密集的时候，一时也能注满沟渠，但是它很快就会干涸。我们不仅要尊重动物，也要爱护植物，保有善心，滋养万物，爱护生态环境，将万物看作是平等的，这样才能拥有一个和谐的大环境，自然才能够更好地发展，才有利于实现人与自然的和谐共生。

---

① 《孟子·告子上》。
② 《孟子·公孙丑上》。
③ 《孟子·公孙丑上》。
④ 《孟子·梁惠王上》。
⑤ 《孟子·离娄下》。

四、延伸：对生态文明建设的意义

孟子的性善思想，从主体性的角度来说，最开始是以每一个人为初始主体的，每个人都有善端，也都要发挥自己的主体自觉，去践行善的事，从个人到社会，不断扩大，推己及人，推己及物，由此而迈向更大的致善目标，实现人与自然的和谐发展。生态文明指的是："人类遵循人、自然、社会和谐发展这一客观规律而取得的物质与精神成果的总和，是指以人与自然、人与人、人与社会和谐共生、良性循环、全面发展、持续繁荣为基本宗旨的文化伦理形态。"①我国现阶段明确提出要建设生态文明社会，我们可以借鉴孟子"性善论"中的生态思想，以期对生态文明社会的建设贡献一些力量。孟子倡导"仁者爱人""亲亲，仁民，爱物"，这种重生爱物的生态情怀具有人文主义精神，他还提倡要顺应"天之道"，尊重自然规律，以期实现人与自然和谐共生的局面，达到与天合一的理想境界。孟子特别注重道德的培养，通过"以德配天"来发挥人的主体意识，要意识到万物生灵皆平等，要自觉有责任意识，并不断践行。

首先，实现生态文明要做到生态平等。我们要怀有一颗善心去对人对物，人与人、人与物、物与物之间都是平等的，我们要以平等的观念来看待整个生态系统，顺应自然的发展规律，顺应万物生灵的本性。不能以一个高高在上者的心态来看待事物，在解决资源有限性与人类欲望的无限性矛盾之间，我们要找到平衡点，培养整体性思维，在维护绿色环境的前提下，保障最基本的生活需求。

其次，实现生态文明要顺应自然规律。万物生长各有其规律，也自有其位置。种植农作物，不违农时，及时收割；对于植物，也不要乱砍滥伐，进行森林养护，使得生态系统能够一直良性循环下去。

最后，实现生态文明要提高道德修养。存心，养浩然之气，不断提高自己的境界，通过"清心寡欲""反求诸己"不断地去追求自己的本心，使自己的心灵清澈澄净。天和人并不是相互对立的关系，而是相互依存的关系。事物在不断发展，人类自身也是在不断进步的。我们终将在不断实践中深化我们的认识，也会在不断认识中深化我们的实践，最终达到认识与实践相统一。我们将孟子的生态思想应用在实践中，尊重世间万物，达到一种"生态自我"之境，最终实现人与自然的和谐发展。

---

① 姬振海：《生态文明论》，北京：人民出版社，2007，第2页。

论孟子的生态教育思想

（蒋毓舒　安徽农业大学马克思主义学院）

摘　要：孟子注重人文化成的生态教育观，主张从教育环境、施教对象、教育方法和价值理想等方面，对人实施成功完满的教育。孟子的生态教育思想对当代教育亦有一定启示意义。

关键词：孟子；生态教育观；评价

生态教育是指以生态哲学观作为基础，把追求生命整体的"自由""快乐"和"幸福"作为目标，以人与自然的良性互动为运动模式，通过认知教育和实践教育，把握不同层级、不同范畴的生命整体的和谐共生、相互依存的运动规律，实现包括人在内的世界万物的可持续发展。生态教育学"不仅仅是一个关于自然保护以及人类社会对于自然环境所产生影响的全球性工程，更是一个从生态视角观察可持续文明的新模型，它要求经济、社会和文化结构做出必要的改变"①。本文主要对孟子的生态教育思想进行探讨。孟子是我国古代著名的思想家、教育家，其生态教育思想主要表现在以下方面。

一、生态教育之环境

孟子认为生存环境对教育有着重要的影响。孟子说："人性之善也，犹水之就下也。人无有不善，水无有不下。今夫水，搏而跃之，可使过颡；激而行之，可使在山。是岂水之性哉？其势则然也。"②人性之善就像水往下流一样，但是也有例外的情形出现，这是由于情势导致水流的方向发生了变化。做好人、行善举，关键在于一个人内心的判断和选择。

《孟子·滕文公下》中，孟子用了一个非常形象的比喻。"孟子谓戴不胜曰：'子欲子之王

---

① 卡恩：《批判教育学、生态扫盲与全球危机生态教育学运动》，张亦默、李博译，北京：高等教育出版社，2013，第16页。

② 《孟子·告子上》。

之善与？我明告子。有楚大夫于此，欲其子之齐语也，则使齐人傅诸？使楚人傅诸？曰：使齐人傅之。曰：一齐人傅之，众楚人咻之，虽日挞而求其齐也，不可得矣；引而置之庄岳之间数年，虽日挞而求其楚，亦不可得矣。子谓薛居州，善士也。使之居于王所。在于王所者，长幼卑尊，皆薛居州也，王谁与为不善？在王所者，长幼卑尊，皆非薛居州也，王谁与为善？一薛居州，独如宋王何？'"①楚国大夫想让自己的孩子学习齐国的语言，最好的办法就是让其孩子在齐国住上几年。同理，薛居州是宋国的善人，让其住在宫中。如果王身边的人都是好人，王不可能与别人做坏事。反之，就不可能做出好事来。

孟子还认为个人生长环境对人的心性影响较大。孟子说："富岁，子弟多赖；凶岁，子弟多暴，非天之降才尔殊也，其所以陷溺其心者然也。"②丰收年成，子弟多半懒惰；年成不好，子弟多半凶暴。这并不意味着人在本质上有差别，而是因为"耳目之官不思，而蔽于物，物交物，则引之而已矣"③。其心被外在的客观环境之"势"所陷、所溺。由此可以看出，生长环境对人的行为习惯影响很大，久而久之，外在之势会内化于心，养成习惯。

孟子认为个人素质的训练与培养，也与环境亦有较大关系。他指出教育上的生发，需要教育环境长期持续的熏陶和浸染，才能日长月化，有所改变："孟子自范之齐，望见齐王之子。喟然叹曰：'居移气，养移体，大哉居乎！夫非尽人之子与？'孟子曰：'王子宫室、车马、衣服多与人同，而王子若彼者，其居使之然也；况居天下之广居者乎？鲁君之宋，呼于垤泽之门。'守者曰：'此非吾君也，何其声之似我君也？'此无他，居相似也。"④

居住环境改变人的气度，饮食改变人的体态。生活在王宫里，王子的行为举止都是相似的，主要是因为他们居住的环境相似罢了。因此，要想成为仁人志士，就要选择环境。内心求善，心居仁宅，自然会居仁行义。

同样，善端不能生发也是由于成长环境受到长期的破坏所导致，"无或乎王之不智也，虽有天下易生之物也，一日暴之，十日寒之。未有能生者也。吾见亦罕矣，吾退而寒之者至矣。吾如有萌焉何哉！"⑤天下即便有最易于生长的植物，如果晒它一天，冻它十天，也不可能成活。所以对于大王的不明智，"我"不感到疑惑。孟子在这里强调，只有长期坚持启发、熏陶，才会生发善端。如同王阳明所言："大抵童子之情，乐嬉游而惮拘检，如草木之始萌芽，舒畅之则条达，摧挠之则衰痿。今教童子，必使其趋向鼓舞，中心喜悦，则其进自不能已；譬之时雨春风，沾被卉木，莫不萌动发越，自然日长月化。若冰霜剥落，则生意萧索，日

---

① 《孟子·滕文公下》。

② 《孟子·告子上》。

③ 《孟子·告子上》。

④ 《孟子·尽心上》。

⑤ 《孟子·告子上》。

就枯槁矣。"①

二、生态教育之内容

仁义皆为内在追求，从家庭推广至社会，由仁心而义行，为君子的本性使然。孟子云："仁义而已矣。杀一无罪，非仁也；非其有而取之，非义也。居恶在？仁是也；路恶在？义是也。居仁由义，大人之事备矣。"②"广土众民，君子欲之，所乐不存焉。中天下而立，定四海之民，君子乐之，所性不存焉。君子所性，虽大行不加焉，虽穷居不损焉，分定故也。君子所性，仁义礼智根于心。其生色也，睟然见于面，盎于背，施于四体，四体不言而喻。"③

孟子在这里提出了明确的生态教育目标：居仁由义。作为志士，理应践行仁义，就像圣人"行一不义、杀一不辜而得天下，皆不为也"④。心居于仁，行义于路，就能成贤成圣。

《孟子·尽心下》中，他提出其生态教育追求的六种境界："浩生不害问曰：'乐正子，何人也？'孟子曰：'善人也，信人也。''何谓善？何谓信？'曰：'可欲之谓善，有诸己之谓信。充实之谓美，充实而有光辉之谓大，大而化之之谓圣，圣而不可知之之谓神。乐正子，二之中，四之下也。'"⑤善，即喜爱善行的人；信，即认真践行善的人；美，即完全践行善的人；大，即达己达人的人；圣，即性之化人的人；神，即圣而不可知之，上下与天地同流的人。弟子乐正子是在善和信之间，在美、大、圣、神之下的人。

孟子继承孔子的"泛爱众而亲仁"之说，并在此基础上提出了仁民爱物思想，强调推己及人，推人及物，"君子之于物也，爱之而弗仁；于民也，仁之而弗亲。亲亲而仁民，仁民而爱物。"⑥君子对于万物，爱不施仁；对于百姓，仁而弗亲。从亲亲开始，进而以仁德施民，进而爱护、珍惜世界万物。"他强调的爱物是要人们去爱惜自己周围的一切事物，而'爱物'的终极目的是使人生活得幸福，爱物就是爱人类自己。"⑦通过对家庭、社会、世界万物三个范畴，体现亲、仁、爱的三种做法，这三种做法体现了孟子生态思想中爱的普遍性、一致性和双向对等适应性。具体来说，在孟子那里，爱的普世价值不因环境范畴的变化而改变，在家庭、社会和世界之间有内在价值的统一性，这就是生，亦是孟子所讲的善；亲亲是对家庭的爱，仁民是对百姓的爱，爱物是对万物的爱；亲亲之爱与仁民之爱、万物之爱虽有不同，但一脉

---

① 王阳明：《王阳明全集》，北京：燕山出版社，2009，第212页。

② 《孟子·尽心上》。

③ 《孟子·尽心上》。

④ 《孟子·公孙丑上》。

⑤ 《孟子·尽心下》。

⑥ 《孟子·尽心上》。

⑦ 李明：《孟子生态思想刍议》，《宁波工程学院学报》2014年第3期。

相通,从仁民之爱推及万物就是爱万物,即爱护万物的生长并使万物能够充分发挥它们的价值,亦即物尽其用。"在孟子看来,'爱物'是人的责任和义务,其中也包含了对生命意义、价值的尊重。"①

为避免学生误入歧途,孟子强调学习内容要正本清源,辨别正道,经正则无邪,"孔子曰:'恶似而非者:恶莠,恐其乱苗也;恶佞,恐其乱义也;恶利口,恐其乱信也;恶郑声,恐其乱乐也;恶紫,恐其乱朱也;恶乡原,恐其乱德也。'君子反经而已矣。经正,则庶民兴;庶民兴,斯无邪恩矣。"②追求正道,如果不懂得分辨,可能会误入歧途。正如孔子所言的似是而非,看着相似实际并不相同,乡原就是例证。因此要学会分辨,君子才能守正。守正而经正,人民生活才会富足昌盛,社会才不会有邪恶的事情发生。

如何看待外在物质与内在仁义之关系,孟子重视乐教。乐是仁的外在表现形式,也是道德情感在仁上的抒发。《孟子·梁惠王下》中,孟子与齐宣王讨论了众乐、少乐及独乐的关系:"'王之好乐甚,则齐国其庶几乎!今之乐,犹古之乐也。'曰:'可得闻与?'曰:'独乐乐,与人乐乐,孰乐?'曰:'不若与人。'曰:'少乐乐,与众乐乐,孰乐?'曰:'不若与众。'"③乐能反映人的道德情感,也会调节人的内心情感。人的成长在社会环境和自然环境影响下,必然产生个人欲求与社会需要之间的冲突,也必然产生自己道德理性和人之物质需要的冲突,在仁与非仁之间徘徊和波动。这时候,乐的出现就能够让人的自然情感通过一定的载体抒发出来,实现内心深处的宁静和平衡。从这个意义上讲,礼乐教育更是培养生态人和推行生态教育的必要方式。

乐在行仁而近仁,"万物皆备于我矣。反身而诚,乐莫大焉。强恕而行,求仁莫近焉。"④仁义礼智根植于心,不因情势之变而加损,四体可以做到不言而喻,"口之于味也,目之于色也,耳之于声也,鼻之于臭也,四肢之于安佚也,性也,有命焉,君子不谓性也。仁之于父子也,义之于君臣也,礼之于宾主也,智之于贤者也,圣人之于天道也,命也,有性焉,君子不谓命也。"⑤口耳鼻目四肢之性为自然之物欲,求之有道,得之有命,这些都是外在的。真正要追求的人生大道,则是仁义礼智,求得则万物皆备于我,这才是最大的快乐。

《孟子·尽心上》中,孟子谈到自己的价值观,以及他对家庭、社会和世界万物的态度,"君子有三乐,而王天下不与存焉。父母俱存,兄弟无故,一乐也。仰不愧于天,俯不怍于人,二乐也。得天下英才而教育之,三乐也。"⑥家人都在,无饥无疾,是社会中最基础的家庭

---

① 宋丹:《人世大关怀——试论孟子的生态观》,《牡丹江大学学报》2015年第2期。

② 《孟子·尽心下》。

③ 《孟子·梁惠王下》

④ 《孟子·尽心上》。

⑤ 《孟子·尽心下》。

⑥ 《孟子·尽心上》。

单位的生态理念。从自己的家庭推及别人的家庭,"老吾老以及人之老,幼吾幼以及人之幼,""仁者以其所爱及其所不爱,不仁者以其所不爱及其爱"①,"得天下英才而教育之",这些体现了他的仁民思想,通过对英才的教育,让他们肩负起"穷则独善其身,达则兼善天下"②的使命,这样整个社会就会崇仁向善乐生。"仰不愧于天,俯不怍于人"体现了孟子对世界万物的爱。"三乐"思想深刻揭示了孟子生态思想核心的三个层面,从家庭到社会再到世界万物,层层向外扩充。

三、生态教育之方法

《孟子·尽心下》中,孟子提出生态教育的实践方法,"养心莫善于寡欲。其为人也寡欲,虽有不存焉者,寡矣;其为人也多欲,虽有存焉者,寡矣。"③"寡欲"寡的是口耳鼻目四肢之物质之欲,即心无旁骛、专心致志。"寡欲"的目的是"存心",不迷失。也就是说,当物欲降低的时候,存心则多,当物欲增大的时候,迷失亦多,存心亦寡。君主不去追求利欲,则可以正心,这样国君之间就不会为了土地民众之多寡而相互征伐,百姓就不会生活在水深火热之中。

《孟子·告子上》中,孟子指出求学的方法就是求放心,"仁,人心也;义,人路也。舍其路而弗由,放其心而不知求,哀哉!人有鸡犬放,则知求之;有放心,而不知求。学问之道无他,求其放心而已矣。"④认为仁义是内心所追求的光明大道,但是由于内心为外在情势所蔽,失去了内心不知道找回来。求放心的基本方法就是让仁义扩充于生活的角落。求学之道,无非就是求放心而已。

孟子教育学生要"学而时习之",在教导学生践行仁义方面,用了巧妙比喻,"山径之蹊间,介然用之而成路。为间不用,则茅塞之矣。今茅塞子之心矣。"⑤路是义,草是利,是耳目口舌之欲。仁是心之安宅,路是义行,山径之蹊,为间不用,则茅草丛生覆盖于路。之所以造成这种状况,是因为茅草堵住你的心了,不能实现仁的生发,无法向外扩充。

对于学习内容,孟子教育学生要有所取舍,"体有贵贱,有小大。无以小害大,无以贱害贵。养其小者为小人,养其大者为大人。今有场师,舍其梧槚,养其樲棘,则为贱场师焉。养其一指而失其肩背,而不知也,则为狼疾人也。饮食之人,则人贱之矣,为其养小以失大

---

① 《孟子·梁惠王上》。
② 《孟子·尽心上》。
③ 《孟子·尽心下》。
④ 《孟子·告子上》。
⑤ 《孟子·尽心下》。

也。饮食之人无有失也,则口腹岂适为尺寸之肤哉?"①养其大者,立乎其大者,遵从大人之学。

修正调节自己的行为,孟子认为最为有效的践行方式就是自反,如其云:"爱人不亲反其仁,治人不治反其智,礼人不答反其敬。行有不得者,皆反求诸己,其身正而天下归之。"②"有人于此,其待我以横逆,则君子必自反也:我必不仁也,必无礼也,此物奚宜至哉? 其自反而仁矣,自反而有礼矣,其横逆由是也,君子必自反也:我必不忠。自反而忠矣,其横逆由是也。"③"自反而不缩,虽褐宽博,吾不惴焉;自反而缩,虽千万人,吾往矣"④"仁者如射:射者正己而后发。发而不中,不怨胜己者,反求诸己而已矣。"⑤

自反的目的就是要做到真诚向善。当你用真诚的心面对世界的时候,心之善端由内向外扩充,内心充满力量,这时候才能感受到践行仁义的快乐。这就是孟子所说的"万物皆备于我矣,反身而诚,乐莫大焉。"⑥自反的动力不仅在于自反,更在于长期不懈的专注与坚持,"今夫弈之为数,小数也;不专心致志,则不得也。弈秋,通国之善弈者也。使弈秋诲二人弈,其一人专心致志,惟弈秋之为听。一人虽听之,一心以为有鸿鹄将至,思援弓缴而射之,虽与之俱学,弗若之矣。为是其智弗若与? 曰:'非然也。'"⑦弈秋是国中最出名的棋师,教授两名学生学习棋艺,一个人专心致志,一个人心不在焉。虽然两个人在同样的教育环境下学习,结果迥异。这当然不是智力上的差别,而是其中一人没有专心听讲、三心二意的缘故。孟子在此强调专心致志才是学习的态度,集中精力才能发挥教育的作用。如果没有坚持不懈的积累和努力,一样实现不了个人追求,达不到教育目标。

孟子强调把握教育规律的重要性,他说:"有为者辟若掘井,掘井九轫而不及泉,犹为弃井也。"⑧"仁之胜不仁也,犹水胜火。今之为仁者,犹以一杯水,救一车薪之火也;不熄,则谓之水不胜火,此又与于不仁之甚者也。亦终必亡而已矣。"⑨"五谷者,种之美者也;苟为不熟,不如荑稗。夫仁,亦在乎熟之而已矣。"⑩孟子认为,学习如果不经过周期性的累积,则不可能有质的飞跃,也不会有教育上的成功。做事情如果不能坚持做到底,就等于没做。一次行仁,如同假仁,杯水车薪,无济于事,掘井不及泉,犹为废井。践行仁义,需要一生践行

---

① 《孟子·告子上》。
② 《孟子·离娄上》。
③ 《孟子·离娄下》。
④ 《孟子·公孙丑上》。
⑤ 《孟子·公孙丑上》。
⑥ 《孟子·尽心上》。
⑦ 《孟子·告子上》。
⑧ 《孟子·尽心上》。
⑨ 《孟子·告子上》。
⑩ 《孟子·告子上》。

仁,时时践行仁,经过长期的践行和累积,身修则得仁,终身才性仁,从而实现自身成仁成圣的理想。

孟子注重教育对象的适应性。《孟子·离娄上》载:"公孙丑曰:'君子之不教子,何也?'孟子曰:'势不行也。教者必以正;以正不行,继之以怒;继之以怒,则反夷矣。夫子教我以正,夫子未出于正也。则是父子相夷也。父子相夷,则恶矣。古者易子而教之。父子之间不责善。责善则离,离则不祥莫大焉。'"[1]认为君子不能教育自己的孩子,其根本的原因是角色的错位。君子既是老师又是父亲,那么在教育的过程中两种角色都存在。君子往往会以教师的角色来传播知识,但在对学生的考核上往往又会按照家庭之中父亲的要求去做,使得其评判不够客观恰当,可能会引发父子争执,进而影响父子感情,这样就演变成一种伤害亲情的家庭教育。所以,孟子言古人都是易子而教,教育者与受教育者要具有双向适应性。

综上,孟子从生态的视角,以仁义为核心,以人心的自觉与自反为动力,对其时的教育提出了诸多惠识。孟子的生态教育思想,对于今天的教育不无有益启示。

---

[1] 《孟子·离娄上》。

孟子生态伦理责任情怀的现实观照

（俞秀玲　西北政法大学哲学与社会发展学院）

摘　要：人类应如何对待同类与非同类？这是亟待我们深思的问题。古圣先贤留下了"人与天地万物为一体之仁"的智慧。孔子作为儒学的创始者,他的思想中包含着深沉的生态伦理责任情怀。孟子的生态伦理责任情怀以其"仁民而爱物"的天人相通观作为其哲理根基,同时继承和发展了孔子的生态伦理情怀,由此而滋养了其"使民养生丧死无憾"的生态伦理责任情怀。孟子的生态伦理责任情怀,对我们今天重建生命伦理,解决现实的生态问题仍然具有重要的启迪作用。

关键词：孟子；仁者；天地万物为一体；生态伦理责任情怀；现实观照

人类应如何对待同类与非同类？这是亟待我们深思的问题。人类与其赖以生存的生态环境,从来都是相互影响、相伴而行的。从人类从事狩猎、开荒、种植、建筑等活动开始,两者就已经在互相影响,并不断改造着我们的生活环境。这些已经成为社会发展的重要问题之一。我们有必要从古圣先哲的优秀思想中汲取精华为我所用。自古以来,古圣先哲就留给了我们"仁者以天地万物为一体之仁"的智慧和古训,而战国时期的孟子,其生态伦理思想就是其中的一个典型。很大意义上来说,孟子生态伦理思想的责任情怀至今仍值得我们探讨、研究。

作为战国中期最杰出的儒学思想家,孟子继承儒家创始人孔子"泛爱众,而亲仁"[①]的仁爱伦理思想,提出了儒家思想史上非常重要的一个生态伦理学命题:"仁民而爱物"[②]。这一观点受到了现代生态伦理学创始人之一的法国思想家阿尔贝特·施韦泽（Albert Schweitzer,1875—1965年）的高度重视。他指出,"属于孔子（前552—前478年）学派的中国哲学家孟子,就以感人的语言谈到了对动物的同情。"[③]从阿尔贝特的观点中,我们能够看出,他非常

---

① 《论语·学而》。
② 《孟子·尽心上》。
③ 阿尔贝特·施韦泽:《敬畏生命:五十年来的基本论述》,陈泽环译,上海:上海人民出版社,2007,第72页。

赞许和看重孟子对动物的同情言辞，而孟子的这些言辞正是他"仁民而爱物"生态伦理思想和情怀的展现。

一、"仁民而爱物"的天人相通观：孟子生态伦理责任情怀的哲理根基

孟子的生态伦理责任情怀离不开其"仁民而爱物"的天人相通观思想，而其天人相通观的形成更离不开对孔子天人观思想的继承。

（一）对孔子天人观的继承和发展

"天人合一"的本源，"起于远古巫的通灵神、接祖先。前人说'古文天字本像人形……像花萼形，示生殖繁盛意，与祖字像生殖者同'。祖先、上帝、神灵、天，在远古（夏商周以前），与人、人际、子孙、社会（氏族、部落）通由巫术是可以沟通交流，相互影响。'天'、'帝'总与人事牵连，而非某种超乎经验、独立自主的主宰者。这一来自巫术活动的观念，经由礼仪制度的理性化，奠定了以后几千年'人道即天道、天道即人道'，以天帝、鬼神、自然与人际相互制约、和睦共处为准则的中国宗教——哲学的基本框架。这也就是'天人合一'的真实源头。儒、道两家许多基本范畴、观念，是将这巫术礼仪中'天人合一'的原始观念直接人文化和理性化的结果。"①也就是说，天人合一思想源自先秦。"绝地天通"以后，神人互通便转化和过渡到以神化王权为其实质的"天王合一"观念，而"天王合一"观念又逐渐呈现为哲学意义上的"天人合一"这一观念。这一现状一直发展到春秋社会的大变革时期。②春秋时期，一些思想家和政治家不仅对天命神权思想产生怀疑，并且对天神的权威予以质疑，把关注的目光从天神转向民众，人们对天人关系问题进行进一步的思考。"国将兴，听于民；将亡，听于神"③，在《左传》的这段记录中，尽管并没有否定神，但是已经能明显看出，神与人的主从关系被颠倒：民重于神。此时的人们已经在社会事务或生活中以"未能事人，焉能事鬼"④的态度淡化神事，如孔子和春秋晚期的子产就是典型代表。子产提出"天道远，人道迩，非所及也"⑤，强调"天道""人道"范畴，从原始宗教意义上对天人关系进行探讨，从而将天道、人道予以区分，由此开启了春秋战国时期流行几百年的天人观探讨，开启了人类走出原始、

---

① 张世英：《天人之际——中西哲学的困惑与选择》，北京：人民出版社，1995，第14页。
② 正是由于老子、孔子对"天人合一"的合力作用，其哲学意义层面的观念才得以战胜神学层面的天人合一观，并在春秋战国时期渐趋成熟：老子奠定了天人合一观的哲学宇宙论基础，突出了天道的正面作用；而孔子则奠定了天人合一观的人生论基调，突出了人道作用。当然，天人合一哲学层面的成熟意义，到北宋时期张载那里才出现："儒者则因明至诚，因诚至明，故天人合一，致学而可以成圣，得天而未使遗人。"（《正蒙·乾称》）
③ 《左传·庄公三十二年》。
④ 《论语·先进》。
⑤ 《左传·昭公十八年》。

巫术文化之后绽放出的理性之路。

"天人合一"的命题,其内涵因时代和思想流派而异。"中国天人合一思想可分为以下几个类型:一是儒家的有道德意义的'天'与人合一的思想;二是道家无道德意义的'道'与人合一的思想。儒家的天人合一又分为两类:一是发端于孟子、大成于宋明道学(理学)的天人相通的思想;二是汉代董仲舒的天人相类的思想。天人相通的思想复可分为两派:一是以朱熹为代表的所谓人受命于天、'与理为一'的思想;二是以王阳明为代表的'人心即天理'的思想。"①而孟子的天人观即属第一种,即儒家的有道德意义的天与人合一的思想。

在孟子天人观的形成过程中,孔子起到了重要作用。从孔子的思想来看,在天人关系上,孔子重视更多的是人,他非常重视人的教化问题。实际上,整部《论语》所探讨的即如何做人、如何为人处世的问题,"敬鬼神而远之"②,"夫子之文章,可得而闻也;夫子之言性与天道,不可得而闻也"③。当然,值得注意的是,尽管孔子对天并不够重视,"子不语怪、力、乱、神"④,但是孔子对天、天命仍保持敬畏的态度,"君子有三畏,畏天命,畏大人,畏圣人之言。"⑤孔子认为,天命是冥冥中操纵一切的主宰者的意志乃至命令。孔子更把"畏天命"与"君子"人格结合,并将其作为划分"君子"与"小人"界限的基础。也就是说,在孔子那里,他把"畏天命"作为君子人格构建的重要组成部分是主体者所必须遵循的现实伦理规范要求(即周礼)。正因如此,才有"不知命,无以为君子也;不知礼,无以立也"⑥的规范要求。孔子以"天意"来协调人类关系,以建立稳定和谐的人伦秩序,从而在"天人合一"的观念中把宗法人伦上升为一种天然合理的存在,以此创立以道德伦理为核心的儒学思想体系。然而,需要注意的是,尽管孔子提出了"仁"这一核心思想,并偶尔展现出其取物有节及爱护动物的思想倾向,但并没有将其"仁爱"原则推及于"物"的明确阐释和分析。也就是说,在某种意义上来说,孔子的仁基本上是围绕着"人"的范围而展开的。到了孟子这里,他继承和发展了孔子的天人观,提出"仁民而爱物"⑦的生态伦理命题,将孔子始于"泛爱众而亲仁"的思想超出亲情的范围,"爱亲"但并不"终于亲",并最终将仁爱推及于广大的万物之中,由此而强调将天与人的道德心性融为一体,将仁爱之心和精神、情感贯注于自然万物之中,从而将人与万物融为一体。

---

① 张世英:《天人之际——中西哲学的困惑与选择》,北京:人民出版社,1995,第15页。

② 《论语·雍也》。

③ 《论语·公冶长》。

④ 《论语·述而》。

⑤ 《论语·季氏》。

⑥ 《论语·尧曰》。

⑦ 《孟子·尽心上》。

(二)孟子"仁民而爱物"的天人相通观

在天人观中,孟子阐述了仁所包含的"亲""民""物"三种不同层次的对象,主张应采取"亲""仁""爱"三种相应的态度,对亲人要"亲",对他人要"仁",对万物要"爱",由此将儒家仁爱思想予以逻辑拓展。在孟子这里,他放大社会的伦理原则,将其上升至天命、天道的宇宙高度,同时,又通过天命、天道反证人道之合理性,由人而天,又由天而人,由此实现了天人合德。孟子将人的德行仁义上升为"天"之内涵,"诚者,天之道也;思诚者,人之道也"①,他赋予天命以道德属性,"尽其心者,知其性也,知其性,则知天矣"②,要求人认识自己的善性,尽力发展、扩充自己的仁心,从而尽可能认识天命,将"知天""事天"统一起来以达至天人合一。也就是说,孟子是向人的内心世界求索以体验作为道德价值本体的义理之天。在孟子这里,他不仅肯定了"天人合一"的可能性,还进一步描绘了"万物皆备于我矣。反身而诚,乐莫大焉"③的"天人合一"境界。在孟子所设定的天人合一境界中,天人相通、相融。然而需要注意的是,孟子"仁民而爱物"的天人相通观是有其逻辑起点的。

一方面,孟子"仁民爱物"的天人观应从其性善论的出发点来分析。孟子一以贯之的性善论是催生其生态伦理思想的内在动力。④人性论是孟子生态伦理责任情怀的基石和逻辑起点。他说:"人之所以异于禽兽者几希,庶民去之,君子存之。"⑤在孟子看来,人与动物的差别很小,小到普通人几乎"迷失"的地步(只有君子才能存留)。那么,这种差异究竟何在?孟子解释道:"君子所以异于人者,以其存心也。君子以仁存心,以礼存心。"⑥也就是说,在孟子这里,他认为人与动物的"几希"区别在于:人能"以仁存心""以礼存心",而"存心"只有修养到位的君子才能做到,"恻隐之心,仁之端也;羞恶之心,义之端也;辞让之心,礼之端也;是非之心,智之端也。人之有是四端也,犹其有四体也。"⑦确切地说,人与动物的区别即在于"四端","四端"是人所特有的一种道德伦理属性,孟子认定这种与生俱来的"不忍人之心"正是人之本性,并据此推断:"恻隐之心"人皆有之,"羞恶之心"人皆有之,"恭敬之心"人皆有之,"是非之心"人皆有之。这四种"善端"既是仁、义、礼、智等道德观念的萌芽,也是孟子"仁民而爱物"的天人相通观产生的内在心理基础。由此,孟子断言:"仁也者,人也。"⑧在他这里,人性是一种趋向于善的"性善论",既"性善",又"趋善"。"性善"着眼于人与动物的

①《孟子·离娄上》。

②《孟子·尽心上》。

③《孟子·尽心上》。

④ 张全晓:《从牛山事件看孟子的生态伦理思想》,《西安文理学院学报》(社会科学版)2005年第6期。

⑤《孟子·离娄下》。

⑥《孟子·离娄下》。

⑦《孟子·公孙丑上》。

⑧《孟子·尽心下》。

区别之所在,而"趋善"着眼于人性中所蕴含的向善可能。①正因如此,孟子强调通过"羞耻之心""寡欲""无为""挽回本心"来予以精神修养,这是孟子修身论所要解决的基本问题。

另一方面,正是在这一人性修养论基础上,孟子提出"仁民而爱物"的天人相通观。孟子进一步强调,"君子之于万物也,爱之而弗仁。于民也,仁之而弗亲。亲亲而仁民,仁民而爱物。"②在这里,孟子严格区分了"爱""仁""亲"三种仁义美德:对万物的"爱护",对民众的"仁义"以及对亲人的"亲爱",能够明显看出孟子展现的正是儒家差等之爱的思想,以及对墨家"兼爱"思想的驳斥。然而,我们更能看到孟子通过"仁民而爱物"这一命题对儒家仁爱思想的进一步诠释。孟子话语下的"爱物"正是其"仁民"思想的拓展。在他看来,"功至于百姓"的"仁民"与"恩足以及禽兽"的"爱物"一致而不悖,"今恩足以及禽兽,而功不至于百姓者,独何与? 然则一羽之不举,为不用力焉;舆薪之不见,为不用明焉;百姓之不见保,为不用恩焉。故王之不王,不为也,非不能也。"③孟子认为,"仁民"必须"爱物","爱物"更须"仁民",仁心未及于民,不是"不能",而是"不为"。既然作为王能够"仁心及于物",那么就更应"仁心及于民",以"四端"之善心及于民、物,它是生命个体仁德修养的外现。孟子的这一主张不仅是其王道思想之体现,更是儒家仁爱型人类中心主义生态伦理情怀之所在。 在孟子的人性论视域中,草木犹有生命,鸟兽与人一样亦有知觉,人见到草木之摧折、瓦石之毁坏必有顾惜、悯恤之心。某种意义上来说,这其实就是孟子所言"仁者以天地万物为一体"的大爱和悲悯情怀,人的仁德之心与草木、鸟兽合为一体。明朝时期的王阳明所强调的"是其一体之仁也",其实质与孟子"仁者以天地万物为一体"的价值视域是一致的。也就是说,不管是有生命之动物,抑或是有知觉之动物或者如瓦石之类无生命之物,当它们受到破坏或损害时,每一个生命个体都会在内心深处产生"不忍人之心""怜恤心""顾惜心",并把它们视为自己身体的一部分而加以爱护。由"爱人"而"爱物",从而把人与天地万物有机结合起来。

不仅如此,孟子更加强调"仁民而爱物"的诸多好处,"推恩足以保四海,不推恩无以保妻子。古之人所以大过人者,无他焉,善推其所为而已矣。"④孟子认为实施"仁民""爱物"足以安定天下,反之则连自己的家人能否呵护到位都会成问题。由此,孟子呼吁以"老吾老,以及人之老;幼吾幼,以及人之幼"⑤之心来"爱物",将人之仁心推恩于万物,由此而勾勒出

---

① 杨泽波认为,从孟子的"四端"说可知,性只是有善端且向善的,而不是本善的,性善只是一个过程。若把"性善"改为"趋善",就更为确切。杨泽波的这一见解很有道理。(杨泽波:《孟子性善论研究》,北京:中国社会科学出版社,1995,第47页。)

② 《孟子·尽心上》。

③ 《孟子·梁惠王上》。

④ 《孟子·梁惠王上》。

⑤ 《孟子·梁惠王上》。

天下万事万物其乐融融、和睦相处之盛景。这就是孟子"仁民而爱物"天人相通观中的生态伦理社会构想。当然，这一"仁民而爱物"的社会盛景和风尚，在孟子那里主要是通过昌明仁德王道的仁政来推行的。

从孟子"仁民而爱物"的天人相通思想，到宋明理学家张载提出的"民胞物与"，后续王阳明提出的"天地万物一体之仁"等思想，都是将人天然的道德情感贯注于万物，以确保"爱物"的实现和拓展。这些正是孟子"仁民而爱物"博大精神的拓展。孟子"仁民而爱物"的天人相通思想，为其生态伦理责任情怀的滋养奠定了理论基础。当然不仅仅于此，孟子以仁为核心的广义伦理学，则为他的生态观提供了基本内容。①

二、"使民养生丧死无憾"：孟子的生态伦理责任情怀

正是在"仁民而爱物"天人相通观的基础上，孟子的生态伦理责任情怀得以培养。孟子认为，是否自觉培养"使民养生丧死无憾"的生态伦理责任情怀，是"王道之始也"，更是关系到人类未来生死存亡的一件大事，对此不可不慎重对待。当然，值得留意的是，孟子的生态伦理责任情怀源自对孔子生态伦理情怀的继承。

（一）孟子对孔子生态伦理情怀的继承

孔子"知命畏天"而又身体力行，他倡导"知者乐水，仁者乐山。知者动，仁者静。知者乐，仁者寿"②，自觉体味大自然化生万物的无限魅力，培养其"乐山乐水"的生态伦理情怀。在孔子看来，"知者"和"仁者"皆为有道德修养的"仁人志士"，而仁人志士的修养工夫就是做"知者"和"仁者"。在这里，孔子将自然山水之景与不同生命个体的思想修为、个性气质以及精神情趣等紧密相联，把客观自在之物的某些外在性质比附于生命个体的某些品德之中，由此而使得外在的自然山水人格化、道德化，尤其是在孔子与其弟子的系列对话中体现得非常明显，"'点！尔何如？'鼓瑟希，铿尔，舍瑟而作，对曰：'异乎三子者之撰。'子曰：'何伤乎？亦各言其志也。'曰：'莫春者，春服既成，冠者五六人，童子六七人，浴乎沂，风乎舞雩，咏而归。'夫子喟然叹曰：'吾与点也！'"③这段著名的对话，主要是对孔子和其四位弟子关于个人志向抱负的记录，从中可以读出孔子与几位弟子不同的个性风采，如孔子循循善诱且和蔼亲切，子路鲁莽直率，曾点淡泊洒脱等，都给人以很深刻的印象。虽然对这段话历代学者的解释有很多不一致之处，然而，有一点却不可否认：孔子非常赞同曾点的看法。在

---

① 参见蒙培元：《蒙培元讲孟子》，北京：北京大学出版社，2006，第114页。
② 《论语·雍也》。
③ 《论语·先进》。

孔子看来，"冠者五六人，童子六七人"，展现的正是多人如曾点与冠者、童子们一起享受山水之乐而非一人独享的和谐，他认为这种对大自然的热爱，与治世君子"老者安之，朋友信之，少者怀之"①的仁者胸怀是一致的，它是儒家治世的社会理想。孔子将自己的理想、追求，通过与其弟子的沟通交流而展现出来。在此段吟咏之中，春风、春日、春水、春服等描述，正是孔子对融融春风、洋洋春水、瞳瞳春日的颂扬、赞美，孔子把外在的自然万物拉入人的现实生活中，把自然万物的某些外在特征与生命个体的伦理道德相比附对应，通过自然万物下的自然美凸显了生命个体心境及其道德品质。在这种意义上，自然外界的美被人格化，孔子正是以此来寄托对自然山川草木的亲近和喜爱，以此表达中和之美。这是孔子非常明确的自觉审美意识，更是他"乐山乐水"的生态伦理情怀的展现。

孔子要培养的正是这种将人世间的和谐与自然的和谐自觉统一起来的"乐山乐水"的生态伦理情怀，将生命个体之仁德与对大自然的关爱有机统一。当然，要熏陶和培养君子这种生态伦理情怀，孔子认为首先要淡泊明志，有一种做圣贤君子"回也不改其乐"的人生目标和志向，"贤哉，回也！一箪食，一瓢饮，在陋巷，人不堪其忧，回也不改其乐。贤哉，回也！"②孔子非常欣赏颜回，尽管生活贫苦，但依旧能够做到淡泊明志、坚守人生志向，身处"陋巷"而不改其乐；孔子认为，真正的士人、君子"谋道不谋食。耕也，馁在其中矣；学也，禄在其中矣。君子忧道不忧贫。"③君子注重的是大道之行，留意的是正能量的弘扬。孔子强调，这些都是因为淡泊明志之动力，正因如此，生命个体所具有的内在之"仁"和博大胸襟可以施及于山水万物，这也正是孔子亲近自然、热爱自然的生态伦理情怀。不仅如此，孔子还主张应充满"泛爱众而亲仁"④的仁爱自觉，以满怀"鸟之将死，其鸣也哀"⑤的悲悯同情心和"钓而不纲，弋不射宿"⑥的不忍人之心，时刻保持将仁义施及"禽兽"的理念和在取用自然资源时所怀有的珍惜爱护的生态伦理意识。当然，需要留意的是，这些修养的提升离不开对《诗》《乐》等的学习，通过对知识的学习、积累，以增加学识学养、增强欣赏大自然的审美能力和意识。孔子强调，"《诗》可以兴，可以观，可以群，可以怨……多识于鸟兽草木之名"⑦。在孔子看来，诗不仅可以激发人的情志，增强观察社会的能力，同时也可以促进人际交往，更可以怨刺不平，表达对父母的孝心等；而学《乐》则可以帮助人们提升修养和审美情趣，培养"乐山乐水"的生态伦理情怀。

---

① 《论语·公冶长》。

② 《论语·雍也》。

③ 《论语·卫灵公》。

④ 《论语·学而》。

⑤ 《论语·泰伯》。

⑥ 《论语·述而》。

⑦ 《论语·阳货》。

孔子将培养仁人志士、树立高尚人格的君子与"乐山乐水"的生态伦理情怀紧密结合在一起，凸显了其学说思想的生态伦理特质，他的这种"乐山乐水"的生态伦理情怀对后世儒者的道德修养影响极大。正是在孔子的影响下，孟子承继了其"乐山乐水"的生态伦理情怀，来发展和滋养他的生态伦理责任情怀。

（二）孟子"使民养生丧死无憾"的生态伦理责任情怀

孟子以其深沉的"使民养生丧死无憾"的生态伦理责任情怀来建构儒家的生态伦理社会。他以"四端"之心善待万物，并以此作为开启其生态伦理情怀的重要支点，在此基础上所滋养的生态伦理责任情怀，既坚持了"天生百物人为贵"的人本主义思想，又主张对自然万物的爱护与尊重。[①]他说，"不违农时，谷不可胜食也。数罟不洿池，鱼鳖不可胜食也。斧斤以时入山林，材木不可胜用也。谷与鱼鳖不可胜食，材木不可胜用，是使民养生丧死无憾也。养生丧死无憾，王道之始也。"[②]孟子呼吁通过"不违农时""数罟不入洿池""斧斤以时入山林"等措施，以使"民养生丧死无憾"，他认为只有如此，才能最终"谷不可胜食""鱼鳖不可胜食""材木不可胜用"，而这不仅是孟子"仁民而爱物"强烈愿望得以实现的措施，更是他生态伦理情怀的展现。

需要注意的是，孟子的这一生态伦理情怀的责任意识离不开其王道政治之主张。孟子之所以说"使民养生丧死无憾也""王无罪岁，斯天下之民至焉"，就在于，在他看来，若管理者们（统治者们）缺乏对大自然的生态伦理责任意识和情怀，不以"以德行仁"的"王道"，而以"以力假仁"的"霸道"来推行管理的话，就会丧失"天下之民至焉"的局面。[③]"王如施仁政于民，省刑罚，薄税敛，深耕易耨。壮者以暇日修其孝悌忠信，入以事其父兄，出以事其长上，可使制梃以挞秦楚之坚甲利兵矣。彼夺其民时，使不得耕耨以养其父母，父母冻饿，兄弟妻子离散。彼陷溺其民，王往而征之，夫谁与王敌？"[④]很明显，孟子认为只要管理者报

---

① 有学者指出，"孔子、荀子均从动物的'有知'推论出动物具有道德感，但是孔子'仁厚及于鸟兽昆虫'，在道德地位上并没有抬高人类。孟子则认为动物不知人伦，不是道德存在物，但人类若不懂人伦则近于动物。……合而言之，从孔子、孟子到荀子，关于动物的道德地位的观点经历了正、反、合的嬗变。因为孟子对孔子的动物伦理思想进行了较大改造，所以在理论上必须解决人类如何道德地对待动物这一难题。在对动物、庶民和君子进行比较之后，孟子根据其德性的不同，区别对待。具体到动物上，孟子的态度是：对待动物要爱护，但无须上升到仁德和亲爱的高度。"（邓永芳、郭萌萌：《先秦儒家动物伦理思想刍议》，《南京林业大学学报》（人文社会科学版）2015年第4期。）此说欠妥，与孟子"仁者以天地万物为一体"的价值视域相悖，正因为孟子主张"仁者而爱物"，故而在齐宣王采取以羊代牛的屠杀措施时，孟子力劝齐宣王只有成为"仁者"才能无敌。

② 《孟子·梁惠王上》。

③ 很显然，孟子认为"王道"的推行可以促使或者加快生态伦理责任的培养，是对"使民养生丧死无憾"局面的出现起到强有力作用的推手，两者彼此作用、相互影响而并行不悖。尽管在当时代，孟子的"王道"政治理想并没有如愿实现并得到君王的接受和推行，但孟子"王道"政治理想中所折射出来的生态伦理责任情怀却引人注目。

④ 《孟子·梁惠王上》。

以仁政情怀,就会"仁者无敌""五十者可以衣帛矣。鸡豚狗彘之畜,无失其时,七十者可以食肉矣。百亩之田,勿夺其时,八口之家可以无饥矣;谨庠序之教,申之以孝悌之义,颁白者不负戴于道路矣。老者衣帛食肉,黎民不饥不寒"①。反之,"不王者",则"未之有也"。为了进一步论证其思想,在齐宣王看到有人牵着牛从殿下走过且见牛哆嗦发抖时,不忍此景,于是让属下以羊代牛。孟子见此,大力赞美齐宣王此举"乃仁术也",并进一步强调,"见牛而未见羊也。君子之于禽兽也,见其生,不忍见其死;闻其声,不忍食其肉。是以君子远庖厨也"②。孟子认为"禽兽"同样需要人的"不忍",齐宣王怜悯动物"不忍见其死"的举动是"仁术",是"不忍其觳觫"而产生的恻隐之心,即仁爱之道,由此,孟子鼓励齐宣王行"仁政"而王。孟子认为,杀生时产生的不忍之情是人之所以为人的表现,它会让人有所节制,从而有别于"禽兽"。这些都会有益于人类生态伦理责任情怀的培养。

如何培养人的生态伦理责任情怀?孟子进一步指出,一方面要培养自觉的道德责任意识。不管是君主还是普通百姓,都要发掘、培养自己的仁善意识,"君仁莫不仁,君义莫不义,君正莫不正。一正君而国定矣。"③反之,"上无礼,下无学,贼民兴,丧无日矣"④,上行下效、君仁臣敬,管理者丧失礼法,则后果将不堪设想。"苟得其养,无物不长;苟失其养,无物不消"⑤,万物若得到了必要的滋养,则完全可以顺利生长,反之则亡。这就需要我们培养自觉的道德责任意识,并用此意识来"养"天和"奉"天,"尽其心者,知其性也。知其性,则知天矣。存其心,养其性,所以事天也。夭寿不贰,修身以俟之,所以立命也。"⑥孟子强调把生命个体的道德责任意识与个人的安身立命意识紧密相联,通过人性之觉悟读懂"天命",从而树立"仁民"的生态伦理责任情怀,滋生与大自然和谐相处的生态伦理责任意识,建立起天人合一的互赖依存关系,并以此施于万物。另一方面,还离不开家庭教育。孟子认为,自觉培养对大自然的生态伦理责任意识和情怀,还必须加强家庭教育,既加强个体人性深处的道德自觉意识,又通过这一道德修养自觉养成节俭习惯和意识。"天下之本在国,国之本在家,家之本在身。"⑦中华民族历来重视家庭,正所谓"天下之本在家",来自家庭的尊老爱幼、妻贤夫安、母慈子孝、兄友弟恭以及耕读传家、勤俭持家、知书达礼、遵纪守法等教育,都是家庭美德,通过家庭内部的这些教育挖掘生命个体内心深处的悲悯情怀,将家庭伦理责任延之于自然万物,以实现天人相通、天人合一。这是个体与自然万物和谐相处的基本前提

① 《孟子·梁惠王上》。

② 《孟子·梁惠王上》。

③ 《孟子·离娄上》。

④ 《孟子·离娄上》。

⑤ 《孟子·告子上》。

⑥ 《孟子·尽心上》。

⑦ 《孟子·离娄上》。

条件。在此基础上，孟子进一步强调个体节俭习惯和意识的培养，"狗彘食人食而不知检，途有饿莩而不知发；人死，则曰：'非我也，岁也。'是何异于刺人而杀之，曰：'非我也，兵也。'王无罪岁，斯天下之民至焉。"①孟子指出，不知道节俭而让"狗彘食人食"，以致"途有饿莩"，甚至在此时还不知道开仓赈济，怪罪于"年岁"不好，诸如此类的做法是丧失道德伦理责任的表现。故而，孟子呼吁，不能铺张浪费，要以"四端"之善心来培养个体的仁善情怀，以做到"爱物"而与自然万物和谐相处。

在孟子的生态思想系统里，他真正视人与万物共生、共存。孟子"使民养生丧死无憾"的生态伦理责任情怀不仅是孟子那个时代的生态伦理主题，同时也是人类永恒的道德责任。只有自觉培养生态伦理责任情怀，才能"使民养生丧死无憾"，让人们释放源自内心的善端和良好的道德修养，与自然万物和谐相处。

三、结语

早在几千年以前的中国，我们的老祖宗就意识到，人并非孤零零的个体存在，它与草木、鸟兽、山水、瓦石等大自然万物同生同存。由此，我们的老祖宗是带着对天、天地精神的信仰以及对天命的敬畏而生活繁衍。老祖宗笃信人与天在精神上的契合，由此而对自然、天下万物、有情无情众生油然滋生博大深沉的悲悯心、同情心，进而洞见天地同根而主张天人相通、相依而相合。在老祖宗的思想世界中，"禽兽"虽无人如此高的智慧和情感，然而它们也有自己一定的感知力，人类对它们的关爱方式应该立于儒家"立己而立人""成己而成物""博施济众""仁民而爱物"的"仁心"中，以"仁者以天地万物为一体"的价值视域来平等地对待它们。我们应积极认真汲取孟子的生态伦理思想，以极负责任的态度和情怀关注人与动物的相处，回到孟子"仁者以天地万物为一体"价值视域来善待非同类的存在。在孟子的生态伦理责任情怀下，因人与万物一体同源，故而，万物的内在价值都由"天地"所赋予，人会将整个天地万物视作与个体生命紧密相联的价值存在，从而肯定动物的内在生命价值。

我们学习中国传统文化有三个目的：让心态审美化，让世态道义化，让生态自然化。"道法自然"就是要做到："亲亲而仁民，仁民而爱物"，亲爱父母，仁爱百姓，爱惜万物；"民，吾同胞；物，吾与也。"②人民是我们的同胞，万物是我们的朋友；"鸢飞戾天，鱼跃于渊"③，鸟儿天上飞，鱼儿水里游。这些昭示生态智慧的善言善道应该时刻回响在我们的心头，成为精神

① 《孟子·梁惠王上》。
② 《西铭》。
③ 《诗经·大雅·文王之什·旱麓》。

上的绝对命令。①当我们超越种族、民族、肤色、地域、语言、文化、宗教、性别、国家等限制，体认族类同根的实质时，我们会体悟到全球的人类是同呼吸、共命运的一个整体，同类与非同类是不可分割的一个整体。然而，仅此认知还远远不够，我们更需要在实际行动上以"天地万物为一体之仁"的视域，来真正践履我们对生态的伦理责任情怀，实现作为人的本真价值。尽管孟子生活在"驱猛兽而百姓宁"②的古代社会，但其生态伦理思想是一个非常系统完整的体系，他的生态伦理责任情怀很有超前性。

孟子的生态伦理责任情怀，以"仁爱有德"为出发点，保留了人与万物和睦相处的原始生态伦理的样本，对人与万物的关系做出了独特的不同于西方文化的解释，③为现代生态伦理学的健康发展和理论建构提供了一种难得的传统思想来源，这无疑对我们今天如何解决好生态问题是有裨益的。由此，我们必须批判人类中心主义，重建生命伦理，回归与同类、非同类"天地万物为一体"的和谐相处模式中。

---

① 参见杨海文：《"仁民爱物"与孟子的生态智慧》，《中共宁波市委党校学报》2018年第5期。
② 《孟子·滕文公下》。
③ 参见张永刚：《先秦儒家生态伦理情怀的现实观照》，《洛阳理工学院学报》（社会科学版）2008年第1期。

孟子"乐教"思想阐释

（张盈盈　安徽省社会科学院）

摘　要：《孟子》一书谈论音乐之处相对较少，但是孟子的乐教思想却是儒家乐教不可或缺的环节。孟子之"乐"的内容是"仁"与"义"，注重"乐"的教化和美育作用。在孔子的"正乐"之后，孟子提出"仁声"的乐教思想。"仁声"是把音乐的尽美与道德的尽善统一起来，在理想人格的培养过程中起到了重要作用。

关键词：孟子；乐教；仁声；理想人格

音乐是一种艺术，其他艺术不免假道于理智，先了解然后能欣赏，而音乐能够直接引起心弦的共鸣。因此，在儒家礼乐教化体系中，"乐教"显得十分重要。相对于孔子与荀子，孟子对音乐论述的内容并不多，没有建立系统的理论，他的"仁声"不是把"仁"与"乐"混同起来，而是肯定了音乐在理想人格培养中不可或缺的作用。在理想人格的实现过程中，相对于"礼"的外部制约，"乐"的教化作用是要人以自己的力量完成"立身成德"，贯穿于人性修养和人格完成的始终。

一、"正乐"与"非乐"

在中国传统文化中，"礼""乐"通常并称，但乐教的传统由来已久。周代的"制礼作乐"是对"礼"的改造与整合。从字源学考察，"乐"的出现远早于"礼"。《说文解字》："乐，五声八音，总名。象鼓鞞，木，虡也。"①起初，"乐"一直与"礼"相配合，是一种典礼的艺术。《礼记·郊特牲》："乐由阳来者也，礼由阴作者也，阴阳和而万物得。"②这是把礼乐的作用提升到"万物得"的高度。广义上讲，"乐"是诗、乐、舞统一的艺术，甚至包括绘画、雕刻等。最早，礼乐文化出现在上古祭祀信仰的活动中，"乐"配合祭祀礼仪的需要而产生。乐师通过乐歌和乐

---

① 许慎：《说文解字》，北京：中华书局，2013，第119页。
② 《礼记·郊特牲》。

舞,在早期的祭典活动中,作为神人的中介,上通神明之德,下达万众之心。所谓"籥舞笙鼓,乐既和奏,烝衎烈祖,以洽百礼"①。"乐"在祭祀仪式中扮演着重要的角色,主持祭祀之人"奉"神人之事,承担着"礼"的功能,此时"礼"藏于"乐"中。《尚书·舜典》载:"帝曰:夔!命汝典乐,教胄子,直而温,宽而栗,刚而无虐,简而无傲。诗言志,歌永言,声依永,律和声。"②这反映出上古时期,人们已经逐渐萌生了音乐审美意识,在礼乐制度的实践中,"乐"被赋予了"德",这是以乐成教的雏形。

西周末年,周文疲弊,面对礼坏乐崩的局面,孔子首先提出对礼乐的反省。孔子说:"周监于二代,郁郁乎文哉!吾从周。"③周文,即周代礼乐,是儒家学说建立的理论渊源,对周代礼乐制度传承的责任感是孔子礼乐思想的根基,同时,孔子又丰富了"礼乐"的内涵。他说:"礼云礼云,玉帛云乎哉?乐云乐云,钟鼓云乎哉?"④认为礼乐的本质不在于形式,而是在于内容。孔子说:"吾自卫返鲁,然后乐正,《雅》《颂》各得其所。"⑤所谓"正乐"就是使"乐"符合礼的要求,孔子反对僭礼、违礼的行为,他斥责"八佾舞于庭",提出"必也正名"。关于孔子"正乐"的说法众说纷纭,有正乐即"删诗"之说,⑥有的解释为"整理诗的篇次"。毛奇龄将其理解为"正乐章",包慎解为"正音律","四说以'正音律'较长"。正乐即所以正礼,这是当时政治上的需求,所以孔子自卫返鲁,以正乐为首事。

孔子"正乐"是以"仁"释乐。"人而不仁,如礼何?人而不仁,如乐何?"⑦仁是礼乐之本,礼乐乃仁的发用与表现。孔子认为,礼乐的实质应重于外在的形式。《礼记·儒行》中有:"礼节者,仁之貌也;言谈者,仁之文也;歌乐者,仁之和也。"⑧如果礼乐不是以仁为内涵,则徒有形式,无由表现。孔子于"乐",不以修己为满足,而以成人为目标。孔子提倡乐教,是让人人都受音乐的陶冶,完成理想人格,以达到移风易俗的目的。因为仁中有乐,乐中有仁,仁是道德,乐是艺术。儒家认为,音乐可以使个体人格、性情、修养得到充分发展,陶冶情操,培养良好的心性。音乐更是一种情感教育的主要方式,在理想人格培养中也起到了至关重要的作用。

孔子"正乐"的主张遭到了墨子的反对。墨子认为儒者"繁饰礼乐以淫人"⑨,批判儒家"弦歌鼓舞,习为声乐,此足以丧天下"。在墨子眼里,孔子"成容修饰以蛊世,弦歌鼓舞以聚

---

① 《诗经·小雅·宾之初筵》。

② 《尚书·舜典》。

③ 《论语·八佾》。

④ 《论语·八佾》。

⑤ 《论语·阳货》。

⑥ 《史记·孔子世家》。

⑦ 《论语·八佾》。

⑧ 《礼记·儒行》。

⑨ 《墨子·非儒》。

徒"①等。墨子认为，音乐能使人快乐。墨子主张"非乐"，反对音乐享受。音乐不仅无益处，反而有害。他认为享受音乐要花费人力、物力和财力，而且影响从事国家管理和参与生产劳动等活动。墨子之"非乐"首先针对以"先王乐教"为表现形态的教化传统。在《三辩》中，程繁问墨子："今夫子曰：'圣王不为乐。'此譬之犹马驾而不税，弓张而不弛，无乃非有血气者之所不能至邪？"②以前的诸侯、士大夫处理政务疲倦了，听钟鼓演奏以休息一下。即便是农夫春天耕种，夏天除草，秋天收获，冬天储藏，也要通过音乐的方式进行娱乐以休息。然而先生却说"圣王不听乐"，恐怕活着的人无法做到吧。通过程繁的提问，可见墨子对音乐取否定态度。墨子用三段论法证明音乐有害于政治。他说：

> 昔者尧舜有茅茨者，且以为礼，且以为乐；汤放桀于大水，环天下自立以为王，事成功立，无大后患，因先王之乐，又自作乐，命曰《护》，又修《九招》；武王胜殷杀纣，环自立以为王，事成功立，无大后患，因先王之乐，又自作乐，命曰《象》；周成王先王之乐，又自作乐，命曰《驺虞》。周成王之治天下也，不若武王；武王之治天下也，不若成汤；成汤之治天下也，不若尧舜。故其乐逾繁者，其治逾寡。自此观之，乐非所以治天下也。③

墨子此处论证的大前提：后一代的政治，比前一代要差。即周成王不如周武王，武王不如成汤，成汤不如尧舜。小前提：后一代的音乐比前一代的音乐要好。结论：所以，音乐越好，政治越差。所以"兴天下之利，除天下之害"④，就要"乐之为物，将不可不禁而止也"⑤。墨子的音乐理论，针对的是贵族奢侈的音乐享乐，具有积极意义。然而，他从根本上否定乐教，否定乐以治天下的政治教化功能，实际上是忽略了音乐积极的一面。

二、对"非乐"的反驳

孟子以"承三圣"自许，自觉地接过孔子之儒家乐教的接力棒。孟子继承了孔子的传统，尤"长于《诗》《书》"⑥。孟子虽论"乐"不多，但对音乐有深刻的了解。针对墨子的"非乐"思想，孟子肯定声、色可以给人以审美的愉快。《孟子·告子上》曰：

> 故曰：口之于味也，有同耆焉；耳之于声也，有同听焉；目之于色也，有同美焉；至于

---

① 《墨子·非儒》。
② 《墨子·三辩》。
③ 《墨子·三辩》。
④ 《墨子·尚同》。
⑤ 《墨子·非乐》。
⑥ 《孟子题辞》。

心,独无所同然乎? 心之所同然者,何也? 谓理也,义也。①

他从人的生理感官的共同性,探索了人对客观事物认识的共同性,认为这种认识是人的本性,不是以人的贵贱或君子之别而决定的。对音乐的美感也是同样的道理,无论地位高低、贫富贵贱,每个人都能从音乐中得到美的感受。人类所"同然"并根植于"内心"的"理义"不再是外在的抽象。孟子以这种"同然"的"理义"作为"耳之于声",即乐教的内在心理基础。"惟耳亦然,至于声,天下期于师旷,是天下之耳相似也。"②以"乐"来启发人心,最重要的是要引起人们的"心弦共鸣"。音乐的本质价值在于引起人们的情感,因而情感或者情感体验就构成了音乐欣赏的基本内容,也成了音乐欣赏不可缺少的心理成分。

荀子的《乐论》每节最后一句都以"而墨子非之,奈何!"作结尾,可见《乐论》是荀子为反驳墨子"非乐"而作。他说:"我以墨子之非乐也,则使天下乱。墨子之节用也,则使天下贫。"③荀子对墨子的反击基于他对音乐作用的认识。音乐具有娱乐作用,所以当音乐可以满足人们需求的同时,被视为一种"欲"。《吕氏春秋·仲春纪·情欲》篇说:"天生人而使有贪有欲……故而知欲五声,目知欲五色,口知欲五味,情也。"把人们对音乐的需求视为"欲",所以对"欲"的看法不同,对音乐的态度也不同。荀子对"乐"的娱乐作用说得非常明确,"夫乐者,乐也,人情之所必不免也。故人不能无乐。"他所说的乐,不是一般意义的娱乐,而是有着政治教化作用的乐。音乐能令人欣喜愉悦,这样快乐的乐,不仅仅是情绪上的满足。音乐可以"感人深",可以达到移风易俗的效果。因为,荀子可以正视"欲",他说:"凡语治而待去欲者,无以道欲,而困于有欲者也。凡语治而待寡欲者,无以节欲,而困于多欲者也。"荀子提出了"道欲"和"节欲"而对待音乐。音乐可以使人快乐,是人情之自然,不同的音乐可以引发人们不同的情感反应。荀子批评墨子"蔽于用而不知文"④,所谓不知文,即不懂审美和艺术的政治道德教化的功能,没有看到音乐的审美表现以及美育功能。墨子只把"目知其美""耳知其乐"等同于"身知其安""口知其甘",这说明墨子眼中的音乐以及音乐之美仅限于直接的感官享乐。

三、乐教之本

在孟子看来,乐与德的关系即乐与仁义的关系。以仁义为本的乐要成为修养的表现,

---

① 《孟子·告子上》。

② 《孟子·告子上》。

③ 《荀子·乐论》。

④ 《荀子·解蔽》。

就得"仁言不如仁声之入人深也"①，他所说的仁声就是以仁义为本，以德为本的乐。东汉赵岐注："仁言，政教法度之言也。仁声，乐声《雅》、《颂》也。仁言之政虽明，不如《雅》、《颂》感人心之深也。"②程颐说："'仁言'，谓以仁厚之言加于民。'仁声'如'仁闻'，谓风声足以感动人也，此尤见仁德之昭著也。"③所以说，仁声就是仁义之声，以仁声为教，以真情感人，能使人相亲相爱，可见音乐具有潜移默化的功效。郭店楚简《五行篇》曰"君子之为德也，有与始，有与终也。金声而玉振之，有德者也。金声，善也。玉音，圣也。"④

孟子曰："仁之实，事亲是也；义之实，从兄是也。智之实，知斯二者弗去是也；礼之实，节文斯二者是也；乐之实，乐斯二者，乐则生矣；生则恶可已也，恶可已，则不知足之蹈之手之舞之。"⑤这段话对仁、义、礼、智、乐的实质都有定义，乐的实质是喜欢仁义。首先，音乐表现人的快乐之情。早在春秋时期就有"乐有歌舞"的说法，孟子继承了这一说法，并认为音乐表现人的喜悦之情，这种喜悦之情是自然的流露。王夫之对孟子"乐之实，乐斯二者"的解释是："唯能以事亲、从兄为乐，而不复有苦难勉强之意，则心和而广，气和而顺，即未尝为乐，而可以为乐之道洋溢有余；乃以之为乐，则不知足蹈手舞之咸中于律者，斯以情益和乐，而歌咏俯仰，乃觉性情之充足，非徒侈志意以取悦于外物也。此乐孝弟者所以为乐之实也。"⑥通过王夫之的解说，我们可以看到，孟子将音乐与修德联系起来，人性修养不仅是内在道德情感的自觉要求，没有任何强迫和勉强，还能充满着感性的愉悦。可以说，孟子对音乐本质的认识，击中了墨子《非乐》的要害。

先秦时期的音乐主要有以男女情感为内容的地方歌谣，以王道教化为内容的庙堂音乐和士大夫音乐。还有一种就是称为新声的俗乐，有追求耳目声色之娱的特色。儒家所推崇的"乐"与周公制礼作乐的乐较为接近，是广义上的包含着诗、歌、舞于一体的综合性艺术形态。"比音而乐之，及干戚羽旄，谓之乐。"⑦手里挥动着道具之类，就是指配着乐器，又唱又舞。孟子对乐的积极态度，在于他能正视礼坏乐崩后古乐的衰败和新乐的兴起。他说："今之乐犹古之乐"。孟子在处理雅乐与新声的冲突的时候，明明知道新声似是而非，对雅乐危害极大，但却折中地用了一个"犹"字，体现了孟子极强的时局观。可见，他在评论音乐的同时，看中的是音乐所含的道德价值。究其原因，在于他将"鼓乐"视为君王可以"与民同乐"之事。《孟子·梁惠王下》载：

---

① 《孟子·尽心上》。

② 李学勤主编：《十三经注疏·孟子注疏》，北京：北京大学出版社，1999，第358页。

③ 程颢、程颐：《二程集》，北京：中华书局，1981，第212页。

④ 《郭店楚简·五行》。

⑤ 《孟子·离娄上》。

⑥ 王夫之：《读四书大全说》，长沙：岳麓书社，1991，第1006—1007页。

⑦ 《礼记·乐记》。

　　庄暴见孟子,曰:"暴见于王,王语暴以好乐,暴未有以对也。"曰:"好乐何如?"孟子曰:"王之好乐甚,则齐国其庶几乎!"他日,见于王曰:"王尝语庄子以好乐,有诸?"王变乎色,曰:"寡人非能好先王之乐也,直好世俗之乐耳。"曰:"王之好乐甚,则齐其庶几乎! 今之乐由古之乐也。……今王鼓乐于此,百姓闻王钟鼓之声,管籥之音,举欣欣然有喜色而相告曰:'吾王庶几无疾病与,何以能鼓乐也?'今王田猎于此,百姓闻王车马之音,见羽旄之美,举欣欣然有喜色而相告曰:'吾王庶几无疾病与,何以能田猎也?'此无他,与民同乐也。今王与百姓同乐,则王矣。"①

　　爱好音乐,并能与民同乐,天下的民众就会来投奔,齐国要治理好了就是这样子。在孟子看来,乐的根本在于"仁"。孟子所说的"仁声"是他为实现"仁政"的必要之则,同时也体现了孟子对待新乐的一种通权达变的态度。较之于孟子的仁政宏愿,雅乐的重要性要小得多,故两害相权取其轻,一个"犹"字就在心理上拉近了与齐宣王的距离,后面通过"独乐乐"与"众乐乐"的比较,很自然地过渡到其"与民同乐"的仁政理想。《左传·僖公二十七年》载:"礼乐,德之则也。"②《周易·豫卦》曰:"先王以作乐崇德,殷荐之上帝,以配祖考。"③礼乐的制度是以"德"为依据的,即客观的礼乐依据道德而作。郭店楚简《尊德义》明确指出,"德者,且莫大乎礼乐焉。"④

四、美善合一

　　《吕氏春秋·音初》篇亦云:"凡音者产乎人心者也,感于心则荡乎音,音成于外而化乎内。是故闻其声而知其风,察其风而知其志,观其志而知其德。盛衰、贤不肖、君子小人,皆形于乐,不可隐匿。"⑤这指出了音乐除了可以观风、观朝政盛衰之外,还可以观人,识君子小人之别。一个人的成人之路要经过"文之以礼乐"的修行。"子在齐闻《韶》""学琴于师襄"的典故,说明孔子本人对音乐的喜爱不仅仅停留在技术层面上,而且深入技术背后的音乐精神。乐教为儒家六艺之教中重要的一科,所谓"兴于《诗》,立于礼,成于乐"⑥,将乐视为成人成圣的阶梯,人生发展的轨迹遵循此进路而臻于完善。音乐对人的作用不仅仅是外在的文饰,而是一种内在的修养。在《论语·泰伯篇》中:"兴于诗,立于礼,成于乐。"兴于诗是以"诗"之温柔敦厚的教化感化人心。"立于礼"要求感性的情欲为理性自觉所主导。久而久

---

①《孟子·梁惠王下》。

②《左传·僖公二十七年》。

③《周易·豫卦》。

④《郭店楚简·尊德义》。

⑤《吕氏春秋·音初》。

⑥《论语·泰伯》。

之,情随"理"转,进而情与礼和谐统一,这就是"成于乐"的境界。

孟子之"仁声",从根本上作用于人性的情感欲望,这样的教化效果相对于"仁言"更易被接纳。因此,"仁声"之乐比道德说教更入人心。因为音乐是典型的表象艺术,不直接显现对象,而是通过声音的组合表达情感内容,直指心灵,进入人的内在心性的塑造。孟子说:"动容周旋中礼者,盛德之至也","仁声"乃是一种美、善合一的"德音"。乐的境界是自由和悦的审美境界,而"成德""成性"的境界,也应该是心理欲求和伦理规范交融为一体的境界。在音乐的陶冶下,才能形成完美和健全的人格。《孟子·告子下》说:

> 昔者王豹处于淇,而河西善讴;绵驹处于高唐,而齐右善歌。华周杞梁之妻善哭其夫,而变国俗。有诸内,必形于外。

音乐根植于人情,是人真实情感的表达,"有诸内而形诸外",因而能感动人心。乐教强调对"心"的塑造,它具有"夫声乐之入人也深,其化人也速"的显著特性,能深入地触动、极大地改变人的心性,引起人的心灵共鸣。《乐记》说:"乐者,音之所由生也,其本在人心之感于物也。"[1]乐之根本在于人心"感于物而后动"[2]。在音乐审美的过程中,"心"属于审美主体,"物"属于审美客体即客观事物。一方面是客观事物引起人们相应的思想感情,一方面是"心"处于主导地位,心中已有的思想感情与物相接,这就像嵇康在《声无哀乐论》中所说的"和声无象,而哀心有主。夫以有主之哀心,因乎无象之和声,其所觉悟,唯哀而已。"心与物二者虽是一种平衡的互动关系,但是"心"作为德性主体更为关键。乐则养其善心,使义精仁熟,自和顺于道德。《史记·乐书》说:"乐者,圣人之所乐也,而可以善民心。其感人深,其风移俗易,故先王著其教焉。"[3]乐之生于人心,反过来感化人心从而达到化性从善,使人"反情""反躬",从陷溺中超拔出来,恢复原初善的本心。此时,道德理性不再是对立的存在,而是逐渐消融于主体心性之中。《孟子·尽心上》说:

> 君子所性,仁义礼智根于心,其生色也睟然,见于面,盎于背,施于四体,四体不言而喻。

孟子把仁义礼智四种道德确定为人性的基本内容,产生于人心。所以,孟子非常重视人的心理情感。音乐注重宣泄引导人情。因此,乐教实质上是一种情感教育,其所突出的是艺术的社会功能不在传授知识,而在于陶冶、培养人们的情感,形成对待事物所应有的情感态度,使之成为主体自觉的、自然而然的东西。郭店楚简云:"凡学者求其心为难,从其所

---

[1] 《礼记·乐记》。
[2] 《礼记·乐记》。
[3] 《史记·乐书》。

为,近得之矣,不如以乐之速也。"①"乐教"能使学者速"求其心",走向仁道,自觉地进行仁义忠信的道德修养。《荀子·乐论》强调音乐对于人的气象将产生不同的影响,因而有"淫乐"与"和乐"之分。从音乐的功能看,它能够使人回归正道,人心感于物而动,表现为好恶,知诱于外而随物穷弛,所以需要"反躬"以恢复本性。在这一点上,有点类似道家"彻志之勃""解心之谬"②的观点。

音乐宣导情感的重点在于"节"。从音乐的审美准则来看,音乐之美在于"和",是和谐之"和",但是,这种"和"是以"节有度,守有序"为前提的。有"节"、有"度"、有"序",音乐才能平和。音乐与万物的普遍规律一样,单一的声音不可能成为音乐,多种声音有序地集聚才能产生和谐的音乐。这就是"和乐如一""众声相合"状态下产生的美妙音乐。这对于人格修养来说,起到了积极作用。

"乐也者,情之不可变也。"礼乐之说,关乎人情矣。可见,情是乐的内在基础,同时也是乐的表现对象。《文心雕龙·明诗》中的"人禀七情,应物斯感;感物吟志,莫非自然"③,主张"以道制欲",也就是以理疏情,以理导欲,这符合维护和谐社会的需要。《荀子·乐论》:"君子乐得其道,小人乐其欲。以道制欲,则乐而不乱;以欲忘道,则惑而不乐。"④"农业社会中的美学观大抵是观物取象,依天作乐,而这种艺术在其生命本原上具备了现代工业社会中无法比拟的原创精神。这种艺术培养出来的人格也是天人合一,君子接受乐教,归根结底是从自然界体现出来的和谐中感受到礼义精神的伟大,从天地之和中吸取滋养,陶冶自己的心胸,培育高尚的人格境界。"⑤君子从音乐的教化与感染中,感受到天地之和,从而精神人格得到提升。"君子以钟鼓道志,以琴瑟乐心。"⑥乐的美感本原肇于天地自然,乐的旋律与精神秉承了天地四时的内在和谐,从而使人在听赏后得到一种至美至善的乐感。

---

① 《郭店楚简·性自命出》。

② 《庄子·庚桑楚》。

③ 《文心雕龙·明诗》。

④ 《荀子·乐论》。

⑤ 袁济喜:《古代文论的人文追寻》,北京:中国人民大学出版社,2002,第56页。

⑥ 《荀子·乐论》。

《孟子杂记》之孟子家族状况述析

（王伟凯　天津市中国特色社会主义理论体系研究中心）

摘　要：《孟子杂记》为明中期进士陈士元所著。陈氏先后出任地方司牧之官,后辞官归隐,潜心研究《孟子》,作《孟子杂记》。该书综合了诸多前人的孟子研究成果,尤其对孟子的家族情况记载颇多。然而可惜的是,自1936年的商务印书馆刊印以来,便再无新版发行。该书虽然存在一些荒诞不经的叙述,但其学术价值却不可否认。尤其是其中对孟子的母亲、妻子和族人的记载,仍可为今日的研究提供一定的参考。

关键词：孟子;《孟子杂记》

《孟子杂记》是明人陈士元所著,全书共四卷,对孟子的生平、著作等做了较为详细的考证。陈士元系明嘉靖二十三年进士,嘉靖二十八年辞官归隐,《孟子杂记》就是其归隐后完成的著作。

一、《孟子杂记》中的自序

在本书的自序中,陈士元用三个故事讲述了他与孟子的缘分,目的是为其著写该书做一铺垫,但这三个故事听起来颇有些荒诞不经。

故事一:自己是孟子转世。按其所言,"先君尝语不肖曰:正德丙子莫春十有三日之夕,吾梦一老翁,冠袍款户而入,自称齐卿孟轲云,翌日启汝祖,汝祖以为奇,已而室内报汝诞,汝祖命汝小名孟卿,征梦也。事具汝祖坟志中。"①在当时那个时代这种附会之说很多,但自称自己是圣人转世还是比较少见的,尤其是在明朝初年,明政府对孟子的尊崇度曾有所降低,如明初朱元璋时期,孟子的后人孟思凉仅为邹县主簿,"(张兴祖)大军北征,别将卫军由徐州克沂、青、东平,乘胜至东阿,降元参政陈壁及所部五万余人,孔子五十六世孙衍圣公希

---

① 陈士元:《孟子杂记》,上海:商务印书馆,1937,第1页。

学帅曲阜知县希举、邹县主簿孟思谅等迎谒于军门,兴祖礼之。"①一直到景泰时期,孟子后人才被授予了世袭五经博士的官职,"(景泰三年五月乙巳),命礼部取颜、孟二氏子孙长而贤者各一人至京,官之。"②自明中期以后,对孟子的尊崇度有所提升,关于《孟子》的考据成果也纷纷出现,而陈氏的《孟子杂记》就是其中一种。正是因为当时兴起了这种考据热,为了彰显自己的权威性考据,陈氏才设计出了这么一个"美丽的故事"。

故事二:孟子对其佑护。按其所言,"嘉靖已酉仲春上丁,不肖守滦,祭孔庙,奠于孟子神位,木主忽仆,司礼者仓皇拯之,袖拂烛灭,铡爵堕地,不肖私心忌焉。越旬日,邸报至,不肖得免归。於乎异哉。"这种情况可能是巧合,也可能是本人夸大其词,目的是表明其与孟子的"缘"。

故事三:自身经历与孟子经历相似。按其所言,"孟子曰,我善养吾浩然之气,其去齐,则曰,浩然有归志,不肖自己已酉免归,邑令字冈陈侯,过敝居,谬题浩然堂,而戚侣又谬称不肖为养吾子,於乎不肖何敢比拟前修,增愧矣增愧矣。"陈氏为进士出身,虽然熟读儒家经典,但当时的社会环境是儒、释、道思想互相交融,读书人普遍对佛教、道教宣扬的理论并不排斥,所以也就认可了这种荒诞说法。应该说正是大众对这种荒诞之事的认可,才促使他辞职归隐,并撰写了《孟子杂记》一书。

二、孟子生平及家族状况考

陈氏在卷一对孟子的生平进行了考证,通过这一考证,让我们更清晰了解到孟子本人。一个人的思想固然重要,但其成长经历对其思想的形成意义更是重大,所以探究其生平,对我们的研究来说也是不可忽略的部分。

(一)孟子的系源

所谓"系源"指的就是出身。众所周知,从西周开始分封诸侯,做法是把王族、功臣和先代的贵族(异姓功臣贵族、同姓王室贵族、先代帝王后代和远氏族部落首领)分封到各地去做诸侯,建立诸侯国,被封诸侯的义务是要服从周王的命令,要向周王贡献财物,要派兵随从周王作战。按陈氏所考,孟氏出于鲁桓公子庆父之后,庆父是在历史上曾留下一笔的人物,虽然不是光彩的一笔,所谓"不去庆父,鲁难未已"③。其理由是孟子的母亲去世后,归葬于鲁,"孟子,鲁公族孟孙之后,故孟子仕齐,丧母而归葬于鲁也。"

① 张廷玉等:《明史》卷133"张德胜传",北京:中华书局,1974,第3883页。
② 《明英宗实录》卷216"景泰三年五月乙巳"。
③ 《春秋左传集释》,上海:上海人民出版社,1977,第215页。

对于孟子的世系，陈氏考证为，"轲父孟孙激公宜，孟孙姓，激公字，宜名，或云激名，公宜字也。轲生三岁，而激公宜卒，元延祐三年，封邾国公，本朝嘉靖九年配享启圣祠，称先贤孟氏。"

明天顺五年（公元1461）在大学士李贤负责编撰的《明一统志》中，如此记载了孟子的情况："战国时邹人，受业子思之门人，道既通，游梁齐，以仁义说其君，不能用。退与万章之徒序诗书，述仲尼之意。作孟子七篇，后世累封邹国亚圣公，配享孔子庙庭。本朝，官其后为五经博士。"[1]而在清康熙时期编撰的《邹县志》中也对孟子的世系进行了考证，"孟子名轲，字子兴，一字子车，鲁公族孟孙之后也。世居于邹，故为邹人，鲁自伯禽就国，九世而为桓公，桓公子四，长为庄公，其次庶子庆父、叔牙、季友，是为三桓，庆父之后，初号仲孙，其后更称孟孙，示不敢伯仲庄公也，传至激公宜，娶仉姓而生孟子。"[2]

（二）孟子的籍贯

孟子的籍贯为"邹"，也就是今天的山东邹城。陈氏指出，"邹"也就是"邾国"。邾国是子爵国，史称邾子国，周朝东方著名方国之一，是鲁国的一个附属国。唐朝史学家司马贞在《史记索隐》中称"轲本邾人，徙邹为邹人"。吴程则说："孟子，鲁人，居邹，非生于邹也。"《合璧事类》云："齐有孟轲，谓其仕齐，非谓齐人也。"《史记》中亦有载，"齐有三驺子，先孟子有邹忌，后孟子有驺衍。"对于"邹"和"邾"，陈氏总结了前人的考证后认为，"兖之邹县有绎山，邾文公迁绎改曰驺，或谓驺即邾，故春秋传，邾伐鲁，史作驺伐鲁也。赵岐云，邹本春秋邾子之国，至孟子时改曰邹。广记（《太平广记》）云，右驺即今之邹平，邾、邹、驺古文通用。"

（三）孟母的生平

孟母姓"仉"，仉姓原本为春秋时鲁国大夫党氏之后，党姓中有一支以音为姓，衍出另一支掌姓，后掌姓中又衍分出以音为姓的仉姓，称仉氏。元延祐三年，封孟母为邾国夫人，谥宣献。按陈氏所载："孟母有贤德，挟其子以居，始舍近墓，孟子之少也。嬉戏为墓间事，踊跃筑埋，母曰，此非所以居子也，乃去舍市旁，其嬉戏为贾炫事，母曰，又非所以居子也，遂徙居学宫之旁，其嬉戏乃设俎豆，揖让进退，母曰，此真可以居子矣，遂居之。"而关于孟子出生时，一些记载中也赋予了诸多神话色彩，"孟子之生，孟母仉氏梦神人，乘云攀龙凤自泰山来，将止于绎，凝视久之，忽见片云坠，而寤时闾巷皆见五色云覆孟氏居，而孟子生焉。"[3]关于孟母三迁后的居住地点，陈氏在书中记载："今山东邹县城南，有中庸精舍，世传思孟传道

---

[1] 李贤：《明一统志》卷23，文渊阁四库全书本第472册，济南：齐鲁书社，1984，第548页。
[2] 周翼：(康熙)《邹县志》卷2"圣贤"，南京：凤凰出版社，1990，第429页。
[3] 周翼：(康熙)《邹县志》卷2"圣贤"，南京：凤凰出版社，1990，第429页。

之所,即孟母三迁之地也。"①

除了"三迁"之外,孟母还从自己的行为做起,对孟子进行了"信"的引导和教育,其中关于"杀豚"的故事,表明了孟母教子的理念,"孟子少时,东家杀豚,孟子问其母曰:'东家杀豚,何为?'母曰:'欲啖汝。'既而自悔曰:'吾怀妊是子,席不正不坐,割不正不食,胎教之也,今适有知而欺之,是教之不信也。乃买东家豚肉以食之,明不欺也。'"②当然对这个故事,不同时代的人认为主人公不同,如韩非子认为这是"曾子烹彘教子,以明不欺"的故事。但不管如何,以"以明不欺"来教育孩子给后人以很大的启示。

关于孟母,我们通常最熟悉的就是"三迁",实际上孟母的思想也对孟子思想的形成产生了重要的影响,在陈氏的记载中,有这么一段话:

> 孟子处齐有忧色,拥楹而叹,若有忧色。
>
> 孟母见曰:"子拥楹而叹,若有忧色,何也?"
>
> 对曰:"轲闻之,君子称身而居位,不为苟得而受赏,不食荣禄,今道不用于齐,愿行,而母老,是以忧色。"
>
> 孟母曰:"妇人之礼,精五饭、蜜酒浆、养舅姑、缝衣裳而已。故有闺内之修,而无境外之志。易曰:在中馈无攸遂,诗曰:无非无仪,惟酒食是议,以言妇人无擅制之仪,有三从之道也,故年少则从乎父母,出嫁则从乎夫,夫死则从乎子,礼也。今子成人也,而我老矣,子行乎子义,吾行乎吾礼,何忧乎?"
>
> 孟子复去齐适梁。

通过上面这段记载可以看出,孟母对"孝道"和"义道"之间的辩证认知对孟子"义"思想的形成有着重要影响。

(四)孟妻的情况

按《孟氏家谱》记载,孟子娶由氏。元朝时有人考证,"由或作田",因为"齐国田姓蕃著,而楚国由姓甚微,或疑田氏为是"。对于孟子之妻的记载,陈氏考证后认为,"孟子既娶,将入私室,其妇袒而在内,孟子不悦,遂去不入。妇辞母而求去曰:'妾闻夫妇之道,私室不与焉。今者妾窃惰在室,夫子见妾,而勃然不悦,是客妾也。妇人之意,盖不客宿,请归父母。'于是孟母召轲而谓之曰:'夫礼,将上堂,声必扬,所以戒人也。将入户,视必下,恐见人过也。今子不察乎礼,而责于人,不亦远乎?'孟子遂留妇。"③通过本段记载可以看出,孟母对

---

① 陈士元:《孟子杂记》,上海:商务印书馆,1937,第3页。
② 陈士元:《孟子杂记》,上海:商务印书馆,1937,第3页。
③ 陈士元:《孟子杂记》,上海:商务印书馆,1937,第5页。

"夫妻之道"与"男女礼仪"之间的阐释，而这也的确符合人性。

（五）孟子与孟仲子

按《孟氏家谱》载，孟仲子名"幸"，是孟子的儿子，所谓"孟子第四十五代孙宁，尝见一书于峰山道人，其书题曰公孙子，内有仲子问一篇，乃知仲子实孟子之子，尝从学于公孙丑者"。但也有记载说其是孟子的堂弟，如清康熙《邹县志》卷2载，"孟仲子，孟子之从昆弟也，世系与孟子同。"陈氏在引证中也说，"朱注以孟仲子为孟子从昆弟，盖从赵岐之说，与孟氏谱不同。孙奭云：'赵以孟仲子为孟子从昆弟。'未详其实，但以理推之，则与孟子同姓，必孟子从昆弟也，此亦臆度之辞耳。《诗·大雅·维天之命》，《毛传》引孟仲子之言，孔颖达《正义》引谱云：'孟仲子者，子思弟子，盖与孟轲共事子思，后学于孟轲，著书论诗，故毛氏取以为说。'夫颖达所引谱与今之孟氏谱亦不同。宋政和五年诏封孟仲子为新蔡伯，从祀邹县孟子庙，本朝录孟子之后世，授翰林院五经博士。"

（六）孟子的生卒

按陈氏取《孟氏家谱》载，孟子的出生时间是周定王三十七年四月二日，卒于赧王二十六年正月十五日，而清康熙《邹县志》记载孟子的出生时间是周烈王四年，鲁共公五年已酉四月初二。元人程复心的《孟子年谱》亦认为孟子出生于周烈王四年，卒于赧王二十六年。

实际上关于孟子的生卒年是最难考证清楚的，主要因为相关资料很是缺乏，这应该也是司马迁在作《史记》时对其生卒年代回避的原因之一。我们姑且说周定王三十七年这个说法，周朝有两位王带"定"，一是定王瑜（前606—前586年），一是定王介（前468—前441年），这两位定王在位都没有三十七年，所以这一说法的最初根据如何，现已不可考。关于周烈王四年，则很大可能是根据民间传说享寿84岁所推出，所以这一出生时间是否真实，仍值得研究和探讨。

康熙《邹县志》对孟子年谱有一个简单记载，这一记载很大程度上可能是参考了孟氏家族的传说，以及当时部分研究者的成果。

周列王四年，鲁共公五年已酉四月初二，孟子生，这与元人程心富的《孟子年谱》相同。

庚戌二岁，魏惠王即位。

辛亥三岁，父激字公宜卒，母仉氏鞠之。

壬子四岁，有三迁等事。这说明孟母三迁当发生于孟子四岁之时。

戊午十岁，《孔丛子》称孟子车见孔子。

癸亥十有五岁，就学于鲁，归家，母断织以教。

乙酉三十七岁，魏惠王三十五年，孟子至魏，魏王以为迂远而阔于事情不果所言，按史记,惠王数困于军旅,卑礼厚帑以招贤者,于是孟轲至梁。在《孟子》中有"孟子见梁惠王"章,若按此年谱看,当时的孟子年龄是三十七岁。

戊子四十岁,齐宣王即位。

壬寅五十四岁,魏君嫈卒,孟子去魏适齐。

癸卯五十五岁,在齐迎母仉氏就养,魏襄王即位。

甲辰五十六岁,母仉氏卒于齐,扶柩归葬于鲁。

乙巳五十七岁,在邹居丧,鲁平公即位。

丙午五十八岁,返齐,齐王以为客卿,是年,燕王哙让国于其相子之有,答沈同私问等语。

丁未五十九岁,周赧王元年,齐伐燕取之,遂去齐,宣王薨。

戊申六十岁,鲁平公欲见孟子,嬖人臧仓沮之。

庚戌六十二岁,张仪说六国事秦。

壬子六十四岁,滕文公立,问为国诸事,应在此时。

乙卯六十七岁,列国不能用,退而与万章之徒序诗书,绍唐虞三代之德,述孔子之言,作孟子七篇以诏来世。按刘歆、赵岐、应劭皆云孟子中外共十一篇,今所存者中篇耳,四篇亡。

壬申八十四岁,周赧王二十六年十一月十五日,孟子卒。

当时在邹县有一古碑,载称:"孟子卒于冬至之日,邹人因哭孟子而废贺冬至之礼,遂以成俗。"

后三年,宋灭滕,齐复灭宋;又三年,燕破齐,淖齿杀杀潜王;又二十八年,赧王献地于秦,楚人灭鲁;又三十一年,秦灭魏;又四年,秦灭齐并天下,距孟子卒时,凡六十八年。

邹县作为孟子故里《邹县志》中的这个年表,其可信度和准确度应该相对较高。

三、孟子问道子思

很多学者认为,孟子受业于子思的门人,但在陈氏的著作中,多处论及孟子与子思的对话。通过这些对话,可以从一个侧面窥视出孟子的思想。

牧民之道。如何管理百姓是孟子生活的时期思想家们都在思考的问题,孟子也是其中的一员。对于"牧民之道",孟子曾向子思请教,子思回答说"先利之",但孟子却认为,"君子之教民者,亦仁义而已。何必曰利。"子思说,"曰仁义者固所以利之也,上不仁则下不得其所,上不义则下乐为诈,此为不利大矣,故易曰:利者,义之和也,又曰,利用安身以崇德也。"通过子思的表述可以看出,子思强调"利"是"义"的基础,"义"也包含在了"利"的内涵之中,抛开"利"谈"义"是空洞的存在,应该说这一思想也被孟子所吸收接纳。

尧舜文武之道。孟子就"尧舜文武之道"求教于子思，子思回答说："彼人也，我人也，称其言，履其行，夜思之，昼行之，滋滋焉，汲汲焉，如农之赴时，商之趋利，恶有不至者乎？"子思实际上强调，尧舜和我们普通人并没有什么根本性区别，只要认真遵照他们的言行，我们同样可以达到这一目标。

当然关于子思与孟子的交集远不止这些，通过这两个论道，实际上彰显了孟子思想中最核心的部分，即"义利之辩"与"先王之道"，从而有利于我们更深入把握和理解孟子的思想。

孟子性命之辩与家国情怀

（吴树勤　山东工商学院人文与传播学院）

摘　要：孟子对"命"和"性"做了明确的区分，前者的获取，带有一定的偶然性，并不由人能够完全决定，是"求在外"；而后者则完全可以由人自己所能把握，是"求在我"。由此，孟子把人性的内容，即人的行为界限表述为"仁义礼智"四端，并把它们看作人的本有的规定，它并不是一个知识性问题，而是关涉人的内心情感和行为的价值问题。孟子性命之辩一方面强调个人道德修身是人之价值实现的基础，另一方面强调道德实践须贯穿于家庭、群体、社会和国家事务的方方面面，体现了儒家的使命担当和家国情怀。

关键词：性命之辩；家国情怀；求在我

孔子讲人的使命本源于天，其道德追求既是人的内在需求，也是天所赋予的神圣使命，人之价值正在于在天命对人之行为规定范围内展开活动。郭店楚简和《中庸》明确提出了天道天命和人性的思想，并且认为天命于人为性，即规定了人的行为界限和规范，孟子通过辨别"性""命"，把人性的内容，即人的行为界限表述为"仁义礼智"四端，并把它们看作人的本有的规定，进一步弘扬了儒家的道德责任与使命担当。

一、孟子性命之辩

孟子认为，仁义礼智诸德性均得自天命，是人性本有的内容；同时，孟子并不否认口、目、耳、鼻、四肢等物质性追求和功利性欲望也属于人性的范围。但是，孟子认为，口、目、耳、鼻、四肢等物质性追求和功利性欲望并不足以表现人之所以为人的本质特征。人之所以区别于其他动物，在于人能够自主地把握自己的行为，而正是仁、义、礼、智、圣等的精神性追求和道德性欲望所显现的道德伦理指向，才能够表现人之所以为人的本质特征。由此，孟子对"命"和"性"做了明确的区分，这个区分对于儒家来说意义重大。

《孟子·尽心下》有一段话对"命"和"性"有明确的区分："口之于味也，目之于色也，耳之于声也，鼻之于臭也，四肢之于安佚也，性也，有命焉，君子不谓性也。仁之于父子也，义之于君臣也，礼之于宾主也，智之于贤者也，圣人之于天道也，命也，有性焉，君子不谓命也。"①物质性追求和精神性追求的共同之处，在于它们都是人所追求的自然欲望，孟子所处时代的人们，对此往往混为一谈，把它们既称之为"命"，也称之为"性"。

孟子对"命"和"性"做了明确的区分，前者的获取，并不由人能够完全决定，而后者则完全可以自己把握。口、目、耳、鼻、四肢等物质性欲望的满足，带有一定的偶然性。正如孟子所说，行为成功的条件，除了"人和"，还需要"天时"和"地利"②。"天时"和"地利"，并不是人的主观愿望所决定的。因此，口、目、耳、鼻、四肢等物质性欲望追求结果的实现，人无法完全掌控，"是求无益于得也，求在外者也。"③但是，仁、义、礼、智、圣等精神性欲望的实现，则完全出于人的自我选择，是"求则得之，舍则失之，是求有益于得也，求在我者也。"④

在孟子看来，礼义等现实伦理制度，必须通过人性来建立，才能保证其普遍合理性。假如没有人性论的奠基，礼义善恶等道德伦理制度，只能是人后天的外在规定，其标准就没有永恒性，也就无法保证礼义善恶等道德伦理制度的合理性。《孟子·告子上》开篇就举例说："告子曰：'性，犹杞柳也；义，犹桮棬也。以人性为仁义，犹以杞柳为桮棬。'孟子曰：'子能顺杞柳之性而以为桮棬乎？将戕贼杞柳而后以为桮棬也？如将戕贼杞柳而以为桮棬，则亦将戕贼人以为仁义与？率天下之人而祸仁义者，必子之言夫！'"⑤按照告子的观点，仁义和人性的关系，就像杞柳和桮棬的关系，杞柳之于桮棬，只是材料利用的关系，杞柳是否必然做成桮棬这样的器物，是没有内在关联的，而完全是外力作用的结果。因而，告子认为，仁义道德也与人性没有内在关联，只是外在的人为的规定。⑥孟子否定了告子的观点，认为无论是桮棬，还是仁义，都不是任意的人为规定，而是与杞柳和人性有内在必然关联的。孟子进一步指出了告子思想的危害性，假如外力可以对人性加以任意塑造，仁义与祸害的区别就没有恒定的标准，任何有害的东西都可能被粉饰成合理，就会导致"祸仁义"的恶劣后果。正如朱熹所说："言如此，则天下之人皆以仁义为害性而不肯为，是因子之言而为仁义之祸也。"⑦因此，孟子对于"性""命"之辩有力地论证了仁义礼智之于人性的内在必然性。

《孟子·告子上》中，孟子进一步展开和告子的辩论："告子曰：'食色，性也。仁，内也，非外也；义，外也，非内也。'孟子曰：'何以谓仁内义外也？'曰：'彼长而我长之，非有长于我也；

---

① 《孟子·尽心下》。

② 《孟子·公孙丑下》。

③ 《孟子·尽心上》。

④ 《孟子·尽心上》。

⑤ 《孟子·告子上》。

⑥ 参见李景林：《教养的本原》，沈阳：辽宁人民出版社，1998，第226页。

⑦ 朱熹：《四书章句集注》，北京：中华书局，1983，第325页。

犹彼白而我白之,从其白于外也,故谓之外也。'曰:'异于白马之白也,无以异于白人之白也;不识长马之长也,无以异于长人之长与?且谓长者义乎?长之者义乎?'"告子认为,就像物有白色,所以,我们称其为白物,人也有年长者,我们称其为长者,都是"义",这些都是外在的合理性的规定。孟子批驳了告子的观点,认为白人之白和白马之白类同,但是,尊敬白马和尊敬长者却不同。朱熹认为,原因在于"义不在彼之长,而在我长之之心"①。尊敬长者,跟人的内心情感和行为密切相关,它不是一个知识性的事实问题,而是一个有关事实的内在价值问题。道德原则的普遍性正在于它具体显现为人内心的情感生活和行为。②

由此观之,孟子区分"性""命",区分"求在外"的物质性追求和"求在我"的精神性追求,这关涉儒家对人的价值评价问题。由对性与命的区分,儒家强调,人所应该做的,不是执着于口、目、耳、鼻、四肢等外在物质性欲望的追求,而是仁、义、礼、智、圣等精神性欲望的追求。因为仁、义、礼、智、圣等道德行为原则,正是人之固有本性的呈现与弘扬,是"求有益于得",真正有利于人的价值的实现。

儒家论人的价值实现,不是简单的功利性结果的获得和物质性欲望的满足。评价一个人的行为价值,关键在于人是否能够完全自主决定自己的行为。功利性结果的实现,不能完全由人自己做主,而是受许多无法完全掌控的因素所影响;人能够把握的,是自己行为的仁、义、礼、智、圣等道德原则,因为这些原则"根于心"③,是得自于天命的人性。正是在遵循与不遵循之间,选择与不选择之间,决定了该行为的价值,其价值的实现,是人性的自我实现。《孟子·尽心上》开篇即云:"尽其心者,知其性也。知其性,则知天矣。存其心,养其性,所以事天也。夭寿不贰,修身以俟之,所以立命也。"④从"性"与"命"的区分出发,儒家强调人们必须尽人性来求天命,积极躬行人道之应该,承担人之所以为人的责任,达到价值的实现和人性的完成。正如董平先生所说,作为人道生活之秩序规范的社会制度,是有天道系统作为其本质支撑的,正是因为天道系统的存在,确保了社会制度的神圣性。儒家重在寻求人道价值,并着眼于"仁"的自我建立来重建人道生活秩序规范,这是儒家独特的人文情怀。⑤

二、道德修身为根本的儒家家国情怀

《礼记·大学》构建了人生价值实现的路线图,这就是著名的八条目:格物、致知、诚意、

---

① 朱熹:《四书章句集注》,北京:中华书局,1983,第327页。
② 参见李景林:《教养的本原》,沈阳:辽宁人民出版社,1998,第228页。
③ 《孟子·尽心上》。
④ 《孟子·尽心上》。
⑤ 参见董平:《礼乐文明与儒家的人文情怀》,《中国德育》2015年第13期。

正心、修身、齐家、治国、平天下。这八条目具有内在逻辑性,其中"修身"是根本:"自天子以至于庶人,壹是皆以修身为本。"①《孟子·离娄上》亦云:"天下之本在国,国之本在家,家之本在身。"②当然,儒家讲修身,重点讲的是正心积德。君子修身,就是对自己的欲望追求有明确的判断和行为界限,不为愤怒困扰,不被恐惧左右,不受偏好影响,不患得患失。愤怒、恐惧、偏好和忧患都是外在于人的因素,人假如纠缠于这些外在因素,则必然不能很好地"求在我",不能从内心的道德使命出发,独立地做出应该有的选择。

《礼记·大学》记载孟献子的话:"畜马乘不察于鸡豚,伐冰之家不畜牛羊,百乘之家不畜聚敛之臣,与其有聚敛之臣,宁有盗臣。"③出仕为官者家里不养鸡养猪;豪门贵族家里不养牛养羊;大国之卿家里不养聚敛财富的家臣,不去民间搜刮财富而败坏道德。以上三个例子,讲的都是不同级别的管理者,都应以道德修身为本,尽可能收敛自己,而不能通过权力去与民争利。

孟献子本人就是践行儒家道德的典范。春秋时期,鲁国三家大夫执政,孟献子是其中之一。他曾侍奉过鲁宣公、鲁成公、鲁襄公,权倾朝野,却为政清廉。刘向《新序·刺奢》记载孟献子事迹,孟献子访问晋国,韩宣子宴请,三次酒宴在三个不同厅堂,极尽奢华。尽管如此,孟献子并不表示羡慕,因为孟献子有颜回和兹无灵两位贤人辅佐自己,并保证了自己管辖区域内百姓的安居乐业。韩宣子自叹弗如,称自己为卑贱之人,因为自己以钟石金玉为富有,而称孟献子才是真正的君子,因为他"以畜贤为富"④,并引用孔子的话说:"孟献子之富,可著于《春秋》"⑤,彪炳千古。

《礼记·大学》通过孟献子的话,进一步阐述了儒家的立场:"长国家而务财用者,必自小人矣。彼为善之,小人之使为国家,菑(灾)害并至。虽有善者,亦无如之何矣!此谓国不以利为利,以义为利也。"⑥无论是个人行为的选择,还是国家社会的治理,都应该明白价值的真谛,着眼于"求在我",强化个人道德修养,进而承担社会与国家道德责任,这才是人生所应该追求的价值。处理好仁义和功利的关系,"不以利为利,以义为利",成为儒家思想的核心。

《孟子》开篇孟子和梁惠王关于仁义和功利关系的对话,影响极为深远。孟子见梁惠王。王曰:"叟,不远千里而来,亦将有以利吾国乎?"孟子对曰:"王,何必曰利?亦有'仁义'而已矣。王曰,'何以利吾国',大夫曰,'何以利吾家?'士庶人曰,'何以利吾身?'上下交征

---

① 《礼记·大学》。

② 《孟子·离娄上》。

③ 《礼记·大学》。

④ 刘向:《新序》,马世年译注,北京:中华书局,2014,第271页。

⑤ 刘向:《新序》,马世年译注,北京:中华书局,2014,第271页。

⑥ 《礼记·大学》。

利而国危矣。"①公元前320年,孟子及其弟子们在滕国推行"仁政"失败,打听到梁惠王正招贤纳士,于是前往魏国。梁惠王刚见到孟子,直接就问孟子,千里迢迢而来,是不是有什么能够有利于魏国强盛的办法。据《孟子·梁惠王上》记载,当时,魏国正面临一败涂地的窘境:"东败于齐,长子死焉;西丧地于秦七百里;南辱于楚。"②公元前342年,魏国和齐国马陵之战,魏国失败;公元前340年、330年、329年和328年,魏国与秦国连年交战,一败再败;公元前323年,魏国和楚国襄陵之战,魏国又败。战事连连失败,魏国就得不断割让土地。梁惠王想从孟子那儿寻求帮助的急切心情跃然纸上。可是,孟子的回答让梁惠王大失所望。孟子认为,作为君王不可言"利",假如全国都追求功利性的结果,这样就会互相为利益而纷争,只能导致国家危亡。

孟子认为,君王应该讲"仁义",并且作比较说:"地方百里而可以王。王如施仁政于民,省刑罚,薄税敛,深耕易耨;壮者以暇日修其孝悌忠信,入以事其父兄,出以事其长上,可使制梃以挞秦楚之坚甲利兵矣!彼夺其民时,使不得耕耨以养其父母,父母冻饿,兄弟妻子离散。彼陷溺其民,王往而征之,夫谁与王敌!故曰:'仁者无敌。'"③孟子认为,衡量君王治理国家是否成功,不在于国家疆域的大小,而在于如何管理这个国家。假如对百姓慎用刑罚,减少赋税,多行仁政,让百姓有时间侍奉父母,友爱兄长,尊敬长辈,这样,百姓增强了凝聚力,就足以对抗秦国、楚国的坚甲利兵了。因为秦国、楚国连年修战事,人心是涣散的。所以说,施行仁政就可以无敌于天下。孟子在拜见梁惠王的儿子梁襄王时,以干枯的禾苗遇到大雨为例,进一步阐述了其仁政思想。孟子说,干枯的禾苗是无力的,但是,一旦遇到大雨,禾苗立即蓬勃生长起来,其长势谁也挡不住。孟子进一步类比说,其所处的战国时期,一般君王都喜欢杀人,假如有一个不喜欢杀人而行仁政的君王,天下的百姓一定会想方设法归附他,因为这是真诚发自内心的,就像枯苗碰到大雨会立即生长一样,谁也挡不住。

梁惠王没有接受孟子的仁政思想,认为孟子的思想"迂远而阔于事情"④。这个评价的做出,与梁惠王的价值观念是密切相关的。梁惠王所追求的是疆域扩张等外在的功利性结果,是"求在外",而不是内在道德责任的担当,这与儒家追求的"求在我"的内在价值立场截然不同。

修身始于家庭教育,同时贯穿于群体、社会和国家事务的方方面面。和谐有序的人伦关系的形成,有赖于不同场合不同角色的责任承担。尽管场合不同、角色各异,但处理人伦关系的礼仪道德原则是一致的。《礼记·大学》云:"为人君止于仁,为人臣止于敬,为人子止

①《孟子·梁惠王上》。
②《孟子·梁惠王上》。
③《孟子·梁惠王上》。
④ 朱熹:《四书章句集注》,北京:中华书局,1983,第197页。

于孝,为人父止于慈,与国人交止于信。"①《礼记·礼运》亦云:"父慈、子孝、兄良、弟弟、夫义、妇听、长惠、幼顺、君仁、臣忠,十者谓之人义。讲信修睦,谓之人利,争夺相杀,谓之人患。"②在不同人伦关系中,个人的角色是复杂多样的,只有遵循礼仪规范,承担各自诸如仁、敬、孝、慈、信等道德责任,才能形成和谐有序的社会关系,否则,只会导致人伦关系的紧张乃至灾难。由此看来,儒家所说的家国天下其实是道德修养的内在思维逻辑,所谓"家国同构""家国同理",其实是强调"修身""齐家"之中蕴含着"治国""平天下"的大智慧。正心积德、真诚修身,处理好家庭伦理生活,其实也是为服务国家、奉献社会积累经验和智慧。

现代社会公共化程度越来越高,家国天下情怀显得更加珍贵。《礼记·礼运》主张:"大道之行也,天下为公,选贤与能,讲信修睦。"③"老有所终,壮有所用,幼有所长,鳏寡孤独废疾者皆有所养"④,"货恶其弃于地也,不必藏于己;力恶其不出于身也,不必为己"⑤,这就是所谓的"大同社会"。儒家强调,天下是天下人的天下,人们应该有责任意识和公共意识,并勇于承担公共事务,这样社会才能充满光明,百姓才能实现幸福。

---

① 《礼记·大学》。

② 《礼记·礼运》。

③ 《礼记·礼运》。

④ 《礼记·礼运》。

⑤ 《礼记·礼运》。

孟子的"仁政"思想及其当代价值

（赵云云　安徽大学哲学学院）

摘　要：孟子的"仁政"思想中包含着丰富的经济惠民政策与善教王道思想，如制民之产、恒产与恒心以及民本思想等。孟子不仅看到了经济与政治之间的关系，同时也在关注民生中表现出以民为本的倾向。这与马克思主义哲学中的观点不谋而合。本文欲从思想渊源以及唯物史观的角度去讨论孟子的"仁政"思想，一方面论证了孟子思想的合理性与先进性，另一方面也发掘了孟子思想对现代社会的经济、政治、道德等方面的重要影响与价值。

关键词：孟子；仁政；唯物史观；当代价值

孟子关于"仁"的思想可以追溯至孔子那里。"道之以德，齐之以礼，有耻且格。"[1]孔子以复兴周道为目标，提出了"仁"的学说，并在西周"敬德保民"的基础上，提倡德政，加强仁义道德的教化，反对滥用刑罚。孟子继承了孔子的德治思想，并将它发展为更为系统的"仁政"理论。孟子所提出的"仁政"思想不但在当时对君王施行"王道"具有重要的辅助作用，即使在现代社会中，对于国家的经济民生、政治建设以及道德建设等方面也具有重要的借鉴意义。

一、"仁政"学说的思想渊源

首先，孟子的"仁政"思想经历了一个从"仁学"到"仁政"的过程。"仁"与"礼"都是孔子的核心思想。关于"仁"的解释："仁者人也，亲亲为大"[2]，即"仁"是蕴含在人类自身当中，"亲亲"也即"爱人"之意，是"仁"的首要内容，但又不以亲亲为限，"仁"还包括爱亲及对同类的同情和爱。孔子基于当时的社会风气和秩序，结合"仁"的原意，将"仁"发展为一种"仁

---

① 《论语·为政》。

② 《礼记·中庸》。

学"思想。"礼"是西周的礼仪道德规范，作为"仁"的重要表现形式，目的是调节人与人之间的关系，规范人们的行为。孔子强调"仁"与"礼"相结合，"仁"的本质需要通过外在的"礼"才能表现出来，故孔子曾把"礼"比喻为出入房屋所必经的门户，"仁"与"礼"是一种互为表里的关系。孔子的仁学思想不仅强调要以"仁"促进内在自省，加强自身修养，还提出"爱人"的主张，提倡爱自己、爱他人、爱社会，将"爱人"作为社会准则和自我约束的规范，延伸到政治方面就是要求统治阶级体察民情，反对苛政，达到一种"爱民如子"的大爱境界。孟子吸收了孔子有关"仁"的思想，其"仁政"思想的提出是对孔子"德治"和"仁学"的传承和创造性超越。孟子认为，"人皆有不忍人之心，先王有不忍人之心，斯有不忍人之政矣。以不忍人之心，行不忍人之政，治天下可运之掌上。"①可以看出，以"不忍人之心"而行的"不忍人之政"便是孟子所认为的"仁政"。仁政是"不忍人之心"的外化结果。统治阶级将"不忍人之心"放大并落实运用到整个社会，此即"仁政"。孟子的仁政说是对孔子德治思想的发展。孟子主张依靠君主的德性来施政，实现养民、教民和保民的目的。因此，从一定程度上可以将孟子的仁政思想理解为"将仁所包含的爱亲和爱人的原则运用和体现在政治之中"②。

其次，孟子的性善思想也是"仁政"思想的前提。战国时期，人性问题成为争鸣的一个焦点。告子主张"生之谓性"，认为人的自然属性中本不具有道德，人性如河水一样，引向东则东流，引向西则西流，人性如同水的流动方向，都是由外在环境和条件决定的。因此，孟子认为，人性或善或恶也是由后天所致。但是孟子则指出，虽然水可以向东流，也可以向西流，但水总是向下流的；即便人们可以把水引上山，但向上却不是水的本性，而是外力使它这样的。人也是这样，人性本善，就像水向下流，而人的不善不是由他的本性决定的。"恻隐之心，人皆有之；羞恶之心，人皆有之；恭敬之心，人皆有之；是非之心，人皆有之。恻隐之心，仁也；羞恶之心，义也；恭敬之心，礼也；是非之心，智。仁义礼智非由外铄我也，我固有之也。"③孟子认为，人与禽兽的本质差异，在于人所固有的道德属性。而恻隐、同情、内心不安、不忍人之心是善的开端、萌芽。只要把这些萌芽状态的东西扩充出去，就可以为善。并且，孟子还认为人之所以丧失良心，是因为不善于保养。孟子提出，人具有不同于动物或他物的特殊性——道德性，认为只有道德本性才是人最根本、最重要的特性，是人之所以为人的标尺。这种道德性正是人能"仁"的前提，同时也是"仁"的内涵所在。孟子论证仁政的理论基础是性善论。孟子认为"不忍人之心"是人与生俱来的品质，如一见到小孩失足落水，会不计利益而去救之，这便是性善。又曰："恻隐之心，仁之端也；羞恶之心，义之端也；辞让之心，礼之端也；是非之心，智之端也。人之有是四端也，犹其有四体也。有是四端而

---

① 《孟子·公孙丑上》。

② 李奥烈：《孟子的"仁政"学说》，《云南师范大学学报》2000年第6期。

③ 《孟子·告子上》。

自谓不能者,自贼者也;谓其君不能者,贼其君者也。凡有四端于我者,知皆扩而充之矣,若火之始然,泉之始达。苟能充之,足以保四海;苟不充之,不足以事父母。"①这里所体现的理论路径:善,作为人的本性,就如人的四肢一样,是每个人与生俱来的。每个人的人生修养就是葆有并发扬人的善性。君王如果以圣人的标准要求自己,势必要葆有并发扬人的善性,君王在葆有并发扬人的善性的过程中,将这善性的应用对象从身边的人推广、扩充到他的国民,这便是施行仁政的表现。同时,孟子以"牛山之木"喻人性的修养,如若日砍夜伐则导致善性丧失,如果善于保护,即在人性的萌发阶段加以教育引导,那么善性就会生生不息,就有可能推行仁政和王道,实现天下大治。基于此,孟子肯定人性本善,肯定"人皆可以为尧舜",并以之贯穿教育和政治实践之中。所以在孟子眼里,性善论既是仁政的基础、先决条件,也是"仁政"思想的延伸。

二、"仁政"思想的理论内涵

历史唯物主义认为,人们生存所需要的物质生活资料及其生产方式的发展是决定人们的全部社会生活,决定一种社会制度向另一种社会制度过渡的主要力量。因此,社会发展过程中的经济发展以及进行经济生产的主体即劳动人民就显得格外重要。经济基础起决定性作用,关系着百姓的吃穿用度问题。上层建筑就是国家治理与文化意识,关系着社会秩序和道德修养问题。二者紧密结合,共同维持着一个国家和社会的发展。孟子"仁政"学说中的制民之产与善政王道、恒产与恒心之间就蕴含了经济基础决定上层建筑,上层建筑反作用于经济基础以及人民群众是历史创造者的思想内核。

首先,从经济基础决定上层建筑这一方面而言,孟子的仁政思想有两个必然前提:一个前提是井田经界的准确划分,另一个前提是百姓民众生无衣帛鱼肉之忧,死无送终厚敛之虞。"经界不正,就会导致各种不合理社会现象的滋生及暴君污吏胡作非为、无是非曲直、价值标准等混乱局面的出现。"②君王征兵伐战占用劳动力,违背农时,使得百姓无法解决温饱问题,这就造成了国家治理不当,日渐衰弱。这表明,孟子早已发现,良好政治的前提是解决民生与经济问题,只有解决人民的温饱问题才能维持良好的社会秩序,统治者才有实现"王道"的可能性。实现"王道"的关键就是解决土地问题,并且要使民以时,休养生息。孟子说:"不违农时,谷不可胜食也;数罟不入污池,鱼鳖不可胜食也;斧斤以时入山林,材木不可胜用也。谷与鱼鳖不可胜食,材木不可胜用,是使民养生丧死无憾也。养生丧死无憾,王

---

① 《孟子·公孙丑上》。
② 王杰:《孟子仁政思想中的经济利益与道德教化原则》,《中共中央党校学报》2005年第2期。

道之始也。"①统治者在征用劳役时要以"不违农时"为前提，同时也应该反对滥捕乱伐，倡导对自然界索取有度。通过这些具体措施来达到养民、富民的目的，这一过程就可以看作是在建立一定的经济基础，为实现"王道"这一政治上层建筑提供可能性前提。同时，这也是思想上层建筑的前提："无恒产而有恒心者，惟士为能。若民，则无恒产，因无恒心。苟无恒心，放辟邪侈，无不为已。"②衣食足而后知荣辱，孟子认为民有恒产是其他一切活动的前提，只有满足了基本生存需求，才有精力去学习君子品德。但恒产只是从经济层面上解决了百姓的生产生活资料问题，若以为给予了百姓足够的土地以解决基本生存问题就能实现"王道"，那便会有所误解。因为在物质生活水平提高的同时，人们往往有了更多精力和时间去关注外界事物，更容易受到错误思想的引诱。孟子强调在养民的基础上，应当注重引导和教化人民，将注意力转向对民众的知识水平与道德教化层面上，力求提高百姓的道德修养和文化水平，这是"仁政"的另一重面向。不难看出，孟子的这一观点与孔子"富之教之"的思想基本一致。当百姓的生活基本得到保障，则是实现王道的开始，而使百姓都能受到好的教育，明人伦、辨是非，方为王道之终。③

其次，从上层建筑对经济基础的反作用思想来看，孟子在阐述经济基础对于政治的决定作用的同时，也发现了善政王道对于经济民生的服务作用。孟子从整体上肯定了"仁"的重要作用，认为"仁者无敌"，"仁"中必然包含"仁政"与"仁心"的内涵，然后分别从政治上层建筑和观念上层建筑的角度具体论述善政是如何对经济起反作用的。"王如施仁政于民，省刑罚，薄税敛，深耕易耨；壮者以暇日修其孝悌忠信，入以事其父兄，出以事其长上，可使制梃以挞秦、楚之坚甲利兵矣。"④孟子这段话可以从多个角度去分析仁政对于经济的作用：君主若能施行仁政，则必然能够选拔贤能，任才是用，使百官各司其职、各尽其能。这种状态下的统治和治理无疑是最有效的，保障了各项政策指令的合理性和公平性；同时，仁政的落实必然会带来经济政策上的惠民。不违农时，不随意征用劳动力，减轻赋税和刑罚，百姓才会有更加宽松的经济环境去发展生产，更高的积极性去劳作。百姓能够丰衣足食，商业环境也变得宽松公平，在这种良性循环下，国家的经济水平必然能够迅速提高，这对于经济基础的巩固与发展作用也是显而易见的。政治上的清明、经济上的良好发展，必然会带来国家综合实力的增强。在国力强盛的情况下，其他国家便不会轻易发动战争。即使在遇到战乱时，牢固的经济基础也不会使百姓饿殍尸野，国家能以充足的后勤保障和兵力补充去应对战争，取胜的可能性也就更大，这对于战后经济的生产与恢复具有巨大作用。除了政治

---

① 《孟子·梁惠王上》。

② 《孟子·梁惠王上》。

③ 参见郭齐勇：《论孟子的政治哲学——以王道仁政学说为中心》，《中原文化研究》2015年第2期。

④ 《孟子·梁惠王上》。

上层建筑,思想上的上层建筑——即善教,既提高了百姓的知识文化水平,又通过儒家道德伦理意识的熏陶使得百姓心中或多或少具备了一些道德素质。依照孟子进行道德教化的理论内容与路径来看,智慧和诚信作为教化的重要内容,不仅具有提高百姓自身修养的内在作用,同时对于经济秩序的建立也具有重要的外在作用。只有树立正确的价值观和伦理规范,才能形成竞争有序、诚信经营的经济氛围。在这样的道德教育下,经济良好运行就有了潜在的助力,同时对于日常生活的行为与言论有着极其良好的引导和规范作用,这种作用不同于政治上层建筑的强制作用,是发自内心地遵守,是自发而长久的。

此外,孟子仁政思想中"民本"内涵的价值指向尤为明显。"民为贵,社稷次之,君为轻。是故得乎丘民而为天子,得乎天子为诸侯,得乎诸侯为大夫。诸侯危社稷,则变置。牺牲既成,粢盛既洁,祭祀以时,然而旱干水溢,则变置社稷。"①在孟子眼中,百姓最为重要。孟子清晰地认识到得民心者得天下,得君王心者成诸侯,得诸侯心者为大夫这一客观规律,足以见得孟子思想之伟大。孟子"民贵君轻"的民本思想为论证君主获得权力的合理性及正当性提供了极大的支持。从周公的"天畏棐忱,民情大可见"②"人无于水监,当于民监"③的思想出发,孟子认为统治者应该时刻关注民情,从民意中体察天命,天命和民意是君主权力正当性的来源,同时也是君主力量之所在。

三、"仁政"思想的当代价值

在中国特色社会主义发展的新时代背景下,习近平同志大力提倡要学习弘扬中华优秀传统文化,尤其是儒家文化。因此,在马克思主义哲学唯物史观的新视角下解读孟子思想,也能得出对现代社会发展的重要价值。

社会的创造性发展离不开经济基础的决定性作用,从新中国建立初期到改革开放时期,我国一直坚持以经济建设为中心的发展方略,一直在为提高经济生产力而努力。中国特色社会主义新时代也是如此。"在全面建成小康社会的具体实践中,以经济建设为中心的发展方式是党在新时期实现的最根本的拨乱反正。""以经济建设为中心始终贯穿其中,是我国经济社会发展和小康社会建设的一条主线。以经济建设为中心的提出,是基于初级阶段的基本国情,从而为'两个一百年'目标提供有力的支撑。"④

此外,上层建筑的反作用在当代社会的发展中也时刻体现着。一般而言,思想政治教

---

① 《孟子·尽心下》。
② 《尚书·康诰》。
③ 《尚书·酒诰》。
④ 崔发展、杨万兴:《全面建成小康社会的内在逻辑探析》,《毛泽东思想研究》2021年第3期。

育服务于经济建设的效果,不如服务于军事斗争、政治教育那么直接明显,但并不代表可以将其忽视。当前一再强调要加强和改进思想政治教育,推进思想政治教育科学研究和学科建设,这些都有赖于对思想政治教育的重要地位和作用。①正因为思想上层建筑的不断巩固与发展,整个社会的道德素质和文化水平的提高,使得政治上层建筑在发挥作用时更加合理有效。

关于民本思想的创新性发展在不同时期都有所体现。在某种程度上,解放战争的胜利也是我党坚持以民为本立场的胜利,中国的解放离不开人民的支持,淮海战役的胜利是人民群众用小车推出来的。习近平总书记在参观渡江战役纪念馆时也曾说过,渡江战役的胜利是靠老百姓用小船划出来的。毫无疑问,作为根本工作路线的群众路线,是极为正确的。纵观党从建立之后的革命实践到执政再到建设发展的全局,群众路线的意义是颇为深远而巨大的,人民群众是历史的创造者这一基本原理在我国的实践发展中得到充分验证。同时,在中国特色社会主义新时代,对于民本思想创造性发展是以人民为中心,坚持人民民主,全心全意为人民服务。中国共产党是以马克思主义为指导思想的无产阶级政党,马克思主义哲学唯物史观中强调"人民群众是历史的创造者"这一观点,激活了中国传统民本思想的现代价值并促进其创造性转化。因此,我们要牢记人民群众是历史的创造者。这是对以往民本思想的继承与发展,是立足实践变化的与时俱进。

四、余论

以马克思主义哲学的眼光去重新解读先秦哲学家孟子的"仁政"思想,发现其中很多思想精髓都与马克思主义唯物史观的内容不谋而合,蕴含了许多国家治理与联系群众层面可供借鉴的理论内核,对于新时代的思想指导价值不容忽视。经济上的制民之产,政治上的广施仁政,对教育的支持、道德文化的培养等,无一不体现着孟子思想的伟大,虽是在当时背景下提出的,但在现代社会中仍然适用。孟子的思想价值不仅是时代的智慧结晶,而且对于当代社会进步都有着巨大的推动作用。

---

① 参见孙其昂、董岗彪:《思想政治教育在社会结构中的地位探微》,《宁波党校学报》2003年第1期。

下编　比较与启示

儒道佛与中华民族的家国情怀

（余秉颐　安徽省社会科学院）

摘　要： 中华民族的民族精神包含着强烈的家国情怀。这种家国情怀的形成和传承，对中国传统文化主流的儒家、道家、佛家产生了重要的作用。家国情怀是基于一定的思想理念形成的。儒家的"三纲领八条目"之说，道家的"无为而不无为"之说，佛家的"菩提心则忠义心"之说，就是这样的思想理念。这些理念典型地体现了儒道佛三家的家国情怀。正因为儒道佛三家都具有或强烈或深沉的家国情怀，才使得中华优秀传统文化成为培育一代又一代炎黄子孙家国情怀的民族文化。

关键词： 儒家；道家；佛家；家国情怀

中华民族的家国情怀，是我们民族精神的重要组成部分。对于这种家国情怀的形成，中国传统文化诸流派都发挥了历史作用，其中儒家的作用无疑是最为重要的。而与儒家共同构成中国传统文化主流的道家和佛家，对中华民族家国情怀的形成也发挥了重要的历史作用。儒学作为注重人的道德修养的"人学"，同时又是致力于治国平天下的"经世致用之学"，其强烈的家国情怀，历来为世人所公认。而道家和佛家尤其是佛家的家国情怀尚未被世人充分认识。例如清代思想家唐甄（1630—1704 年）在其所著《潜书·性功》篇中，就曾提出"老养生，释明死，儒治世"，[①] 认为道家追求长生久视之道，佛家追求生死流转之故，唯有儒家追求经世治国之功。若果真如此，佛家和道家自无家国情怀可言。儒道佛三家的家国情怀虽各有千秋，但在价值取向上则具有一致性。

一、儒家："三纲领八条目"

家国情怀是基于一定的思想理念而形成的。儒家的家国情怀基于先秦儒家提出的"三纲领八条目"。相传为曾子所作的《礼记·大学》云：

---

① 《潜书·性功》。

大学之道，在明明德，在亲民，在止于至善……古之欲明明德于天下者，先治其国；欲治其国者，先齐其家；欲齐其家者，先修其身；欲修其身者，先正其心；欲正其心者，先诚其意；欲诚其意者，先致其知，致知在格物。物格而后知至，知至而后意诚，意诚而后心正，心正而后身修，身修而后家齐，家齐而后国治，国治而后天下平。①

朱熹在其所著《大学章句》中对《大学》的中心思想作出概括，将"明明德""亲民""止于至善"称为"《大学》之纲领"②，将"格物""致知""诚意""正心""修身""齐家""治国""平天下"称为"《大学》之条目"③，后世称为"三纲领八条目"。儒学从其产生之日起便是"为己之学"，即注重儒者自身道德修养的学问，而这"三纲八目"将儒者自身的道德修养与家国情怀联成一系。"格物、致知、诚意、正心"是"修身"的途径，儒者应当以修身为本，"修身"的目的是"明明德、亲民、止于至善"，达到最高的道德境界，而最高的道德境界必须落实于"齐家、治国、平天下"。这就体现了儒家的家国情怀。《礼记》中的另一篇文章《中庸》也阐述了儒家修身为本的思想。《中庸》认为，儒者懂得修身为本的道理就是"知本"，并且提出："知所以修身，则知所以治人；知所以治人，则知所以治天下国家矣。"④这同样是将修身与治国、平天下紧密联系起来，体现了儒家的家国情怀。

基于"三纲领八条目"这个根本理念的家国情怀被后世儒家不断发扬。战国时期的孟子说："人有恒言，皆曰'天下国家'。天下之本在国，国之本在家，家之本在身。"⑤可见"天下国家"当时已经成为人们常说的"恒言"，而孟子则明确地指出"国"的基础在"家"，"家"的基础在"身"。

儒家思想在我国历史上长期居于主导地位，其以天下为己任的宏伟抱负和强烈的社会责任感濡染、浸润着历代中华儿女，对中华民族家国情怀的形成和发扬产生了十分重要的作用。尤其是到了南宋时期，朱熹将《大学》和《中庸》分别从《礼记》中单独列出，与《论语》《孟子》并列为儒家经典"四书"，使儒家的"三纲领八条目"更加广泛、深刻地影响人们的思想，涵养中国人的家国情怀。历代中华儿女"心忧天下，以身许国"的抱负、"天下兴亡，匹夫有责"的担当、"先天下之忧而忧，后天下之乐而乐"的胸襟、"苟利国家生死以，岂因祸福避趋之"的气概都内在地贯穿着儒家"三纲领八条目"的理念。

---

① 《礼记·大学》。

② 朱熹：《四书章句集注》，北京：中华书局，1983，第3页。

③ 朱熹：《四书章句集注》，北京：中华书局，1983，第4页。

④ 《礼记·中庸》。

⑤ 《孟子·离娄上》。

二、道家:"无为而无不为"

道家创始人老子提出"无为而无不为"之说,其"无为"归结于"无不为"。

在先秦的诸子百家中,老子的思想可谓独树一帜。其不同凡响之处就在于,当儒家、墨家、法家等学派力倡有为于天下之时,老子却标举"无为"。面对社会的动荡不宁、人心的焦灼不安,老子身怀济世救人的一腔热忱,在静观默想之间,为当时也为后世留下了"无为而无不为"这种高明而深邃的智慧。而正因为标举"无为","无为"只是手段,"无不为"才是目的。"无为"归结于"无不为",归结于"天下大治"。

老子对于当时社会政治问题的基本看法是,其产生的根本原因是人们没有尊重事物的内在本性,没有遵循事物发展的自然规律,从而打破了事物中本来存在的平衡与和谐。因此,解决问题的根本办法就是"无为"——顺应自然,使万事万物恢复其本性和秩序。《老子》这部论"道"的著作,从汉代开始,就是一部讨论治国方略("君王南面之术")的书。唐玄宗李隆基御注《老子》,进一步突出了书中"理身理国之要"的主题。《宋朝事实类苑卷二·祖宗圣训》记载:宋太宗读老子之书,对身边的侍臣赞赏老子的"无为"智慧,说:"伯阳五千言,读之甚有所益,治身治国之道,并在其内。"[1]可见老子的"无为而无不为"思想主要还是一种政治智慧。《老子·三十七章》云:"道常无为,而无不为。侯王若能守之,万物将自化。"[2]《老子·十章》还曾设问:"爱民治国,能无为乎?"[3]对此的回答则见于《老子·五十七章》:"我无为而民自化,我好静而民自正,我无事而民自富,我无欲而民自朴。"[4]老子心目中的理想政治是顺应大道,无为而治。在他看来,治理国家、安定天下,不必费尽心机地采取各种手段和措施,而可以"治大国若烹小鲜",实现天下大治。关键是"我"(侯王)要遵循自然无为的法则行事,让各种事物按照其本性去发展,而不要横加干涉;让每个人无拘无束地成长,而不要扼杀其生命本性和创造才能。从老子的这些议论中,从他的诸如"爱民治国"之类的话语中,我们可以感受到"无为而无不为"之说中寄托的家国情怀。

老子不扰民的治国原则,典型地体现在他所提出的治国目标和理想社会之中。《老子·八十章》云:

> 小国寡民,使有什伯之器而不用,使民重死而不远徙。虽有舟舆,无所乘之;虽有甲兵,无所陈之。使民复结绳而用之。甘其食,美其服,安其居,乐其俗。邻国相望,鸡

---

① 江少虞:《宋朝事实类苑》,上海:上海古籍出版社,1981,第21页。

②《老子·第三十七章》。

③《老子·第十章》。

④《老子·第五十七章》。

犬之声相闻,民至老死不相往来。①

所谓"小国寡民"并非说理想的国家应该是国家小、人民少,而是诚如汉代河上公《道德真经注》(卷四)所说:"圣人虽治大国,犹以为小。"圣人治理大国,也如同治理面积小、人民少的小国那样珍爱百姓,与民生息。同时,圣人要使老百姓就像生活在以往结绳记事的年代那样,保持朴厚、诚笃的民风,安于质朴、恬静的生活,即使是邻国之间,两国人民也不必为了获取利益而相互往来。老子这段话所描述的,是以自然经济为基础、宗法关系为纽带的社会结构中人民安居乐业的状态。而人民的安居乐业无疑是以家庭为依托的。家以民为基础,国以家为基本单位,因此治国理政之要就在于让千家万户的百姓安居乐业。可见老子"小国寡民"思想中蕴含着深刻的家国一体观念,而家国情怀正是以家国一体观念为核心的。

道家的另一位创始人庄子,因其"齐万物""同死生""泯是非"等思想,在历史上曾被视为崇尚虚无、消极遁世的典型代表。后汉高诱在《吕氏春秋·必己》的注中,就说庄子"轻天下,细万物,其术尚虚无"②。其实,正是《庄子·天下》篇最早提出了"内圣外王之道",认为人内心的道德修养是"圣功",发挥出来救世安邦则是"王政"。"内圣外王之道"表明庄子并非没有家国情怀的"轻天下"者。

至清代,庄子终于觅得知音。一些学者透过庄子看似冷漠无情的处世态度,认识到庄子的真实心境,感受到庄子深沉的家国情怀。清初学者林云铭在《庄子因》中说庄子"似个绝不近情的人",但其实是个"最近情的人"。此后学者胡文英的评价则更为深刻、形象,他在《庄子独见》中说:"庄子眼极冷,心肠极热。眼冷故是非不管,心肠热故感慨无端。"③庄子并非对世间冷漠无情,相反,他怀有一副极热的心肠。庄子的"冷眼"处世,并非出于无情,而是出于冷静清醒。在权贵面前,庄子拒绝同流合污。在世俗面前,庄子不愿随波逐流。他始终保持一份理智和清醒。在他看似冷若冰霜的"冷眼"后面,是悲天悯人的热切情怀。不过庄子和老子一样,救世主张与儒家不同。《庄子·天地》云:"无为而万物化,渊静而百姓定"④,与老子的"无为而无不为"一脉相承。儒家风尘仆仆地奔走于各诸侯国,苦口婆心地规劝君王实行仁政、德治,希图以此救世。而在庄子看来,儒家的救世主张虽然用心良苦,但是这种一厢情愿的主张是行不通的。庄子认为,救世的根本方法在于"救心",让人们回归淳善的本性,即"归心大道"。所谓大道,就是道家所说的天地万物的根本之道。

胡文英认为,漆园吏庄子的内心深处,有一种比三闾大夫屈原更深切的悲天悯人情怀。

---

① 《老子·第八十章》。

② 《吕氏春秋·必己》。

③ 胡文英:《庄子独见》,上海:华东师范大学出版社,2011,第6页。

④ 《庄子·天地》。

《庄子独见》云:"庄子最是深情。人第知三闾之哀怨,而不知漆园之哀怨有甚于三闾也。盖三闾之哀怨在一国,而漆园之哀怨在天下;三闾之哀怨在一时,而漆园之哀怨在万世。"①三闾大夫屈原为他的楚国而哀怨,漆园吏庄子则为天下人而哀怨。屈原哀怨,是由于他无力解救当时楚国灭亡的灾难;庄子哀怨,则是由于在他看来,人的本性的丧失可能已经成为万劫不复的惨痛事实。对于天下苍生,庄子"热肠挂住、不能忘情"。他的"哀怨",正是出于忧国忧民、救世安邦的家国情怀。

三、佛家:"菩提心则忠义心"

中国佛家不仅修炼"菩提心",而且修炼"忠义心"。

佛教从印度传入中国之后,在中国的文化土壤上,在儒家和道家思想的影响下,开始了世间化的历程。佛教的世间化,是中国佛教演变、发展过程的一个总的、基本的趋势,这在宋代以降表现得更加明显、突出。任继愈主编的《佛教史》指出:"宋代佛教的'世间化'……增添了许多新的特点,这就是从泛泛地提倡救度众生,转向实际地忠君爱国;从泛泛地主张三教调和,转到依附儒家的基本观念。"②无疑,"忠君爱国"体现了当时历史条件下的家国情怀。而"依附儒家的基本观念"乃是依附儒家的"忠孝"观念,也体现了"忠君爱国"的家国情怀。佛学本是"出世"之学,但宋代中国佛家却多有"入世"之说。其中最典型的是宋代高僧宗杲③提出的"菩提心则忠义心"之说。

"菩提心"即佛家所追求的"觉悟"之心,它代表着佛门的最高智慧。"忠义心"即儒家所提倡的"忠君爱国"之心,它代表着封建帝制社会世俗生活领域的最高行为准则。在印度佛教传入中国之初,按照当时的教义,"菩提心"与"忠义心"是不相容的。因为佛教徒乃是脱离了世俗生活的"出家""出世"之人,已不再具有世俗社会的"忠君""孝亲"等义务,不再具有"家国情怀"。而宗杲则将儒家的"忠君爱国"思想引入了佛教。当时由于金人大举南侵,"忠君"和"爱国"成为宋代社会最重要的行为准则。宗杲正是适应了当时的社会需要,明确地提出"菩提心则忠义心也,名异而体同"④,认为佛家追求的"菩提心"与世俗社会提倡的"忠义心"(忠君爱国之心),名称虽异,但实质相同,"菩提心"即"忠义心"。在这方面佛门弟子与世俗民众之间,不存在"出世间"与"世间"的区别。宗杲还说:"予虽学佛者,然爱君忧

---

① 胡文英:《庄子独见》,上海:华东师范大学出版社,2011,第6—7页。
② 任继愈主编:《佛教史》,北京:中国社会科学出版社,1991,第480页。
③ 宗杲(1089—1163年),俗姓奚,号妙喜,宣州宁国(今安徽省宁国市)人。宋代著名高僧,宋孝宗赐号"大慧禅师"。
④ 潘桂明释译:《大慧普觉禅师语录》,佛光山宗务委员会印行,1997,第272页。

国之心与忠义士大夫等。"①他认为，就忠君爱国而论，"出世"的佛门弟子与"入世"的士大夫同样责无旁贷。

不但要忠于君，而且要孝于亲，"忠"与"孝"不可分割、相辅相成。这本是封建帝制社会世俗生活领域的观念，也是儒家的思想，宗杲却让它成了佛门教义。《大慧普觉禅师语录》卷二十四云：

> 未有忠于君而不孝于亲者，亦未有孝于亲而不忠于君者。但圣人所赞者依而行之，圣人所诃者不敢违犯，则于忠于孝、于事于理、治身治人，无不周旋，无不明了。②

在此，宗杲不仅强调了"忠"与"孝"的一致性，而且将提倡忠孝的儒家圣人之言，视为佛门弟子的行为准则，认为只要身体力行儒家圣人的"忠孝"之教，也就达到了佛门修行的极高境界。这不仅表明了宋代佛学对儒学的"靠拢和依附"，而且典型地体现了中国佛教的世间化传统和佛教徒的家国情怀。

这种世间化传统和家国情怀，在当代中国佛教代表人物赵朴初的"人间佛教"思想中得到继承和发扬。赵朴初毕生追求"庄严国土、利乐有情"的人间佛教。在1983年12月召开的中国佛教协会第四届理事会第二次会议上，赵朴初作了题为《中国佛教协会三十年》的报告，明确地提出"人间佛教"思想：

> 我们提倡人间佛教的思想，就要奉行五戒、十善以净化自己，广修四摄、六度以利益人群。……佛陀出生在人间，说法度生在人间，佛法是源出人间并要利益人间的。我们提倡人间佛教的思想，就要奉行五戒、十善以净化自己，广修四摄、六度以利益人群，就要自觉地以实现人间净土为己任，为社会主义现代化建设这一庄严国土、利乐有情的崇高事业贡献自己的光和热。③

此处提出的"庄严国土、利乐有情"，表明了人间佛教期盼祖国繁荣昌盛、人民幸福安康的家国情怀。在由中国佛教协会出版的《佛教常识答问》一书中，赵朴初说释迦牟尼创立的佛教在中国传播发展的过程中，在中国的文化土壤上，成为中国传统文化的一部分，成为"中国的佛教"而非"在中国的佛教"。这堪称精辟之论。他还说中国佛教"流传最广的宗派"禅宗，"高标'佛法在世间，不离世间觉'"，表现出"积极入世的态度④，体现了中国佛教的特色。赵朴初的相关论述虽然没有使用"家国情怀"这个词语，但他所说的正是中国佛教

---

① 潘桂明释译：《大慧普觉禅师语录》，佛光山宗务委员会印行，1997，第272页。
② 潘桂明释译：《大慧普觉禅师语录》，佛光山宗务委员会印行，1997，第275页。
③ 赵朴初：《中国佛教协会三十年——在中国佛教协会第四届理事会第二次会议上》，《法音》1983年第6期。
④ 赵朴初：《佛教常识答问》，中国佛教协会1983年刊行。

世间化的优良传统和家国情怀。他在《中国佛教协会三十年》中提出："我以为我们社会主义中国的佛教徒,对于自己信奉的佛教,应当提倡忍见佛教思想,以利于我们担当新的历史时期的人间使命;应当发扬中国佛教农禅并重的优良传统,以利于我们积极参加社会主义物质文明建设。"[①]可以说,赵朴初在社会主义时期使"菩提心则忠义心"之说得到发扬和升华,使中国佛教世间化的优良传统和家国情怀得到发扬和升华。

简言之,就家国情怀而论,儒、道、佛三家虽形态有别,却具有共同的价值取向。正由于作为中国传统文化主流的儒、道、佛三家都心系天下、志在报国,都具有或强烈或深沉的家国情怀,才使得中国传统文化成为培育一代又一代炎黄子孙家国情怀的民族文化。唯其如此,当我们在全社会弘扬家国情怀之时,儒、道、佛和其他学派的优秀思想,都能成为我们可贵的精神资源。

---

① 赵朴初:《中国佛教协会三十年——在中国佛教协会第四届理事会第二次会议上》,《法音》1983年第6期。

学以成人与儒商精神

（彭彦华　中国孔子基金会学术研究部）

摘　要：中国现代企业仍然处在一个形成过程中，可能会有多种模式。有着两千多年历史的儒家伦理可以为中国现代企业家精神培育提供思想借鉴。尤其是儒家的学以成人、人文教化理念，建设心灵品质、止于至善的核心价值观，内圣外王、身任天下的道义理想追求等，迫切需要落实到现代企业家的身上。为此，企业中的人文教育任重而道远：唤醒儒商意识，提升儒商素质，强化儒商实践。

关键词：学以成人；人文教育；内圣；心灵品质；儒商精神

一

中国现代企业仍然处在一个发展过程中，可能会有多种有意义的模式。但是，有着两千多年历史的儒家伦理可以为中国现代企业家精神培育提供思想借鉴。中国企业家应该有中国气派、中国风格。比如儒家的"天人合一"思想，体现着"人"对"天"的一种内在责任。利用这一思想化解人与自然之间的矛盾，促进企业树立起更有思想文化内涵的企业精神和企业形象。又如"治国平天下"应行"仁政"（"王道"），不能行"霸道"。行"仁政""王道"将会使民族与民族、国家与国家、企业与企业、人与人之间"和平相处"，行"霸道"只会引起民族与民族、国家与国家、企业与企业、人与人之间的冲突，乃至战争。再如儒家文化特别强调人的道德修养对于建立和谐社会的重要意义。儒家认为，生死和富贵不是人追求的终极目标，提高自我的道德修养来为社会增进福祉才是人追求的终极目标。《周易·系辞下》中说："何以聚人，曰财。"要用财富把老百姓凝聚在一起，这里"增加财富"是"手段"，而把老百姓聚集在一起是"目的"，这是儒家伦理的精神所在。孟子曰："民之为道也，有恒产者有恒心，无恒产者无恒心。"[①]也就是说，人民有一个基本情况：有一定的财产收入的人，才有一定的

[①]《孟子·滕文公上》。

道德观念和行为准则;没有一定的财产收入的人,便不会有一定的道德观念和行为准则。"夫仁政,必自经界始。"[1]也就是说,实行仁政一定要从划分、确定田界开始。

《周易·系辞下》中说:"利用安身,以崇德也。"强调人们取得有社会效益的利益,是为了给自己找个"安身立命"之处,这就达到了对道德的推崇。

《周易·乾·文言》中说:"利者,义之和。"这里说的"利"是指"公利",也可以说是"公义"。所以程颐说:"义与利,只是个公与私也。"

中国社会是法治社会,也应该是"以德育人"的社会,落实到企业中,中国的企业理应是"以法治企业""以德教化人"。企业人文教育的目标是培育现代新型儒商。新的发展有新的理念,而儒家思想可以为新的理念提供必要的思想资源。

"学以成人"与儒商精神何以关联?首先我们分析何谓"人文"。

"人文"出自《易经》第22卦"贲卦":"刚柔交错,天文也;文明以止,人文也。观乎天文以察时变;观乎人文以化成天下。"意思是气候有冷有暖,是天的气象文治教化;而让百姓明白有所止,止乎礼,是人类社会的样子。观察天的样子,来明晰季节变化;观察人类社会的样子,以教化世界。即刚柔交错成文,这是天象。社会制度、风俗教化是人们生活的基础,是社会人文现象。观察天象,就可以察觉到时序的变化。观察社会人文现象,就可以用教化改造成就天下的人。由于"天文"是由内在本质自然而然表现于外的形式,没有人文的介入,而人文则是人为的设置,会经常出现差错,二者的配合不能恰到好处,因此,需要人文建设教化天下。

"贲",文饰的意思。贲卦由噬嗑卦发展而来。《序卦传》说:"嗑者合也,物不可以苟合而已,故受之以贲,贲者饰也。"噬嗑通过明罚敕法来整合社会,侧重于以刑狱禁暴,这种整合缺少精神文明的联系,只能称之为"苟合",即建立在强制基础上的委曲苟且的整合。所以应该继之以贲,用礼乐轨制来文饰,进行精神文明建设。

为了维护社会的长治久安,礼乐与刑政两个方面都是必需的,这就是古代人常说的,"礼乐刑政四达而不悖,则王道备矣。"[2]然而比较起来,一个社会的文明程度主要表现在礼乐轨制的文饰上,而且这种文饰侧重于加强精神纽带的联系,着眼于人文价值的认同,其所产生的社会整合功能比之以刑狱禁暴显得更为重要。

文是外在的形式,质是内在的本质,二者密切结合,内外一体,不可分离。就自然界的情形而言,其内在本质的依据是阴阳变化,刚柔交错,其外在的形式则表现为日月星辰的光明灿烂,四时运行的循环交替,万物种类的繁复盛美、光怪陆离、仪态万千,称之为"天文"。

就社会界的情形而言,其内在本质的依据同样是阴阳刚柔的变化交错所形成的协调并

---

[1]《孟子·滕文公上》。
[2]《礼记·乐记》。

济，其外在的形式则表现为礼乐轨制的有序完备，道德风尚的和善淳美，行为举止的合规中矩，称之为"文明以止，人文也"。由于"天文"是由内在本质自然而然表现于外的形式，没有人为的介入，而"人文"则完全是出于人为的主观设置，经常出现差错，使得文与质的配合不能恰到好处，或者文饰超过了质朴，或者质朴超过了文饰，流入粗野。因此，为了进行人文建设以化成天下，必须正确处理此二者的关系，做到文质彬彬，配合恰当，无过无不及。这就是贲卦所讨论的主题。

从卦爻结构看，贲卦的刚爻与柔爻总体上都象征着文与质密切结合的关系。以柔为文，以刚为质，内刚而外柔，所以亨通："贲。亨。小利有攸往。"①这种刚与柔相互文饰的关系表现于自然界称之为"天文"，表现于人类社会则具有"文明以止"的特征。文明，即文治教化，由于下体离为文明，上体艮为止，既有光辉灿烂的文明，又有止于至善的价值目标。离为明，艮为止，表示文明的制度使人们止于一定的规范，因此多为吉兆。所谓止于至善，具体说来，就是为人君止于仁，为人臣止于敬，为人子止于孝，为人父止于慈，与国人交止于信。人类文明的发展不能漫无方向，必须知其所止，文明而又节制，有一个自觉追求的终极目标。贲卦论述文与质的关系，以质为主，以文调节。"质胜文则野，文胜质则史。文质彬彬，然后君子。"②把内心的质朴与外在的修饰结合起来，这才是真正的君子。外在的表现都是内心本质的一种表露，文明以止，也就是要通过外在的教育，让人明白"止"的道理。这个道理可称之为价值基座，抑或核心价值观，即止于至善的核心价值观。只有牢牢把握这种核心价值观，做到"文明以止"，才能"化成天下"，整合社会，建构一个以礼义为本的和谐有序的文明共同体。

核心价值观体现在人身上，表现出来的是一种态度、作风、气概、意志品质。曾经美国杂志记者劳特斯问李嘉诚先生，你能成为华人首富，是因为什么？勤劳？比别人聪明？比别人更会沟通？……李嘉诚就用两个字回答：气概。气概是什么？气概是一个人的格局，一个人的高度。劳特斯再问李嘉诚：你这种气概是怎么培养出来的？李嘉诚感叹：儿童时期学的《三字经》《千字文》《诗经》《老子》《庄子》《论语》等，这些知识弥足珍贵，它令人终身受益。这些国学经典、蒙学人文教育告诉我们什么：心存敬畏，志道、据德、依仁、游艺、礼义廉耻、做君子、博学、审问、慎思、明辨、笃行、修己安人、内圣外王、知行合一等。概言之，通过学习经典，让我们体会到圣贤的教诲，体会到格局和境界，也就是"道"，并向"道"的更高层面攀登。

我们知道，长江商学院在全球率先将人文课程引入商学院的教育，让学员从富裕的生

① 《周易·贲卦第二十二》彖曰：贲，亨，柔来而文刚，故亨；分刚上而文柔，故小利有攸往。天文也；文明以止，人文也。观乎天文，以察时变；观乎人文，以化成天下。
② 《论语·雍也》。

活走向丰富的生活,并努力实现人生理想。如何使得全球商业中的人文教育得到更好落地并建立企业家的主体性?

众所周知,人是文化的主体,是文化的创造者和承担者。儒商文化作为当今仍具魅力的企业文化,必须落实到儒商文化主体即企业家的身上,成为企业家个体人生修养的发展方向。如果说,随着中国经济的崛起,中华文化必将复兴,那么随着中国经济腾飞于世界,作为中国商业经济理性代表的儒商文化也将大放异彩,成为中国软实力的代表和中华民族精神家园的靓丽风景线,展现出实用的价值和强大的生命力,这也正是商业人文教育的旨归所在。今天的世界面临着诸多问题,世界这么大,问题那么多,人们渴望听到中国的声音,看到中国的方案,我们不能缺席。

当下所面临的问题,恰恰是展现中国哲学力量的最好机会,中国哲学从根本上解决了人心的问题,而心是一切问题的根源。明心、净心的本质,就是建设心灵品质的本质,就是把心收回来,把心存养好,做到"我善养吾浩然之气",就是把心的漏洞补上,这样就不会失去目标,失去方向,我们才会有真正的力量成就自己,成就他人,最终成就中华民族的伟大复兴。

二

在中国传统文化中,"己"(自我)之"心",怀有无尽的宝藏。孟子讲,"学问之道无他,求其放心而已矣。"[1]这告诉我们学问之道的根本在于求放心,即不要放纵自己,不要扭曲自己,不要丧失自己,要时时懂得把心收回来,把心存养好,做到"我善养吾浩然之气"[2]。这样就不会失去目标,失去方向,懂得体验生命的快乐。如:"有朋自远方来不亦乐乎","发愤忘食,乐以忘忧,不知老之将至云尔","贤哉,回也,一箪食,一瓢饮,在陋巷,人不堪其忧,回也不改其乐也","饭蔬食饮水,曲肱而枕之,乐亦在其中矣","智者乐水,仁者乐山"。从哲学意义上来说,这是一种内在的超越性,是一种精神境界。

孔子在批判当时学风时说:"古之学者为己,今之学者为人。"[3]孔子主张,学不应是为了见知于人,学应是"为己"而学,学是为了成就自己、完善自己,学以成人。徐复观解释说:"所谓为己之学,是追求知识的目的,乃在自我的发现、开辟、升进,以求自我的完成。"[4]杜维明也认为,为己之学"就是学做人","学习成为一个完善的人"[5]。其实,孔子之"学"是"下学

---

①《孟子·告子上》。

②《孟子·公孙丑上》。

③《论语·宪问》。

④ 李维武:《中国人文精神之阐扬:徐复观新儒学论著辑要》,北京:中国广播电视出版社,1996年,第294页。

⑤ 杜维明:《儒家思想新论——创造性转换的自我》,南京:江苏人民出版社,1995年,第49页。

而上达","为己之学"还是人生精神境界的提升。

"为仁由己""君子求诸己""我欲仁斯仁至矣""仁以为己任"等都体现了孔学的鲜明特征。在孔学看来,"己"这一根据是人最终得以凭恃的。在孟子那里,"己"是性善论的基础,这就是著名的"四端"说,"四端"即恻隐之心、羞恶之心、辞让之心、是非之心。孟子曰:"人之有是四端也,犹其有四体也。"①"仁义礼智非由外铄我也,我固有之也。"②这就给出了人性修养的根据与基础。"四端"就是人所固有的良知良能,说到底即是超越所赖以出发之端。总之,在人的生命中,"求"的路径无非两条:一是"求外在",即求功名、求富贵、求长生。这种"求"如果能够求到,在孔学看来也是可喜可贺的。如孔子云"富而可求也,虽执鞭之士,吾亦为之"③。但求外在具有不确定性,即"生死有命,富贵在天"④。因而,"求外在"是人自己无法牢牢把握的。对此,人只能抱有"只问耕耘,不问收获""成事在天,谋事在人"的态度。二是"求内在"即"求诸己",这种"求"则是自己可以把握并要自己负责、自己承担的。人的一生可以没有荣华富贵,但做一个堂堂正正的人则是不假外求,靠自己的努力可以做到的。并且,人对自己负有最后的责任,自己的历史写得如何,千秋功罪任评说,都是要自己来承担的,无处可以推卸。故孟子曰:"天作孽,犹可违;自作孽,不可活。"⑤可见,"求外在"需要假借外力,乃至求神问卜,而这是不确定的,靠不住的。故"子不云怪力乱神"⑥。而"求诸己",靠的是自己,因而是可以把握得住的。

孔学是讲内圣外王的,"外王"的前提、根本就是"内圣"。《大学》云:"物格而后知至,知至而后意诚,意诚而后心正,心正而后身修,身修而后家齐,家齐而后国治,国治而后天下平。"讲的就是这个根本、这个前提。所以"自天子以至于庶人,壹是皆以修身为本"。不论内圣是否能开出外王,内圣总是一个前提;没有内圣,一切都谈不上。所以"其本乱而末治者否矣。其所厚者薄,而其所薄者厚,未之有也!"也就是说,若这个根本被扰乱了,家庭、家族、国家、天下要治理好是不可能的。不分轻重缓急,本末倒置却想做好事情,这也同样是不可能的!所以孔学对"己"这个前提,是看得很重的。孔子云:"富贵可求也,虽执鞭之士,吾亦为之;如不可求,从吾所好。"⑦"不义而富且贵,于我如浮云。"⑧可见,在这一点上,孔学的态度是很明确的,即富贵也好,事功也好,都要以堂堂正正的手段去取得,而不能心术不正,玩弄阴谋诡计,或以违法乱纪的手段去取得。孟子讲得更彻底,他说,有"天爵""人爵",

①《孟子·公孙丑上》。

②《孟子·告子上》。

③《论语·述而》。

④《论语·颜渊》。

⑤《孟子·公孙丑上》。

⑥《论语·述而》。

⑦《论语·述而》。

⑧《论语·述而》。

"仁义忠信,乐善不倦,此天爵也;公卿大夫,此人爵也。""古之人修其天爵,而人爵从之。今之人修其天爵以要人爵,既得人爵而弃其天爵。则惑之甚者也,终亦必亡而已矣。"①即"己"这个"本"不能当资本用,不能当投资用,所以"己"这个"本"要固,本不固,不论从政、经商还是干其他什么,都是干不好的;相反只能添乱,只能给社会带来灾难。这就是"本乱而末治者未之有也"。

再说"群"。实际上可以说,在儒家那里,作为道德主体的"己"或"自我",已经成为认知主体的前提,"己"或"自我"一开始就获得道德涵义,并被放置到道德境域之中,进而又通过德性的展现,挺立自我。因为唯有道德修养高的人,方能做到"推己及人"。忠恕之道强调的即"尽己、推己","立人、达人"既是手段也是目的,并不能分开而论。因为"己"与"人"自始便是伴生互融、相互关联的。所以在这个意义上,忠恕之道的基础便是"修己"。所谓"修己",即道德上的自我涵养,包括两方面的内容:一是规范自己的行为,与社会的整体规则、制度相协调并促进发展;二是培养自己的内在品性,把社会价值系统中蕴含的美好道德"内化"为自我德性,并通过"忠恕"的观念与个人努力,为社会整体的维护与发展提供整合力量。用儒家的话讲,内在品性的培养及"外化"是求仁,外在行为的约束与规范及其"内化"是循礼。曾子每日坚持反省,毫无疑问,亦是在诚恳、积极地与他人的日常交往中考察、评价、检讨自己的观念、行为,希望在道德上求得完善。儒家提倡将他人包容于自我修养,其核心意义并不在于儒家是否主张利他主义,而在于这是自我发展的必需。因此,儒家的"己"或"自我"从来就不是被动或缺乏自主性的,而是一开始就具备了自觉的道德意识,有了自觉的道德意识为基础,"忠恕"实际上就是持续循环的"修己—尽己—推己"的过程。无疑,儒家的"性善"之说也正与此相契。因此在这一过程中,"修己"是追求道德的涵养,"尽己"所展现的"己欲立""己欲达"亦是追求道德的提升,"推己"所强调的"立人""达人"则是更高的道德要求。

儒家的"自我"也是"行动的"或"实行的",是实证实修的。孔子讲:"能近取譬,可谓仁之方也已。"②意即一个人若是能够认清所处的情景,通晓身边切近的事理、形势,并采取相应的行动,那么"仁"也就相并相随而来了。显然,"近取譬"必然是由"自我"出发的,并且一定要落实在具体的行动中。其理想状态是"反身而诚"。

当子贡问道:"有一言可以终身行之者乎?"孔子的回答是:"其恕乎!己所不欲,勿施于人。"③这一段对话中,子贡的兴趣是"能够终身实行"的"言",孔子的回答则是"恕",把"己"

---

① 《孟子·告子下》。
② 《论语·雍也》。
③ 《论语·卫灵公》。

和"行"紧密地联接到一起。后儒解孔子之意为，"推己及物，其施不穷，故可以终身行之。"①在此，行动的"己"，是可以通过日常的活动将自身的"善"加以推广、扩充的。也正因此，孔子坚决主张，真正的为学应当理解为"为己之学"，也就是说，所谓学习指的是履而行之。②

春秋战国之际，孔子以继承周文化为己任，志在改变当时"礼崩乐坏"之颓势。因此对他来说，最切要的事情并不是构筑一个缜密、深刻的哲学体系，而是立足现实，思考个人与社会的生存发展状况，并力求规划、建立一个合乎周文化的理想生活格局。黑格尔认为孔子"只是一个实际的世间智者"，所言不过是一些"老练的、道德的教训"③，既琐碎又无内在联系。必须明确，孔子的兴趣并不在于逻辑、理论、思辨以及外在理性化制度的直接创设，而是着眼于人本身，从人的日用、言行、道德出发，对社会秩序加以伦理化的安排。在这一过程中，孔子所关注的是"仁"与"礼"的世间性、实用性与可靠性，从而使其可以范导个人与社会，承担传统与变革，结合理想、信念与现实生活。因此，与《论语》中所展示的注重"行动"的"自我"相一致，孔子思想的要旨也总是在于"实行"④。并且这种"实行"从来都未超出世俗，而是植根于日常生活，归结于"自我"的切实经验与亲身体悟，其意义就在于使"日常生活"与"己"或自我真正融为一体。

在儒家看来，无论是在道德实践中，抑或在德性涵养中，自我都起着主导的作用，主体是否遵循"仁"的目标来塑造自我，终究是取决于自主的选择及自身的努力，而非外部力量。孔子说："仁远乎哉？我欲仁，斯仁至矣。"⑤"为仁由己，而由人哉？"⑥"为己之学"的提出是孔子儒学的一大特色。孔子认为"人能弘道，非道弘人"⑦，从文化创造的意义上确认了人的自由与能动性。

儒家对"己"与"群"的重视并不是于外界无涉的，儒家的责任感是很强的，"以天下为己任"是儒家"造次必于是，颠沛必于是"的伟大抱负；"悠悠万事，惟此为大，克己复礼"，其目的就是要"身任天下"。那么"己"的价值是怎样体现出来的呢？主要体现在"和"的价值追求之中。"和"有三种含义：一是心性之和，也就是说能够保持内心的淡泊宁静。对内心的矛盾冲突，情感的跌宕起伏，能够保持一定的张力，任由天理流行无碍。"发乎情而止于礼"。内心是一种活泼的春明和乐的心态，此即"孔颜乐处"。二是与社会的和谐，与"群"（他人）的和谐。在帮助他人、推动社会进步的同时，也实现自身的价值。这就是"己欲立而立人，

---

①《论语集注》。

② 杜维明：《儒家思想新论——— 创造性转换的自我》，南京：江苏人民出版社，1995年，第50页。

③ 黑格尔：《哲学史讲演录》第一卷，北京：商务印书馆，1981年，第131页。

④ 赫伯特·芬格莱特：《孔子：即凡而圣》，南京：江苏人民出版社，2002年，第11—13页。

⑤《论语·述而》。

⑥《论语·颜渊》。

⑦《论语·卫灵公》。

己欲达而达人","士不可不弘毅,任重而道远"。在这个过程中,也不是勉强的,同样是天理活泼流畅的结果。所以,在"立人""达人"方面,儒家虽然有极其强烈的责任感,但也提出了"己所不欲,勿施于人"的"恕道",目的就在于不要勉强,不要计较。在"身任天下"的抱负中,孔子也提出了"知命"的要求。他指出:"不知命,无以为君子也;不知礼,无以立也;不知言,无以知人也。"①这说明,要"立人",要"达人",不能仅凭一腔热情,而要"知命""知礼""知人",其至高境界就是"从心所欲而不逾矩",就是"极高明而道中庸","君子达乎天命,则待时而动",就是"可以仕则仕,可以止则止,可以久则久,可以速则速"②。三是与宇宙天地的和谐,也就是天人合一。如张载的"民胞物与"。这样的"己""群"便融化在宇宙天地之间,"参天地,赞化育",这就是我所理解思考的精神人文主义"天、地、群、己"的哲学。孟子曰:"尽其心者,知其性也。知其性则知天矣。"③在这里,虽然"天人一物,内外一理;流通贯彻,出无间隔",但是"己"的位置凸显出来了,因为"己"在这里是一个中间环节,他发挥了"参天地,赞化育"的功能,因而使自己的价值得到了充分的发挥和体现。

在中国哲学中,本来就没有主观客观、物质精神这样的分别与对立,形上形下、义理形器并无判然分明的界限,"万物皆备于我"可谓道出了此中真谛。作为这样一个意义上的"己",既是本体,又是性体、心体,显然蕴含着极其丰富的内在生命与价值,"为己之学"就是要求我们不断地开掘生命的矿藏,以达至"参天地,赞化育"的境界。

三

人是文化的主体,是文化的创造者和承担者。儒商文化作为在当今仍具魅力的企业文化,必须落实到儒商文化的主体即企业家身上,成为企业家个体人生修养的发展方向。时代的发展和中华民族实现伟大复兴的历史潮流,已经逐步将中华文化推向了时代的前列,以儒家为主干的中华传统文化的价值越来越受到人们的重视,儒商文化也将随之成为企业文化的主流。为此,培养现代新型儒商,是时代的呼唤,是企业文化的发展方向,也是中国经济腾飞的希望。为此,企业(商业)中的人文教育,任重而道远。

(一)唤醒儒商意识

儒商一直是我国古代商人道德的典范,在现代,儒商意识也应当成为企业家的自觉意识。当然,要求每一个企业家都成为儒商,是不必要同时也是不可能的。现代新型儒商文

---

① 《论语·尧曰》。

② 《孟子·公孙丑上》。

③ 《孟子·尽心上》。

化应当成为中国特色的企业文化的主流，儒商意识应当成为企业家的主体自觉意识。

中华民族的伟大复兴必然带来中华文化的复兴，儒商文化成为举世瞩目的企业文化主流已是指日可待。一方面，儒商文化的生命在于它的价值，比如，只要是实行商品经济、市场经济，古今儒商奉行的经济与自然、社会和人自身协同发展的价值观，以及"顾客满意"的经营原则等，是永远不会过时的。另一方面，儒商文化的魅力在于它的民族特色。儒商体现出来的理念、精神、气质、情操、智慧、思维方式以及表达方式，在现代全球激烈的市场竞争中显示出独特的文化软实力，并可转化为商业（经济）发展的优势。为此，通过商业中的人文教育，呼唤企业家儒商意识的觉醒，从对儒商的认同发展成自觉的向往，并蔚然成风，如此才能使儒商文化上升为企业文化的主流，成为引领现代商业（经济）文化的潮流之一。

（二）提升儒商素质

企业家光有儒商意识，仅仅是一种良好的愿望，重要的还在于具备"儒商素质"。儒商之所以能够得到普遍认同和赞誉，在于他们具有与众不同的特质。儒商是具有高尚道德和社会责任感的商人企业家，他们传承"仁爱""民本""民生"的传统、"经世济民"的商业理想和"以义取利"的盈利原则，具有强烈的爱国主义和民族实业精神，以及急公好义、扶贫济困、乐善好施的人道关怀。儒商是具有高超的经营谋略和管理智慧的商人企业家，他们自强不息，敬业爱岗，诚实守信，保证质量，注重人才，协同合作，严格管理，集改革、创新、竞争精神于一身，形成系统完整的经营管理理念、制度和方法。儒商还要有高雅的生活情趣，不仅谦逊朴实，勤俭节约，关注文化，爱好体育，而且注重修养，摒弃恶习，具有人格力量。总之，"以德经商""以智经商"和"以儒经商"，就是儒商素质之大观。

值得注意的是，儒商作为当今世界尤其是东西方两种异质文化碰撞、融汇的现实载体，应以不忘本来、吸收外来、面向未来的姿态和胸怀，积极吸纳世界先进文明的成果，使儒商素质的民族性与时代性、国际性相统一。为此，现代新型儒商素质表现为比一般的商人多一点商贾理念，多一点民族气质，多一点文化涵养，多一点社会责任，既有现代经济活动的有关知识、智慧、眼光和文化素养，又具备与现代市场经济相适应的伦理道德品格和风范。只有具备这样素质的现代新型儒商，才能成为国内外中华民族企业家的主体，儒商文化也将成为中华民族企业文化的代表和世界企业文化的主流。

（三）强化儒商实践

儒家文化的精髓是知行合一，儒商意识和儒商素质必将落脚到儒商实践，才会变成现实。

要践行儒商文化，首先必须了解、学习儒商文化，在学习了解的过程中，逐渐理解和认同儒商文化,除了企业家对儒商文化的学习了解外,学者也有挖掘、整理、解说和宣传儒商文化的责任,要与企业家一道,将鲜活的儒商实践提升为新的理论,实现理论创新。同时,我们不仅应当学习本国儒商的事迹,还要学习国外的儒商文化,比如日本的儒商、东南亚的华人儒商,都有丰富的儒商思想。全社会应该形成学习儒商文化的氛围,传统文化的熏陶从孩童的蒙学开始,长大以后,在经营管理的实践中加深理解,为实践提供理论的指导。

学习的目的在于应用,实践儒商文化的关键在于企业家在经营管理的实践中,有意识地运用儒商文化解决实际问题。具体地说,比如在面临利益的时候,首先应辨明是否"合义",合义之利则取(即以义取利),否则应当断然舍弃,"不义而富且贵,于我如浮云"①。在遇到社会问题时,要自觉遵纪守法,协助政府解决发展经济、增加就业、环境保护等社会问题,大力发展生产力,建设社会主义和谐社会。在处理人际关系的时候,应"和为贵""和气生财"。在进行经济活动时,讲信用,讲质量。在遇到竞争的时候,应采取"其争也君子""和而不同"的方式。在利益分配时,首先应保证照章纳税,企业内部应公平合理、互惠互利。要有"达者兼济天下""取之于民,用之于民"的观念,扶贫济弱,支持社会公益事业。如此而行,企业家在践行中体认真理、体验成功,逐步增强运用儒商文化于商业实践的自觉性,促使自身人格的升华和精神境界的提高。

学习和运用儒商文化,必然促进儒商文化的发展,而发展儒商文化的最重要途径在于实践和理论的创新。随着文化背景、文化环境、文化任务的变化,现代新型儒商应在不断实践中扬弃和创新儒商文化,且使其日臻完善。

如果说,随着中国经济的崛起,中华文化必将复兴,那么,随着中国经济的发展,作为中国商业经济理性代表的儒商文化也将大放异彩,展现出实用的价值和强大的生命力。

---

① 《论语·述而》。

孟子性善论与康德善良意志论之比较

（戴兆国　安徽师范大学马克思主义学院）

摘　要：孟子提出的性善论是儒家道德哲学的理论基石，为儒家德性伦理的演进奠定了基础。康德的善良意志论是其道德哲学理论大厦的中轴，以此为基础展开的义务论对西方道德哲学的现代发展影响深远。这两种理论在对人性能力的取舍、向善路径的选择和至善目标的设定等方面均有不同思考的进路。

关键词：孟子；性善论；康德；善良意志论

孟子阐发的性善论为儒家道德哲学的展开提供了始源性的理论基石，规约了儒家德性论的基本理论取向。康德的善良意志论是西方道德哲学反思进程中的理论枢机，代表了西方道德哲学规范论的基本理论取向。性善论和善良意志论在对人性能力的取舍、向善路径的选择和至善目标的设定等方面均有不同思考的进路。对这两种理论的比较研究，可以为深入解析东西方道德哲学的差异，进而为融通东西方道德哲学提供有益的智性资源。

一、性善论与善良意志论对人性能力的不同取舍

人性能力结构大体可以分成三个层面，即本质智慧层、实践文化的价值层和谋生的操作技术层。[①] 虽然孟子的性善论和康德的善良意志论没有对人性能力做出特别界定，但是这两种理论都蕴含着对人性能力某一方面的认识。

性善论是从总体上肯定人性能力的基本面是向善的。孟子认为人性之善与后天的材质、才能等没有直接的关系。人性之善通过人心以及人心所激发的人的道德行为显现出来。人性从本质层面的显发，到人心对仁义礼智德性的激发，其向善的趋势是主动而稳定的。因而孟子的性善论对人性能力的要求是整体的，包含着从本质层面到实践层面，最后到操作层面的能力。善良意志论集中以人性能力的实践方面为依托，通过对意志选择能力

---

① 参见戴兆国：《论人性能力与文化自觉》，《江汉论坛》2017年第6期。

的截取,指明了意志走向道德规则之路的必然性,为普通的理性主体成为道德自觉的行为人提供了实践理性的保证。从这个角度说,善良意志论主要针对的是实践价值层面的人性能力而言的。故此,我们认为康德的善良意志论对人性能力是截取的。①

我们先来看孟子对性善论的解释。《孟子》本文中明确表达性善的有两处文字。一处是《滕文公上》第一章,一处是《告子上》第六章。后者讨论的是性善论依据的人性能力。

公都子曰:"告子曰:'性无善无不善也。'或曰:'性可以为善,可以为不善;是故文武兴,则民好善;幽厉兴,则民好暴。'或曰:'有性善,有性不善;是故以尧为君而有象;以瞽瞍为父而有舜;以纣为兄之子,且以为君,而有微子启、王子比干。'今曰:'性善',然则彼皆非与?"孟子曰:"乃若其情,则可以为善矣,乃所谓善也。若夫为不善,非才之罪也。恻隐之心,人皆有之;羞恶之心,人皆有之;恭敬之心,人皆有之;是非之心,人皆有之。恻隐之心,仁也;羞恶之心,义也;恭敬之心,礼也;是非之心,智也。仁义礼智,非由外铄我也,我固有之也,弗思耳矣。故曰:'求则得之,舍则失之。'或相倍蓰而无算者,不能尽其才者也。《诗》曰:'天生蒸民,有物有则。民之秉彝,好是懿德。'孔子曰:'为此诗者,其知道乎!故有物必则,民之秉彝也,好是懿德。'"②

《告子上》前四章展示了告子与孟子对不同人性论看法的论辩。第五、第六章则是对孟告之辩的再次申论。第六章带有总结性的意味。在这一章中,孟子不仅对性善论的理论本质进行了阐发,同时对性善所依据的人性能力也进行了反思。孟子在反驳公都子提出的三种人性论时,很快亮出了自己的论断,"乃若其情,则可以为善矣,乃所谓善也。若夫为不善,非才之罪也。"此处的情做实情解。③在孟子看来,如果根据人所表现出来的实际情况,那么人都可以成为一个善良的人。至于为何存在幽厉、象、瞽瞍、纣这些不善的人,并不是因为他们材质、才能的问题。也就是说,人的材质的优劣、才能的高低不影响人可以做一个善人。随后孟子指出人性之善的根源就在于人有仁义礼智之心。仁义礼智四心分别引发了恻隐、羞恶、恭敬、是非四种道德行为。

从孟子论述的逻辑可以看出,他所主张的性善论蕴含着对人性整体能力的认取。质言之,孟子认为人性所以为善,就是从人性整体能力的显发上说的。人性的整体能力包含人性从本质不断向外激发的所有能力。孟子论述的人性之情实的状态是对人性本有状态的

---

① "康德意指的人性是我们的力量和能力,它们把我们规定为合理而理性的属于自然界的人。我们拥有着人性,也就是我们既拥有着理性,又拥有着人的肉体:我们是与其他动物一起相处于自然之中的合理而理性的人。"(罗尔斯:《道德哲学史讲义》,张国清译,上海:上海三联书店,2003,第255页。)

② 《孟子·告子上》。

③ 程瑶田《通艺录·论学小记》云:"情其善之自然而发者也,才其能求本然之善而无不得者也,性善故情善而才亦善也。"(参见焦循:《孟子正义》,北京:中华书局,1987,第753页。)这种解释注意到情的自然性,但是将情说成是善之自然而发,与孟子本意不太相符。

肯定，他所论述的四心引发的四种德行是对人性实践能力的概括。这些能力在孟子那里都被认作是固有的，而非外在的。人们认识不到自己本性中蕴含的仁义礼智的道德本性，不是因为这些东西不存在，而是由于人们缺乏足够的自我反思。人对自我道德本性的反思之道，是本于人性运行的规则。孟子引《诗》和孔子语所要证明的就在于此。既然万物运行都有其内在的规则，那么人性的各种活动，也一定有自己的规则，这就是性善的最高法则。对此，朱熹也认为："有物必有法：如有耳目，则有聪明之德；有父子，则有慈孝之心，是民所秉执之常性也，故人之情无不好此懿德者。"①

此处，孟子对性善的解释，紧紧扣住了人性的本质，以及人性的总体表现。从人性能力的角度说，孟子注意到了人性能力表现的全部方面。王夫之《四书训义》曰："夫人生而有性，感而在，不感而亦在者也。其感于物而同异得失之不齐，心为之动，而喜怒哀乐之几通焉，则谓之情。情之所向，因而为之，而耳目心思效其能以成乎事者，则谓之才。三者相因而发，而及其用之，则各自为体。"②王夫之明确对性、情、才做了区分。根据他的理解，人性是人存在的本然状态，无论人们感还是不感，人性都存在。当人性感于物，产生各种变化，就引发了心的具体表现，这些表现就是情。人情指向，代表了人的耳目心思的发动。耳目心思的发动如果能够成事，就体现出特定的才。性、情、才三者虽然彼此有别，但是却又相互因成，统一于一体。从王夫之的这段解释可以看出，孟子阐发的性善论蕴含了对人性整体能力的某种判断。孟子认为仁义礼智之心是人所本有的，这就说明人性能力在显发的过程中是一体相承，而非离析分别的。

从人性能力理论角度看，我们认为，性为本体，情为感通，才为发用。三者一体而发，彼此并非悬隔。合性与情有善恶之分。四心者，非四性也。用今天的话来说，仁义礼智四心不过是四种向善的道德意识。显发出来，就是人性的情实状态。人性所以为善，就是在人性显发的过程中，其情实状态趋向于仁义礼智，其感应物事的各种才能也趋向于善。这就是人性能力在整体发动中趋向性善。在此意义上，我们认为孟子的性善论表达的是人性能善。性体之善，为性能善。性之发动，情为之显，才为之助，合善之道，为能善之道。

康德道德哲学奠基的第一步就是对善良意志进行充分解析和阐释。在《道德形而上学基础》一著正文的开篇，康德就提出：

"在世界之内，甚至根本在它之外，除了一个善的意志之外，我们不能设想任何事物，它能无限制地被视为善的。"③

为什么只有善的意志才有可能被视为善的呢？康德解释说，在人性结构中，区别于善

①　朱熹：《四书章句集注》，北京：中华书局，1983，第329页。

②　王夫之：《四书训义》，长沙：岳麓书社，1990，第698页。

③　Immanuel Kant, Practical Philosophy, Translated and Edited by Mary J.Gregor, Cambridge University Press,1996.p49.

良意志,有三类事物都无法直接被视为善的。第一类是理智、机敏、判断和气质之类的精神才能,其中的勇敢、果断、刚毅有可能会成为善的,但是运用这些自然禀赋未必一定带来善的结果,有时候可能成为极其坏而有害的。我们可以把这类事物称之为人的内在精神能力。第二类是归在幸福名义下的权力、财富、荣誉,甚至包括健康、福祉和自我满足等,这类事物如果离开了善的意志,使之符合普遍的目的,那么这些东西则有可能使人变得傲慢而大胆。这类事物属于精神追求外在满足的结果。第三类是构成人的内在价值的东西,包括节制、自制以及冷静的思考等。这些东西要成为善的,必须有善良意志作为条件。康德在此说出了一句非常有名的话,即一个恶棍的冷静不仅是危险的,而且比他不具备这种冷静时更为可憎。[1]康德是想强调离开善良意志的人的任何其他能力的发挥都有可能导致不善的结果。

分析地看,以上三类事物都属于人性能力某一方面的表现。第一、第三类是人性能力的内在方面。第一类事物基本上属于正向的人性能力,有时是善的,有时则需要善的意志的辅助。第三类则必须结合善的意志,否则就不可能成为善的。第二类事物是人性能力外向展开的结果,必须要有善的意志加以引导。正是在这个意义上,康德才认为善良意志是超越于一切爱好或者人性偏好的事物。康德比喻说,善良意志的善的价值就像一颗宝石一样独自发着自己的光芒。宝石的有用性就如同它的镶嵌物一样,是用来吸引买主而已。[2]也就是说,善良意志本身的价值就是彰显其所以善的根本。由善良意志带来的其他各种有用性则不过是其本有价值的某种衍生而已。这也是康德为何将善良意志确定为自己道德哲学理论立足点的缘由。

从康德的分析可以看出,善良意志虽然是人性某一方面的表现,但不是人性本质层面的能力。康德是从人的行为实践角度来讨论人的本性的。康德在《单纯理性限度内的宗教》中曾经指出,所谓人的本性,是一般的人的自由的、先行于一切被觉察到的行为的主观根据。这个主观根据自身必须是一个自由行为。[3]意志活动虽然是内在的,但其表现一定要通过选择某种行为动机,再依据特定的规则,最后做出某种行为。这在康德那里其实就属于实践理性活动。康德所理解的实践理性"意味着独立于感性规定根据如欲望、需求和激情、愉快和不愉快的感觉等而选择自己行动的能力"[4]。

康德提出人性中有三种向善的基本禀赋,即动物性的、人性的和人格性的。"当我们依

---

① Immanuel Kant, Practical Philosophy, Translated and Edited by Mary J.Gregor, Cambridge University Press,1996.p50.

② 康德这一比喻暗合了买椟还珠这一古老的汉语成语。在现实生活中,很多人往往只是注重事物外在的方面,对事物内在的品质忽视了。这就如同看待一个人,我们多数情况下只关注其外表,对于这个人是否具有美德,以及具备何种美德则视而不见。这也是优良道德生活难以实现的基本原因之一。

③ 李秋零主编:《康德著作全集》第6卷,北京:中国人民大学出版,2007,第19页。

④ 奥特弗里德·赫费:《康德:生平、著作与影响》,郑伊倩译,北京:人民出版社,2007,第158页。

照其可能性的条件来考察上述三种禀赋时,我们发现,第一种禀赋不以理性为根源;第二种禀赋以虽然是实践的,但却只是隶属于其他动机的理性为根源;第三种禀赋则以自身就是实践的,即无条件地立法的理性为根源。"①由此可见,只有以实践理性为根据的人性能力表现才有可能成为善的。那些不受理性指导的人性能力显然无法导向善的活动,也就不可能归入善良意志之列。

综合康德的观点可以看出,善良意志本质上是一种实践能力。根据人性能力不同层次理论,康德提出的善良意志属于人性在实践层面的表现。②善良意志凭借其善的特性,指引着人的行为不断趋向于善。这一点,康德在《实用人类学》中给予了强调。康德指出一个具有实践理性能力和意志的自由意识的人,总是存有良知的特性。因为"人由于自己的理性而被规定为与人们一起处在一个社会中,并在社会中通过艺术和科学来使自己受到教化、文明化和道德化。""因此,人必须被教育成善的。"③可见,康德不认为人性中有所谓先天的向善的能力。这与孟子从人性整体能力方面肯定人性善有着非常大的区别。也正是因为康德不相信有先天的人性善,所以他才对实践理性进行反复的论证,从各种角度帮助人们澄清实践理性能力的表现,为善良意志立法提供支持。

二、性善论与善良意志论对向善路径的不同选择

孟子性善论选择向善的路径是挺立人性之善,激励主体自觉,注重德性的自律与修为,引导人们正面向善。这一路径代表了儒家道德哲学从人性本质层面培育德性成长,激发道德主体积极为善的取向。我们可以将之概括为德性的自律道德观。康德的善良意志论选择向善的路径则是不避人性之恶,激活理性潜能,注重规范的自律与实践,引导人们追求至善。这一路径体现了康德道德哲学从人性实践层面规范理性运用,指引道德主体主动践行绝对命令的取向。我们可以将之概括为义务的自律道德观。

由于孟子性善论以人性整全能力为基础,因而在向善路径的选择上,挺立人性之善成为向善道路的第一级台阶。

孟子曰:"言人之不善,当如后患何?"④

孟子此论,斩钉截铁。从人性之善入手,体现的是以善论人,以善教人,将人性中善的德性作为激励人们向善的最为基本的动力。人类社会的发展离不开公序良俗、美政善治,

---

① 李秋零主编:《康德著作全集》第六卷,北京:中国人民大学出版,2007,第27页。

② "人们常说,通向地狱的道路是用善良的意向铺砌的。但康德的善良意志并不是消极的,这位思想家向善良意志的体现者所要求的是活动和行为。"(阿尔森古留加:《康德传》,贾泽林等译,北京:商务印书馆,1981,第159页。)

③ 李秋零主编:《康德著作全集》第7卷,北京:中国人民大学出版,2007,第320页。

④《孟子·离娄下》。

这一切都要依靠每个人做出积极的努力。在道德行为的选择上,我们如果能够通过正面的激励,调动内在于人性中的德性,促使更多的人选择向善,往往能够起到事半功倍的效果。对此,陆九渊曾经指出:"盖孟子道性善,故言人无有不善。今若言人之不善,彼将甘为不善,而以不善向汝,汝将何以待之? 故曰:'当如后患何?'"①王夫之在《四书训义》中也提道:"言人之不善者,或挟持长短以要人之畏己,或抑此伸彼以取人之欢心,或借彼胁此以希人之利赖。乃人之有不善也,弱者恒护过而生其愤,强者多疑忌而逞其威,则斯人也,其将如后患何哉!"②这些论述均看到了孟子"后患"论的理论价值。可以说,"后患"论隐含着某种强的底线德性论。如果人们突破人性善这一德性底线,那么无穷无尽的不善之事的出现就会难以控制。当我们确立了人无不善这一德性底线,那些甘为不善,要人之畏己,取人之欢心,希人之利赖的不当的行为就能够被阻遏。

如果说"后患"论为人们向善确立了德性底线,那么"居仁由义"论则为主体向善指明了具体的路径。孟子曾两次论及"居仁由义"。

孟子曰:"自暴者,不可与有言也;自弃者,不可与有为也。言非礼义,谓之自暴也;吾身不能居仁由义,谓之自弃也。仁,人之安宅也;义,人之正路也。旷安宅而弗居,舍正路而不由,哀哉!"③

王子垫问曰:"士何事?"孟子曰:"尚志。"曰:"何谓尚志?"曰:"仁义而已矣。杀一无罪非仁也,非其有而取之非义也。居恶在? 仁是也;路恶在? 义是也。居仁由义,大人之事备矣。"④

这两段话分别从消极和积极两个角度阐述了居仁由义的内涵。第一段话采取的是消极否定的论证方法,即一个自暴自弃的人不可能做到居仁由义。在孟子看来,一个人如果不能树立仁义的观念,不用仁义来引导自己的行为,就属于自暴自弃。仁如同人所居住的平安的宅院,义则是人所行走的平正的坦途。有安宅而不居,有正路而不由,这是非常悲哀的事情。"常人心在身中,所居血肉之内,如何得安? 仁者身在心中,藏身于密,祸患不至,故为'安宅'。义唯一条,更无他歧,所见唯路,则千蹊万径,所见唯义,大地无寸土矣,故为'正路'。"⑤以仁居身,则得身心俱安,以义指路,则可有正路。人们只有将仁义化为自身的内在德性,进而引导日常的言行,就能够行走在向善的路上,成为有德的君子。

第二段话则从积极肯定的角度激励士人努力做到居仁由义,并以此为志向,成就大人之事。按照孟子的观点,志是人生之导向。士以仁义为志,立大道,行正途,不仅是为了成

① 陆九渊:《陆九渊集》,北京:中华书局,1980,第410页。
② 王夫之:《四书训义》,长沙:岳麓书社,1990,第499页。
③ 《孟子·离娄上》。
④ 《孟子·尽心上》。
⑤ 黄宗羲:《孟子师说》,杭州:浙江古籍出版社,2002,第93页。

就德性，更是为了范导众生。如果真正能够实现仁居义路，则天下必安，这也是普通人所共有之向善理想。对此朱熹指出，"非仁非义之事，虽小不为；而所居所由，无不在于仁义，此士所以尚其志也。"①

居仁由义论无论从消极的角度反对人们自暴自弃，还是从积极的角度倡导人们致力于向善，都是对性善论的进一步铺陈，是对"后患"论的正面展开。这也就是说，人们如果能够秉持性善的本质，以仁义为标准，指引日常的行为，就可以趋向善的目标，成就自我内在的德性。仁义这些道德规则就是人们的居所和行径。能够做到居仁由义的人，就能够把德性的修养作为日用常行的指导，达到"仁熟"的状态，通往德性自律道德之路就不会荒废和茅塞了。

上文以及论及，康德的善良意志论依取的是人性实践层面的能力。其所关注的重点就是人们在运用实践理性的过程中，如何保证行为的向善取向。善良意志虽然有绝对善的价值，但是普通的理性存在者对此并非完全确信。人们总是怀疑这样的善良意志是一种好高骛远的幻想。康德通过反思，在《道德形而上学基础》中论证了普通的理性存在者通向实践的道德理性的三个步骤和四个环节，特别是将善良意志与绝对命令、实践理性三者结合在一起，为道德主体选择向善疏通了路径。

三步骤、四环节完整地展现了康德为道德奠基的思辨历程。其中，善良意志既是出发点，也是中介点，更是归宿点。我们先看第一步，从普通的道德理性知识过渡到哲学的道德理性知识，其所蕴含的前提是每个有理性的人都拥有善良意志。康德认为这是讨论道德问题的出发点，上文所引用的康德对善良意志的界定就是对此的最好说明。人们只要能够正视自我的善良意志，就能够确信绝对命令所颁行的道德法则的内在价值，为道德主体确立道德理性的认知，进而为向善奠定理性的基础。接着是第二步，从哲学的道德理性知识再过渡到道德形而上学。哲学的道德理性知识是经过了反思的知识，主体澄清道德法则的必要性需要借由善良意志予以实现。康德系统论述了法则的命令式、目的的命令式和自律的命令式，由法则而至目的，再至自律的命令式是道德主体选择向善的通道。根据康德的理解，当善良意志的主体能够摒弃一切与普遍立法不相容的法则，道德主体不仅是服从法则，而且还被视为自我立法的。②善良意志的自我立法是主体向善不可或缺的中介。最后是第三步，从道德形而上学过渡到纯粹实践理性批判。善良意志遵从自律法则，保证了道德主

---

① 朱熹：《四书章句集注》，北京：中华书局，1983，第359页。

② Immanuel Kant, Practical Philosophy, Translated and Edited by Mary J.Gregor, Cambridge University Press,1996.p81.

体的实践理性能够得以充分地运用。①同时,实践理性的充分运用就是为了善良意志的自由实现。真正能够被实践的道德必定是指向善良意志的,这是善良意志的归宿之所在。

在康德的道德哲学理论中,善良意志属于自由意志的积极方面。从康德论证的普通理性通往实践理性的三个步骤、四个环节中,善良意志始终发挥着重要作用。其中确立绝对命令的义务法则是其中最为重要的一环,这也是康德义务的自律道德观最为凸显的一面。

按照康德的推证,在人们的义务与行为之间,合乎义务和出于义务的行为要做出严格区分。如果某种行为只是为了达到合乎义务法则的要求,这种行为并不具有纯然的道德价值。康德认为只有出于义务的行为才具有道德价值。行为的道德价值仅仅存在于行为所遵循的道德原则上。因而"义务就是出自对法则的敬重的一种行为的必然性"②。某种具体行为的对象、行为的偏好等都是可以变化的,并不值得敬重。在康德看来,只有那些仅仅为了义务,内心出自对法则的敬重做出的行为才能够被称作道德的行为。而当这种法则能够使意志绝对地和无限制地称作善的,并且是普遍合法则性的,那就是道德上的绝对命令。

康德更多的是依据人的普遍理性能力,将道德法则的普遍必然性作为意志活动坚守的方向,以此来激发善良意志的作用。在《实践理性批判》中,康德提出,"纯粹理性只是自为地实践的,并且给予(人)一条我们称为道德法则的普遍法则。"③这就是实践理性的表现。康德认为每个人的实践理性能力都具备自我强制力。在实践理性的强制力支配下,任意的准则不断地被纳入意志的法则当中,从而一步步接近意志的实践要求。在这一过程中,理性对意志活动方向的坚定把守,使得一切有理性的存在者都能够通过规则的表象来规定自己的能力,从而根据先天的实践原则来行动。

上文我们已经指出康德提出的善良意志属于自由意志的积极运用,那么自由意志的消极运用会带来什么结果呢?这就是康德晚年所说的人性之恶。根据康德的观点,他认为在人性中包含三种向恶的自然倾向:一是人在遵循准则时的软弱,意志不坚强;二是道德动机与非道德动机的混杂,动机不纯正;三是人心的恶劣或堕落,心灵的颠倒。前两种是无意的罪,第三种则是有意的罪。从康德论述的人性之恶可以看出,他并非强调人性有着什么先天的恶。这些恶都是由于道德主体缺少对法则的认识和遵循所导致的,并非属于某种形而上学的规定。"道德的恶是相对于具有道德意识的理性存在者来说的,这样的存在者自觉到道德法则,却时而依照与之违背的准则行动。因此它不是必然的,这就是说,它无非是选择

---

① 在《道德形而上学基础》中,康德虽然充分展示了纯粹实践理性的运用,以及由此所达到的道德主体遵从道德的自觉与自由。但是,康德也警醒人们,实践理性的运用并不是没有界限的。在这部著作的第三章,康德论述指出了实践理性运用必须注意的界限。(参见戴兆国:《明理与敬义——康德道德哲学研究》,北京:中国社会科学出版社,2012,第74—75页。)

② Immanuel Kant, Practical Philosophy, Translated and Edited by Mary J.Gregor, Cambridge University Press,1996.p55.

③ Immanuel Kant, Practical Philosophy, Translated and Edited by Mary J.Gregor, Cambridge University Press,1996.p165.

的结果。这样，人的这种自然性质，亦即趋于为恶的偏好，就是道德上为恶的可能性根据。"[1]人之为恶，不是本质的表现，而是经验领域中的自然倾向。那种将康德的人性之恶的思想与宗教中的原罪观念相等同，是对康德的误解。

善良意志论所体现的义务的自律道德观，熔铸了理性存在者对绝对命令的遵从，对实践理性的运用，对人性之恶的防范。概括地说，义务的自律道德观所指明的理性存在者向善的基本路径是：只要理性存在者能够接受善良意志的引导，就能够遵循绝对命令，就能够在实践中做一个有道德的人。对此，伽达默尔曾指出，康德阐明了从道德意识的自明性向道德哲学过渡的合理性。[2]合理性的证明对于一切哲学都是必需的，道德哲学也不例外。人作为能够思考的存在物，其走向道德的境地，不只是拥有对道德法则的自明性，更为重要的是确信道德法则的合理性。这也是善良意志选择能力确立的重要保证。在此基础上，一个人只要能够从内心敬重道德法则，并以之为行动的指南，那么其行为的道德性就可以得到保障。做一个道德的人，必须先对道德法则有明晰的认识。这是康德倡导的义务的自律道德观的本质所在。

从根本上说，孟子倡导的性善论是以正面肯定人性之善来激励道德主体主动向善，这种德性的自律道德观是从道德主体内在的心性出发，由此也形成了儒家注重道德主体内修的德性养成方式。康德推演的善良意志论需要理性存在者明确绝对命令的规范作用，把握实践理性的规范运作，这种义务的自律道德观是站在道德知识系统之外来确立理性存在者的向善之路。性善论和善良意志论对向善路径选择的差异，反映了东西两种道德哲学的不同取向。

三、性善论与善良意志论对至善目标的不同设定

由于孟子的性善论和康德的善良意志论对人性能力取舍不同，对向善路径的设计不同，进而造成了二者对至善目标的确定也有所不同。从本源上来说，发动性善的本质对于所有人都是机会均等的，因此人人只要识见性善之质，行仁义之道，就可以达至圣贤的道德境界。孟子将之表述为人皆可以为尧舜，这也是性善论所设定的至善目标。我们可以称之为德性的成人目的论。这一目的论在社会层面的展开就是孟子提出的仁政论。康德的善良意志论所要解决的不仅在于为道德哲学奠定形而上学的基础，更在于为破解自由与必然、主体与客体、理性与法则之间的矛盾。解决这些矛盾的关键就是如何实现人的自由。根据善良意志论的立场，人所能够获得的自由首先是道德的自由，这也是康德善良意志论

---

① 韩水法：《康德传》，石家庄：河北人民出版社，1997，第170页。

② 伽达默尔：《伽达默尔集》，邓安庆等译，上海：上海远东出版社，2003，第271页。

寻求的至善目标的核心。我们可以称之为理性的自由目的论。这一目标在社会层面的展开就是其公民社会理论。德性的成人目的论代表的是德性自律的修养论的道德传统,理性的自由目的论代表的则是义务自律的知识论的道德传统。

孟子提出的"后患论"和"居仁由义"论为主体向善疏通了畅达的路径。仁义之路最终指向哪里? 向善的最终目标是什么? 这是普通的道德主体都很关注的问题。对此,孟子阐述了人皆可以为尧舜的观点,为性善论确立了向善的具体目标。

曹交问曰:"人皆可以为尧舜,有诸?"孟子曰:"然。""交闻文王十尺,汤九尺,今交九尺四寸以长,食粟而已,如何则可?"曰:"奚有于是? 亦为之而已矣。有人于此,力不能胜一匹雏,则为无力人矣;今曰举百钧,则为有力人矣。然则举乌获之任,是亦为乌获而已矣。夫人岂以不胜为患哉? 弗为耳。徐行后长者谓之弟,疾行先长者谓之不弟。夫徐行者,岂人所不能哉? 所不为也。尧舜之道,孝弟而已矣。子服尧之服,诵尧之言,行尧之行,是尧而已矣。子服桀之服,诵桀之言,行桀之行,是桀而已矣。"①

尧舜是儒家倡导人们学习的道德典范。对于普通人来说,都会疑惑自己能不能成为尧舜那样的人? 面对这样的追问,孟子明确回答,"人皆可以为尧舜"! 就人的身体来说,人们彼此之间并没有太大的差异,都需要饮食予以维持。但是尧、舜、文王、汤这样的人,他们却能够从自身拥有的德性出发,努力践行孝悌之道。孟子提出,在日常的行为中,遇到长者缓步而行,就是对长者的尊敬,就是遵从了孝悌之道。相反,疾步而行,就违背了孝悌之道。其实,缓步而行对于普通人来说,并不是难以做到的事情。遵从尧舜的主张,循从尧舜的作为,就和尧舜是一样的人。相反,按照桀纣的主张,循从桀纣的作为,那就和桀纣一样了。这段对话看似平易,却揭示了孟子道德哲学的某种深刻意涵。可以说,孟子所阐述的"后患"论和"居仁由义"论,将道德主体遵从人性中的内在德性作为人们日常生活的基本要求,为"人皆可以为尧舜"论提供了路径的支撑。

"人皆可以为尧舜"论不仅为道德主体走向成人提供了具体目标,而且还将性善论的德性基调作为这一主张的内在根据。

孟子曰:"尧舜,性之也;汤武,身之也;五霸,假之也。久假而不归,恶知其非有也。"②

这段话提出的"性之""身之""假之"区分了三种状态。"性之"是人性自然具备德性的状态,尧舜作为道德的典范,有着其对德性生活的天然亲近。"身之"是后天努力践行的状态,汤武在接受教化的过程中,也能够身体力行,唤醒内在的德性,向道德典范靠近。"假之"是伪饰不真的状态,五霸依靠自身的强力,以道德仁义之名,而行非道德仁义之实。但是假之者一旦伪饰的时间过长,人们甚至都分辨不出其真伪。"所谓性之者,天与之也;身之者,亲

---

①《孟子·告子下》。
②《孟子·尽心上》。

行之也；假之者，外有之而内实亡也。尧、舜、汤、武之于仁义也，皆性得而身行之也，五霸则强焉而已。"①"性得而身行"就是指尧舜汤武在性善的基础上，发明人性中内在的德性，进而走向成人，成为遵从道德仁义的典范。一切伪善、假善都是强力而为，勉力而行，是对性善本旨的违背。对此，孟子进一步指出："同乎流俗，合乎污世，居之似忠信，行之似廉洁，众皆悦之，自以为是，而不可与入尧舜之道，故曰'德之贼'也。"②尧舜之道本于人性之善，是人性所具备的整体德性能力的体现，属于人们日常行善的本然之道。强调"尧舜，性之也"，就是为"人皆可以为尧舜"固本张目。正是在这一意义上，我们提出性善论指向的至善目标是德性的成人论。

如果人皆可以为尧舜的至善目标能够实现，普通人都朝着成人的德性目标努力，那么社会的仁道治理也就有了希望。这一点落实在孟子提出的仁政理想上。可以说，孟子的仁政理想是性善论在社会层面寻求至善目标的展开。

在《孟子》中，有多处论及仁政理想。考察这些文本，我们可以发现实现仁政理想需要关注的最重要的有两方面，即恒产恒心和谨庠序之教。

滕文公问为国。孟子曰："……民之为道也，有恒产者有恒心，无恒产者无恒心。苟无恒心，放辟邪侈，无不为已。及陷乎罪，然后从而刑之。是罔民也。焉有仁人在位罔民而可为也？是故贤君必恭俭礼下，取于民有制。……设为庠序学校以教之。庠者，养也；校者，教也；序者，射也。夏曰校，殷曰序，周曰庠；学则三代共之，皆所以明人伦也。人伦明于上，小民亲于下。有王者起，必来取法，是为王者师也。《诗》云：'周虽旧邦，其命惟新。'文王之谓也。子力行之，亦以新子之国！"③

这是讨论王道仁政具有代表性的一段对话。孟子认为王道之治的前提是恒产恒心，为了达到这一点就必须要注重庠序之教。在孟子看来，庠序之教的目的就是教化民众，使人伦的规范要求得到贯彻。如果说恒产恒心论看到了普通人葆有良善之心离不开恒定的产业这一历史必然性，那么重视庠序之教就是为了发挥性善论具有持续的激励作用提供人类学的保证。现代社会的教化虽然具有更为丰富的内容，但是明人伦的根本要旨却是古今相通，不可置换的。对此，王夫之曾指出，"王者治天下之大法，井田、学校，二者其大端也。周衰道废，税亩与阡陌开，地力尽而井田坏。大学之教不行，师儒之传各异，异端之说争鸣而学校坏。于是而民无恒产，亦无恒心。孟子所欲行王道于天下者，但以此为汲汲。顾二者有相因之理焉，则井田行而后学校可设；有详略之殊焉，则以学校者千古不易之经，而井田

①　司马光：《司马光集》（第三册），李文泽、霞绍晖校点，成都：四川大学出版社，2010，第1493页。
②　《孟子·尽心下》。
③　《孟子·滕文公上》。

有因时损益之道,有因地制宜之用。"①这一阐述很好地诠释了孟子提倡庠序之教的历史意义。天下之治的前提是行大学之教。大学之教的根本内容则是明人伦,行仁义。由此可以说,孟子注重激发性善论的积极意义,既为道德主体指明了居仁由义的进路,也为主体走向至善明确了成人的目标和社会治理的方向。德性的成人目的论在此获得了个体和社会双重层面的确认。

著名的康德研究专家奥尼尔曾指出:"康德之所以备受尊崇,是因为他在对人类自由的辩护以及对人的尊重方面的坚持不懈的努力,也是因为他对于下述观念的强调:理性能够指导行动。"②奥尼尔进而认为,康德提出的理性的至上原则,既出现于人类的思想、行为和交流中,也训练了人类的思想、行为和交流。理性与自律之间不存在裂隙,因为理性的权威是以自律为基础的。③根据这种理解,我们认为康德的善良意志论追求实现的至善目标就是人的自由。这种自由既以理性为基础,又以自律的方式表现出来。理性不断促进人们理解并靠近自律,自律反过来又会促使人们提升理性的认知,二者的互动指向的都是人的自由。

上文已经提及善良意志本属于人的自由意志的积极方面。但是善良意志在发挥作用的同时,未必朝着如其所愿的目标前进。康德认为人在追求道德天职的同时,又始终与野蛮和兽性的状态相冲突。这些冲突集中表现在三个方面,即道德的自然目的与物种的自然目的,道德品种的人性与动物品种的人性,天生的不平等与文化发展带来的不平等之间的冲突。

康德说:"大自然在我们身上为两种不同的目的而奠定了两种秉赋,亦即作为动物品种的人性以及作为道德品种的人性。"④当主体作为一个自然人,成长到一定年龄阶段就具备了成人的基本物质条件,其作为物种的自然目的就可以得到实现。但作为一个政治或社会状态中的人,他却不能顺其自然、率性而为。"尽管他已经有了进行再生殖的要求和能力,因而也就是有了大自然对他的号召。因为大自然确实是并不曾在生物体内安置下使他们可以抗拒并压制这些东西的本能和能力,所以这里的这种秉赋就完全不是为了开化的状态,而仅只是为了保存作为物种的人类而布置的;于是文明状态便和它发生了不可避免的冲突。"⑤自然的目的是自在自为的,不可能为人的发展制定一整套合理的规范程序,并在此程序中促使人向成人目标靠近,相反,自然却以其自身内在的规律展开其自身的行程。然而,由人组成的社会却不能够像自然那样,顺从自然的安排,人必须要筹划其生活中的不确定

---

① 王夫之:《四书训义》,长沙:岳麓书社,1990,第311页。

② 奥诺拉·奥尼尔:《理性的建构:康德实践哲学探究》,林晖、吴树博译,上海:复旦大学出版社,2013,第1页。

③ 奥诺拉·奥尼尔:《理性的建构:康德实践哲学探究》,林晖、吴树博译,上海:复旦大学出版社,2013,第75页。

④ 康德:《历史理性批判文集》,何兆武译,北京:商务印书馆,1996,第70页。

⑤ 康德:《历史理性批判文集》,何兆武译,北京:商务印书馆,1996,第70页。

的因素,在非线性的发展形态上展开其自身的成人历程。这样一来,在自然程序和社会筹划之间必然存在一定的冲突。康德希望建立一个"完美的公民宪法"来扫除这种冲突,并认为这是文明的终极目标。康德说:"直到最后,部分地是由于内部有公民宪法的可能最好的安排,部分地是由于外部有共同的约定和立法,人们才会犹如一架自动机那样地建立起来能够维持其自身的、就像是公民共同体的这样一种状态来。"①社会当中的约定和立法必须要立足于善良意志的引导,在理性的运用中才得以可能。在理性掌控的制度体系中,德性的成人目标就不再是关键性的,以绝对命令范导的理性的自由目标就成为关注的重点,这也是善良意志论向善目标的最终实现。

分析来看,康德希望依靠公民宪法建立公民社会的共同体,以此来保证人的自由。在这一进程中,人类对自身的理性运用无疑是最为关键的。理性的运用,特别是在道德生活中的实践理性的运用,不可能像孟子设想的那样,将人性设定为本然的善性,进而以道德主体的内在修为达到德性的成人目标。实践理性的运用必须要通过善良意志的指引,在绝对命令的旗帜下,不断接近理性的自由。"人类应该并且能够是自己幸福的创造者;只不过这一点不能先天地从我们关于人类已知的自然禀赋推论出来,而是只能从经验和历史中,以某种有根据的期望推理出来。"②人类作为理性存在者,其走向理性自由的目标不仅需要一套规范性的法则体系予以保障,而且还要在更大的范围内,以良好的禀赋和向善的倾向为前提,最终实现公民社会的理想。

人类的"意愿总的来说是善的,但实现却变得困难,因为目的的达到不是靠个人的自由协调,而是惟有通过不断进步地把地球公民组织进并且组织成作为一个世界主义地结合起来的体系的类,才能够有希望"③。由此可见,善良意志论追求的理性的自由目的论不是以道德个体的自由为基本的位阶,个体的自由与社会公民系统的自由这两者的结合才是理性的自由目的的最终落实。"每个人,不管他当前的处境如何,也不管他过去有什么样的遭遇,未来又会有什么样的命运,他与所有其他个人都具有同样绝对尊严与绝对的权利,因为他也是理性存在者,也仅仅因为他是理性存在者,因而他是自由的。"④如果拓展到康德哲学的整体论证来看,康德提出的"自由的概念具有客观实在性,这既是思辨理性体系的拱顶石,又是实践理性体系的拱顶石,而它依赖于理性事实"⑤。罗尔斯依据理性事实学说,认为在康德的基本道德概念中,每一个人都是自由而相等的人,其中理性能力是这种平等的最为主要的标识。从《道德形而上学基础》到《实用人类学》的反思历程可以看出,康德从分析善

---

① 康德:《历史理性批判文集》,何兆武译,北京:商务印书馆,1996,第12—13页。
② 李秋零主编:《康德著作全集》第七卷,北京:中国人民大学出版,2007,第324页。
③ 李秋零主编:《康德著作全集》第七卷,北京:中国人民大学出版,2007,第329页。
④ 黄裕生:《真理与自由——康德哲学的存在论阐释》,南京:江苏人民出版社,2002,第299页。
⑤ 罗尔斯:《道德哲学史讲义》,张国清译,上海:上海三联书店,2003,第353页。

良意志、绝对命令和实践理性的关系,到最后关注人性之恶、建立公民社会、企望永久和平,追求实现理性的自由目的贯穿其间。康德致思的方向带有非常鲜明的知识论色彩,这也是西方道德哲学理论演进的特殊底色。

以上三点分析大致揭示了性善论和善良意志论的理论分野。但是从实质上看,孟子的性善论和康德的善良意志论在一些具体的理论环节上又有着诸多的相通之处,如孟子主张由仁义行与康德要求道德行为必须出于义务,这两种主张本质上的一致表现得最为突出。限于篇幅,本文对此不作展开。总之,在中西哲学的比较对话中,我们必须面对理论事实本身,寻找真正哲学问题之所在。在比较的过程中,我们应当依据差异化对比方法,而不是非此即彼的比较方法,通过概念分疏、理论辨解,在清晰的条理之下,以现代哲学的语言,寻求尽可能普遍的、客观的交流方式,深化对中西哲学理论的理解,探寻彼此融通的路径。

《恒产琐言》的家庭治生观念探析

（陶武　安徽省社会科学院哲学与文化研究所）

摘　要：张英不仅是受康熙帝倚重的股肱之臣，而且还是教子有方的家长典范。他恪守修齐治平的儒家理念，注重对家庭治生的总结与研究；基于经典文献爬梳与现实生活总结，所著《恒产琐言》成为中国古代家庭治生之学名篇。他所提出诸如地不爱宝、重农惜田，乡城耕读、相为循环和以俭为宝、量入为出等治生观念对于当今家庭乃至国家治理仍然具有一定的启发意义与借鉴价值。

关键词：张英；《恒产琐言》；治生；启示

张英（1637—1708年），字敦复，一字梦敦，号乐圃，又号圃翁，安徽桐城人，康熙朝名臣；居官四十年，"朴诚敬慎，表里无间，忠于公家，无毫发私"[①]，深得康熙器重，被赞曰"有古大臣风"。他持家有道，教子有方，所撰家训《聪训斋语》，曾国藩叹称"句句皆吾肺腑所欲言"；张英曾以"四语"概括："予之立训，更无多言，止有四语：读书者不贱，守田者不饥，积德者不倾，择交者不败。"[②]"四语"箴言字字珠玑，体现了张英对于读书、修身、存养、节用、交友等方面的人生体验与治家方略。为了阐明"守田者不饥"之理，张英又专门撰写《恒产琐言》，我们从中可以看出他与众不同的家庭理财智慧和治生观念。《聪训斋语》两卷本，非一时一地完成，成书要晚于《恒产琐言》；《恒产琐言》一卷本，张英自称"晚年之见"与"三折肱之言"，应该写于致仕返乡之后，具体完成时间已难以确考。

一、《恒产琐言》的思想溯源与现实背景

在《恒产琐言》中，张英引经据典，观照现实，他既善于从经典中吸取思想资源，又注重从现实中寻找治家智慧。

---

① 张体云：《张英年谱》，合肥：安徽人民出版社，2017，第295页。
② 张英、张廷玉：《父子宰相家训》，张舒、丛伟注，北京：新星出版社，2015，第41页。

（一）思想溯源

孟子"恒产"论无疑是张英家庭治生观念的直接来源，为了比较的方便，现将孟子与齐宣王关于如何"保民而王"对话引述如下：

王曰："吾惛，不能进于是矣。愿夫子辅吾志，明以教我。我虽不敏，请尝试之。"

曰："无恒产而有恒心者，惟士为能。若民，则无恒产，因无恒心。苟无恒心，放辟邪侈，无不为已。及陷于罪，然后从而刑之，是罔民也。焉有仁人在位，罔民而可为也？是故明君制民之产，必使仰足以事父母，俯足以畜妻子，乐岁终身饱，凶年免于死亡。然后驱而之善，故民之从之也轻。"①

同样，孟子又给滕文公如何"为国"出谋划策："民事不可缓也……民之为道也，有恒产者有恒心，无恒产者无恒心。"②我们从中可以看出，孟子"恒产"核心思想主要有二：一是明确士民有别。基于社会分工立场，孟子明确士民差别，突出百姓恒产与恒心乃是一种一而二、二而一的密切联系，表现出比管子"仓廪实则知礼节，衣食足则知荣辱"③更为辩证的价值导向；二是强调君主之责。孟子提出"明君制民之产"的君主责任，展现孟子"惟大人为能格君心之非"④的理论诉求。

研读《恒产琐言》发现，张英赋予孟子"恒产"以新的阐释，他将君主"制民之产"（富国方略）转变为家庭的"经理田产"（治生之道），这种由国家宏观经济向家庭微观经济的视角转换是中国古代家庭治生观念的目标所向。众所周知，"商祖"白圭不满于重农抑商政策而提出贸易致富理论，又因为他提出不少家庭治生理念而被司马迁赞曰"天下言治生祖白圭"⑤。与"治生鼻祖"白圭重商不同，张英强调士者通过田产而谋生，他说："今人动言'才子''名士''伟丈夫'，不事家人生产，究至谋生无策，犯孟子之戒而不悔，岂不深可痛惜哉！"⑥由此可见，张英与孟子对于获取"恒产"的目标与路径确有不同。如果说，"孟子的'恒产论'思想，其核心在于稳定政治统治，使农民安土重徙，安心农业生产，以实现社会的基本稳定"⑦，那么张英则主要是从家庭与个人角度强调置办田产的重要性，表现出对传统儒家"谋道不谋食""忧道不忧贫"价值观念的变革与更新。除《孟子》之外，张英还从《诗经》《尚书》等典

---

① 《孟子·梁惠王上》。

② 《孟子·滕文公上》。

③ 《管子·牧民》。

④ 《孟子·离娄上》。

⑤ 《史记·货殖列传》。

⑥ 张英、张廷玉：《父子宰相家训》，张舒、丛伟注，北京：新星出版社，2015，第194页。

⑦ 马朝琦：《孟子"恒产论"对解决"三农"问题的启示》，《郑州大学学报》（哲学社会科学版）2007年第5期。

籍中寻找根据，诸如"我疆我理"①"我田既臧"②"惟土物爱，厥心臧"③等，如此甚多，恕不枚举。

（二）现实背景

康熙四十年（1701年）十月，张英在屡次请辞后终于如愿致仕，次年三月荣归桑梓桐城。宦海三十五载、悠游山林之间，他将自己多年的人生感悟与治家经验撰而成《恒产琐言》与《聪训斋语》。两部家训之所以娓娓道来，让人如沐春风，原因在于张英善于从宦海浮沉和人生百态中总结生存智慧，他说：

> 居家治生之理，《恒产琐言》备之矣！虽不敢谓"圣人复起，不易吾言"，其于谋生，不啻左券。总之，饥寒由于鬻产，鬻产由于债负，债负由于不经，相因之理，一定不易，予视之洞若观火。仕宦之日，虽极清苦，毕竟略有交际，子弟习见习闻，由之不察；若以此作田舍度日之计，则立见其仆蹶，不可不深长思者也。人生俭啬之名，可受不必避。世俗每以为耻，不知此名一躁，则人绝觊觎之想。偶有所用，人即德之，所谓以虚名而受实益，何利如之？④

贵为帝王之师，张英还兼擅居家治生之理，他说父母都有"三盼"："父母之爱子，第一望其康宁，第二冀其成名，第三愿其保家。"⑤一家之长如何确保家庭平安兴旺自然是个大学问。他从百业兴衰的对比中强调"保家"须守住田产。"予仕宦人也，止宜知仕宦之事，安能知农田之事？但余与四方英俊交且久，阅历世故多。"⑥在商贾与务农之间、在富贵与田产之间、在炫耀与俭啬之间，张英明确地选择后者，体现了他视富贵为暂时之荣宠、视耕读为子孙之所恃的人生态度。

二、《恒产琐言》的主要内容

《聪训斋语》有综论性质，内容涵盖读书、修身、存养、节用与交友等方面；《恒产琐言》则以专论为主，围绕保田守产的缘由与途径阐明"守田者不饥"的道理。

---

① 《诗经·小雅·信南山》。
② 《诗经·小雅·甫田》。
③ 《尚书·酒诰》。
④ 张英、张廷玉：《父子宰相家训》，张舒、丛伟注，北京：新星出版社，2015，第85—86页。
⑤ 张英、张廷玉：《父子宰相家训》，张舒、丛伟注，北京：新星出版社，2015，第48页。
⑥ 张英、张廷玉：《父子宰相家训》，张舒、丛伟注，北京：新星出版社，2015，第212页。

（一）保田守产的缘由

得益于"重农""恤商"的政策推动，康熙时期农业、手工业和商业已经取得长足进步。工商业发展与土地买卖盛行使得清初土地兼并竟然越发加重。据《清圣祖实录》载："康熙四十三年（1704年）的'上谕'：当时田亩多归缙绅豪富之家，小民所有几何？约计小民有恒产者，十之三、四耳。"缘于历史上"贫者无立锥之地，而富者田连阡陌"的现象，加之根深蒂固的"重农抑商"思想，张英因此向子孙提出"断不能为他人之所有"保田守产的化解之道。

1.土地乃天下坚固之物

地方官因任期而具有流动性，土地则保持很强的固定性。张英认为，对于田产要"善守而不轻弃，则子孙百世，苟不至经变乱，亦断不能为他人之所有。"①他从土地自然特性（"不忧水火，不忧盗贼"）出发，强调土地的独特优势。即使遇到兵燹离乱、背井去乡，只要土地还在，锄草平整、精耕细作，仍会成为殷实家庭；而贵重家什，尤其珍异之物则更易招惹人财两空之祸。相比而言，他称赞土地乃是"举天下之物不足较其坚固，其可不思所以保之哉！"②

2.恒产是保持恒心的前提

为了论证田产重要性，张英引述孟子所言"有恒产者有恒心"，认为土地具有促进人心稳定和家庭和谐的作用。他还从苏轼"不知人间何处有此境，径欲往买二顷田"③的诗句中找到佐证；又言"可知此老胸中，时时有此一段经画：生平欲买阳羡之田，至老而其愿不偿。"④张英同情苏轼生平遭遇，对他买田愿望则是感同身受并引为知音。

（二）保田守产的途径

1.安心田产，莫羡商贷

比较贸易与田产之后，张英认为"田产出息最微，较之商贾不及三四"，但是从长久来看，田产利息稳定而长久（月计不足，岁计有余；岁计不足，世计有余），他告诫子孙莫"羡贸易之生息速而饶"，要求家人安心田产，不要贪图贸易高利；因为贸易经商"无论愚弱者不能行，即聪明强干者亦行之而必败"⑤。张英所说无疑有其合理性，相比农业生产，贸易风险确实更大；不过也有失偏颇，风险并不能成为否定贸易的原因，贸易既是社会分工的需要，也是各种客观条件使然。他反对人们相互借贷，认为"人思取财于人，不若取财于天地"；高利

① 张英、张廷玉：《父子宰相家训》，张舒、丛伟注，北京：新星出版社，2015，第193页。
② 张英、张廷玉：《父子宰相家训》，张舒、丛伟注，北京：新星出版社，2015，第199页。
③ 张英、张廷玉：《父子宰相家训》，张舒、丛伟注，北京：新星出版社，2015，第194页。
④ 张英、张廷玉：《父子宰相家训》，张舒、丛伟注，北京：新星出版社，2015，第194页。
⑤ 张英、张廷玉：《父子宰相家训》，张舒、丛伟注，北京：新星出版社，2015，第200页。

贷让人们心生间隙与怨恨，土地则大不同，因为它"不劳心计，不受人忌"。在张英看来，土地能够"始而养其祖父，既而养其子孙。无德色，无倦容，无竭欢尽忠之怨，有日新月盛之美。受之者无愧怍，享之者无他虞，虽多方以取而无罔利之咎，上可以告天地，幽可以对鬼神。不劳心计，不受人忌疾。呜呼，天下更有物焉能与之比长絜短者哉！"①由此，安心田产、莫羡商贷也就成了张英要求家人务必遵循的治生法则。

2.不避瘠田，重在经理

如何保田守产而不被豪强势家夺走？西汉名相萧何"置田宅必居穷处，为家不治垣屋，曰：'后世贤，师吾俭；不贤，毋为势家所夺。'"②萧何确实也是做到了廉正恤民，生活节俭，教子有方。同萧丞相一样，张英也宁愿购买"瘠田"，他说："腴田不善经理，不数年变而为中田，又数年变而为下田矣。瘠田若善经理，则下田可使之为中田，中田可使之为上田，虽不能大变，能高一等。故但视后人之能保与不能保，不在田之瘠与不瘠，况名庄胜业，易为势力家所垂涎，子弟鬻田必先鬻善者。"③田地有肥瘠和等级高下不同，但只要勤于耕耘、善于经理，瘠田也会变腴田。为了更好管理田地，他要求熟记田界，并且察农夫用力勤惰，看塘堰坚窳浅深，看山林树木耗长，访稻谷时价高低。虽然身为仕宦，但与四方英俊长久交往使张英比常人拥有更多阅历与见识，他感念父亲当年只分给自己瘠田而不给银两的英明之举，他告诫后人时刻不忘"鬻田而穷，保田而裕，千人一辙"④的保田守产之法。

3.如欲保产，当尽地利

提高土地产量并非易事，因为不善经营田产，导致土地贫瘠、入不敷出的现象并不鲜见。为了解决"田本为养生之物，变而为累身之物，且将追怨祖父，留此累物以贻子孙"的问题，张英主张"欲无鬻产，当思保产；欲保产，当使尽地利"，尽地利之法具体说来有二：

其一，择庄佃。土地收成大小首先离不开佃农的辛勤努力。"择庄佃为第一要务。"⑤张英从生活经验与经典文献两方面说明良佃的三大好处，即耕种及时、培壅有力和畜泄有方；作为反证，他又揭示劣农的三个弊端，从而让人们对于"良田不如良佃"深信不疑。

其二，兴水利。张英引述"肥田不敌瘦水"的农谚，他强调说："兴水利为第一要务也。若不知务此，而止云保守前业，势岂能由己哉！"⑥张英重视兴修水利，并不止于保守自己的家产，更是揭示水利本身的重要性。张英所言"禾在田中，以水为命"，恰与毛泽东主席"水利是农业的命脉"的教导若合符节。

---

① 张英、张廷玉：《父子宰相家训》，张舒、丛伟注，北京：新星出版社，2015，第201页。

② 邹博：《中华传世家训》，北京：线装书局，2011，第959页。

③ 张英、张廷玉：《父子宰相家训》，张舒、丛伟注，北京：新星出版社，2015，第208—209页。

④ 张英、张廷玉：《父子宰相家训》，张舒、丛伟注，北京：新星出版社，2015，第212页。

⑤ 张英、张廷玉：《父子宰相家训》，张舒、丛伟注，北京：新星出版社，2015，第207页。

⑥ 张英、张廷玉：《父子宰相家训》，张舒、丛伟注，北京：新星出版社，2015，第208页。

三、《恒产琐言》的有益启示

张英既深通治国之道，又熟谙治生之法。《恒产琐言》因为诠释"守田者不饥"之理成为传统家庭治生典范。随着历史变迁和社会发展，封建士大夫家训虽然表现出与时代扦格不入的局限性，但也不可否认它们蕴含着对于家庭乃至国家治理仍然具有启发意义的思想资源。

（一）地不爱宝，重农惜田

何谓中国文化的根本品质？楼宇烈曾用正德、利用、厚生加以概括。正如"天地之大德曰生"，"厚生"观念尤其为儒家所重视，然而家训对于家庭治生的明确关注仅仅始于宋代。"从文化发生学的角度进行审察，专门明确阐述家庭治生问题的家训文献首先发端于宋代，其中以北宋末期叶梦得的《石林治生家训要略》最为典型"①，叶梦得强调士、农、工、商各业均可为治生之途："出作入息，农之治生也；居肆成事，工之治生也；贸迁有无，商之治生也；膏油继晷，士之治生也。"②与之不同，张英仍然固守重农抑商古训。在传统农业社会，重农有其自身必然性和合理性，也为中外思想家所肯定。"重农抑商"政策最先由商鞅于秦国推行与实践，而后为历代封建统治者所普遍遵循。法国重农学派代表魁奈也说："在中国，农业总是受到尊重，而以农为业者总是获得皇帝的特别关注；……康熙皇帝的继位者（雍正）制定了各种法规，全都有助于树立起尊重农民的观念。"③魁奈所说虽不无夸张之嫌，但封建帝王重视农业倒是事实。随着时代进步，重农抑商政策难免表现出其固有的局限与保守性，正如学者所指出："在传统家训治生之学繁荣的同时，也呈现出了衰落的迹象，特别是清代时期的部分家训中的治生之学已突出地表现出维护自然经济、敌视商品经济的特点，治生之学的嬗变趋势由先进转向保守甚至没落。"④

张英推崇"地不爱宝"古语，告诫子孙要重农惜田，虽然隐含着重农抑商思想的保守性，但他对于土地的热爱和农业的重视值得肯定，对于我们今天纠正重工商轻农业、重城市轻乡村的不合理现象具有镜鉴作用。

---

① 吴传清：《中国传统家训文化视野中的治生之学——立足于封建士大夫家训文献的考察》，《中南民族大学学报》（人文社会科学版）2000年第1期。

② 叶梦得：《石林治生家训要略》，宣统三年叶氏观古堂刊本。

③ 弗朗斯瓦·魁奈：《中华帝国的专制制度》，谈敏译，北京：商务印书馆，1992，第67页。

④ 吴传清：《中国传统家训文化视野中的治生之学——立足于封建士大夫家训文献的考察》，《中南民族大学学报》（人文社会科学版）2000年第1期。

　　（二）乡城耕读，相为循环

　　中华民族自古就是以农立国，热衷于耕读传家。"古之学者耕且养，三年而通一艺，存其大体，玩经文而已，是故用日少而蓄德多，三十而五经立也。"[1]最早出现在《汉书》的耕读传家理念已经渗入传统士大夫们的灵魂深处。顺治康熙时期，安徽歙县人张习孔从理论角度对于或耕或读作过论述，他说："儒者以治生为急，岂能皆读书。如一家有数子，以其半读书，半治生可也。治生者，无读书者助其体面，则生计亦不成。读书者，无治生者资其衣食，岂能枵腹而读哉。两者恒相资，不可相厌。"[2]与张习孔之"两者恒相资"心有戚戚，张英在比较城乡利弊之后说："居乡则可以课耕数亩，其租倍入，可以供八口。鸡豚畜之于栅，蔬菜蓄之于圃，鱼虾蓄之于泽，薪炭取之于山，可以经旬屡月，不用数钱。且乡居则亲戚应酬寡，即偶有客至，亦不过具鸡黍。女子力作，可以治纺绩，衣布衣，策蹇驴，不必鲜华。凡此皆城居之所不能。且耕且读，延师训子，亦甚简静。囊无余畜，何致为盗贼所窥？"[3]不难看出，张英真诚地向往田园之乐，同时他又渴望着与众不同的耕读传家理念。如果读书有成，学而优则仕，再入城居无妨，他感慨道："乡城耕读，相为循环，可久可大，岂非吉祥善事哉！况且世家之产，在城不过取额租，其山林湖泊之利，所遗甚多，此亦不能兼。若贫而乡居，尚有遗利可收，不止田租而已，此又不可不知也。"[4]由此可见，张英所设想的"乡城耕读，相为循环"代表一种更为多样、更多自由的生活选择，对于我们现在正确处理城乡和谐融合发展不无启发意义。

　　在城市化不可避免与城镇化加速推动的同时，农业不能被忽视，农村应该成为人们乐于安家的现世桃源。改革开放以来，随着工业化快速推进，农村发展不平衡、空心化现象应该改变。中央提出城乡融合发展，实现乡村振兴战略是符合潮流、顺应民心的重要举措。人们有理由相信，"三农"问题终将解决，"农业强、农村美、农民富"的目标终将实现。传统社会乡贤文化值得借鉴。由于张英这样致仕（退休）回乡的旧官人，与乡居的读书人、落第的士人等形成"乡绅"（或曰"乡贤"）群体，共同成为传统乡村建设重要的经济与文化力量。在实现中华民族伟大复兴的历史进程中，农村、农业不能缺席，然而人才缺乏又是个不争的现实。乡村振兴离不开人才，中央提出要创新乡贤文化，积极发挥新乡贤作用，如何让退休官员、学者和科技人员在乡村振兴战略中发挥积极作用值得认真研究。

---

　　① 《汉书·艺文志》。

　　② 邹博：《中华传世家训》，北京：线装书局，2011，第1112页。

　　③ 张英、张廷玉：《父子宰相家训》，张舒、丛伟注，北京：新星出版社，2015，第211页。

　　④ 张英、张廷玉：《父子宰相家训》，张舒、丛伟注，北京：新星出版社，2015，第211页。

（三）以俭为宝，量入为出

崇俭抑奢是张英家庭训诫的重要内容，也是家庭治生守业的关键法宝。他推崇老子以俭为宝思想，恪守勤俭持家之道。张英在他另一部家训著作《聪训斋语》中强调说："不止财用当俭而已，一切事常思俭啬之义，方有余地。"[1]他从饮食、嗜欲、言语、交游、酬错、夜坐、饮酒、思虑等八个方面[2]列举俭啬(不含"吝啬"之义)的种种好处。秉承勤俭品格，张英于《恒产琐言》中尤其注重借鉴南宋理学家陆九韶的"量入为出"[3]之法。他说："此最目前可见之理，而人不知察。陆梭山之法最详，即百金之产，亦行此法。使必富饶，而后可行，则大误矣。"[4]在张英看来，节俭应该成为所有人的品质，纵有家财万贯，节俭也是当然选择。"要知古人之意，全在小处节俭。大处之不足，由于小处不谨；月计之不足，由于每日之用过也。"[5]张英不仅身体力行"归田之后，誓不著缎，不食人参"[6]的承诺，对于家人也作同等要求。他在训诫家人不忘急人之难、救济贫乏亲邻的同时，还严禁家人参与赌博狎妓，更是讽刺那些可笑且愚蠢的"因婚嫁而鬻产者"。

中国素有"礼仪之邦"的美誉，由注重家风家教而留下的家训经典无疑是中华优秀传统文化的重要瑰宝。官至文华殿大学士和礼部尚书的张英不仅是受康熙帝倚重的股肱之臣，而且还是教子有方的家长典范。他所著《恒产琐言》上承前贤，下启后昆，是一部中国古代家庭治生之学名篇，发掘其中丰富的治家观念对于我们当代社会仍然具有一定的启发意义与借鉴价值。

---

① 张英、张廷玉：《父子宰相家训》，张舒、丛伟注，北京：新星出版社，2015，第17页。

② 张英、张廷玉：《父子宰相家训》，张舒、丛伟注，北京：新星出版社，2015，第17页。

③ "量入为出"，最早出现于《礼记》："冢宰制国用，必于岁之杪。五谷皆入，然后制国用。用地小大，视年之丰耗。以三十年之通制国用，量入以为出……三年耕，必有一年之食；九年耕，必有三年之食。以三十年之通，虽有凶旱水溢，民无菜色，然后天子食，日举以乐。"陆氏将之变通，即把一年收入除去交纳公家之外，分成三份：其中一份留作荒年不收备用，另两份又分作十二份，每月用一份；如果丰收之年，则按照古人"耕三余一"之法，以丰补歉，如此保证不会举债度日。

④ 张英、张廷玉：《父子宰相家训》，张舒、丛伟注，北京：新星出版社，2015，第201页。

⑤ 张英、张廷玉：《父子宰相家训》，张舒、丛伟注，北京：新星出版社，2015，第202—203页。

⑥ 张英、张廷玉：《父子宰相家训》，张舒、丛伟注，北京：新星出版社，2015，第29页。

孟子人格气象及疫情下的生命儒学思考

(柳河东　中国儒学年鉴社)

摘　要:本文通过论析孟子的人格气象——智、仁、勇三达德,功、德、言三立的高大、光俊、生动、不朽之大丈夫形象,分析孟子成就巨大与出身坎坷所形成的巨大反差,讨论其生命力强健的根由,分析当下抗击新冠疫情和古代防治传染病有"大丈夫"人格气象的三位典范人物及其生命力强健的原因,探讨生命儒学的构建,推动当代儒学的发展。

关键词:孟子;人格;气象;生命儒学

"人格"侧重于表述人的内在素养、人文品格,由思想、志趣、信仰、性情、品德、操守、境界等综合形成;"气象"偏重于描述人的外在精神风貌、气质形象,由仪表、言行、气局、气度、功德、名誉、影响等综合形成。"诚于中,形于外。"[1]人格决定气象,气象展现人格。在儒家文化语境中,人格气象可以说是生命主体在长期成长发展中,经过学习修养、生活磨砺、事功锤炼、生命塑造所形成和展示出的独特的精神境界和气质形象。

一、孟子人格气象:伟岸光明

熟读《孟子》,探研其思想精华和历史地位;追索孟子生平,探寻其人生成长历程、成就与影响,一个智、仁、勇三达德,功、德、言三立的高大、光俊、生动、不朽之大丈夫形象,便跃然呈现。

(一)智、仁、勇三达德之伟岸典范

《论语》讲,"仁者不忧,智者不惑,勇者不惧。"[2]仁、智、勇为儒家主张的"三达德"之大人君子的理想人格。

---

① 《礼记·中庸》。
② 《论语·泰伯》。

智者：

孟子在心性哲学和义理思辨上的非凡造诣。

析理透彻、辩才无碍、睿智机敏的智者形象。

仁者：

推行仁政、心系天下的大我情怀。周游列国十八年，先后游说梁惠王、梁襄王、齐宣王、邹穆公、滕文公、鲁平公等，力推仁政，倡导民贵，反对战争，仁惠苍生，造福天下。

"仁者寿"的典型代表。战国时期人的平均寿命非常短，根据民国时期许仕廉《人口论纲要》以及1936年实业部公布的分年龄死亡率统计结果，古人平均寿命30岁，孟子享年84岁，可谓当时的长寿之人。

勇者：

道义担当、弘道大勇的冲天气概。"吾尝闻大勇于夫子矣……自反而缩，虽千万人，吾往矣"①，"如欲平治天下，当今之世，舍我其谁也？"②

威武不屈、贫贱不移的大丈夫精神。"富贵不能淫，贫贱不能移，威武不能屈。"③

士人气节、仁者风骨的表率。道义为上、舍生取义、以身殉道的人生取向："生，亦我所欲也；义，亦我所欲也。二者不可得兼，舍生而取义者也。"④"天下有道，以道殉身；天下无道，以身殉道。"⑤

（二）功、德、言三立之光明不朽

立功：尊奉孔子，倡导仁义，振兴儒林，光大儒门；提出"性善论""仁政""王道""民贵君轻"等理论；心系天下，周游列国，推行仁政；兴办教育，培养儒学传承人才。

立德：尊为"亚圣"，配享孔庙。韩愈《原道》将孟子列为先秦儒家继承孔子"道统"的人物，元朝追封孟子为"亚圣公"，尊称为"亚圣"，在儒家文化中地位仅次于至圣孔子。

立言：《孟子》七篇流传千载，影响巨大。朱熹将《孟子》列入四书之一。从宋神宗熙宁四年（1071年）起，《孟子》成为科举考试科目。《孟子》可谓先秦时代散文高峰之作，深刻影响了中国文学发展。

---

① 《孟子·公孙丑上》。
② 《孟子·公孙丑下》。
③ 《孟子·滕文公下》。
④ 《孟子·告子上》。
⑤ 《孟子·尽心上》。

二、成就与出身的巨大反差：由凡而圣

孟子一生成就巨大与出身草根、成长艰辛形成巨大反差。

（一）巨大成就

规模宏大的"三孟"昭示功德。孟府、孟庙、孟林"三孟"之巍巍建筑群落和千年苍劲松柏，无言而有力地见证着孟子的卓越成就与巨大影响。

后代尊荣且绵延至今为证。孟子后代家谱管理到位，传承有序，谱系完整，至今已近80代；明朝对孟子后裔格外优礼，除赐给祭田、免除徭役外，还先后特赐十字"希言公彦承弘闻贞尚胤"作为孟子后裔的行辈字，且从56代孙孟希文起世袭翰林院五经博士。后代广受尊荣且绵延至今为证。

出自《孟子》的成语达250余个，许多为中国人耳熟能详，甚至妇孺皆知，听孟子言教，顽夫化、愚夫智、"懦夫有立志"[1]，孟子思想对中国文化的影响深远且广大。

（二）人生坎坷

孟子"夙丧其父，幼被慈母三迁之教"[2]。孟子幼年丧父，长期生活在单亲之家，而且父亲、母亲的姓名均无明确史载，仅有孟母三迁择邻教子的故事流传，可见其出身的贫寒与生活的坎坷。

生逢功利盛行、战乱纷争、攻伐不息的乱世，孟子颠沛流离、周游列国近二十年，屡屡碰壁与受挫，抱远志、怀大才而不被重用。

（三）心力强大

出身卑微，成长艰难，而且长期志不得舒，才不得展，又生逢人命如草芥的乱世，换作常人，不是贫穷没落一生，便是过早郁郁而病衰。而孟子却能生命不终，奋斗不止，愈磨愈韧，屡挫屡坚，勇往直前，终成一代文化巨人，并且顽强活到84岁高龄，展现出强大的生命力。《易经》讲，"天行健，君子以自强不息"[3]，便是对孟子一生及孟子精神的生动写照。

何以成就孟子雄强的生命？人格高大、气象雄伟，生命力必然强健。

何以成就孟子不凡的人格气象？心力强大，内心富足与强大，必成伟岸雄健之生命

①《孟子·万章下》。
② 李学勤主编：《十三经注疏·孟子注疏》，北京：中华书局，1999，第5页。
③《周易·乾卦·象传》。

气象。

孟子何以拥有强大的心力？志趣高远，必得心力强大。

孟子一生立志做像尧舜与孔子一样的圣贤，修己安人，仁民爱物，治平天下：

志在尧舜："舜何？人也。予何？人也。有为者亦若是。"①

志在造福天下："如欲平治天下，当今之世，舍我其谁也？"②

志达天人之境："万物皆备于我，返身而诚，乐莫大焉。"③

三、疫情下的生命儒学思考

自2019年12月以来，中国发生新型冠状病毒肺炎疫情。84岁的"国士"钟南山与许许多多的医疗界"勇士"冲锋在一线，争分夺秒研究对治方案，保护病者、抢救危者。

回忆2003年抗击非典的日子里，搜狐新闻报道，他成了一名骁勇的战士。抗击非典，也就是一场与死神争夺生命的战争。钟南山以自己的精湛医术和坚强斗志，成为"非典"战场的不倒红旗。人民网评赞，在这场关系着人类共同命运的殊死斗争中，钟南山以其战士的勇敢无畏、学者的铮铮风骨和悬壶济世的仁心仁术，挺身而出，冒死犯险，力挽狂澜，作出了杰出的贡献，从而赢得了世人由衷的敬重。他的名字，他所代表的精神，已经成为广东抗非斗争一面飘扬的旗帜。

两次抗疫中，他均在一线奋战，特别是这次他已84岁高龄，却能安然。为什么？

在古代，麻风病是一种曾被判为不治之症的慢性传染病，如果得了麻风病，会被送到远离人居住的地方，与人隔绝。唐代，孙思邈先生为救生命，不顾个人安危，与600余名隔离在深山中的麻风病患者共起居，共生活，进行护理与治疗，并进行病案记载，对麻风病作系统观察和专门性治疗研究。据载，"予尝手疗六百余人，瘥者十分有一，莫不一一亲自抚养，所以深细谙委之。姑与其语，觉难与语不受入，即不须与疗，终有触损，病既不瘥，乃劳而无功也。"④除了亲自抚养、精心治理外，他首先要与患者深入交谈，选择治疗对象，因为治疗不信任医生、不配合调养者则会无功。可见，孙思邈曾与600多麻风病人长期密切接触。1000多年前，我们没有今天先进的医疗防护设施、服装、措施，孙思邈先生却安然。为什么？

1910年末至1911年初，东三省满洲里鼠疫肆虐，每日动辄死亡数百人，往往全家毙命，整村灭亡，尸骨堆积如山，死亡人数多达6万余人。伍连德作为清政府派往的总医官，率领

---

① 《孟子·滕文公上》。

② 《孟子·公孙丑下》。

③ 《孟子·尽心上》。

④ 孙思邈：《备急千金要方·卷二十三痔漏方·恶疾大风第五》。

东三省防疫人员,在不到四个月的时间消灭了这场百年不遇的烈性传染病,拯救了千万人的生命。当时,防疫团队感染殉职率高达10%,而伍连德却将其领导的防疫委员会总部设在最严重的地区哈尔滨傅家甸疫区,长达数月身居最危险的一线;且冒着生命危险进行了中国第一例人体解剖,从鼠疫病人尸体的器官和血液中发现鼠疫菌。100多年前,依然没有我们今天先进的医疗防护设施、措施,伍连德先生却安然。为什么?

我认为,除了科学、严密的防范措施,最为主要的在于自身——身心的强健:富足的内心世界——优良的价值观、人生观,导致强大的心力——内心富足与强大;坚强的内心,导致强大的生命力——乐观、积极、向上的生活态度、生活方式、生活习性、生命气象。

强健的内心生发出强健的生命活力。强健的人格造就强健的生命气象。强健的精神力量产生了强大的肌体免疫力。

今天的钟南山、民国的伍连德、唐代的孙思邈,三位先生虽没有孟子在儒家文化上的伟大成就与影响,但他们共同的特点是:拥有高大的人格,光明的气象。从他们身上,我们都能寻找到孟子所倡导和践行的"大丈夫"人格气象。追寻他们成长的足迹和一生治病救人、救死扶伤的仁义之行,特别是在大灾疫面前所展现出的爱国、爱民的大爱情怀和仁心仁术、义心义行,我们会发现背后是一颗强健的心——为仁义精神所充盈,异常强健。正气所存,邪不可干。

儒学需要与时俱进,更需要走进现代生活。历史上,儒学在政治儒学和心性儒学上开创了辉煌。我认为,当下与未来,当代儒学大有前途的是社会儒学与生命儒学,特别是生命儒学可以走进我们每个人的生活与生命。

生命儒学的价值在于:可以涵养人的心性,改变人的精神境界和内心世界,人的生存状态、生活品质和生命气象随之改变。

生命儒学的功用在于:通过儒学修养,达至生命提升——将圣贤教诲及其所倡导、践行的仁义精神和智慧融入我们的生命,化成我们生命成长的力量,使我们拥有富足的内心、强大的心力、非凡的人格、不俗的气象、强大的生命力。

将当代儒学与生命科学相结合,创造富有时代气息,能为更多人服务、让更多人受益的生命儒学,则功莫大焉。

中西哲学互镜下的孟子人性论新诠

（罗惠龄　湖州师范学院人文学院）

摘　要:21世纪人类文明所处的特殊情境,源自生命底层的失望不满与困惑彷徨,仰不上天的超越失坠与俯不下地的自然失衡,在碰触到生命深处的痛切觉知。孟子人性论作为精神世界的源头活水,在此觉知的背景下提出哲学上的反省,反省出中国哲学并无类似西方哲学超越性概念的思考方式,来作为理解世界的模式。于是,在中西多元文化互镜交融的当下,便能够与时俱进地开显经典价值,从而为身处混沌不安的现代人,寻找并把握其安身立命的智慧启示。

关键词:孟子;人性论;上不在天;下不在地

中国哲学和西方哲学的思维模式及语言使用,相较之下确实存在极大的差异。西方哲学强调的是(what)用以穷尽系统性的知识理论来对存在界作出本质性的终极说明。反观中国哲学却是着重升化(how)敞开教化之学,而非作为系统性的知识理论。

一、中西哲学的实践进路

20世纪后的哲学家痛切深刻地反省了"人"的这个议题,因为过往的基督教传统认为人是具有原罪的。从柏拉图开始的希腊典型的观点,认为人基本上是由灵魂与肉体组合而成的,大部分的希腊哲学家相信灵魂属于精神,灵魂便是价值尊严的可贵所在。灵魂与肉体相互结合的今生今世,主要表现在理性的活动上,反观感性则无法彰显出人之为人的高贵与价值,这便是希腊哲学的灵肉二元论。到了笛卡儿开始的心物二元论是由心灵和物质所构成,真正的尊严与价值代表着人的精神,而所谓的心灵则与物质无关。于是,对于人的心理层面构造皆以理智、意志、情感三方面来加以区分。

中国哲学在谈及知情意时是相互渗透影响的。王阳明所言的"主于身也,谓之心也"[①]

[①] 陈荣捷:《王阳明传习录详注集评》,台北:学生书局,1983,第47页。

"就其主宰处说便谓之心"①等，意思是儒家的学问是一套身心之学，在心上用力，可也从不荒废身体。因为人的生命是一个整体，甚至身心是能够相互渗透的，一如孟子所言的"浩然之气""志壹则动气"②。当你的心智集中的时候，同时改变了我们的形躯，而当形躯专务一致时，同样会影响到我们的心智。因此，孟子一方面强调大体、小体，心官及耳目之官，看上去好像是截成身心二元的区分，但是我们却能够清楚地感受到在孟子的引领下，从不间断地强调心灵，而与身心相互渗透并互相理解的传统中国哲学。

西方哲学一开始便是要拯救现象世界，要为这世界找到一个能被理解的秩序，作为理智下可理解的秩序，必然是恒常、普遍、固定及不变的。举例来说，潜能（potency）这个概念是源自亚里士多德的形上学的概念，而如何去为这个变化做解释，便是要将它化为一个能够被理解的真实存在。首先，一个事物的构成原理即"潜能"和"实现"，将其潜能充分地完成发展和实现，便是作为成就圆满的实践。其次，因为变化始终为理性所困扰，故一个事物的充分实现便是取决于它的本质，这个本质通常是作为这个事物的形式因。换言之，假设一个苹果的种子，我们如何能够理解它在摒除外力干扰之际（如狂风暴雨、被鸟啄食……），能够顺理成章地发挥它的成长而使之为苹果树的。在亚里士多德的形上学里，"实现"原理必是先于"潜能"的。因为若要理解这个事物的潜能，必须充分彰显并实现发挥才能够得以理解。所谓的潜能，若无外力的介入干扰，这个"潜能"便注定是且也只能是成就它的"实现"。最后，一个事物必然是顺着它的本质去发育、成长、完成的，所以它的本性也只能由苹果种子发展成为苹果树，而无法成为别的，也不允许是别的。

苹果种子与苹果树的关系，作为这个实现是没有创造性的，潜能的实现是派生关系的生物，仅仅是将生物的本质充分地豁显出来。"本性"便是做为一个外在最高的创造本源所赋予事物的既定潜能，这样的本质终究不过是上帝的创造赋予，只能是服从实现而无法扭转更动。于是，在作为一个潜能之际，最终你也仅能实现那个不会是创造第一义的事物，是属于第二序的，非为自主性的创造。由此得知，西方文化实有神道与地道，而无真正之人道。所谓人道者，除吾儒之主立人极，言心性外无他，他人若无此智慧与情感，则世界悠久和平不可能，世界亦终究是悲剧。

中国哲学从来没有像希腊哲学般的将灵魂肉体、理智感性作出这种迥然严格的二分，这种绝对二分的西方哲学和中国哲学实是不相类属的。孟子的"圣人与我同类"③说的并不是某种本质上的同一性，"尧舜，性之也；汤武，身之也。"④孟子依旧将尧、舜两位具体的历史

---

① 陈荣捷：《王阳明传习录详注集评》，台北：学生书局，1983，第140页。

② 《孟子·公孙丑上》。

③ 《孟子·告子上》。

④ 《孟子·尽心上》。

人物作为人性的典范,特别的是这个"性"的概念在作为动词出现的用法实属罕见。由此可见,孟子所谓的"性"是一个实现的过程,而有别于西方哲学注定成就的意义上的给定。

过去一百年来哲学发展迈入了一个特殊的处境,当我们面对西方强势的文化侵袭,西方哲学之于神及中国哲学之于天的挑战时,又不可免俗地以各种带有浓厚西方哲学意涵的语言来诠释中国哲学。于是,当我们面对一知半解却又照单全收地来加以诠释自身时,就人与人的共通性来做出强加的理解区分,皆是对于人性造成扞格不入的扭曲扼杀。

换言之,中国哲学是一套教化之学,"它没有西方式的以知识为中心,以理智游戏为一特征的独立哲学,也没有西方式的以神为中心的启示宗教。它是以'生命'为中心,由此展开他们的教训、智慧、学问与修行。"①它更强调成德之教,在生命实践的过程当中作为圆成天人合德的最高智慧。对于孟子所描述的圣人人格,"君子所性,仁、义、礼、智根于心,其生色也睟然,见于面,盎于背,施于四体,四体不言而喻。"②就其表现即全幅的展现,举手投足尽是道德光辉的发露,这便是所谓的浩然之气,即人性于人的生命行动展开的生命场域。"孟子道性善,言必称尧、舜……文王我师也,周公岂欺我哉?"③便不是某种被预先给定的"本性",而是一个真真实实受到尊崇欣赏的典范人物。由此可见,在见贤思齐的成圣仿效中,人的生命尽可以于人文生活世界中敞开,而在历史的不断生成变化发展中,得出人之所以为人的人性意义价值。

二、上不在天的超越失坠

西方哲学通过对于事物的分类、范畴,标定出一个事物是什么,从而掘发事物的本质。一旦事物被我们认识之后便可以为我们所理解,但它不见得是属于存在,因为要追溯存在的原因便是来自于上帝的创造,也就是西方哲学所谓的"本质先于存在"。19世纪的欧洲人从过去启蒙运动的理性主义直至工业革命以来,对于文明的进步主义充斥着乐观自信。一如孔德的实证主义(Positivism)认为,人类历史循环将经历三个阶段发展:"即宗教—神话—宗教的神学阶段、哲学形上学阶段与科学实证阶段。"④人类历史的脚步不断地从蒙昧的宗教信仰渐次以哲学理性进步抬头,到了启蒙运动之后进入了科学理性的全盛时代。随着工业革命发生的不断进步,在此乐观主义涌现的氛围中,其生活方式早已与公元一、二世纪的欧洲大相径庭。因为当时还在基督教文明下的欧洲人,对于人生活于当下幸福的认知并非

① 唐君毅:《唐君毅日记上·廷光代笔之二》,长春:吉林出版集团,2014,第7页。

② 《孟子·尽心上》。

③ 《孟子·滕文公上》。

④ 撒穆尔·伊诺克·斯通普夫、詹姆斯·菲泽:《西方哲学史:从苏格拉底到萨特及其后》,匡宏、邓晓芒等译,北京:世界图书出版公司,2009,第327页。

是今生今世，而是在彼岸的世界。因此，相对于早期的基督徒而言，人所能希冀的幸福绝对不会是发生于现世的当下，而是死后经由上帝审判进入天堂之后，才能够获得真正的快乐幸福。以一种最简陋的生存环境支撑，并拳拳服膺于价值信念的源于彼岸世界的幸福。

于此，哲学家最大的兴趣是对于林林总总的事物，通过本质的发现，将其纳入分类范畴当中，从而加以确认固定。人类知识活动化有两个基本要件：其一是以简驭繁；其二则为以静制动。如同对于一张桌子而言，一旦它取得了桌子的性质和结构，它便因此成为了桌子，而不需要担心将会成为什么。本质才是真实的存在，事物的本质运用重要的知识活动而将其置于框架，分门别类地理出秩序眉目而予以固定下来。通过一些共相、共通性、普遍性将事物的差异性排除掉，不允许是别的，也不能够是别的。因为这个世界有了上帝的存在，上帝根据西方神学作为一个无限的完美者，它便是一个不需要担心它会成为什么的一个全全然然的上帝。

笛卡尔的至理名言"我思故我在"，怀疑便是一种思维，是第一真理。可作为思维我又该如何展开对于世界的说明呢？因为思维我这无限完美概念的另一含义便是上帝。上帝作为一个无限完美者，倘若它仅仅存在于我的思维里而非真实世界中，那么一来，它也不可能是真正无限的完美了。原来，思维我的概念反映出上帝一定是一个客观真实的存在，作为一个创造世界的无限完美的上帝，它将怀疑的世界拯救回来，上帝的存在是靠着思维我得以存在的。因此，思维我比上帝还具有其知识的优先性。可是到了19世纪，人类的理智已然从宗教的蒙昧中解放出来。理智能够看透整个自然世界的律则，并通过技术研拟的掌握开发，遂将整个自然界化为完全为人所用的资源。作为19世纪存在主义先驱的尼采言之的"上帝已死"，宣告人类就是上帝，所谓的幸福，不再是需要等待上帝救赎之安身立命的信仰。

作为人的生命在天地人我之间展开的过程当中，因为整个人类文明快速的发展进步，让我们在传统生活里的人我之间关系开始解构。从前根据人我认识关系的理解，到了19世纪后，随着快速文明的发展而与之崩塌。天不再是以前的天，天地人我亦面目全非，对于自我的认识也产生了模糊。比如，天是神圣超越的世界，在人类历史的文明当中，在长期的发展下都会有一个超越的世界，借以代表着活在天地的支撑理想。科技的长足进步，发现整个自然世界皆在我们充分的认知下，让它为人类的福祉而予以服务，所要追求的快乐幸福也无需等待死后的上帝审判，便能够夙愿以偿地步入天堂之境。因为我们尽可能地凭借着我们的理性发展，于今生今世享有着幸福快乐。于是，相较于传统信仰，开始有了怀疑的态度。因此，超越的上帝已然不再成为他们生命当中重要的凭借与依靠。

上不在天，指的是人类生存世间需要有一超越神圣的世界，可是这个神圣的世界却是失坠了，何以故？对于人性"扩充，不仅是精神的境界，而且是要见之于生活上的实践。……由存养而作不断地扩充,扩充到底,孟子称之为'尽心'"①。换言之,尽心不是仅仅局限于内心的一种自觉能力,不能只是一种人性精神的境界,而必须通过现实中的具体实践才能得以呈显其张力。因此,孟子的尽心,必落实到践形上面……践形,乃是把各官能所潜伏的能力(天性)彻底发挥出来,以期在客观事物中有所作为,有所构建,否则无所谓践形。②因为整个真实的世界便是在生灭变化当中呈显,一如十岁的我、二十岁的我、三十岁的我……,其容貌、心态、思维、经历等不同的变化,有了很大的差异,但究竟哪一个阶段才是真正的我呢? 意思是我们所要强调的是在那个贯穿于十岁的我、二十岁的我、三十岁的我……,那个属于并保有我的那一部分的层面。虽然我和你同样是人,你我皆有着共同共通的部分。但是显然我和你仍存在着极大的差异,比如说高矮、美丑、胖瘦……所以,一旦讨论到了本质,便是指那个可以经历变化,却又能够让我们可以确认的是这个事物就是这个事物,而非是别的物种的那种普遍、同一的部分。那是因为你我虽有很大的差异,但是你我之间却有着共同之处,即"人性",而此人性是普遍的,它能够在经历变化且在变化当中保持持续而不变。倘若它也改变了,那将衍成不可思议的终结,遂无从亦不能辨识你我是谁了。尤有甚者,不管我处于几岁的样态,我仍旧是为我。所以,在变化当中仍有着不变的部分,即便我和你有差异,但是我们皆属于人,何以故? 那是因为我们拥有着共同且同一的部分。换言之,即我们常言的"本性"抑或"本质"。

十年前后的我的容貌、心态、思维肯定是不同的,因为人在时间的变化当中,想当然亦能呈显出不同于以往的千变万化。唯独作为一个人的你我,却是注定无所逃的必须去关心并成就未来我们是什么,以及将会是成为什么的开放性问题。因此,只有人在天地万物当中会形成一种自我的投射关怀,他将不断地叩问,不断地对自我去形成诠释并做出选择,然后通过实践来完成属于自我的成就。换言之,活着,便是不停地自我叩问、抉择、成就……,作为孟子人性论下的存有,能尽其所能地将天地敞开并赋予动态的意义。人便是在这样的意义下,去领纳、迎接造物主丰富蕴藉的生命意涵,这便是中国哲学异于西方哲学的殊胜之处。

孟子人性思想的最高范畴是天,并以天这个范畴为其基石从而构建自己的思想体系。其中的天人合一,就是在天与人性的道德意义上提炼出来的。孟子把天与人性联系起来,扩充尽心、知性、知天的精神境界。是故"尽其心者,知其性者;知其性,则知天矣。存其心,养其性,所以事天也。"③主张心、性、天的同一,由此,尽心即能知性,知性即能知天。由是,若我们对于传统认知的人性,如同西方哲学所言的普遍天生的本有认知,即本身具足、不假

---

① 徐复观:《中国人性论史·先秦篇》,上海:上海三联书店,2001,第157页。

② 参见黄俊杰:《孟学思想史论》(卷一),台北:东大图书公司,1991,第185—196页。

③《孟子·尽心上》。

外求的本质潜能，仅需觅寻并扩充人性，即能完成成圣成贤的工夫。试问，人性果真如此简单而易取吗？唯有正视上不在天的超越失坠，面对西方哲学传统将人性视为一种静态，内在于人本有潜能的错误，予以修正并加以重铸厘清，才能缔造那种属于动态、超越、变化的人性的所有可能。而这种丰富的可能性，是亟须人们不断地在践履的实践中开显，并完成本真存有的理境与意义，才能够成就自我的最大圆满的可能性。

三、下不在地的自然失衡

西方文艺复兴之后，伴随着数学物理学的兴起，整个物理世界基本上被理解为一个纯粹的物质世界，一个被数学定律量化支配的物质世界。支持哥白尼的地球绕着太阳转的伽利略，以为这个世界一定是上帝运用数学原理所创造的。文艺复兴、启蒙运动过后进入工业革命，19世纪的欧洲人认知的自然世界，基本上就是一个可以完全用数学公式表达物理定律，从而决定智慧的一个纯粹的物质世界。在这样的一个世界中，只要人类的知识逐渐地成长进步，将物理世界的所有结构全部加以建立时，整个世界作为一种资源完全为人所用，到达创造所获得的目的来服务。所以，整个地球是纯粹理性认知的对象，是一条数学公式，是物理化学结构，人类可以透过科学知识去揭露它的内在结构。一旦它被加以充分认识之后并将其进行知识转化，自然世界就成为一种被利用的工具资源，为我们所要达至的目的而服务。因此，自然仅仅具有工具价值等待我们去加以征服它，让它为我们所用，这便是我们和自然界的关系。

存在主义的先驱家齐克果，认为欧洲经过了启蒙运动及工业革命的带动，整个都市文明开始集中。在以往的农业文明时期，人类散落在大自然依山傍水的环境中，人与自然是紧密的依存关系。当工业革命通过机器劳动、大规模的生产制造而创造了价值之后，人们便离开乡村走向都市生活。随着生存形态的变化，人际关系和信仰模式亦随之改变。白天劳动或是从事商业活动挣钱，到了假日，却又打着领带，西装笔挺地前往教堂讴歌祷告，并于忏悔中重整精神心灵的净化，而大异于早期基督教的信仰模式。于是，齐克果便开始反省："如何才能成为真正的基督徒？"平日的声色犬马，假日的讴歌忏悔，如此一来还能算得上是真正的基督徒吗？这其实也反映出在此都市文明中，因为社会形态的改变，虽然彼此家庭背景不同、长相不一，可在更多时候因为随着大众流行、吃喝如同，再也找不回一个活活泼泼的真实个体，便顺理成章地冠上类化一致的标签。

自然世界对于我们而言，纯粹是一个等待人类去加以认知理解、征服利用，而为人类福祉服务的一个隶属于资源的世界吗？这个世界仅仅只是一个作为被撷取掏空的资源世界吗？张横渠所言："民，吾同胞；物，吾与也。"生命倘若缺乏父母的生养，是不可能来到这个世界的,一如这个自然世界有其真实的生命,它是我们的伙伴友朋。于此,儒家更加扩大反省,假如缺少了这个自然世界,根本不存在我们。因为自然世界提供我们生活的必需,所以中国哲学总是强调敬物、爱物、惜物。"不违农时,谷不可胜食也;数罟不入洿池,鱼鳖不可胜食也;斧斤以时入山林,材木不可胜用也。谷与鱼鳖不可胜食,材木不可胜用,是使民养生丧死无憾也。养生丧死无憾,王道之始也。"①由此观之,孟子强调的人性即人与自然世界的友善关系,绝不仅是理所当然地将它视为一种认知对象,一个只是工具价值的资源而已。在艺术生命情调充分展开的时代,人的生命情怀亦希望在此世界中发光发热,在诗的浸濡蕴蓄下,在文学艺术的创作中,整个大自然中的山水情趣,即人类生命安顿的栖息隐遁所在。因此,我们必须要用孝敬的心来孝敬父母,同时也必须要以敬物、爱物、惜物的心来对待这个世界。藏修游息,即安顿、游玩、休憩。一如海德格尔所说的"诗意地栖息于大地上",这便是中国哲学勾勒出来的自然与人类的相互关系。

可如今对于现代人而言,自然与人类的关系是越来越难以理解了。比如在南亚海啸发生时,在那滔天巨浪的冲击下,曾经以为是如此安定安全的自然世界,为我们尽情地索取挥霍的资源,那样规矩地臣服于我们的理智规范之中,竟在猝不及防的瞬间,毫不留情地天摇地动了起来。迄至现今,自以为是的观察、解释、预测,构成了整个西方科学文明进步的精神标杆。在科学认知的基础上,将整个世界纳入被人理解的框架范围,可到了最终,无论科学再进步,也无从做出精准的预防措施。

世界果真能被我们加以预知而得以全知吗?西方哲学执意地将所有的不可测性全都化为可测、可预期性。未经反省的生命,是一个不值得活的人生。若我们的人生不断地被环境牵引拉扯,理不出自我的方向,便看不到它庄严动容的意义价值。可一旦落入已然被我们完全预测时,这个世界的变动性将因此被取消,变成了只能是这样而不是那样。"夫君子所过者化,所存者神,上下与天地同流。"②"万物皆备于我矣。反身而诚,乐莫大焉。"③透显出"在孟子的观念中,天地所造化的自然世界,与君子所教化的人间世界,并无任何实质上的差异"④,他们都来自自然世界的创造,贯穿着人文世界的秩序,因此才有所谓的"浩然之气"⑤能够"塞乎于天地之间"⑥,而君子的"存神过化"⑦亦可以"上下与天地同流"⑧。我们必须知道自己置身何处,如何为自己的生命做主。由是,在孟子的人性论述中,不仅自然世

---

① 《孟子·梁惠王上》。

② 《孟子·尽心上》。

③ 《孟子·尽心上》

④ 黄俊杰:《孟学思想史》(卷一),台北:东大图书公司,1991,第22页。

⑤ 《孟子·公孙丑上》

⑥ 《孟子·公孙丑上》。

⑦ 《孟子·尽心上》

⑧ 《孟子·尽心上》。

界与人文世界不隔,且是即存有即价值,整个人文自然界都洋溢着创造生机的美好。

"牛山之木尝美矣。以其郊于大国也,斧斤伐之,可以为美乎?是其日夜之所息,雨露之所润,非无萌蘖之生焉,牛羊又从而牧之,是以若彼濯濯也。人见其濯濯也,以为未尝有材焉,此岂山之性也哉?"①《孟子》一文揭示了人性即此山之性,是超出基本状况之外的文化和特性。对于此山而言,那些覆盖其上的树木是自然的,并非为西方哲学所谓的本质上的天赋,而是在历史过程中发生的一种美化、全化或善化(refinement)。山经过了培养润泽,山之性已非山本身,而是成为了山林,指的是呈现在其上的树木,并非本身具足、天生存有的,而是在不断地变动发展当中,成就那些美化、全化、善化,据此丰富这座山的所有要素。

科技产业的蓬勃发展,带来前所未有的便利富足,同时也衍生出诸多不安全感及与日俱增的文明匮乏。不断进步的文明世界,快速变迁的不确定性,又将引领我们置于何处?今日的科学技术,是西方哲学长期于历史发展当中所必然产生的结果,这样的发展当然有其动人的一面,但是它在人类生命中所造成的诸多安全匮乏的限制,却是一个不争的事实。"诸科学将依据科学规则……对那些只被允许有一种控制论功能而被剥夺了任何存在论意义的范畴的假设。"②按海德格尔的说法:科技便是将存有的世界理解为一个储存之物。用现代的话语解释就是"资源"。假如仅是当作资源来看,那么一来,都将是对造化形成了过度的理解。换言之,在面对自然世界的生成变化,自然世界的不可测性,对于下不在地的内在失衡,解决的方案便是重新检讨。若一味地汲取西方哲学而抛掷中国哲学自身的丰饶价值,无疑是缘木求鱼。

四、丰富蕴藉的生命缺口

西方哲学特别看重理性,认为人是理性的动物,人的尊严源于理性。可是在真实的生活当中,我们还能够拥有无法于生命任意抛掷割舍的他者。于是开始重新探索理解,天地互镜下的展开意义就是生活态度,是一种表现于人的生命力中的自我反省。而孟子人性论中所彰显的哲学价值,便是要求我们做出心灵的探索,让心灵拉开高度,高到能够俯瞰各式各样的生命经验。不但反省自我,也参酌他人,观照往圣先哲的人物,将其过往的历史经验收摄仿效。换言之,不断让心灵跃升,于混乱的生命风暴中理出头绪,找出领悟的规律,并在这些抽丝剥茧的条理眉目中,让过往的先圣先哲成为照明的灯光,得出历史精彩的跃动趋势,让心的生命缺口顿时阳光了起来。

"依吾人之意……首非将人或人性,视为一所对之客观事物,来论述其普遍性、特殊性,

---

① 《孟子·告子上》。

② 海德格尔:《面向思的事情》,陈小文、孙周兴译,北京:商务印书馆,2011,第70—71页。

或可能性等,而主要是就人之面对天地万物,并面对其内部所体验之人生理想,而自反省此人性之何所是,以及天地万物人性之何所是。"①人性考察天地万物,存有在此得以显现,并审视自身内在思想时的体验。

人的可能性,不仅基于假设推理的方法得以客观认识,亦是能够开显、揭露并领纳人之所以为人的存有意义。换言之,只有人性才会探问存有,并将此能力发挥出来。因为一件事物的存在并非无理的存在,它肯定是以某种特定的意义被我们所理解接纳,因而进入我们的生命当中。如同中国哲学喜谈的天人合一,是从天来理解人的不同之处。因此,人更能够顾及天地万物,一旦敞开天地互镜下的人性,便是进入了爱物惜物之境,人性便如造化天地万物的心一般。所以,孟子是从人、人与天及人与地的关系当中来理解人性的。"故君子,不可以不修身;思修身,不可以不事亲;思事亲,不可以不知人;思知人,不可以不知天。"②欲理解人的所有须回溯到天来作为理解人、人和天的那种特殊的关系。唯有不断地敞开自己,爱人敬人、敬物惜物地来成己成物,才能够在作为自我的实现中仿佛和天地一般的存在。如此一来,便是在天人合一、在天地不断生成变化当中的脉络下,去理解人之为人的存在价值。

尊重中国哲学的特质,勿沦为西方哲学的窠臼。西方哲学的理论立场是本质主义,对于什么是善,什么是道德都有着一些本质性的看法。根据这个原则所衍出本质性的看法,究其实也只能是这样做,而不能是那样做。其结果不是错,便是对;不是道德,便是不道德。中国哲学就不是这样的形态,因为它并没有那些不变的本质可以作为那样的要求,它并不在乎要提出一套标准,而在乎要如何涵养开发并修养自身。因为生命所积累的深度和厚度,总是让我们面对环境挑战时,予以充分发挥掌握,并在当下做出不同的解决方案。尤有甚者,作为一个有修养且对于历史脉络有着更为深刻的了解,以及身处当前处境的复杂性而能够全盘掌握的人,必能找到一个对于现阶段而言的最佳解决方案。

让人性保持着最大的弹性,避免让自己被意、必、固、我的观念所限制,避免人性在天地互镜的冲突关系中,对生命形成焦虑痛苦的诸多制约。中国哲学中的人性,是静待生命的展开,是迎向生命的不同,去对它进行领悟、领纳、欣赏,并歌颂、赞叹,从而成就一个大自在的生命。如此一来的大自在的生命,便是让自己的生命与天地同流,和造化同感,最后也将在历史脉络的存在当下,保留着一个缺口、一份空虚,在未能填补的理趣下彰扬人性的生命,如此才能够使我们更有空间余地,容纳把握与我不同的样态,敞开人性自我,并如天一般的自在。

---

① 唐君毅:《中国哲学原论·原性篇》,北京:中国社会科学出版社,2005,第2页。

② 《中庸·第二十章》。

人性论视域下孟子与马克思自由理论之比较

（吴春华　安徽大学哲学学院）

摘　要：孟子和马克思的自由理论都是以对人性和人的本质规定为基础。孟子因其对人性之性善的解答，而产生了道德自由观和政治自由观；马克思因其对人性和人的本质两种规定，即"自我意识"和"自由的有意识的活动"而产生了精神自由观和现实自由观。马克思、孟子在政治自由和现实自由上有相通之处，尤其体现在自由的实现之上。自由的实现集中体现在选择自由的实现之上，选择自由的实现需要充分的客观条件和主观条件，而客观条件和主观条件都是可以被创造的。孟子和马克思认为，客观条件可以通过发展生产力来创造，主观条件可以通过教育来造就，并且二者都认为选择的方向即自由的方向应该是指向善的。马克思、孟子对自由实现的阐述对当代人获取自由有极大的指导意义。

关键词：性善；自我意识；劳动；选择

自由的最一般的概念就是"由于自己"，即自己做主，做自己想做的事。但自由必须有所限制，无限制的自由会造成社会的矛盾和人们之间的相互伤害。不同的价值体系对如何限制、在多大程度上进行限制有不同的解答。自由与人性和人的本质紧密关联，因此对于自由的讨论必须在人性和人的本质下进行，而对于人性及人的本质的不同规定，使马克思与孟子在自由思想上产生了差别和联系。马克思认为，人的本质作为人性的规定之一，是人性的实质内容，是人之为人的内在根据。人性是所有人都具有的共同属性，是一种联系的普遍性。但人性只能说明人与动物及他物的区别，无法解释人与人之间的巨大的差别，马克思关于人的本质的提出则弥补了这个缺陷。亚里士多德最早提出"τὸ τί ἦν εἶναι（本质）"的概念，其本义"是存在的东西"，古希腊哲学泰斗苗力田先生将之翻译为"其所是的是"。据此可以认为，人的本质相比人性概念来说要更进一步，它不仅可以作为人与动物区别的根据，而且还可以把它作为人与人区别的依据，它是作为特殊存在物的人的内在规定性。

天下混乱、道德沦丧乃是孟子述德的根本原因，而孟子述德是面向社会政治的，其目标是使天下安宁,他的理论囊括政治和道德两个方面。因此,孟子的自由理论亦可划分为道德自由和政治自由两个方面,前者是后者的根基,后者是前者的目的,二者缺一不可。马克思的自由观则包含精神自由和现实自由两个方面,后者是其关注的重点。不论是马克思的精神自由观还是孟子的道德自由观,在自由理论的阐发上基本上相近的点极少,或可说是马克思、孟子二人在理论上存在很大区别。在政治自由和现实自由上,由于二者理论某种程度上的共通,从而为我们提供了比较其相似与不同的机会。

一、以性善论为基础的道德自由观

作为道德主体的人是自由的,这个结论来源于孟子对于人性的定义。孟子的性善论意在揭示人皆有恻隐、羞恶、辞让、是非等四端之心,此四端之心为人的本心、良心,也即道德理性仁、义、礼、智的萌芽,它为人所固有。由于仁、义、礼、智为人性所内含,乃人之为人、"异于禽兽"的根据,因此人性本善。

正因为仁、义、礼、智为人性所内含,人们追求道德不必求之于外,因此人的道德行为不必受到外在的强迫和限制,而只是自我命令的结果,人也具备了成为自由的道德主体的根据。人作为道德主体,是其自身的支配者和命令者,他是自身意志的主人,更是自身道德行动的主人,可以自由地选择去做事情。[①]每个人内在具备一切道德的根据,通过推扩本心即可以成为圣人,这也是孟子对于道德主体自由性的阐释。相比于孔子"唯上知与下愚不移"[②]的人性论,把圣人看作是不可得而见之、不可学而成之的神圣性存在,孟子认为圣人乃是"与我同类者"[③],是每个人都可以成就的境界,"人皆可以为尧舜",这无疑是一种进步,因其扩张了道德主体的自由度,使人性选择的范围扩大了。

道德主体求仁的修养工夫亦是自由的。道德修养的过程也即发扬道德主体自由的过程,主要通过道德反思和道德内省。[④]孟子认为,人只需要反躬自问,内求本心,即可走上仁德之路,"万物皆备于我矣。反身而诚,乐莫大焉。强恕而行,求仁莫近焉。"[⑤]"行有不得者皆反求诸己,其身正则天下归之。"[⑥]事情"不得"的根本原因并不在于外部而在于主体之内,只有善于反思和内省才能找到"不得"的真正原因。通过反思和内省的工夫,人不断接近仁的境界,从而也不断接近了自由之境。修养道德不仅要反思和内省,还要推扩本心,通过将

---

① 参见郭齐勇:《中国哲学史》,北京:高等教育出版社,2006,第39—42页。

② 《论语·阳货》。

③ 《孟子·告子上》。

④ 参见叶飞:《论孟子伦理思想中的自由理念》,《道德与文明》2016年第6期。

⑤ 《孟子·尽心上》。

⑥ 《孟子·离娄上》。

人大行不加、穷居不损的先天道德心性实现出来，使之反映在身体、神色上面。而"尽其心者，知其性也"①正是通过对本心充分的推扩、实现，人才能体察到仁义礼智乃人天赋的内在本性，从而觉察到道德主体和道德修养的自由性。

孟子的道德修养的目标在于实现人性、完满人性，以到达天、仁、诚的至大、至高之境界，同时也是最自由的境界。孟子提出"是故诚者，天之道也；思诚者，人之道也"②的命题。人的本心的根源在于上天，诚则是天的本质。所谓思诚，即以诚思之，即用诚的态度反思天，从而明悟自身之本心善性来自天，并且通过在现实世界的道德实践，推扩本心之善性，此亦即为人之道。道德修养之目标并不在于扭曲人的认知和行为，以实现某种目的，而是让人明悟自身之道，明悟自身人性之善源自天，从而自觉、主动地实现它，因此道德修养的目标亦具有自由性。

道德主体通过道德修养的工夫向着道德修养目标迈进的过程，即道德行为亦具有自由性。在孟子看来，道德行为只有在出于本心并且不受外在目的所强迫时才是自由的，即"由仁义行，非行仁义也"③。道德主体的道德行动由己而非由他。一个国家的统治阶级为了维护本阶级的利益和自己的统治，必然要占据意识形态领域的主导权，因此会形成许多促使社会稳定的"规矩"，即道德和法律等，人的行动也会受到现实层面的道德和法律的限制。孟子提出"不以规矩，不能成方圆"④的著名论断，其规矩亦包含道德和法律，但他的规矩不是为统治者个人服务的规矩，而是从古之圣王那里继承与自身创造出来的。孟子认为这些规矩有利于国家百姓，但由于不符合统治阶级的利益，常常不能将之化为现实。实际上孟子并非只是泛泛空谈的理论家，其理论的实操性体现在他的权变思想里。孔子提出"权"的思想，"可与共学，未可与适道；可与适道，未可与立；可与立，未可与权。"⑤实际上就是一种通达权变的思想，既要原则，又要灵活。孟子称孔子为"圣之时者"，大概也有这方面的原因。孟子承继孔子，提出了自己的权变思想，"男女授受不亲，礼也；嫂溺，援之以手者，权也。"⑥对于原则的灵活运用不是违背原则，而是更好地遵守原则，男女授受不亲是小礼，而人之将死而施救是大礼大仁大善。如果两种礼、道德相冲突，选择符合更大的礼、道德的行动是权变的要求。

道德行为的自由性集中体现在主体选择的自由性上。在义利问题上，孟子强调以义制利，义在利先，不仅要率先考虑义，而且即便在考虑利时亦始终以义为向导，不义之利不取。

---

① 《孟子·尽心上》。
② 《孟子·离娄上》。
③ 《孟子·离娄下》。
④ 《孟子·离娄上》。
⑤ 《论语·子罕》。
⑥ 《孟子·离娄上》。

义本身就是最大的利。世间万事,生死为极大者,然而在其与道德发生冲突时,孟子提出要舍生取义,因为善之价值就体现在道德选择上。大丈夫应该"得志,与民由之;不得志,独行其道。富贵不能淫,贫贱不能移,威武不能屈"①。面对现实世界的种种诱惑、压迫,选择坚守自己的道(真理),哪怕是为了人格尊严而牺牲,没有比这更能体现道德行动的自由性了。

孟子的道德自由观还体现在道德评价上。孟子提出天爵、人爵之分:"仁义忠信,乐善不倦,此天爵也。公卿大夫,此人爵也。"②人爵是现实的利,也是许多人追求的目标,但孟子对此并不看重,他引用曾子的话说:"彼以其爵,我以吾义;吾何慊乎哉?"③只要有义的存在,就足够让"我"满足了,"我"也并不觉得自己比对方低贱。孟子高举"以德抗位"的大旗,提出道德身份的自由平等理念。人们的身份差别不在于现实的财富,而在于仁义道德的存养程度。换句话说,孟子主张对人的评价以道德为准绳,从而取消了现实功利对人的异化,让人可以真正自由地发展自己的道德,成为真正的道德自由人。

二、以自我意识为基础的精神自由观

青年马克思认为人的本质在于自我意识,并把个体的精神自由当作人的最根本的规定,因此马克思青年时的自由观是精神自由观。1842年2月,青年马克思在《评普鲁士最近的书报检查令》里阐述了他的精神或说观念自由的初步想法。马克思认为书报检查制度损害了"公民的最高利益即他们的精神的主管机关"④,并且他认为真理只有在自由的环境下才能得以生长。这个时期的马克思实际上更强调的是一种思想的、精神的自由,这种精神的自由要求在现实中得到实现和表达,这种现实的实现将给人带来幸福。

马克思主要是在批评书报检查制度以追求精神(思想)的自由。"法律之所以惩罚我,并不是因为我做了坏事,而是因为我没有做坏事"⑤,他淡化了书报检查制度对于人的现实自由的控制,而强调了它对于人的精神自由的控制,因为它判断人的标准不是行为而是动机。解决问题的唯一方法在于废除书报检查制度。"我们的意见可能是正确的,也可能是不正确的,不过无论如何,新的检查令终究会使普鲁士的作者要么获得更多的现实的自由,要么获得更多的观念的自由,也就是获得更多的意识。"⑥人们需要有充分的发表意见的权利而不能被制度所限制,意见的正确与否并不能成为阻碍发表意见的理由。在马克思看来,打着

---

① 《孟子·滕文公下》。

② 《孟子·告子上》。

③ 《孟子·公孙丑下》。

④ 《马克思恩格斯全集》(第一卷),北京:人民出版社,1995,第108页。

⑤ 《马克思恩格斯全集》(第一卷),北京:人民出版社,1995,第121页。

⑥ 《马克思恩格斯全集》(第一卷),北京:人民出版社,1995,第134页。

善的名义使用规则强制(法令、舆论等)堵塞言论，不仅是对公民现在自由的侵犯，甚至是对将来自由的侵犯的预演，因为规则的逻辑是越收越紧，社会对于个体控制的欲望也会不断增强。堵塞不知正确与否的意见，"是对整个人类的掠夺"，因为正确的意见将使人靠近真理，错误的意见则使人在真理与谬误的比较中得到对于真理的更深刻的反思。马克思于此提出了"现实的自由"和"观念的自由"的分类，但马克思的着眼点还是在精神的自由上。

马克思引用塔西佗的观点来表明自己对精神自由的追求："当你能够想你愿意想的东西，并且能够把你所想的东西说出来的时候，这是非常幸福的时候。"①这句话是针对书报检查令说的，在这里，他追求一种新闻出版乃至写作的自由，他憎恶法律之下的戴着镣铐和枷锁的自由，他实际上主张的是精神的自由，而精神的自由将给人带来精神的幸福。然而，"想你愿意想的东西"这种精神自由并不那么容易实现，因为思想以所获得的信息为材料，而当代许多人容易陷入信息茧房里。获得更多的讯息并不意味着获得更多的自由。处于信息茧房里的人，所接受的都是符合他所认知的、他固有经验所承认的信息，这使得他的思考建立在旧的材料以及和旧材料相似材料的基础上，他经常看到与他相同的意见而很少看到与之相反的意见，这引发不了他的深刻思考。他所接受信息的渠道像哄婴儿一样，全力以赴地满足他的兴趣，迎合他的喜好，他因此获得了快乐和满足并自愿沉迷其中，即便这种快乐和满足是虚幻的。信息茧房的成因之一是信息垄断，信息上游者把控着信息的闸门，对信息下游者进行选择性的信息放水，人因此很容易被塑造成信息上游者所希望的样子，从而实现他们的种种目的。当人们所获得的信息是过滤后的信息，他们所思想的结果就变得可控且趋同了，于是信息上游者便造就了一个不怎么需要思想的群体，也就是想象力被掌握的一批人。正由于信息来源具备被控制的可能性，因此"他们所愿意想的"未必真的是他们所愿意想的，他们对自己"所愿意想的"东西进行思考也实际上具有了不自由的特质。另一种情况，即以基督教、天主教的信徒为典型的自愿作茧者，他们甘愿沉沦于宗教文本的信息流中，并以此构筑一个自有的世界，一个属于自己的天国，由此获得了虚幻的尘世之外的幸福。

马克思所谓"想你愿意想的东西"是在批判书报检查令对于意见的堵塞的基础上提出的，那么他的思想自由必然意味着"想你真正所愿意想的东西"，这一点针对的是"观念的自由"，而"把你所想的东西说出来"，即发表意见的自由，实际上已经涉及现实的层面。出版自由(思想自由)的实现需要建立在人们精神境界和道德水平极大提高的基础上，否则将导致人们思想状态的混乱。人们在混乱思想的引导下各行其是，最终会导致社会的无序，因此要坚持党的意识形态工作领导权半点都不能松懈。在马克思看来，自由是所有人都认可的权利，这种权利不需要任何人赋予，但行使自由总是在许多现实条件的限制之下。

---

① 《马克思恩格斯全集》(第一卷)，北京：人民出版社，1995，第134—135页。

经历了《莱茵报》时期对物质利益发表意见的难事,以《巴黎手稿》为标志,马克思开始正式确立自己的自由观,并摒弃了对于精神自由的幻想。后来马克思在1845年以讽刺的语气对精神自由做过评判:"这种自由认为自己即使在束缚中也是自由的,这种自由觉得自己很幸福,即使这种幸福仅仅存在于'观念中'。"①并且认为,只有唯心主义者才会把自由看作自我规定,看作脱离尘世,看作精神自由。尽管这句对精神自由的评判在马克思的手稿里被删去,但依然可以想见当时马克思对精神自由的态度。

三、政治自由和现实自由之比较及其实现路径

孟子提出性善论是为其社会政治理想而服务的,因此可以说他的政治自由是以道德自由为前提的,实现政治自由可以反过来补充道德自由,这主要体现在选择的自由之上。"吾闻之也:有官守者,不得其职则去;有言责者,不得其言则去。我无官守,我无言责也,岂不绰绰然有余裕哉?"②当孟子说到一个人应该选择去做什么,实际上已经假设一个前提,即那个人具有选择的自由。东汉赵岐就此评论:"进退自由,岂不绰绰然舒缓有余裕乎。"③这意味着越多的选择代表着越多的自由。钱穆认为,当有两个目标可以选择的时候,人即具备两者之间的自由;而当有十个目标可以选择的时候,人即具备十者之间的自由。因此,实现自由的关键在于扩张人们的选择范围,孟子的仁政学说正是为了这个关键而存在的。选择的自由需要两方面条件的支撑,即主观条件和客观条件。这两方面的条件越充足,人也就越自由。

个人能力、道德的培养是儒家更注重的主观的方面,然而想要获得自由,还必须有客观的条件。正如盲者无法培养出百发百中的箭技,没有客观的基础,人也无法进行主观的培养。客观条件本身也可以划分为两方面,即可以被改造的客观条件和不可被改造的客观条件,人们努力的目标就在于可以被改造的客观条件之上。土地不是生来就是田地,它是被人的劳动实践所改造了以后才成为田地;"学宫之旁"也不是一开始就是孟子的居处,它也是后来的选择。一部分客观条件固然是先天而生无法更改,如饮食的需要,但可以改造其他的客观条件使之更好地满足主体需要。对于客观条件的改造也是人性论的要求,"既然人的性格是由环境造成的,那就必须使环境成为合乎人性的环境。"④客观条件的改造程度与生产工具水平呈现出正相关的趋势,手推磨时代对客观条件的改造能力一定比蒸汽机时

① 《马克思恩格斯全集》(第二卷),北京:人民出版社,1957,第120页。
② 《孟子·公孙丑下》。
③ 李学勤主编:《十三经注疏·孟子注疏》,北京:北京大学出版社,1999,第112页。
④ 《马克思恩格斯全集》(第二卷),北京:人民出版社,1957,第167页。

代的弱。在客观条件的创造上，孟子提出仁政最重要和首先要解决的是民生问题，使百姓"仰足以事父母，俯足以畜妻子，乐岁终年饱，凶年免于死亡"①。只有让人民都丰衣足食了，他们才会愿意接受王道教化，不会胡作非为、混乱社会。这其实就是发展生产力以改造客观生活环境，和马克思的以劳动为基础的现实自由观是相似的。

马克思认为人的本性在于实践，其中生产劳动实践是其中最基础同时也是最重要的部分。因此，在这样的人性理解的基础上，马克思的自由观实际上是一种劳动自由观。马克思强调实现人的自由，"除了要求有理想主义的'意志'以外，还要求有很具体的、很物质的条件。"②首先是衣、食等物质生活资料对人的需要的直接满足，其次是物质生产资料的间接满足。物质资料既包含直接从自然界中获得的资料，也包含通过劳动所获得的劳动产品。自然的物质资料大多数需要通过劳动转化成劳动产品，才能被人类使用，进而促进人类的生活和生产。正是由于人类的生活、生产离不开劳动，人类体力和智力的发展离不开劳动所创造的生活、生产资料，劳动创造了语言、文字和社会关系，它"创造了人本身"，并且这种创造是不断进行的，人性和人的本质也是不断生成的。人必首先生活着，才能谈及现实的人的现实自由。

马克思认为真正的劳动不会是出自强制，不是必要性和外在目的规定下的劳动，而是出自自己的选择和决定，劳动只有出自自己的意愿而不是外在的强制，人也只有成为自由时间的主体乃至生产劳动的主体，自由王国才会真正得以建立。人本身成为劳动的唯一目的，劳动本身也成为了自由，"进一步说，外在目的失掉了单纯外在自然必然性的外观，被看作个人自己提出的目的，因而被看作自我实现，主体的对象化，也就是实在的自由，——而这种自由见之于活动恰恰就是劳动。"③孟子道德自由和政治自由的实现，亦都是发自本心的结果。天下安宁、百姓幸福不能成为社会强迫人的理由，而是本心所规定的当然结局，之所以在现实里没有实现，就是因为人们的本心容易被人欲等所遮蔽，因此才要求放心，才要养气、持志、知言。

生产力的发展水平是个人自由实现的前提，只有在生产力发展程度足够的基础上，人才有机会"成为自然界的主人"，才有时间通过教育发展自己的各项能力，并成为自己的主人。生产力越发达，人的自由的可能性便越大。之所以是可能性而不是现实性，是因为资本主义制度下，生产力的发展只会导致工人被剥削更多的剩余价值，要想使之成其为现实性，就要让世界从资本逻辑中解放出来，消灭私有制从而实现全人类的解放，自由和解放本就是同一个终点。只有生产力的高度发展和私有制的完全废除，人们才能建立起自由个

① 《孟子·梁惠王上》。
② 《马克思恩格斯文集》（第一卷），北京：人民出版社，2009，第297页。
③ 《马克思恩格斯全集》（第三十卷），北京：人民出版社，1995，第615页。

性。在那时,人们将不受限制地发展自己的兴趣和能力,社会成为自由人的联合体。

在客观条件具备而主观条件不足时,人通过教育被改变。为了创造充足的主观条件,不管是孟子还是马克思,都注意到了教育。良好的教育也是政治的补充,"善政不如善教之得民也。善政民畏之,善教民爱之;善政得民财,善教得民心。"①通过教育使人明礼义而得以掌握民心,而通过掌握民心,自然可以发动群众,全社会劲往一处使,自然就可以提高社会生产力,"人多力量大"在一定范围内是适用的。教育还可以使贤者在政府部门发挥其作用,所谓"尊贤使能,俊杰在位,则天下之士皆悦,而愿立于朝矣。"②一个贤能的政府官员,更具备组织和发动群众的能力,也更能发挥出社会生产力。教育还有使人明人伦,调治人心等作用,这些都对发展社会生产力具备影响。作为劳动主体的劳动者只有具有劳动力才能进行现实的物质生产活动,马克思"把劳动力或者劳动能力,理解为一个人的身体即活的人体中存在的、每当他生产某种使用价值时就运用的体力和智力的总和"③。这就意味着不是每个人都具有劳动力,每个人所具有的劳动力也未必一样,而决定每个人劳动力大小的,就在于教育。教育可以改变一个人的智力和体力,从而改变每个人在社会生产中所发挥出的个人的劳动力,最终改变社会的生产力。因此,自由问题通过对劳动力概念的定义与教育联系在了一起。

马克思的自由亦是不离道德的自由,自由以道德为导向,自由本身就是道德,就是善。马克思反对鼓吹道德的行为,并对神圣化的旧道德进行批判,但这并不意味着马克思不讲道德,他实际上是在清算旧道德的过程中建立了新道德。真正的道德并不是一种束缚,而是一种解放,不是远离人性的教条而是合人性的理念。④事实上,中国古代儒家正是把道德性当作人性的内在本质。道德不是强制,而是自由,不是只维护统治阶级利益,而是维护全体人类的利益,共产主义社会既是实现自由和解放的社会,同样也是实现道德的社会。自由是道德的终极旨归,人的自由实现的过程,实际上也就是道德实现的过程,这也是由他律到自律的过程。自律是内在的强制,是在内心为自己立法,是使用自己所建立的道德强制自己的行动,以使自己的行动合乎内心的法、道德等,最终达到"从心所欲不逾矩"的自由状态。

总之,自由的实现需要对客观条件进行最大程度的改造,以使之适合主观能力的增长的需求,而主观能力的增长的方向是善的方向。在这个方面,孟子和马克思是相通的,努力去创造主观条件和客观条件以争取自由,也是两位学者给我们的启迪。

---

① 《孟子·尽心上》。

② 《孟子·公孙丑上》。

③ 《马克思恩格斯全集》(第四十四卷),北京:人民出版社,2001,第195页。

④ 参见张沧:《马克思的道德观解析》,《马克思主义研究》2010年第9期。

"德性"应该外习还是内求？

——论朱陆会通

（黎晓铃　福建武夷学院朱子学研究中心）

摘　要： 在用"德性"来引导"问学"这一问题上，朱陆其实没有根本分歧。朱陆最大的矛盾，其实在于如何发现"德性"。陆九渊根据孟子"万物皆备于我矣"的思想，坚持用"反身而诚""反观内求"的方法体悟本有的"德性"。而朱子则因为十分害怕"反观其心"会染上佛教"空心"病而否定了反观内求的方法，所以另辟蹊径通过向外学习的"道问学"来总结"德性"。然而，朱子所强调的"道问学"其实是一种逻辑推理的习得方法，适用于探索外在的客观规律，但并不适用于内在的德性体悟。而陆九渊"反观内求"的方法也只适用于对德性的体悟，但却不能取代"道问学"对外在客观事物的了解。要实现朱陆思想真正的会通，或许还是需要具体问题具体分析。

关键词： 朱陆矛盾；孟子；尊德性；道问学

在鹅湖之会之前，朱陆的矛盾已经充分展现出来。朱熹批评陆氏心学"脱略文字、直趋本根"，而陆氏兄弟则批评朱子理学"留情传注翻蓁塞"①的支离而使本心荒芜阻塞。但在吕祖谦看来，二者应该是可以"会归为一"的，由此费心组织了鹅湖之会。然而在鹅湖之辩中，却根本没有看到二者契合的迹象。

其实，从元代开始，已经兴起会和朱陆之风。比如吴澄就提出"人人则可圣，盖由乎学以复其性。复性之学，其功有二：知性其先，养性其次"②，也就是主张先用朱子的格物博览了解概况，后用陆氏心学体会内化。而郑玉则认为朱陆的为学方法其实适用于不同资质的人，天资聪明者可以用陆氏简易心学，而性情笃实者则适用于朱子的缜密推理。然而吴澄的方法本来就是朱熹格物穷理与陆九渊涵养本心并用的方法，而郑玉则是回避了二者的矛盾。随着朱子理学被列为标准科举教材之后，陆学的学术地位明显下降。陆学后人为了学派生存，则力图证明朱子晚年认同陆学。朱陆会和成为了陆学攀附朱学的不得已之举，朱

---

① 陆九渊：《陆九渊集》，钟哲点校，北京：中华书局，1980，第427页。
② 吴澄：《吴文正集》卷五十三，《景印文渊阁四库全书》第1197册，第532页。

陆理论的会通其实并没有真正实现。而在今天，我们则需重新心平气和地反思这一问题。

提到朱陆矛盾，常有人用《中庸》中的"道问学"与"尊德性"来加以区别，似乎朱子代表"道问学"，而陆九渊则代表"尊德性"。然而，朱子从未放弃过"尊德性"，反而以"尊德性"为主要目标。而陆九渊也并没有完全否定"道问学"，而是要求在"尊德性"的前提下"道问学"。所以，"尊德性"与"道问学"并非二者的根本矛盾。那么，二者理论的根本矛盾在哪？又是否可以调和呢？

一

对于"尊德性"与"道问学"的区分，朱子说："其曰致广大、极高明、温故而敦厚，则皆尊德性之功也。其曰尽精微、道中庸、知新而崇礼，则皆道问学之事也。"[1]"尊德性"与广大、高明、故、敦厚相关联，而"道问学"则与精微、中庸、新、崇礼相关联。二者的性质完全相反，但却存有关系。因为"道之为体，其大无外，其小无内，无一物不在焉"，所以"虽当各自加功，然亦不是判然两事也"[2]。也就是说，"尊德性"就必然要求"道问学"，而"道问学"的结果必然包含在"尊德性"之中。因此，"学者于此固当以尊德性为主，然于道问学亦不可不尽其力。要当使之有以交相滋益，互相发明，则自然该贯通达而于道体之全，无欠阙处矣"[3]。在此，朱子强调的是二者不相离的关系，在工夫论上，则要求对二者"各自加功"而互相启发贯通。

"尊德性"的过程，朱子用"磨镜"喻之。朱子说："镜犹磨而后明。若人之明德，则未尝不明。虽其昏蔽之极，而其善端之发，终不可绝。但当于所发之端，而接续光明之，令其不昧，则其全体大用可以尽明。"[4]因此，"磨镜"之"尊德性"依靠的是善端之发，而后接续光明扩充之。那么，"善端"又是指什么呢？"谓如见孺子之入井，而有怵惕恻隐之心，便照见得有仁在里面。"[5]孟子曾提出，每个人遇到"孺子之入井"都会产生"怵惕恻隐"之心。朱子指出这就是发现"仁"的善端，应该在此基础上，"见穿窬之类，便有羞恶之心；见尊长之属，便有恭敬之心；见得是，便有是之心；见得非，便有非之心，从那缝罅里迸将出来，恰似宝塔里面四面毫光放出来。"[6]在此，"善端之发"虽然是人人皆有的，却又是偶然呈现的。很多人的善端处于被隐藏或昏睡的状态，因此，此善端是需要被发现和唤醒的。朱子强调，在修身

① 《朱文公文集》（卷七十四）。

② 《朱文公文集》（卷七十四）。

③ 《朱文公文集》（卷七十四）。

④ 朱熹：《朱子语类》（卷十四），黎靖德编，王星贤点校，北京：中华书局，1986，第261页。

⑤ 朱熹：《朱子语类》（卷五十三），黎靖德编，王星贤点校，北京：中华书局，1986，第1288页。

⑥ 朱熹：《朱子语类》（卷五十三），黎靖德编，王星贤点校，北京：中华书局，1986，第1289页。

的过程中，人们要因自己的善端，逐步找到通往义、礼、智的通道，最终成就"明德"之光的迸放。

在此，有一个非常关键的问题，就是如何疏通这个将"明德"之光迸放出来的通道，从而完全唤醒"至善"，使其主动地发挥作用。朱子说："且如人知己德之不明而欲明之。只这知其不明而欲明之者，便是明德，就这里便明将去。"①朱子在此强调，首先要明白自己的心被蒙蔽了，并有疏通之的决心，这是"明明德"的第一步。而第二步则是"格物致知，所以求知至善之所在；自诚意以至于平天下，所以求得夫至善而止之也"②。第三步则是"要在力行其所已知，而勉求其所未至，则自近及远，由粗至精，循循有序，而日有可见之效矣"③。也就是说，首先要知道自己无明，然后向外学习，了解"至善之所在"。在此基础上，将学习到的道理运用于实践。朱子认为，只有经过这样的过程才能不断地"接续光明"，最终磨成代表"全体大用"的"尊德性"这一光明之镜。如此看来，朱子其实是用向外学习的"格物致知"来寻找和疏通"至善之所在"。此"接续光明"的过程其实也转变成了"道问学"的过程。

二

陆九渊并不认可由"道问学"而"尊德性"，由此提出了"既不知尊德性，焉有所谓道问学？"④的命题。所谓"既不知尊德性，焉有所谓道问学"，指的是"未知学，博学个什么？审问个什么？明辨个什么？笃行个什么？"⑤。也就是说，"尊德性"应当在"道问学"之前，应该用"尊德性"来指导"道问学"。

我们应该注意到，陆九渊用"尊德性"指导"道问学"并非用己心代替"问学"，而是用"德性"来规范和指导问学。他说："学问固无穷已，然端绪得失，则当早辨，是非向背，可以立决。"⑥因此，陆九渊所强调的"先立乎其大者"⑦其实就是立决是非向背、早辨端绪得失等大是大非的问题。也就是说，在投入纷繁芜杂的"问学"之前，应当用自己通过反观其心而感悟到的道德来对没有头绪的"问学"进行大方向的指导，如此才能保证在"问学"的过程中不会因随波逐流而迷失自我。

而朱子虽然强调由"道问学"而"尊德性"，但是朱子其实又同时认同"尊德性"是修身和

① 朱熹：《朱子语类》（卷十四），黎靖德编，王星贤点校，北京：中华书局，1986，第261页。
② 朱熹：《大学或问》，《朱子全书》（第6册），上海：上海古籍出版社，合肥：安徽教育出版社，2010，第511页。
③ 朱熹：《朱文公续集》，《朱子全书》（第52册），上海：上海古籍出版社，合肥：安徽教育出版社，2010，第4764页。
④ 陆九渊：《陆九渊集》，钟哲点校，北京：中华书局，1980，第494页。
⑤ 陆九渊：《陆九渊集》，钟哲点校，北京：中华书局，1980，第428页。
⑥ 陆九渊：《陆九渊集》，钟哲点校，北京：中华书局，1980，第2页。
⑦ 陆九渊：《陆九渊集》，钟哲点校，北京：中华书局，1980，第1页。

新民的前提。朱子说:"盖明德新民,固皆欲其止于至善,然非先有以知夫至善之所在,则不能有以得其所当止者而止之。"①朱子认为,不知道代表"至善"的德性,就不知道什么时候要适可而止;而不知"当止者而止之",修身与"新民"就无从谈起。而朱子已然用孟子提出的"仁义礼智"四端来定义天理。也就是说,朱子的旨向是"道问学"应当以"仁义礼智"之"德性"为方向。反过来说,其实也就是用"德性"引导"问学"。所以,在用"德性"来引导"问学"这一问题上,朱陆其实并没有本质分歧。

三

因此,朱陆最大的区别,并非在于是否"尊德性",而在于如何发现"德性"。陆九渊根据孟子的思想"万物皆备于我矣,反身而诚,乐莫大焉"②而提出所尊之"德性"就是"此天之所以予我者,非由外铄我也"③,"知德者,知此者也;进德者,进此者也"④。因此"尊德性"不应该通过外在"道问学"来寻找,而应该"反身而诚"从自己的内心去感悟。

为此陆九渊还提出"宇宙便是吾心,吾心即是宇宙"⑤,而"万物森然于方寸之间,满心而发,充塞宇宙,无非此理"⑥,由此强调反观其心的重要性。而朱子则因十分害怕由"反观其心"而染上佛教"空心"病而否定了反观的说法,从而另辟蹊径通过向外学习的"道问学"来了解"尊德性"。

朱子通过道问学而达到尊德性的理论可以追溯至程颐的"理一分殊"。程颐提出"理一分殊"这一命题时,是针对杨时就张载的"民胞物与"与墨子的兼爱之区分而立论的。一方面,程颐非常赞赏张载的"民胞物与",并认为这样的道德要求就是认识之终极目的"理一";另一方面,程颐又强调现实中的分殊和阶段性,认为不能因"理一"而取消现实中的分殊。因为若果真如此,现实中的差别就不存在了,强调区别的"义"和现实中的秩序会因此而崩塌。因此程颐提出"分立而推理一,以止私胜之流",也就是通过肯定现实中的分殊而逐渐达到"理一"之理想境界。而朱子则是这一理论的坚决拥护者,并因此而提出了"格物致知"的理论,即通过道问学而"格"现实中各不相同的道理,从而达到对"尊德性"这一终极"天理"的真正感悟。

然而,通过"道问学"而"尊德性"的理论困境在于,通过"道问学"是否能够真正达到"尊

---

① 朱熹:《大学或问》,《朱子全书》(第6册),上海:上海古籍出版社,合肥:安徽教育出版社,2002,第510页。
②《孟子·尽心上》。
③ 陆九渊:《陆九渊集》,钟哲点校,北京:中华书局,1980,第1页。
④ 陆九渊:《陆九渊集》,钟哲点校,北京:中华书局,1980,第1页。
⑤ 陆九渊:《陆九渊集》,钟哲点校,北京:中华书局,1980,第483页。
⑥ 陆九渊:《陆九渊集》,钟哲点校,北京:中华书局,1980,第423页。

德性"的目的? 首先,程朱必须面对"物有多少,如何格得尽"这一棘手问题。对此,朱子的回答显得有些牵强。朱子说:"所谓不必尽穷天下之物者,如十事已穷得八九,则其一二虽未穷得,将会凑会,都自见得。又如四旁已穷得,中央虽未穷得,毕竟是在中间了,将来贯通,自观见得。"朱子认为,可以通过类推的方法而推断未穷之物,然而,这是在"十事已穷得八九"的基础上。而人们对现实中"无穷无尽"之事物如何能够做到"穷得八九"呢? 这如同是"无数"乘以百分之八十或百分之九十,这依然是个无穷。因此,人们若盲目地"道问学"会发现知识根本无法格尽,而经验也不可能由"博"返"约"而完全总结完,反而会在外求的过程中发现"尊德性"之目标越发遥不可及,从而使内心陷入更加茫然的境地。

对此,我们还可以从朱子对"心"的论述中找到问题之所在。在朱子的"心性论"理论体系中,"心"虽然具有"知觉""思虑"甚至有"灵"的特性,但是朱子强调,明理的前提是"虚其心"。所以朱子要求:"虚心顺理,学者当守此四字。"①所谓虚心,是相对于实理而言的。事理是客观存在的,但是心中却不能有主观的思想,如此才能客观地反映事物。这样的逻辑推理,对于反映外在客观事物之理或许没有太大的问题。但是若"心"只具有如镜子般"反映"外在的功能,该如何感受自己内在的"明德"以及如何挖掘内在主观能动性呢? 有人问朱熹如何看待佛教的观心说。朱熹却说:"夫心者,人之所以主乎身者也,一而不二者也,为主而不为客者也,故以心观物,则物之理得。"②朱子强调心就是主宰者。每个人的心只有一个,这个心主宰着人的一切。而这个主宰一切的心却不需要反观,只要依理而行就行。朱子认为,反观其心则意味着有另一个心可以观察这个心,这在朱熹看来是不符合逻辑的。朱子说:"释氏之学,以心求心,以心使心,如口吃口,如目视目,其机危而迫,其途险而塞,其理虚而其势逆。"③如此看来,虽然朱子强调"心"与耳目之官不同因其有"思""虑"甚至"灵"的功能,但是"心"其实又与耳目之官一样,都是被动接受指令的器官。只是"口""目"之官服从"心"的指令,"心"服从外在客观之理的指令。而外在客观之理无穷无尽,"心"若没有一个反观、内化以及深入挖掘能动性的可能和必要,则会为了适应外在之理而变得散乱无定。

四

有人就朱子的"析之有以极其精而不乱,然后合之有以尽其大而无余"向王阳明请教。

① 朱熹:《朱子语类》(卷八),黎靖德编,王星贤点校,北京:中华书局,1986,第145页。
② 朱熹:《朱子全书》,上海:上海古籍出版社,合肥:安徽教育出版社,2002,第3278页。
③ 朱熹:《朱子全书》,上海:上海古籍出版社,合肥:安徽教育出版社,2002,第3279页。

王阳明的回答是："恐亦未尽。此理岂容分析！又何须凑合得！圣人说'精一'，自是尽。"[①]王阳明指出，代表"大道"的"德性"是不容许通过"道问学"而进行分析般了解的。因为"道无方体，不可执着，却拘滞于文义上求道，远矣。如今人只说天，其实何尝见天？谓日、月、风、雷即天，不可；谓人、物、草、木不是天，亦不可。道即是天。若识得时，何莫而非道。人但各以一隅之见，认定以为道止如此，所以不同。"[②]王阳明在此指出，"德性"与一般的客观事理性质不同，因为"德性"本身就是自身的感同身受。他不能够通过向外的"道问学"来学习到，只能通过反观而体悟到。"若解向里寻求，见得自己心体，即无时无处不是此道。亘古亘今，无终无始，更有甚同异。心即道，道即天。知心则知道、知天。"又曰："诸君要实见此道，须从自己心上体认，不假外求，始得。"[③]如此，王阳明已然道出由"反观内求"而体悟"德性"的必然性。

而朱子由佛返儒过程中反复思考的是李侗对他的批评："天下理一而分殊，今君于何处腾空处理会得一个大道理，更不去分殊上体认？"[④]对此，朱子最终用孔子的"吾道一以贯之"来进行阐释。朱子认为"理"就如同将"分殊"贯穿为一体的绳子，而沿着每一个具体事物之理必然能够通达贯穿万物的"天理"，也就是达到"尊德性"的理想境地。朱子说："知止云者，物格知至，而于天下之事，皆有以知其至善之所在，是则吾所当止之地也。能知所止，则方寸之间，事事物物，皆有定理矣；理既有定，则无以动其心而能静矣。"[⑤]朱子认为，"至善"意味着是"吾所当止之地"，也就是探寻的终点。以此推之，事事物物都有不可改变的定理。而"至善"很难一下子弄明白，可以反过来通过弄懂事事物物各自不可改变的定理而推断出"至善"之"止"是什么。在这一过程中，朱子有一个跳跃性的思维，即认为通过了解现实中具体的道理法则理所当然能够通达代表心灵价值观的道德理想，但是却没有考虑到事理与心灵其实有着完全不同的属性，由事理而达到心灵道德并不是必然的道路。所以，朱子的问题就在于混同了事理与德性的性质。

同样，"反观内求"的方法也并不适用于对外在客观事物的了解，用"尊德性"来取代"道问学"也同样是不可取的。因此，朱陆之矛盾是需要具体问题具体分析的。陆九渊"反观内求"的内省方法适用于内在德性的体悟，朱熹"道问学"的方法适用于外在知识和客观规律的了解和探索，二者不能混为一谈。

---

① 王阳明：《传习录注疏》，邓艾民注，上海：上海古籍出版社，2012，第35页。
② 王阳明：《传习录注疏》，邓艾民注，上海：上海古籍出版社，2012，第288页。
③ 王阳明：《传习录注疏》，邓艾民注，上海：上海古籍出版社，2012，第288页。
④ 金履祥：《仁山集》卷五，上海：商务印书馆，1937，第91页。
⑤ 朱熹：《朱子全书》（第6册），上海：上海古籍出版社，合肥：安徽教育出版社，2010，第510页。

论孟子思想之家国情怀

(黄忠信 湖北省大悟县作家协会)

摘 要:习近平总书记曾多次强调,中国共产党人不是历史虚无主义者,不是文化虚无主义者,而是中华优秀传统文化的传承者和弘扬者;儒家思想同中华民族形成和发展过程中所产生的其他思想文化一道,记载了中华民族自古以来在建设家园的奋斗中,开展的精神活动,进行的理性思维,创造的文化成果,反映了中华民族的精神追求,是中华民族生生不息、发展壮大的重要滋养。孟子是儒家学说的重要创立者,他继孔子之后完善、丰富并深化了儒家思想,使之成为一个治国理政的科学体系。他以一位政治家的雄才大略,对不可冒犯的王权提出"民为贵,社稷次之,君为轻"的施政纲领。他的"民本主义"思想得到了后世的采纳和验证。

关键词:孟子;民本主义;家国情怀

一、民本思想是"仁政"的根基

孟子的民本思想始于梁惠王的不耻下问。

梁惠王曰:"晋国,天下莫强焉,叟之所知也。及寡人之身,东败于齐,长子死焉;西丧地于秦七百里;南辱于楚。寡人耻之,愿比死者壹洒之,如之何则可?"孟子对曰:"地,方百里而可以王。王如施仁政于民,省刑罚,薄税敛,深耕易耨;壮者以暇日修其孝悌忠信,入以事其父兄,出以事其长上,可使制梃以挞秦楚之坚甲利兵矣。彼夺其民时,使不得耕耨以养其父母。父母冻饿,兄弟妻子离散。彼陷溺其民,王往而征之,夫谁与王敌?故曰:'仁者无敌。'王请勿疑!"

梁惠王听罢孟子所言,犹如长夜突见明灯,信心百倍,佩服之至。孟子这是给万千黎民找到了寄身之所,立命之家啊!

孟子后来又进一步强调说:"王者之术,始于民。"又说:"得天下有道,得其民,斯得天下矣；得其民有道，得其心，斯得民矣。"①在这里，孟子进一步阐述了欲得其民，必得其心的道理，告诫王者不可以糊弄百姓，要做到使其心悦诚服的地步才算是真正意义上的"得其民"也。

回顾中国共产党自创建以来，为解放劳动大众，建设新中国而前仆后继的伟大实践，足以充分反映民本思想于国家、于民族、于历史的内在生命力。

二、践行民本思想的主要标志

按照孟子对"仁政"的要求，践行民本思想，实现仁政目标主要应做好以下几点：

第一，内修外治，公仆于民。孟子说："谦之君子，比德如玉。不列不谦。"说明君亦好，臣亦好，做个君子才好。继而提出："亲亲而仁民，仁民而爱物。"②甚至干脆说："爱民至于鸟兽昆虫，方为仁。"要求君臣之修为须到"止于至善"的地步。如此修身养性，目的只有一个，公仆于民。孟子的要求很严格，要达到"敬民如父，爱民如子"。他还说："顺天者存，逆天者亡！"③这个"天"就是民众。

第二，惩恶扬善，立信于民。加强诚信道德，树立国家与社会诚信，是历朝历代都需要遵循的价值导向。孟子说："诚者，天之道也。思诚者，人之道也。至诚而不动者，未有之也。不诚，未有能动也。"④习近平总书记指出，坚定不移地惩治腐败，是我们党有力量的表现，也是全党同志和广大群众的共同愿望。要继续全面加强惩治和预防腐败体系的建设，要加强反腐倡廉教育和廉政文化建设。督促领导干部坚定理想信念，保持共产党人的高尚品格和廉洁操守，提高拒腐防变能力，在全社会培养清正廉洁的价值理念，使清风正气得以弘扬。党中央自十八大以来，采取了一系列果断措施，就是为了挽回民心，立信于民，就是为党正名，为国固本的正义之举。

第三，创新立业，造福于民。在孟子的民本思想里，饱含极具人性的政治主张，他要求"仁政"不是空头政治。他说："是故明君制民之产。"⑤又说："民之为道也，有恒产者有恒心。无恒产者无恒心，放辟邪侈，无不为已。"⑥党的十八大以来，党中央在厘清政治理念，惩肃腐败，清明政治的同时，采取对外奉行和平发展观，对内调整结构、创新创业，其主要目的是给广大人民群众就业创业、致富养家提供机会，为国家可持续发展创造机会。毫无疑问，这就

---

① 《孟子·离娄上》。
② 《孟子·尽心上》。
③ 《孟子·离娄上》
④ 《孟子·离娄上》。
⑤ 《孟子·滕文公下》
⑥ 《孟子·滕文公下》。

是以民为本思想的伟大实践。

第四，与民同乐，教化于民。孟子的礼乐教化源自对人性之善的肯定。他说："人之性善，犹水之就下也。"①孟子继孔子之后，直接把"礼乐"文化纳入了儒家思想体系，并且作为民本思想的一项重要内容予以界定。他说："民乐之乐者，民亦乐其乐，忧民之忧者，民亦忧其忧。乐以天下，忧以天下。然而不王者，未之有也！"②其大意不外乎与民同甘共苦。

在传统社会里，"礼乐"不仅仅是一种情感表现方式，更重要的是一种艺术，既可以愉悦心灵，又可以产生潜在的教化作用，是承载人生信念与天命奥秘的神圣文化精神。孟子认为，礼乐是一种启迪民智、约束民行的教化方式。通过礼乐活动，传达"仁"的思想，使人与人之间相互认可，继而相互尊重，以期达到心意融合，恭敬谦让，滋养善性，并自然繁衍之目的。这样一来，礼生仁，仁生义，义生智，智又生义，如此互补互生，生生不息，何乐而不为也？

我们要坚持道路自信、理论自信、制度自信，最根本的还有一个文化自信。文化自信为道路自信、理论自信、制度自信提供内在精神支撑和稳定信念支持，具有厚重的精神力量和独特的凝聚力、影响力。所以说，文化自信更基本，具有更深沉、更持久的力量。所以，礼乐文化传承至今，中华民族优秀文化精神仍然在滋养着我们，助力我们实现强国富民的梦想。

三、重温孟子思想的几点体会

通过学习和进一步了解儒学精神与孟子思想，深深感到前人智慧很具生命力，是可以无限放大的实用性哲学。因此，我们要多读书，读好书。读书是提升自身素养，提升民族总体素质的可靠途径。进而意识到一个"仁"字的深刻内涵。事实上"仁"不仅仅是指"仁慈"和"仁爱"，也不仅仅是一壶油、一袋米、几声问候。"仁"具有至高无上的品格要求和人性修养，要达到"不可添一物"的程度，方可称之为"仁"。

通过温悟与辨析，深切感知到：做一个君子看似笨拙，其实是对生命的极大尊重，对人生的极佳选择，对社会的直观奉献。唯此才可以无愧于"仁"的选择。

---

① 《孟子·告子上》。
② 《孟子·梁惠王下》。

孟子"民本""恒产"思想的时代意义

（许光灿　湖北省社会科学院；蔡章田　湖北省万里茶道研究院）

摘　要：深度挖掘孟子的仁政、民本、恒产思想，坚持人民的主体地位，坚持以人民为中心，坚持共同富裕，坚持不断地用党的创新理论教育群众，提高素质。

关键词：孟子仁政；民本；恒产；教化

孟子继承和发扬光大了孔子创立的儒家思想，孟子也因此被后人称为"亚圣"。孔孟之道一直是中国几千年封建社会的主流思想，是维系封建统治阶级的统治思想。习近平总书记曾经指出，"孔子创立的儒家学说以及在此基础上发展起来的儒家思想，对中华文明产生了深刻影响，是中国传统文化的重要组成部分。"[①]以孔孟思想为核心的中华优秀传统文化是中华民族生生不息、发展壮大的丰厚滋养。"中华优秀传统文化是我们最深厚的文化软实力，也是中国特色社会主义植根的文化沃土。"[②]

我们顺利实现第一个百年奋斗目标，建成全面小康社会，开启建设社会主义现代化国家的新征程。中华民族伟大复兴的中国梦的实现越来越近，我们就越要深度挖掘孟子"仁政""民本""恒产"思想，为全面建成社会主义现代化强国，实现中华民族的伟大复兴提供丰厚的文化滋养。

首先是"仁政"思想。孟子在漫长的农耕时代和封建社会特别强调要实行"仁政"。"仁者爱人"[③]，君仁则爱民。"惟仁者宜在高位。不仁而在高位，是播其恶于众也。"[④]孔孟思想的核心是仁，其社会理想就是天下归仁。那要实现社会理想必须先从居高位的君王做到仁。仁既是对居高位的要求，又是成为君王的先决条件。因为只有道德高尚的仁人，才应该处于统治地位。如果道德低的不仁者处于统治地位，就会把他的罪恶传播给群众，把社会引

---

① 习近平：《在纪念孔子诞辰 2565 周年国际学术研讨会暨国际儒学联合会第五届会员大会开幕会上的讲话》，北京：人民出版社，2014，第 4 页。

② 《习近平总书记系列重要讲话读本》，北京：学习出版社，人民出版社，2016，第 208 页。

③ 《孟子·离娄下》。

④ 《孟子·离娄上》。

向恶的方面。

"国君好仁，天下无敌焉。"①君王有了仁心就可以无敌于天下。一国的君主如果喜爱仁德，整个天下便不会有敌手。一国光一人仁不行，还必须满朝文武都仁，这样天下才能太平。若不仁，则不仅江山社稷不保，恐怕小命也难保。孟子讲"天子不仁，不保四海；诸侯不仁，不保社稷；卿大夫不仁，不保宗庙；士庶人不仁，不保四体"②，天子不行仁，便保不住他的天下；诸侯不行仁，便保不住他的国家；卿、大夫不行仁，便保不住他的宗庙；一般的老百姓不行仁，便保不住自己的身体（生命）。上行下效，上有所好，下必应之。君王的行为对下面文武官员的影响是巨大的。君王的身教胜过任何言教。"君仁，莫不仁；君义，莫不义；君正，莫不正。"③君主仁，没有人不仁；君主义，没有人不义；君主正，没有人不正。《孟子·公孔丑上》曰："仁则荣，不仁则辱。"④即诸侯卿相如果实行仁政，就会有荣光；如果行不仁之政，就会遭受屈辱。反之，猛于虎的苛政，对于残害百姓的国君，孟子认为国人可以杀。商纣王是历史上有名的暴君，武王伐纣，他认为杀得对，说："闻诛一夫纣矣，未闻弑君也。"⑤

其次是"民本"思想。孟子的仁政思想是建立在他的民本思想基础之上。"民惟邦本，本固邦宁"⑥，其民本思想有着极为丰富的内涵和意蕴。

民重君轻。孟子提出了"民为贵，社稷次之，君为轻"⑦的思想。一些聪明的君王也悟出了一些道理，可惜的是，由于封建政权体制上的严重缺陷，民本思想无法在统治者内部延续多久，就会迅速地被"君重民轻"的官本位思想所取代。

民智君能。"予视天下，愚夫愚妇，一能胜予。"⑧其意是说，在圣明的圣上看来，天下普通的男女百姓都能胜过我。高手在民间。老百姓中蕴藏着无量智慧。所以明智的君王都会这样认为："予临兆民，懔乎若朽索之驭六马。为人上者，奈何不敬？"⑨因而，许多君王面对百姓，恐惧得如同用朽绳驾驭六马之车。身居高位的人岂能不敬民保德？

民体君心。民以君为心，君以民为体。心庄则体舒。老百姓把君王比作心脏，君王视百姓如身体。君民一体，上下同心，方能安社稷、平天下。"心以体全，也以体伤，君以民存，亦以民亡。"⑩心以体健而得全，也因体弱而受伤。君因民而得存，也因民而致亡。君民如鱼

---

① 《孟子·尽心下》。
② 《孟子·离娄上》。
③ 《孟子·离娄上》。
④ 《孟子·公孙丑上》。
⑤ 《孟子·梁惠王下》。
⑥ 《尚书·五子之歌》。
⑦ 《孟子·尽心下》。
⑧ 《尚书·五子之歌》。
⑨ 《尚书·五子之歌》。
⑩ 《礼记·缁衣》。

水,相互依存。没有老百姓的拥戴就不可能有君王的存在。这些道理是历史经验的总结,也是历史发展的规律。

忧乐同心。"乐民之乐者,民亦乐其乐;忧民之忧者,民亦忧其忧。"①以百姓的快乐为自己的快乐者,百姓也会以国君的快乐为自己的快乐;以百姓的忧愁为自己的忧愁者,百姓也会以国君的忧愁为自己的忧愁。与民同乐、众乐乐,方能其乐无穷。

最后是"恒产"思想。这是孟子最为重要的思想。也是孟子对孔子思想丰富发展最多的方面。民为邦本。如何固本?孟子强调最多的就是使民有恒产。《孟子·滕文公上》说:"民之为道也,有恒产者有恒心,无恒产者无恒心。苟无恒心,放辟邪侈,无不为已。"②《孟子·梁惠王上》说:"无恒产而有恒心者,惟士为能,若民,则无恒产,因无恒心。苟无恒心,放辟邪侈,无不为已。"③"恒产",长期恒久拥有的财产。"恒心",指有坚定的仁义之心。意即人们拥有一定数量的私有财产,是巩固社会秩序,保持社会安宁的必要条件。孟子认为人民之所以"放辟邪侈",是由于无恒产所致。于是提出要"制民之产",即赋予人民一定的个人生活资料和生产资料,使民"仰足以事父母,俯足以畜妻子,乐岁终身饱,凶年免于死亡"④。如何做到民有恒产?孟子从当时农耕经济的特征和条件,给出对策。"五亩之宅,树之以桑,五十者可以衣帛矣。"⑤种桑蚕,解决穿衣问题。"鸡豚狗彘之畜,无失其时,七十者可以食肉矣。"⑥提倡大力发展家庭养殖业,做到有肉吃。"百亩之田,勿夺其时,八口之家可以无饥矣。"⑦有地种,解决吃饭问题。丰衣足食之后再加以教化,社会风气会更加淳朴,社会秩序会更加和谐。国家管理就会更加有序。"谨庠序之教,申之以孝悌之义,颁白者不负戴于道路矣。老者衣帛食肉,黎民不饥不寒,然而不王者,未之有也。"⑧"无恒产而有恒心者,惟士为能"成为后世士大夫们饱食终日常用的借口。孟子予民以恒产的主张是中国历史上第一次提出的封建小农经济模式和理想农耕社会的设想,常被后人作为反对土地兼并和让人民得以"休养生息"的立论依据。

有恒产还要保证"不违农时"。君王不能在农忙时让农民服劳役而耽误农时。用现在的话说,就是政府要奖励农耕,并且要采取多项举措,保证农民积极耕作。同时还应"薄税敛"不加重农民负担,以免挫伤农民种地的积极性。要保证百姓"不违田""勿夺其时""薄税

---

① 《孟子·梁惠王下》。
② 《孟子·滕文公上》。
③ 《孟子·梁惠王上》。
④ 《孟子·梁惠王上》。
⑤ 《孟子·梁惠王上》。
⑥ 《孟子·梁惠王上》。
⑦ 《孟子·梁惠王上》。
⑧ 《孟子·梁惠王上》。

敛"，做到"春省耕而补不足，秋省敛而助不给"①。"保民而王，莫之能御也。"②人民有"恒产"，就为统一天下打下了坚实的经济基础。

对于老百姓的看法和态度，孟子与孔子思想高度契合。孔子讲对于老百姓，先要富之，然后教之。孟子用"恒产"把农民固定在土地上，安居乐业，他们才不去触犯刑律，为非作歹。孟子认为，人民的物质生活有了保障，统治者再兴办学校，用仁义礼智信和孝悌的道理进行教化，引导他们向善，这就可以造成一种"亲亲""长长"的良好道德风尚，即"人人亲其亲，长其长，而天下平"③。孟子认为统治者实行仁政，对老百姓持之以恒地加以教化，以德安邦，以德服人，就可以得到天下人民的衷心拥护，这样便可以无敌于天下。

孟子所说的仁政要建立在统治者的"不忍人之心"的基础上。孟子说："先王有不忍人之心，斯有不忍人之政矣。"④"不忍人之心"是一种同情仁爱之心，是从血缘的感情出发的，是以天下一家亲和天下大同的社会观为出发点的。孟子主张"亲亲而仁民"⑤，"老吾老以及人之老，幼吾幼以及人之幼。"⑥君王爱民如子，百姓敬君王若父。百姓和谐相处如兄弟姐妹。仁政就是这种不忍人之心在政治上的体现。

我国现已进入全面建设社会主义现代化国家的新发展阶段，要全面贯彻落实党的二十大精神，以习近平新时代中国特色社会主义思想为指导，统筹推进"五位一体"的总布局，协调推进"四个全面"战略布局，贯彻新发展理念，形成高质发展的新格局。不忘初心，牢记使命，为人民谋幸福，为民族谋复兴，为世界谋大同。在坚定不移地贯彻落实党在新时代的路线方针政策的同时，注重从孟子思想观念中汲取智慧和营养，应当做到如下几点：

坚持人民的主体地位。在党的领导下，江山就是人民，人民就是江山。各级领导干部都是人民的勤务员，人民的公仆，人民的小学生。共产党人是彻底的历史唯物主义者，群众是真正的英雄，人民是历史的创造者。人民群众既是物质财富的创造者，也是精神文化财富的创造者，更是历史进步的推动者。要永远以人民为师。只有这样才能治理和管理好国家。党的宗旨是全心全意为人民服务。中国共产党的领导是中国特色社会主义的本质特征，也是社会主义优越性的表现。党和政府代表人民群众的根本利益没有任何私利。人民的意志、群众的意愿就是党和政府的工作重点和努力方向。

坚持以人民为中心。中国共产党人的仁就是爱人民，为人民。"始终要把人民放在心中

---

① 《孟子·告子下》。

② 《孟子·梁惠王上》。

③ 《孟子·离娄上》。

④ 《孟子·公孙丑上》。

⑤ 《孟子·尽心上》。

⑥ 《孟子·梁惠王上》。

最高的位置,始终全心全意为人民服务,始终为人民利益和幸福而努力工作"①,"我将无我,不负人民"②。"共产党就是为人民谋幸福的,人民群众什么方面感觉不幸福、不快乐、不满意,我们就在哪方面下功夫,千方百计为群众排忧解难。"③党的一切智慧、一切政策方针来自群众,又要服务群众,回到群众中去,成为人民群众创造美好生活的伟大实践。习近平总书记指出,群众拥护不拥护是我们检验工作的重要标准。党中央制定的政策好不好,要看乡亲们是哭还是笑。要是笑,就说明政策好。要是有人哭,我们就要注意,需要改正的就要改正,需要完善的就要完善。党员干部只有把群众当亲人,把人民的大小事都当作自己的事办,才能是真心诚意为人民办实事做好事,就永远不会脱离群众,永远受到人民的爱戴和拥护。

坚持全体人民共同富裕。人民的共同富裕是社会主义的本质要求。"民有恒产"是全面小康建设的应有之义。要保证人民群众有稳定的收入,需要一定的恒产。在乡村振兴战略中要优先发展生产,乡村振兴首先农业和农村产业振兴,群众生活才能真正富裕和长久富裕。在精准扶贫和乡村振兴的衔接过程中,既靠产业扶贫,又靠产业振兴。要让群众有正当的职业,有可靠稳定的收入。在城镇也要更多更好地关注弱势群体,更加关心人民群众的生活。要因地制宜让群众充分就业,工作体面,收入稳定,生活更加美好。要努力实现好维护好人民群众的利益,让人民群众有更多的获得感和幸福感。要实现民富与国强的统一,民富是国强的基础,国强是民富的保证。只有全体人民共同富裕,才能更好地维护社会的稳定,确保国家的长治久安。人民群众对美好生活的向往就是党和政府的努力方向。在全面建设社会主义现代化国家的新征程中,我们要在继续推动高质量发展的基础上,着力解决好发展不平衡不充分问题,不断满足人民群众对美好生活的需求,大力提升发展质量和效益,更好满足人民在经济、政治、文化、社会、生态等方面日益增长的需要,更好推动人的全面发展、社会全面进步。

坚持教育提高群众。富与教是统一的辩证。孔子孟子都十分重视对百姓的教育教化。扶贫先扶智,有知方能富。百业发展,教育为先。富而思源,富而重教。对群众的教育特别是思想道德教育和科学技术教育要伴随群众致富的始终,甚至要做在前面。要用习近平新时代中国特色社会主义思想教育全党,武装群众,统一思想。要用社会主义核心价值观教育引导群众。通过多渠道、多形式的教育培训,全面提高人民群众科技水平和职业技能,实现人的自由发展和人的全面现代化。教育引导群众正确处理国家、集体和个人三者关系,进一步激发广大群众的爱国热情,在自己的本职岗位上为国家多做贡献。政府也应更加关

---

① 《习近平谈治国理政》(第三卷),北京:外文出版社,2020,第139页。

② 《习近平谈治国理政》(第三卷),北京:外文出版社,2020,第144页。

③ 《习近平新时代中国特色社会主义思想学习问答》,北京:学习出版社,人民出版社,2021,第334页。

爱群众，体恤群众，帮助群众，服务群众。同时要通过教育使每个人自觉摒弃"等靠要"的思想，一切幸福都是靠奋斗而来。只有大家一起撸起袖子加油干，勤俭持家，勤劳致富，才能实现家家有恒产、人人都富裕。上下同欲，凝心聚力，兴我中华。

浅谈孟子德育思想及其当代价值

（许光兰　安徽大学哲学学院）

摘　要：孟子是战国时期的哲学家、思想家、政治家、教育家，是孔子之后、荀子之前的儒家学派的代表人物，与孔子并称"孔孟"。作为一名伟大的教育家，孟子的思想不仅在理论层面，而且在社会实践等方面都对德育有着极为深远的影响。孟子德育思想的形成与所在的时代背景和大环境有关。本文通过对孟子德育思想形成的主要原因的探究，进一步明确孟子德育思想的主要内容，从而将其与当今时代思想相结合，融入现代德育体系中，以实现其当代价值。

关键词：孟子；道德教育思想；当代价值

习近平总书记在省部级主要领导干部学习贯彻十八届三中全会精神全面深化改革专题研讨班开班式上讲道："推进国家治理体系和治理能力现代化，要大力培育和弘扬社会主义核心价值体系和核心价值观，加快构建充分反映中国特色、民族特性、时代特征的价值体系。坚守我们的价值体系，坚守我们的核心价值观，必须发挥文化的作用。民族文化是一个民族区别于其他民族的独特标识。要加强对中华优秀传统文化的挖掘和阐发，努力实现中华传统美德的创造性转化、创新性发展，把跨越时空、超越国度、富有永恒魅力、具有当代价值的文化精神弘扬起来，把继承优秀传统文化又弘扬时代精神、立足本国又面向世界的当代中国文化创新成果传播出去。"[①]孟子的德育思想作为中华优秀传统文化，应当与时代相结合，成为当代道德教育思想的重要资源。

一、孟子德育思想形成的主要原因

孟子德育思想是在春秋战国时期战争频繁、百家争鸣与孟子良好的家庭教育等历史背景下生成的，是社会环境、文化背景和家庭教育共同作用的结果。

---

① 《习近平谈治国理政》，北京：外文出版社，2014，第106页。

（一）社会环境的影响

春秋战国时期，生产力和社会物质条件都得到了极大的发展，冶铁技术的发展与成熟使得铁器成为主要的生产工具。"铁使更大面积的田野耕作，广阔的森林地区的开垦成为可能"①，生产技术由此得到了极大提高，推动了农业产量的增长。经济基础决定上层建筑，老百姓掌握了一定的生产资料，出现了佃农等土地租赁现象，剥削阶级逐渐形成，土地私有制的确立标志了井田制的逐渐瓦解，形成了早期的封建生产关系，社会性质逐渐由奴隶制向封建制过渡。与此同时，手工业也逐渐发展起来，新兴地主阶级逐渐崛起，货币经济的蓬勃发展为学术界的兴起与繁荣创造了物质条件。而在文化方面，伴随着小农经济基础的确立，"周礼"逐渐失去其在政治和生活中的主导作用，"礼崩乐坏"就是对当时文化大背景最贴切的形容。诸侯不再服从于周天子的权威，"诸侯更相诛伐，周天子弗能禁止。"②各诸侯国纷纷采取"合纵连横"的外交策略，来提高自身的军事力量，争霸称雄。在兼并战争中，诸侯国逐渐打破了原来的分界，"士"阶层活跃于列国之中，促使文化交流与融合，形成了思想自由的社会环境。"学在官府"的局面逐渐被打破，文化学术下移，致使"私学勃兴"，学术不再是贵族阶级的私有之物。

文化的变革是对当时社会变动的重要反映。本特利（Bentley）在其著作《新全球史》中认为，"正是这一时期的政治混乱才迫使那些思想者不断反思社会的本质以及人们在社会所应该承担的角色。"③孟子的德育思想就是在这样的社会背景下形成的，在当时"百家争鸣"这一文化环境相对自由的情况下极大地影响了当时的人。

（二）文化背景的影响

儒家德育思想是儒家思想体系的重要组成部分。孟子作为儒家的主要代表人物，其德育思想是儒家德育思想的重要组成部分。孟子出生于战国时期的邹国，活动于邹鲁地带，在礼崩乐坏、百家争鸣的时代背景下，形成了独具特色的德育思想。由于鲁国是周公的封国，邹鲁地区号称"周礼尽在鲁"，《庄子·天下篇》载："其在于《诗》《书》《礼》《乐》者，邹鲁之士，缙绅先生多能明之。"④邹鲁文化的主要特色有亲亲孝悌观念、礼义廉耻思想、保民重民思想、节俭朴实之俗、尊孔孟好儒之风、重视礼乐教化。

孟子首创"教育"一词，承袭儒学以"居仁由义""明人伦"为要义的德育教化思想，极大

---

① 《马克思恩格斯选集》（第四卷），北京：人民出版社，2012，第179页。

② 司马迁：《史记》，北京：中华书局，2014，第239页。

③ 杰里·本特利、郝伯特·齐格勒：《新全球史》（第三版），魏凤莲译，北京：北京大学出版社，2007，第196页。

④ 《庄子·天下》。

丰富和拓展了道德教育的核心内容,从家庭、社会、学校、自我等多方位,追求人性的完善,重视环境对个人人格的形成,对我国德育思想的发展具有重要意义。

(三)家庭环境的影响

孟子是鲁国贵族孟孙氏的后裔,孟孙氏衰微后,有一支从鲁迁居到邹国,就是孟子的祖先。赵岐《孟子题辞》认为,孟子"夙丧其父,幼被慈母三迁之教"①。孟子幼年和孔子一样,在母亲的教育下成长,孟母教子的故事,史书上记载颇多。在孟母的循循善诱下,孟子致力于学业,受业于子思。孟母对孟子的言传身教对于孟子后来形成自己的德育思想具有重大启迪作用。因此,当他在游历时看到"齐王之子"时,不由感叹道:"居移气,养移体,大哉居乎!"②强调环境对于人的道德教育的影响。

二、孟子德育思想的主要内容

(一)反求诸己,提高个人修养

"反求诸己"是孟子德育思想的根本原则,指在遇到任何挫折与失败时,切莫归罪他人、怨天尤人,而应从自身着手寻找原因,加以反思并努力改之。孟子提出,"爱人不亲,反其仁;治人不治,反其智;礼人不答,反其敬。行有不得者,皆反求诸己,其身正而后从之。"③与人交往时,如果对方不给你相应的情感反馈,不应责备对方,而应反思自己是否行为得当。通过不断反思自己,从而不断完善自我,提升自己的人格和修养。孟子这一思想不仅仅适用于与人相处当中,还适用于人们生活的方方面面之中。如果人人皆善于自省,便可不断提高自身修养,完善自我人格。其实这一道理用于现在也是极为实用的,许多人惯于站在道德的制高点评价世人的行为,却从未意识到自我反省,常常以正义、真理自居,当真是荒谬至极。孟子还提出,道德修养就像射箭比赛一般,射不中不应埋怨怪罪赢了自己的人,而应扪心自问,自己的姿势是否端正,及时改正自己的缺点。总之,凡事都应内正其志,外正其身,严于律己,多以反思。

(二)在求仁、知孝的基础上达到明仁伦

孟子说:"仁之实,事亲是也;义之实,从兄是也;智之实,知斯二者弗去是也;礼之实,节

---

① 李学勤主编:《十三经注疏·孟子注疏》,北京:北京大学出版社,1999,第5页。
② 《孟子·尽心上》。
③ 《孟子·离娄下》。

文斯二者是也。"①仁的实质就是侍奉父母；义的实质就是顺从兄长；智的实质就是懂得这两者的道理而不离弃；礼的实质，就是调节、修饰这两者；乐的实质，就是高兴地做到这两者。这样的话，快乐就产生了。只要快乐一产生，那就遏止不住，也停不下来，于是就情不自禁地手舞足蹈起来。孟子提出了"五伦"的问题，说要"教以人伦，父子有亲，君臣有义，夫妇有别，长幼有叙，朋友有信"②，他要在父子、君臣、夫妇、长幼、朋友等五种基本的人际关系之间，贯彻亲、义、别、叙、信的道德准则。体现宗法人伦关系的"五伦"观念广泛根植于人心，实现的主要方式就是通过家庭伦理关系培养仁、义、礼、智等道德规范。③仁爱思想源自人心之善端，这种善性是人与生俱来的，人人皆有的。

邹鲁文化十分重视亲亲孝悌观念，而孟子也格外提倡："事，孰为大？事亲为大。"④他重视"仁"德，又说"仁之实，事亲是也"⑤，他要"申之以孝悌之义"⑥，叫人们"永言孝思，孝思维则"⑦。他认为，"人人亲其亲，长其长，而天下平。"⑧他终生提倡"尧舜之道"，而"尧舜之道"的精神实质，他概括说：尧舜之道，孝悌而已矣。

孟子说："亲亲，仁也。"⑨仁之首要便是亲亲，孟子最经典的表述是："君子之于物也，爱之而弗仁；于民也，仁之而弗亲。亲亲而仁民，仁民而爱物。"⑩仁的三个层次是亲亲、仁民、爱物，即亲近亲人，仁爱百姓，爱戴万物。孟子分别以孝悌的"亲亲"、民本的"仁政"、爱护自然万物等思想诠释"仁"这三个递进层次。"孟子的'明人伦'接续'大学之道'的修身、齐家、治国、平天下思想，并将其进一步向外延伸。"⑪孟子认为，教化的目的在于"皆所以明人伦也"⑫。"人伦"是指人与人之间的关系，"明人伦"就是明确人与人之间各自的地位和应当遵守的言行准则。当代人们应当延续亲亲、仁民、爱物，推进三个层次，求仁得仁，维护人类与自然的和谐，处理好人伦关系，维护核心价值观，推进道德教育思想的完善与发展。

（三）以身作则，身正为范

在孟子看来，为人师者应当严于律己，以身为则，身正为范，方可令人信服，施教于人。

---

① 《孟子·离娄上》。

② 《孟子·滕文公下》。

③ 参见明成满：《中国古代家庭德育环境及其当代启示》，《教育学术月刊》2017年第6期。

④ 《孟子·离娄上》。

⑤ 《孟子·离娄上》。

⑥ 《孟子·梁惠王上》。

⑦ 《孟子·万章上》。

⑧ 《孟子·离娄上》。

⑨ 朱熹：《四书章句集注》，北京：中华书局，2012，第331页。

⑩ 朱熹：《四书章句集注》，北京：中华书局，2012，第332页。

⑪ 吴信英：《孟子德育思想的当代价值》，《教育评论》2017年第10期。

⑫ 《孟子·滕文公上》。

"吾未闻枉己而正人者也,况辱己以正天下者乎?"①自己都立脚不正,却还要去纠正别人,何况那些自己都不正却要去正天下的人?"身不行道,不行于妻子;使人不以道,不能行于妻子。"②想要纠正别人,先要检查自己是否行为得当。人品正当,如果连自己最亲近的家人都不认可自己的品行,那便不可能去影响到别人。教育者应身先立行、言传身教且具有较高的道德修养和渊博的知识,如此才能够以德服人。

三、孟子德育思想的当代价值

(一)孟子德育思想对社会道德建设的启示

有利于培育社会主义核心价值观。习近平总书记强调:"要认真汲取中华优秀传统文化的思想精华和道德精髓,大力弘扬以爱国主义为核心的民族精神和以改革创新为核心的时代精神,深入挖掘和阐发中华优秀传统文化讲仁爱、重民本、守诚信、崇正义、尚和合、求大同的时代价值,使中华优秀传统文化成为涵养社会主义核心价值观的重要源泉。"③孟子的德育思想经过几千年的沉淀,已成为社会主义核心价值观的重要组成部分,将其贯彻于道德教育之中,对于社会主义核心价值观的培育和践行具有重要意义。

有利于弘扬中华民族传统美德。习近平总书记指出:"中华传统美德是中华文化精髓,蕴含着丰富的思想道德资源。不忘本来才能开辟未来,善于继承才能更好创新。对历史文化特别是先人传承下来的价值理念和道德规范,要坚持古为今用、推陈出新,有鉴别地加以对待,有扬弃地予以继承,努力用中华民族创造的一切精神财富来以文化人、以文育人。"④孟子德育思想倡导人们严于律己、时时自省、知孝求仁、以身作则、身正为范等,将其贯彻在道德教育中,能够帮助人们明白何为中华民族传统美德,并不断完善自己。

有利于提升中华民族的文化自信与价值观自信。习近平总书记指出:"要讲清楚中华优秀传统文化的历史渊源、发展脉络、基本走向,讲清楚中华文化的独特创造、价值理念、鲜明特色,增强文化自信和价值观自信。"⑤中华民族经过几千年历史积淀,拥有强大的文化基础。中华民族要想屹立于世界文化之林,应当积极弘扬优秀传统文化。孟子的德育思想很好地满足了发展传统文化的要求,有利于树立文化自信。

---

① 《孟子·万章上》。
② 《孟子·尽心下》。
③ 《习近平谈治国理政》,北京:外文出版社,2014,第164页。
④ 《习近平谈治国理政》,北京:外文出版社,2014,第164页。
⑤ 《习近平谈治国理政》,北京:外文出版社,2014,第164页。

（二）孟子德育思想对学校道德教育的启示

学校道德教育应当坚持以人为本，量体裁衣，因材施教。对于教师而言，应当明确为人师表的职责，不断巩固自身，不断学习，使自己的知识与时俱进，活到老学到老，不可固步自封，应当以身作则，身正为范；对于学生而言，应当善于自省，不可把学习寄托在老师家长身上，而应该善于从自己身上总结经验，选择适合自己的学习方法。同时也要学会在与人相处时不断审视自己的优缺点，不断调整自己，修养自身人性，培养健全人格；对于学校管理者而言，应当不断创造更好的学习环境，积极配合教师与学生的教学工作，与家长积极沟通，选择合理的德育方案并贯彻执行。

（三）孟子德育思想对家庭道德教育的启示

"古者易子而教之，父子之间不责善。责善则离，离则不祥莫大焉。"①教育子女也是一门学问，如果一味地讲大道理，望子成龙、望女成凤，要求孩子刻苦钻研奋发图强，学善弃恶，换来的可能是孩子的逆反，让父母的期望落空，而且影响了亲子关系。

许多父母只重视言教而忽视了身教，同时又言行不一，导致家教效果大打折扣。所以，家长在日常生活中要坚持以身作则，自觉规范自身的一言一行，做到言行一致，为孩子做出良好的榜样，使孩子在耳濡目染中受到教育，并自觉将其外化于自己的行为。

在如今一些地方，知识教育占据了主流，许多家长只注重孩子的分数，道德教育越来越被一些家长和老师漠视和忽略。孩子道德的养成，始终离不开家庭环境的影响。家庭是孩子们茁壮成长的第一场所，应当将德育贯彻到底。

四、结语

孟子的德育思想在其整个思想体系中占据着重要地位。孟子的德育思想是孟子所处时代背景的反映，亦是中国传统文化的反映。在继承与发展孟子的德育思想时，应做到扬弃，选择与时代相适应的思想继承和发展，而丢弃落后于当今时代的思想。孟子的德育思想对于当今社会、学校、家庭道德建设具有重要意义和借鉴价值。

---

① 《孟子·离娄上》。

《孟子》中通过舜的故事所阐发的"孝悌"思想

（贺志韧　金陵科技学院）

摘　要：作为儒家思想中仅次于孔子的杰出代表，孟子的思想无疑对当时以及后世的社会产生了重大而深远的影响。孟子之学是对孔子思想的继承与发展，其心性思想为千年之后的宋明理学的兴盛作了坚实的铺垫。孟子在继承孔子"仁"的学说的基础之上，将其外推为"仁政"思想，又反过来将其内化到"仁心""仁性"的心性论上，无论是从宏观的拓展还是从微观的深化，从方法论的扩充还是从本体论上的抽象，都迈出了飞跃式的一步。"孝悌"思想是儒家一直以来都十分重视的一项内容，儒家的"仁义"观很大方面就体现在其"忠孝"思想上，而"孝悌"思想又是最基本最微观的以家庭为单位的向外辐射的重要方面。《孟子》通过对舜的一些故事的辨析，集中、深入地阐发了孟子的"孝悌"思想，从中我们可以了解《孟子》"孝悌"思想的特殊性和深入性。

关键词：孟子；舜；孝悌

舜是我国上古时代的"五帝"之一，而儒家学者历来言必称三代，他们认为尧、舜、禹时代是"大道之行，天下为公"的黄金时代，统治者都是圣人兼君王，类似于西方所谓的"哲学王"，他们真正实现了"内圣"和"外王"的统一。人民安居乐业，尊老爱幼，"君君，臣臣，父父，子子"，天下长治久安，成为"三王之治"，其中舜又以孝悌闻名于天下，他继承王位的原因并不是像大禹那样有治水的巨大功绩，而是由于他的孝行感动了尧，也感动了天下。舜的生平事迹因此成为了儒学思想家心中的"孝悌"典范，是他们用来宣扬自己思想的重要依据。孟子总结了他在"孝悌"方面的三个重要观点：第一，"孝悌"之行主要体现在内心的尊重、依顺，而不是外在的"供养"；第二，当父母的言行不正当即不合"仁义"时，子女应该顾全大局，而不是简单地顺着父母的意思去做；第三，"孝悌"是治理国家和成就"圣人"的根本途径。

一、"孝悌"之行重在内心恭顺,而非外在供养

孟子的"孝悌"观在很大程度上是对孔子思想的直接继承,这主要表现在他们都主张"孝"重在内心对长辈的恭敬、顺从,而非外在的供养。《论语》中孟懿子问孔子关于"孝"的问题,孔子以"无违"二字作为回答。当子游问孔子同样的问题时,孔子说:"今之孝者,是谓能养。至于犬马,皆能有养。不敬,何以别乎?"①子夏也问过这个问题,而孔子回答的则是:"色难,有事,弟子服其劳;有酒食,先生馔,曾是以为孝乎?"②孔子对于同样问题的三种不同回答虽然表面上各不相同,但本质上却是互为补充、连贯一体的。孔子给孟懿子的答案是从正面直接表达他所认为的"孝"应该是重在内心对长辈的顺从,即"无违"。孔子给子游的答案则是从反面来反驳当时社会人们对于"孝"的误解,即"能养",从而映射出他自己的观点,即"孝"应当在于"敬",否则对待长辈与对待牲畜是没有本质上的差别的。孔子给子夏的答案一方面重申了"孝"的重点不在于"养",另一方面又重申了"孝"的重点在于发自内心地恭顺,即"服其劳"。

在《论语·里仁篇》中,孔子关于"孝"又有四处观点,即"事父母几谏,见志不从,又敬不违,劳而不怨","父母在,不远游,游必有方","三年无改于父之道,可谓孝矣","父母之年,不可不知也,一则以喜,一则以惧"③。从这些章句中,我们可以看出孔子重视对父母的恭敬、顺从,主张从内心深处去体察父母的心理,子女要时刻关注父母的身体、精神状况,所以父母在的时候,尽量不要出去远游,如果不得不远游,要有一定的去向,免得父母担心、挂怀。子女要知道父母的年岁,为他们的长寿而高兴,为他们离死亡又近了一步而担忧。要听从父母的意见,即使"见志不从"还要"又敬不违,劳而不怨",要努力做到"三年无改于父之道"。

孟子也认为"孝悌"的根本在于"恭""顺"二字。在《孟子·离娄上》中,孟子曰:"天下大悦而将归己,视天下悦而归己,犹草芥也,惟舜为然。不得乎亲,不可以为人;不顺乎亲,不可以为子。舜尽事亲之道而瞽瞍底豫;瞽瞍底豫而天下化,瞽瞍底豫而天下之为父子者定,此之谓大孝。"④孟子认为,舜并不在乎他人的看法和舆论,只在乎自己父母的肯定,不顺从父母的意志他就不会快乐。然而舜的这种思想不自觉中就会形成这样一个公式,即"舜竭尽孝道→瞽瞍得到快乐→天下人受到感化→天下父子的关系被确定"。抽取掉中间推理的

①《论语·为政》。

②《论语·为政》。

③《论语·里仁》。

④《孟子·离娄上》。

环节,即"舜竭尽孝道→天下父子的关系被确定",而天下父子的关系一旦被确定,显然就天下大治了。因此舜虽然不在乎他人的看法和舆论,只关心自己父母的想法看起来似乎只是"小孝",但它推而广之就衍化为惠及天下的"大孝"了。

在《论语·学而篇》中,有子曰:"其为人也孝弟,而好犯上者,鲜矣;不好犯上,而好作乱者,未之有也。君子务本,本立而道生。孝弟也者,其为仁之本与?"①这段话虽然是孔子的弟子有子所说,但它之所以能够被列入《论语》之中,可以看出有子的这段话基本上是符合孔子本意的。从这段话中我们可以看出,在孟子之前的大儒们就已经有了类似于孟子关于舜的由"小孝"到"大孝"的推理,在他们那里,家庭就像是社会、国家的一个基本元素,如果这些基本元素都是健康、和谐的,那么国家、社会自然而然也就会长治久安。如同人身上的器官都健康的话,人体就会保持健康、活力一样。而作为家庭这一器官的组成部分,子女这一细胞如果"孝悌",即保持对父母的和谐关系,家庭才能保持健康。所以从根本上说,"孝悌"是社会安定的根基,即"孝悌也者,其为仁之本与?"《孟子·尽心上》中也说:"亲亲而仁民,仁民而爱物。"②"仁"是广义上的人与人之间的和谐关系,而"孝悌"是"仁"这一细胞的细胞核。在《孟子·离娄上》中,孟子曰:"仁之实,事亲是也;义之实,从兄是也。"③即是说,仁的实质是侍奉双亲,而义的实质是顺从兄长。

在《孟子·万章上》中,万章问孟子舜到田间去为什么要哭泣呢,孟子说是因为"怨""慕"二字,即舜一方面认为自己勤勤恳恳、恭恭敬敬地尽到了做儿子的责任,而父母却不喜欢自己,自己怎能不为此幽怨呢?另一方面,无论父母对舜如何不好,舜都保持着幼年时代一样对父母的仰慕。孟子说:"人少,则慕父母;知好色,则慕少艾;有妻子,则慕妻子;仕则慕君,不得于君,则热中。大孝终身慕父母。五十而慕者,予于大舜见之矣。"④即孟子认为,人小的时候就会仰慕父母,这同长大了爱慕年轻漂亮的少女、妻子,做官仰慕君王一样都是天生的,是人的天性,而最大的孝顺则是终生都仰慕父母。舜到了五十岁还仰慕父母,这是非常了不起的。在《孟子·告子上》中,孟子提出了他的"四端"说,即"恻隐之心,人皆有之;羞恶之心,人皆有之;恭敬之心,人皆有之;是非之心,人皆有之。恻隐之心,仁也;羞恶之心,义也;恭敬之心,礼也;是非之心,智也。仁、义、礼、智,非由外铄我也,我固有之也,弗思耳矣。"⑤即孟子认为,对父母的恭敬之心既不是靠学习,也不是靠经验推理出来的,不是"外铄"的,而是"我固有之"的,而且不但"我固有之",还"人皆有之"。孟子还通过"冬日则饮

---

① 《论语·学而》。

② 《孟子·尽心上》。

③ 《孟子·离娄上》。

④ 《孟子·万章上》。

⑤ 《孟子·告子上》。

汤,夏日则饮水,然则饮食亦在外也?"①来比喻恭敬是发自人的内心,而非外在的。由此可见,孟子所认为的对父母应当恭敬的"孝"是人先天就应当具有的,而始终保持这种先天的本性、善性是非常重要,也非常艰难的。而舜"五十而慕者"比起孔子的"三年无改于父之道"已经远远超越了,既然"三年无改于父之道"即"可谓孝矣",那么近乎"终身事父"的"五十而慕者"的舜肯定就是"大孝"了。

关于孟子对"悌"方面的见解主要体现于《孟子·万章上》中舜对其弟弟象的态度上。万章提出了一个疑问,那就是舜作为一位以孝行、仁德著称的圣王,他在成为天子后,将以前天天盘算着谋害他的弟弟象这种十恶不赦的"至不仁"之人分封到有庳,不是对有庳之地的百姓太不仁了吗?而且作为有仁德的人,难道对共工、欢兜、三苗、鲧这样与自己没有亲属关系的罪人就应该严惩,而对最为不仁的亲弟弟却可以封赏吗?孟子在这里表达了他"亲亲"的"悌"的观念,他说:"仁人之于弟也,不藏怒焉,不宿怨焉,亲爱之而已矣。亲之欲其贵也,爱之欲其富也。封之有庳,富贵之也。身为天子,弟为匹夫,可谓亲爱之乎?"②即孟子认为,仁德之人对待自己的兄弟是应该亲之爱之的,即使对方对自己再怎么不好,也不愤怒、不抱怨,而且这种"亲爱"还要具体体现在"欲其贵""欲其富"上,要以具体的行动表现出来。所以舜不但不惩罚象,还要将其封在有庳,似乎这不但不是对有庳之地人民的"不仁",反而是对他们的"大仁"。

舜的父母和象联合起来设计要害死舜,象以为舜必死无疑了,想要霸占他的财物和妻子,结果舜不但不生象的气,反而对他说:"惟兹臣庶,汝其于予治。"③要他帮助自己管理事情。孟子认为,舜并非不知道象要谋害自己,而是舜出于"悌"的观念真心爱护着象,包容他的一切,哪怕这会危及自己的生命,"象忧亦忧,象喜亦喜"④。范仲淹的"先天下之忧而忧,后天下之乐而乐"与之有一致之处。

由上可知,孟子的"孝悌"思想很大程度上继承了孔子的思想。他认为"孝悌"的关键在于发自内心的恭敬、顺从和对兄弟的包容、关爱,即使对方是"至不仁"之人,甚至对自己的生命具有巨大威胁的人。而这种恭敬、顺从以及包容、关爱是人先天就有的,是"仁义"的根本。孟子的思想在这里似乎有一些偏激之嫌,但是,孟子并不是主张"孝悌"就是对父母、兄弟一味地盲目顺从。

---

① 《孟子·告子上》。

② 《孟子·万章上》。

③ 《孟子·万章上》。

④ 《孟子·万章上》。

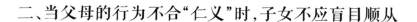

二、当父母的行为不合"仁义"时,子女不应盲目顺从

在孟子这里,对父母的恭敬和顺从是分开的。恭敬是人发自内心的态度。在一般情况下,这种恭敬见之于行为就是对父母的顺从。但是,顺从是有其自身的局限性的,一方面可以是仅仅出于表面上的应付而非恭敬形成的,另一方面由恭敬而导致的在任何情况下都不分黑白地盲目顺从。毫无疑问,出于表面上的应付,而非发自内心的恭敬而形成的顺从无论是在孔子还是孟子那里都是被否定的,而由恭敬导致的盲从在孔子那里也都展开了批驳。在《论语·为政篇》中孔子在回答了孟懿子关于"孝"的问题后,对正在给他驾车的樊迟说所谓的"无违"就是"生,事之以礼;死,葬之以礼,祭之以礼"①,即孔子认为对父母的顺从是建立在"礼"的基础上的,而"礼"的根本在于"仁"。在《论语·八佾篇》中孔子说:"人而不仁,如礼何? 人而不仁,如乐何?"②可见在孔子那里,"仁义"是"礼"的本质内涵和基本要素。"义者,宜也。"合宜的行为规范自然是"礼"了。所以,孔子又说"君子喻于义,小人喻于利"③,"君子而不仁者有矣夫,未有小人而仁者也"④。由此可以推得,孔子虽然主张"孝"的要义在于对父母的恭顺,但却不可越礼,不可不合乎"仁义",如果父母的要求超出了礼的范围,不合于仁义,是不可以盲从的。

孟子对孔子的主张进行了进一步的具体化。在《孟子·离娄上》中,孟子曰:"不孝有三,无后为大。舜不告而娶,为无后也,君子以为犹告也。"⑤在《孟子·万章上》中,万章引用《诗经》中"娶妻如之何,必告父母"来向孟子提问舜作为大孝之人为什么会做出"不告而娶"之事呢? 孟子回答说因为舜的父母对舜非常"不仁",甚至设计要害死他,而"男女居室,人之大伦也"⑥,舜如果告诉了父母,其父母必定不同意,舜就不能娶妻,这样就会导致"废人之大伦,以怼父母,是以不告也"⑦。从这两处关于舜"不告而娶"的表面上不合于"礼"和"孝"的行为的分析上,孟子表达了他对于"孝"的类似于孔子的重要观点,即人作为个体,其思想、行为都是有局限性的,不可能每个人都是君子,都是圣人,圣人和君子的亲人未必就是符合"仁义"的人,未必就是不越"礼"的人。那么,当父母的意志与伦理纲常这种先天性的基本价值观相抵触、违背时,我们应当如何取舍呢? 正如孟子关于"义利"关系的"鱼"与"熊掌"

---

① 《孟子·滕文公上》。

② 《论语·八佾》。

③ 《论语·里仁》。

④ 《论语·宪问》。

⑤ 《孟子·离娄上》。

⑥ 《孟子·万章上》。

⑦ 《孟子·万章上》。

的比喻一样，父母的意志与伦理纲常"二者不可得兼"时应当"舍"谁，"取"谁呢？孟子认为应当选取后者，即伦理纲常。孟子认为只有保全了伦理纲常，顾全大局，才是"大孝"，所以在明确"不孝有三，无后为大"与"男女居室，人之大伦"的情况，舜顾全大局，没有告诉父母就私自娶了尧的两个女儿。

在《孟子·尽心上》中，桃应问孟子说在舜做天子，皋陶做执法官的时候，如果舜的父亲瞽瞍杀了人，那么皋陶应该怎么办呢？孟子认为，皋陶作为执法官，不管犯法的是谁，哪怕他是天子的父亲，也应该予以逮捕。桃应又问，那么舜难道就不加以阻止吗？毕竟那是他的亲生父亲呀。孟子回答说："夫舜恶得而禁之？夫有所受之也。"①即是说在证据确凿的情况下，即使舜贵为天子，而犯法的是他的父亲，他也应当顾全大局，维护法律的尊严，是不应该加以干预的。但是舜是个以"孝"著称的圣人啊，他总不能眼睁睁看着自己父亲被处死吧？所以桃应又问孟子道："然则舜如之何？"那么舜应该怎么做呢？孟子回答道："舜视弃天下犹弃敝屣也。窃负而逃，遵海滨而处，终身䜣然，乐而忘天下。"②即舜应该悄悄地背着父亲逃跑到海边住下来，过着终身幸福快乐的生活。而如前文所述，舜从来都只关心父母的看法而不关心天下人的看法，所以这样的结果对舜来说是最为合情合理的。在这个案例中，孟子心目中的孝子形象的典范——舜在面临法纪与人伦的矛盾时，舜既不是选择了舍弃法纪去维护人伦，也不是选择舍弃人伦去维护法纪，而是选择了另一条折中的路线，即背父出逃，这样既顾全了"孝"的人伦，又没有对法纪的施行加以太过的干预，而且舜本身以抛弃天子之位作为重大的代价去加以弥补了，虽然舜本身并不在乎这个地位。

由此看来，孟子心目中的"大孝"是一种既要保全父子之情的伦理纲常，又要顾全社会普遍法律规范的复杂的思想行为。它不是简单的取舍，而是需要冷静地加以思考和分析，并且要付出巨大的代价。

三、"孝悌"是治理国家和成就"圣人"的根本途径

梁漱溟先生在其《东西方文化及其哲学》一书中写道："孝弟实在是孔教唯一重要的提倡……人当孩提时最初有情自然是对他父母，和他的哥哥姊姊；这时候的一点情，是长大以后一切用情的源泉；绝不能对于他父母家人无情而反先同旁的人有情。《论语》上'孝弟也者其为仁之本欤'一句话，已把孔家的意思说出。只须培养得这一点孝弟的本能，则其对于社会、世界、人类，却不必教他什么规矩，自然没有不好的了。"③孟子认为，国君作为一国之主，

---

① 《孟子·尽心上》。

② 《孟子·尽心上》。

③ 梁漱溟：《东西文化及其哲学》，上海：上海人民出版社，2006，第134—135页。

是国民作风的标杆。他说："君仁，莫不仁；君义，莫不义；君正，莫不正。一正君而国定矣。"①又说："天子不仁，不保四海；诸侯不仁，不保社稷；卿大夫不仁，不保宗庙；士庶人不仁，不保四体。"②他对此作出了反向的推论来进行论证，他说："不仁而在高位，是播其恶于众也。上无道揆也，下无法守也，朝不信道，工不信度，君子犯义，小人犯刑，国之所存者幸也。故曰城郭不完，兵甲不多，非国之灾也；田野不辟，货财不聚，非国之害也；上无礼，下无学，贼民兴，丧无日矣。"③即他认为，如果国君不仁义，从制度上来说就会导致从上至下，从朝至野都无道义、法度可循，从而致使奸邪当道、盗贼四起，从具体的个人来说会使朝臣不讲道义，导致工匠也不相信尺度，百姓也会触犯法律，大家都为非作歹，以掠取他人财产为务，而不将精力用在自己的本职工作上，从而致使城防、军备松弛，田野也无人开辟，国家贫弱，这样国家离灭亡就不远了。由此，他推出了一个公式，即"天下之本在国，国之本在家，家之本在身"④。也就是说，孟子认为家庭是国家的根本，而个人又是家庭的根本。个人的仁，尤其是国君的仁会由此推及朝廷，并进一步推及天下。同样的，作为"仁"之根本的"孝"也会按照这个公式链发挥它的决定性作用，即"人人亲其亲，长其长，而天下平"⑤。既然"孝"的作用如此之大，所以"事亲为大""事亲，事之本也"⑥。

在对舜的孝行的故事的描述解析中，孟子认为舜虽然根本就不在乎天下人的看法，而只关注自己的父母，但他却恰恰因为如此感动了天下百姓，使天下人都行起孝来，而他自己也因此得到了尧的肯定，顺理成章地做了下一任天子，这正是"无心插柳柳成荫"。在孟子那里，舜恰恰就是代入他"修身→齐家→治国→平天下"公式的一个数据，使得自己的公式得到了直观的证明。舜作为治国明君及道德圣人双重身份于一身的伟大人物，他的证明无疑使得"孝"的作用也同时具有了双重属性，即它既是治国的根本途径，又是成就"圣人"之道的根本原则。在《孟子·告子下》中，孟子认为"人皆可为尧、舜"，因为"尧、舜之道，孝弟而已矣"⑦。这就好比禅宗说"人人皆可成佛"一样，佛家认为人人都有佛心、佛性，只要你始终保持这个佛心、佛性，不要被外在的欲望所诱惑、遮蔽掉这个佛心、佛性，你也可以成佛。孟子也认为，只要"服尧之服，诵尧之言，行尧之行"就"是尧而已矣"，只要始终坚持"孝悌"之行，成圣也就不远了。

---

① 《孟子·离娄上》。
② 《孟子·离娄上》。
③ 《孟子·离娄上》。
④ 《孟子·离娄上》。
⑤ 《孟子·离娄上》。
⑥ 《孟子·离娄上》。
⑦ 《孟子·告子下》。

安徽谚语中的优秀传统文化及其当代价值

（张艺　安徽农业大学人文社会科学学院）

摘　要：安徽谚语蕴含着丰富的优秀传统文化。大量谚语从奋斗的定义、奋斗的目的与动力、奋斗和实践的关系、奋斗与发展的关系等方面归纳传递了中国人民的奋斗观；从胸怀大志、谦虚礼让、严于律己、宽以待人等角度描述了君子人格。传承和挖掘安徽谚语的当代价值，对于当今社会明确君子文化的时代内涵、挖掘安徽地域文化的精神内核，以及传播中华优秀文化都具有重要的价值。

关键词：安徽谚语；奋斗观；君子文化；当代价值

新时代是奋斗者的时代。习近平总书记在党的十九大报告中号召全党为实现中华民族伟大复兴的中国梦不懈奋斗。自强不息、砥砺奋斗是中华民族的传统美德，安徽人民历代勤劳勇敢，奋斗观早已镌刻在安徽人民的血液基因里。《易传》曰："天行健，君子以自强不息。"奋发向上、永不止息亦是君子的重要品德。语言是文化的负载者、阐释者和建构者，常常具有民族"图腾"的作用。谚语作为劳动人民喜闻乐见的语言形式，生动地传递着人们世世代代在生产和生活中总结出的生活观念和价值观念。口耳相传的谚语携带着生长于中国农业社会土壤中的深刻理念，突破了时空的限制延伸到今天，其中的中华优秀传统文化尤其是奋斗观和君子文化至今熠熠闪光。

一、安徽谚语中的奋斗观

中国人推崇勤奋进取，自强不息。著名哲学家张岱年在总结中华民族的民族精神时曾多次指出，自强不息是中华民族发展不竭的精神动力。[①]奋斗进取是安徽谚语中提及最多的品质之一，也是当今中国社会为人们广泛认可且广为传颂的品格。习近平总书记在党的十九大报告中多次提到"奋斗"，先后论述了奋斗的定义、奋斗的目的与动力、奋斗与实践的

---

① 参见张岱年、程宜山：《中国文化论争》，北京：中国人民大学出版社，2006，第37页。

关系、奋斗与发展的关系等。这些方面在安徽谚语中都有着朴素的论述，既体现在人民群众耳熟能详的常见谚语中，也包含于极具地域特色的谚语中。

（一）什么是奋斗

在安徽谚语中，勤劳奋斗的人生信条不是抽象地存在于说理中，而是以具体的方式告诉人们如何才算得上努力拼搏。"冬练三九，夏练三伏"是以时令轮回来衡量奋斗，不论数九严寒还是三伏盛夏，坚持不懈地努力就是奋斗。"台上一分钟，台下十年功"是以时间的长度来丈量奋斗，通过"一分钟"和"十年功"的鲜明对比告诉人们，所有成功都是由无数的艰苦努力造就的，哪怕是一点点微不足道的成就都是无数汗水的凝结，要想有所成就必须付出千倍万倍的时间。"不怕慢，就怕站"用生活中最朴素的现象告诉人们人生进取之路就如同生活中行进的道路，不怕行进缓慢，最怕停滞不前，告诫人们勤劳进取不仅是一时一刻的努力，而应该是一生不懈的追求。广德民谚"犁底生白玉，锄头出黄金"，六安民谚"只要不偷懒，肥料堆成山"，铜陵民谚"不怕锄得浅，但怕不多锄"，无为民谚"要想吃饭，就得苦干"，淮南民谚"地是父母面，一日见三面"，这些都是用农业生活中极其常见的场景情境来教导人们勤奋努力。

奋斗的反面是懒惰懈怠，谚语常常利用二者的鲜明对立来进行说理。"人往高处走，水往低处流"用"高"和"低"这对反义词，说明两种不同的方式态度。努力向上是人该有的人生态度，就如同水往低处流淌的自然规律一样。"少壮不努力，老大徒伤悲"则具体到每一个个体，"少壮"与"老大"相对，"努力"和"伤悲"相对，告诫人们年轻的时候如果不努力奋斗，到年老时必悔恨不已。"人生能有几回搏"将漫漫人生路和拼搏进取的关键时刻两相对比，突出拼搏奋斗本身的机会难能可贵，更应珍惜。这些谚语，旨在告诫人们勤劳进取才是人生常态，消极懒惰是万不可取的，并从多个角度告诉人们如何奋斗。正是这些朴素的道理让一代又一代的人懂得要不断进取向前，勤劳奋斗已成为每个人的内生动力。

（二）奋斗的目的和动力

安徽位处华中腹地，遥望东海，地形地貌多样，特别是皖南山区丘陵起伏，人口稠密，耕地总量小。道光《徽州府志》有载："东有大障山之固，西有浙岭之塞，南有江滩之险，北有黄山之阨"，徽州地区更有"前世不修，生在徽州"的民歌。面对艰苦的自然条件，安徽人民并不怨天尤人，而是依旧凭借着自己的聪明才智，精耕细作，粮经作物并举。中国人民在农业生产中信奉"一分耕耘一分收获"，农耕社会的经验告诉我们，只有付出才能有所获得。农业收成受自然条件影响巨大，气候条件差的年景甚至颗粒无收。但是人们从不埋怨放弃，来年仍然按照农时播种生产。安徽农谚有云"人勤地不懒"，这是劳动人民祖祖辈辈口耳相传的经验。这个基本的农耕信条不仅指引着安徽人民的农业生产，更是指导着人们生活的方方面面。从农业生产到个人前途，从家庭成长到国家发展，无不是这个道理。

安徽人民历代重读书，宋明清三代，徽州地区素有"连科三殿撰，十里四翰林""一门八进士，两朝十举人"的佳话。桐城地区多兴书院，走出了方苞、刘大櫆、姚鼐等一大批文人雅士。黟县民谚有云"砚耕如田耕，全在一个勤"，读书人十几载寒窗苦读，信奉的就是"一分耕耘一分收获"。安徽人民从不奢求"一夜暴富""一夜成名"，人们更在意的是付出了努力和汗水，终将会有所回报。"一年之计在于春，一日之计在于晨"，不论是农业生产，还是个人生活，为了能有所收获，取得成功，就必须勤勤恳恳，贯穿始终。"功夫不负有心人"，虽然一时一刻的勤奋努力并不能获得成功，但人们相信只要持之以恒、不懈奋斗，终有一天会获得成功。这几条谚语直至今天仍然是安徽人民乃至全体中国人民的人生信条，广泛地应用在语言生活的方方面面。

（三）奋斗与实践的关系

奋斗不仅在于埋头苦干，更在于学习和实践。学习不是死读书，而是在实践过程中不断反思学习。谚语流传于民间，对于实践的要义阐述得极为清晰。"处处留心皆学问"，就是告诫人们学习不仅在于书本，更在于生活。要时刻留心，勤学笃思，不断钻研方法和策略，为我所用。"书到用时方恨少"字面意义阐述人们往往在需要时才觉得学习得不充分，实际意在强调在读书和实践的双向互动中不断学习进取的意义和价值。"书山有路勤为径"提醒人们在读书学习的过程中也要发扬勤奋刻苦的精神，以"勤"为径才能获取知识和收获。"师傅领进门，修行在个人"强调学习时要充分发挥主观能动性，要想学有所得，必须靠自己努力。更有"活到老，学到老"鼓励人们在人生的实践中不断学习不断进步，做到知行合一。

在勤奋进取的道路中，与努力学习相辅相成的是广阔的实践。这种劳动人民在生产生活中得到的最直接的经验和教训，以谚语的形式浓缩传递出来。安徽人民一直重视实践，更在实践中强调和践行奋斗观。"实践出真知"是对实践最好的注解。谚语来自民间，其中对实践的认识往往传递出朴素的辩证观。"读万卷书，行万里路"强调实践和读书二者都非常重要，都需要艰苦和努力才能达成。"万卷书"不易读，"万里路"不易行。学习和实践在质和量的双重维度下并行而立，相互促进，这是对奋斗的充分解读。"事实胜于雄辩"，"百闻不如一见"，"耳听为虚，眼见为实"都是以两相对立的方式说明实践的重要性。"入山问樵，入水问渔"以生活中常见的场景喻理，说明进了山要向打柴的人请教，到水乡要向打渔的人请教，指做事要向内行和知情的人学习。谚语巧妙地说明了学习和实践两者的关系，明确阐明实践亦是学习的重要方式。此外，"不经一事，不长一智"说明实践能丰富阅历增长见识；"大处着眼，小处着手"辩证地说明了全局和细节之间的关系，指导着人们在实践中的具体操作;"说起来容易,做起来难"说明了"说"和"做"之间的关系,意在强调"践行"。颍上民谚"叫一万次苦,不如动一步",肥东民谚"要知梨子味,亲口尝一尝",绩溪民谚"听过不如见过,见过不如干过",更是用形象生动地描述强调了实践的重要性。

(四)奋斗的精神内核

谚语常以具体的意象比喻事理,尤见于以路程喻人生。即将人生比作一条道路,有坦途有荆棘,时而上坡时而下行,有时能看到美丽的风景,有时却又布满沟壑。保持奋斗本质上是永不停歇和百折不挠的顽强精神。谚语中的奋斗观正是通过各种比喻告诉人们无论人生路上的哪一种情况,都应该保持不断行进的状态,这才是真正的勤奋进取。

人生之路,起头很重要。老话常说"好的开始是成功的一半"。"千里之行,始于足下"便是鼓励人们起头很重要,再遥远的道路,再伟大的事业都要从脚下一步一步踏实的脚印开始。"万丈高楼平地起"用"高楼"代替"千里之行",以不同的意象说明同样的道理。有了一个好的开始,也不能掉以轻心,坚持不懈乃是奋斗的要义。"行百里者半九十",人们在任何时候都不能懒惰停止,任何事情不到最后一刻都不算成功,因此勤奋努力也应贯穿始终。"一口吃不成胖子"则是用生活常识告诫人们一时一刻的努力并不能取得成功,唯有坚持不懈才能最终有所收获。在人生这条路上,中国人民一直没有止步,从头至尾,踏实走好每一步,这是中国人心中的"勤奋努力"。

奋斗的可贵在于自始至终的坚持,更在于逆境中的百折不挠。人生的道路上,难免会遇到挫折和困难,坦途时要坚持,逆境时更要自强不息。谚语中这样的描述比比皆是。"世上无难事,只怕有心人"给了人们战胜困难的信心和勇气,告诉人们只要努力勤奋,终能克服困难取得成功;"吃得苦中苦,方为人上人"具体给出了困难险阻与获得成功之间的关系,告诉人们只有克服常人难以克服的困难,吃尽常人难以忍受的苦难,才有可能最终获取成功,激励人们不断努力获得人生价值;"功到自然成"告诉人们只要下了苦功,自然能获得成功。这些谚语都是告诉人们在勤劳进取的道路上一定要不畏艰险,不怕困难,同时也鼓励人们只要克服困难,必能有所收获。当人们遇到具体困难时,谚语有云"吃一堑长一智",遭遇挫折和失败并不一定是坏事,可以从中吸取经验教训,所谓"失败是成功之母"。马鞍山民谚云"经一番挫折,长一番见识",望江民谚云"不管风浪有多大,先问自己怕不怕",这种"明知山有虎,偏向虎山行"的胆识加上自始至终的坚持,以及"逢山开路,遇水搭桥"的气魄,这就是奋斗观的精髓。

在传统农耕社会,只有耕耘,才能收获个人的生存、家庭的兴旺、国家的富强、社会的安定。世世代代不间断的耕耘和劳作是家业兴旺、国家繁荣之本。正是农业社会的这种生产环境培育和造就了中华民族自强不息、奋发进取的民族精神和性格。①

二、安徽谚语中的君子文化

勤奋努力、坚持不懈、不畏挫折、勇攀高峰，不仅是时代奋斗观的核心内容，更是中华君子的重要品质。君子文化是中华优秀传统文化的重要内容之一，内涵丰富。"君子"是中华文化中的理想人格的代名词，在中国现存最早古籍如《尚书》《周易》中已频繁使用。"君子"词义经历如下的演变过程：贵族统治者→有位、有德的贵族男子→有德的贵族男子→有德的男子→有德的人。②君子具有的品格就是中国人推崇的理想人格。

那么，什么样的品格才是君子品格呢？君子既不是难以见到、难以企及、仰之弥高乃至高不可攀的圣人，也与目光短浅、心胸狭隘、见利忘义、斤斤计较的小人判然有别。君子作为孔子心目中的崇德向善之人格，理想而现实、尊贵而亲切、高尚而平凡，是可见、可感，可学、可做，并应学、应做的人格范式。③安徽谚语中有许多朴实的人生观和价值观，共同构筑了老百姓心目中亲切美好的君子人格形象。

（一）胸怀大志，谦虚礼让

作为一种口头语言形式，谚语往往使用生活中最常见的意象来说明深刻的人生道理。"站得高，看得远"意指生活中有丰富的储备和积淀，比别人的起点高，站位高，自然能有更开阔的视野。"好男儿志在四方"更是用"四方"喻指天下，意指好男儿应该胸怀大志，不拘于一时一地。"有志者事竟成"是强调志向的重要性，有远大的志向并朝着它不懈努力奋斗，必然会获得成功。这些谚语共同说明了胸怀大志是人们心中崇尚的理想人格。胸怀大志的同时，还应谦逊有礼。"好汉不提当年勇"告诫人们不应该沉迷于自己曾经的成绩中，应该时刻向前看，虚怀若谷。"人贵有自知之明"更是直抒胸臆，告诫人们应客观地评价自己，既不妄自菲薄，也不骄傲自大。"满招损，谦受益"引自古书，说明骄傲自满会招致损失，谦虚谨慎会得到益处。"人外有人，天外有天"是借自然现象喻指人生道理。高山之外还有更高的山，强手之外还有强手，在这样的对比中，告诉人们端正自己的心态，保持谦虚。

（二）严于律己，宽以待人

君子还应严于律己。"正人先正己"是君子的重要信条。"成人不自在，自在不成人"，先

---

① 参见张磊：《中国传统农业文化的当代价值》，《西北农林科技大学学报》(社会科学版)2004年第6期。

② 参见程碧英：《〈论语〉"君子"词义辨析》，《中华文化论坛》2010年第1期。

③ 参见钱念孙：《君子文化在传统文化中的地位和影响》，《学术界》2017年第1期。

辈们早已悟出二者之间的辩证关系,所谓天将降大任于斯人也,必先劳其筋骨、饿其体肤。若想随心所欲,不受约束,就无法取得成就。"君子一言驷马难追",以挥鞭快马喻君子之言,意指品格高尚的人话一旦说出口就不能收回去,表达了民间对君子人格最朴素的认识。"打铁还需自身硬"借用铁匠的常识,说明要战胜困难或改善环境,首先要提升自己的素质和修养。宣州民谚"名誉大似命",芜湖民谚"背空篮子好背,背空名声好累",临泉民谚"穷死不偷盗,气死不告状",也都从不同方面说明了人们对自身品格的要求。君子重义,严于律己与宽以待人并行,要求自己"滴水之恩,当涌泉相报",对他人却是"施恩不望报"。这些看似矛盾的叙述背后正是朴素的人格魅力。歙县民谚"大人不计小人过,宰相肚里能撑船""宰相肚里能撑船,将军额上能跑马"都是用形象的比喻说明品格高尚的人应该心胸豁达,不与他人计较小节。

(三)择善而交,重义轻利

在社会交往方面,谚语也有一系列的描述。宿州民谚"任凭你多习,习不过个理字",马鞍山民谚"正是正,邪是邪;钉是钉,卯是卯",泗县民谚"脚正不怕鞋儿歪",都强调了社会交往中对正直品质的要求。谚语说"人不可貌相,海水不可斗量",告诫人们在社会交往中总是应该遵循由表及里、由近及远的规律,强调透过现象看本质,切忌以貌取人。人们从初识到成为朋友要经受时间的考验,而不是一朝一夕的事情,谚语说"路遥知马力,日久见人心"。中国文化很重视社会交往,谚语说"在家靠父母,出外靠朋友"。君子对结交朋友有一定的要求,"物以类聚,人以群分""道不同不相为谋"是交朋友的基本认识,"近朱者赤,近墨者黑"表达了中国人认为结交朋友的基本要求在于要有相同的人生追求。中国人十分推崇君子之交,所谓"君子之交淡如水"。结交朋友需要时间慢慢相处,不同于衣服要常买常新,谚语说"衣不如新,人不如故"。至真的友谊还要接受艰难困苦的考验,谚语说"患难见真情"。朋友的最高境界是"知己",彼此相互了解且情谊深厚,谚语说"人生难得一知己""酒逢知己千杯少"。

谚语中鲜少有严谨缜密的逻辑论述,只是通过形象的描述,或两相比较,或直抒胸臆,传递出人们对理想品德的朴素认识。

三、安徽谚语的当代价值和启示

语言是民族精神,德国语言学家、哲学家洪堡特很早就阐明了语言和人类精神之间的相互关系。安徽谚语中蕴含着丰富的奋斗观和君子文化内涵,深刻反映了老百姓的价值观,到今天仍然具有深远的意义和重要的当代价值。

(一)有助于明确君子文化的时代内涵

"君子"作为中华文化中的理想人格,其内涵是丰富且深厚的。"君子"一词,在中国现存最早古籍如《尚书》《周易》中已频繁使用,其意义演变逐渐从有地位转向有德行。国无德不兴,人无德不立,但是何为君子之"德",是学界一直讨论的焦点。在新的社会背景下,孔子所言"仁义礼智信"的君子之德是否产生了变化? 谚语里的奋斗观和理想人格的描述可以为这个问题的思考提供一些线索。徽州是"程朱阙里",儒家文化在安徽乡村民间形成了厚实沉淀,安徽的很多谚语都浓缩着儒家的文化价值。"君子爱财,取之有道"充分说明了君子文化中的义利观,"明人不做暗事,君子不说假话"表达了君子文化中的诚实守信,"君子动口不动手"强调了君子文化中的礼让和谦虚。这些语言形式通俗易懂,朗朗上口,传递了老百姓对于"君子"最常见的理解,讲述了君子的诚信、礼让、上进、讲道义、有同情心等方面的特征。语言中隐含着使用这种语言的人和社会群体的价值观念,而这种价值观念往往是习焉不察的。[①]这些谚语传递着老百姓朴素的认识,也最直观地表达出人们对理想人格的共知。更为重要的是,这些谚语传承千年,意味着其中所承载的奋斗观和理想人格为世世代代的人们所接受认可,至今仍广为传颂。这或许可为我们思考当今社会的君子之德提供一些线索。

(二)有助于挖掘安徽地域文化的精神内核

文化就是人类在社会历史的发展过程中所创造的物质财富和精神财富的总和,也特指精神财富,如文学、艺术、教育、科学等。一个文化系统可分为三层结构,即操作成分、核心价值和原本精神。操作成分是文化的表层结构,往往随着生活实践的变化而改变;核心价值是操作成分的依据,可以对适用性的具体观念作出解释,是文化中较为深刻的层次;原本精神是一定民族在一定历史社会文化条件下形成的总体精神状态。这种精神状态根植于社会土壤,扎根于人们的观念形态和心理结构,百姓日用而不觉,表述了人们对人自身、人与人、人与自然和人与社会的最基本观念。

谚语正是上述三种文化结构的结合体。谚语的表层结构往往是生活中的某种知识和经验,即操作成分;谚语中说明的事理和总结的规律,就是文化中的核心价值;而这许许多多谚语汇聚起来的群像,便能描述出中华民族的原本精神。这种文化的结合体依存于本民族的社会生活,与本民族特定的历史、语言、生活习惯、物产风貌、自然环境等密切相关,以本民族为立足点。安徽谚语所反映出的勤劳观和君子文化就是这一地域人民在一定历史社会条件下形成的总体精神状态。因此,谚语作为日常生活中的重要文化形式,是研究地

---

① 参见崔希亮:《汉语国际教育与人类命运共同体世界》,《世界汉语教学》2018年第4期。

域文化的鲜活材料,对于理解文化观念具有不可替代的作用。安徽谚语不仅承载了地域文化,更反映了深厚而悠久的中华传统文化。我们常说文化传承要从活态性、生活性、多样性出发,坚持在生活中传承、在实践中创新。通过谚语把握和理解文化,取其精华去其糟粕,大力弘扬其中的优秀价值,使其中蕴藏的中华民族最基本的文化基因与当代文化相适应,挖掘地域文化中最优质、最有现代意义的精神内核,具有重要的时代意义。

(三)有助于传播中华优秀传统文化

党的十九大报告指出,中国特色社会主义文化源自中华民族五千多年文明历史所孕育的中华优秀传统文化。中国作为一个农耕文明古国和农业大国,口耳相传的正能量谚语是优秀传统文化的重要内容。充分继承和传播蕴含奋斗观和君子文化的安徽谚语,对于讲好中国故事,传播中华优秀传统文化,坚定文化自信具有重要的意义。不忘历史才能开辟未来,善于继承才能善于创新。只有坚持从历史走向未来,从延续民族文化血脉中开拓前进,我们才能做好今天的事业。2014年9月,习近平总书记在纪念孔子诞辰2565周年国际学术研讨会上的讲话,向世界发出了继承和创新优秀传统文化的"中国声音",引起了广泛共鸣。习近平总书记非常喜欢使用谚语,在阐述新形势下中国深化同太平洋岛国关系的政策举措时就使用了"春种一粒粟,秋收万颗子";在论证从严治党时用"打铁还需自身硬"来回应国内外对中国共产党自身建设的关切;在探讨国际合作的时候使用了"一花开放不是春,百花齐放才是春"。这些通俗活泼又富有中华图景的谚语是我们中华农耕文明的真实写照,在语言上具有易于传播的特点,是讲好中国故事的重要载体。谚语中蕴含的奋斗观兼具形象性和哲理性,值得反复推敲体味。这些谚语用朴实无华的语言传递着中华智慧,历经百年,但仍然鲜活地存在于人们的语言生活中,彰显着强大的生命力。

四、结语

中华优秀传统文化是中华民族的"根"和"魂"。奋斗观和君子文化作为民族的精神"内核"之一,是中华民族思维和行为的最终依据和出发点,决定着很多文化观念的具体内容和表现形式。生存压力的持续和儒家文化价值观的禀赋叠加与共振,塑造了厚德载物、自强不息的精神。这种内在的精神对当时乃至当下的社会都产生一定的作用并将对以后产生持续的影响。正是这种信仰让中华民族屹立于世界民族之林,也创造了一个又一个辉煌。综观语言载体,大量的安徽谚语让这种思想精神在社会生活的方方面面焕发光芒,生生不息。新时代下,对蕴含奋斗观和君子文化的安徽谚语进行创造性使用、创新性继承,对于讲好中国故事,传播中华优秀传统文化,坚定文化自信具有重要的意义。

现代新儒学创造性转化的路径探寻

——从熊十力、牟宗三到林安梧

（金丽　合肥学院马克思主义学院）

摘　要：现代新儒家在儒学现代化的进程中继承儒家道统，吸收宋明理学思想，试图通过儒家学说融合会通西学，推动传统儒学的现代转型。这一创造性转化工作在现代新儒家的三代中都有所呈现，熊十力、牟宗三、林安梧分别代表了三代新儒家创造性转化工作开展的不同路径：熊十力以心学为路向，由佛入儒，构建了"新唯识论"，重建儒学本体论；牟宗三继承了熊十力的心学路向，消解康德"道德底形上学"，转识成智，重铸儒家"道德的形上学"；林安梧以气学为路向，提出儒学革命，由道德实践转向生活实践，发展为"存有三态论"。他们在中国哲学创造性转化中的理念方法，为当前中国文化建设提供了重要的理论资源。

关键词：创造性转化；现代新儒家；儒学本体论；道德形上学；存有三态论

党的十九大报告明确提出要推动中华优秀传统文化创造性转化、创新性发展，更好地构筑中国精神、体现中国价值、积蓄中国力量，为人民提供精神指引。这表明对中华优秀传统文化的创造性转化是当前中国文化建设的重要任务。在近代中国西学东渐过程中，现代新儒家就一直致力于"创造性地重建传统"[①]。他们本着对传统文化特有的敬意和同情，以儒家为正统和主干，融合中西，统摄百家，对中国哲学的创造性转化做出了卓有成效的贡献。现代新儒家前两代代表人物一直是哲学界关注的重点，熊十力和牟宗三更属重中之重。牟宗三弟子林安梧提出的儒学革命论，近年来也逐渐引起学术界的关注。熊十力、牟宗三、林安梧三代相承，体现了现代新儒家的主要特征，清晰地呈现了现代新儒学创造性转化的演进路径。现代新儒学创造性转化的理念方法与路径，为当前中国文化建设提供了可借鉴的重要理论资源与实践思考。

---

① 罗义俊：《评新儒家》，上海：上海人民出版社，1989，第4页。

一、现代新儒学创造性转化的内涵

1972年，美籍华裔学者林毓生在《五四时代激烈反传统思潮与中国自由主义的前途》一文中正式提出中国传统文化的"创造性转化"（creativetransformation），解释为改造"一些中国文化传统中的符号与价值系统"，使这些"经过创造地转化"的符号和价值系统成为"有利于变迁的种子"①，但在变迁过程中，继续认同中国文化传统。他站在自由主义的立场上，对中国未来导向"创造性转化"的多元观念进行思考，认为创造性转化是对文化传统中的符号与价值进行转化。

近几十年来，海内外各界人士对"创造性转化"这一概念展开了广泛研究。现代新儒学的创造性转化，既包含了对中国传统哲学的继承，也有转化与建设、发展的含义。现代新儒家在儒学现代化的进程中继承儒家道统，吸收宋明理学思想，试图通过儒家学说融合会通西学，从而推动传统儒学向现代转型。

20世纪初以来，现代新儒家在传承中国传统哲学基础上的创造性转化探索，完成了传统儒学的现代转型。第一代新儒家发端于20世纪20年代初，面对的是民族存亡的危局，"五四"激烈的批孔反儒运动，以及科学主义思潮。他们以著书论作等方式谋求儒学的复兴。梁漱溟在1921年出版的《东西方文化及其哲学》中，以"意欲"为核心概念，把中国文化放在世界文化的架构体系中进行比较。他认为，西方文化的根本精神是"意欲向前"②，中国文化的根本精神是"意欲自为调和"，印度文化根本精神是以"意欲反身向后要求"③。并且断言，中国文化可以消除西方文化中功利竞争带来的弊端，世界未来文化趋向就是中国文化的复兴。他继承了中国文化的核心理念，系统地提出了新儒家面对的传统与现代、东方与西方的关系问题，并且提出了应对之策。熊十力则认为，应该先在思想上建立中国哲学之体，再采取西方学术之用，从而撰写《新唯识论》等一系列著作，试图通过儒学的本体论研究实现中国价值的重建，完成第二代新儒家哲学精神的开启。冯友兰继承程朱理学路向，借鉴西方哲学理论，采用新实在论的逻辑分析方法，构建了中西汇通的"新理学"哲学体系。

20世纪50年代，第二代新儒家核心人物的创造性转化工作移至台湾。他们深怀对传统失落的忧患意识和花果飘零的心态，主要通过宣言、著作的形式传播中国传统文化，期待全世界对中国传统文化价值的认同。1958年，缘于同在美国的唐君毅和张君劢的长谈，感于研究中国学术文化的西方人士认为中国文化已死的误解，由唐君毅执笔，牟宗三、徐复观、

---

① 林毓生：《中国传统的创造性转化》，北京：生活·读书·新知三联书店，2011，第328页。
② 梁漱溟：《东西文化及其哲学》，上海：上海人民出版社，2006，第31页。
③ 梁漱溟：《东西文化及其哲学》，上海：上海人民出版社，2006，第59页。

张君劢签名，发表了《为中国文化敬告世界人士宣言》，向中国和世界宣称"中国文化之活的生命的存在"①。宣言表明了他们的哲学文化立场，展现了他们为现代新儒学走向世界舞台做出的努力。唐君毅通过代表作《道德自我之建立》和《生命存在与心灵境界》，建立了一个"心通九境"的哲学体系，牟宗三通过《心体与性体》《现象与物自身》《圆善论》等构建了"道德的形上学"体系。

20世纪80年代后，第三代新儒家面对西方现代化进程带来的弊端以及现代化多元模式的发展，对中国传统哲学的价值和意义做出了反思和创建性的回应。他们除了著书立说，还通过访谈、对话、学术演讲和会议等多种形式进行着创造性转化的工作。杜维明对儒学第三期发展的前景问题尤其关注，他称这是回应列文森"断定儒家传统业已死亡"②的论断而来，他认为努力方向主要有两个：一方面与"西方比较杰出的思想家进行公平的对话"③。另一方面与西方文化的对话，即与基督教为代表的宗教传统、马克思主义以及西方深度心理学学说的对话，以此实现儒学的现代转化。刘述先关于"理一分殊"的现代诠释，就是"采取一种间接曲折的方式，才能够更适切地表现出生、仁、理的超越理念"④，结合现代特殊社会思想条件，吸收西方思想，以表现中国哲学的天道，实现传统和现代的联结。余英时用"文化价值系统"比较中西文化的不同个性，强调中国文化重建是现代化背景下中国传统的基本价值和中心观念的调整和转化问题。成中英用西方解释学方法重建中国哲学，建立了"本体诠释学"体系，林安梧则是通过中国传统文化"道"的理论阐发"存有三态论"。这代人多为第二代新儒家的弟子，既有深厚的中学基础，又有对西方文化的钻研，他们都对中国儒学的复兴做出了重大贡献。

总之，三代现代新儒家创造性转化工作的目标是复兴儒学，但侧重点有所不同。第一代新儒家主要通过中西哲学对比的方式为中国哲学做出内涵深奥的辩解，阐明弘扬儒学的价值。第二代新儒家主要通过中西哲学的对接为中国哲学做更为细致精密的解析，传承儒学的价值。第三代现代新儒家试图通过中西哲学的对话促进中国哲学与不同文明之间的交流，凸显儒学在全球化背景下的现代角色。现代新儒家们正是在承接儒家道统的基础之上，用"六经注我"的新形式、新术语、新义理，创造性地构建了一个全新的儒学体系。

---

① 张君劢：《新儒家思想史》，北京：中国人民大学出版社，2006，第557页。

② 杜维明：《杜维明文集》（第一卷），郭齐勇、郑文龙编，武汉：武汉出版社，2002，第418页。

③ 杜维明：《儒学第三期发展的前景问题》，北京：生活·读书·新知三联书店，2013，第127页。

④ 刘述先：《理一分殊》，上海：上海文艺出版社，2000，第6页。

二、现代新儒学创造性转化的基本内容

现代新儒家对儒学的创造性转化有着深刻的时代背景,他们都有深刻的民族文化危机感,面对传统价值观念的失落和道德迷失、存在迷失、形上迷失所造成的意义危机,他们深入思考中国文化的去向,因此每个人身上都具有鲜明的民族文化本位立场。熊十力、牟宗三和林安梧继承了宋明理学的精神,援西入儒,融汇中西,对传统形上哲学进行批判性继承,创造性重建。

第一,熊十力的创造性转化:由佛入儒,会通儒佛,归宗于易,重建本体。

熊十力创造性转化工作主要表现在对新儒家的开启和本体论的建立。与梁漱溟、张君劢相比,他建构了一套更为博大严谨的哲学体系,所以被称作第一代新儒家的奠基者。熊十力之所以重视本体论的构建,是因为他要面对的是20世纪中国哲学的合理性与合法性问题。

中国哲学的合理性之争缘于科学主义的兴起,最为代表性的事件是著名的"科玄论战"。"科学派"的代表丁文江称,现代哲学发展的方向应该是科学知识论,认为以马赫为代表的唯觉主义、以杜威为代表的行为派心理学以及以罗素为代表的新唯实论都是用"科学的结果同科学的方法来解决知识论的"[1]。而"玄学派"的代表张君劢则称,现代哲学发展的方向是本体论的玄学,因为宇宙的神秘、心灵的变化、意志的自由都是靠哲学来说明的。中国哲学的合法性之争源于西学东渐。大量西方文化的涌入,让很多人开始怀疑中国文化的价值,尤其贬低摧残中国哲学的价值。面对这个问题,熊十力认为,中西哲学分别以修养与知识为目标,两者各有所长,不容偏废。然而,林宰平对此提出了异议,他认为"西人'哲学'一词本为知识的,而弟(即熊十力——引者注)以中国学问为哲学,却主张知识与修养一致,此恐为治西洋哲学者所不许。"[2]

面对上述问题,熊十力的目标就是重建儒学本体论。他批评佛学法相唯识学,借此去回应西方哲学,同时阐发自己的儒学思想体系。他批评唯识学的体用、性相割裂,弘扬能动的、丰富的宇宙本体;他批评唯识学包括整个佛学的性体空寂,出世主义,肯定儒学的本心仁体;他批评唯识学的静态、繁琐、肢解,提倡儒学的简易、体证和工夫,一定意义上也批评了西方哲学对大本大源的忽视。

1940年出版的《新唯识论》语体文本是熊十力由佛入儒的一个重要标志。虽然《新唯识论》语体文本从文言文本改写而来,但是其思想内容发生了巨大的变化。他自称,"《新论》

① 张君劢等:《科学与人生观》,合肥:黄山书社,2008,第198页。

② 熊十力:《熊十力全集》(第四卷),萧楚父编,武汉:湖北教育出版社,2001,第114页。

文言本犹融《易》以入佛，至语体本则宗主在《易》"[①]，既体现了他看重《周易》是儒家传统奠基的代表，也表明了他的文言文本立足于儒学思想改造佛学，而语体文本则吸收佛学以阐释儒学。他在构建自己的哲学体系时，提到"会通空宗与大易之旨"，因为他认为"空宗把外道乃至一切哲学家各个凭臆想或情见所组成的宇宙论"，用快刀斩乱麻的方式"断尽纠纷"，可以实现对本体的"证会"。

熊十力哲学的本体是儒家的"生生之仁体"。这个本体不是孤立的，而是体用一致的，他的体是本体与主体的结合，他的用是现象和功用的化身。这里包含了两层含义：

一是体心统一性。他认为真实存在的只有一个本体，他对体的理解沿袭了陆王心学的观点，认为体既是宇宙的心，又是万事万物之心；既是宇宙万象本源，又是人们反求自识的真理。他的《新唯识论》第一章"明宗"开门见山，"今造此论，为欲悟诸究玄学者，令知实体非是离自心外在的境界，及非知识所行境界，唯是反求实证相应故。"[②]一语点出《新唯识论》的纲领。该句实则表达了两层含义，一是知体，二是明心。可见，熊十力的哲学体系主要由"体用论"和"明心论"组成；"体""心"不可分开，"本心即万物实体"，"万化之原各以本心"，两者合而为一。

二是本体的创生性。他的体不是空寂虚无，而是《大易》生生不化之流行。他说："《新论》谈本体，以体用不二为宗极，毕竟归本《大易》。"[③]《易》在熊十力哲学体系中的位置非同一般。熊十力将《大易》称作中国学术源流的群经之首。《易》所谈的本体，凸显刚健纯粹，流行不息，生化不测之德用的方式。这里的《易》主要指《易传》，"生生之本然，健动，而涵万理，备万善，是《易》所谓太极，宇宙之本体也。"[④]《易传》的生生、日新的观念也被他融进了人生观中，突出了刚健，自强不息。他称"天行健，明宇宙大生命"，可以"创进而无穷"，"新新而不竭"[⑤]。君子应该发挥自强不息的精神，发挥创造之能。这样，人就可以"明天德"，以此顺应天地的创生性。按此逻辑，熊十力哲学发掘了传统文化与现代精神的结合点，从宇宙生生不息，转化到人类创新的自强不息，建立了具有创生特征的本体论哲学体系。

熊十力从批评唯识论的方法上入手，融会中西印思想，尤其是中国传统哲学中《易》的形上学中关于人与宇宙关系的理论，结合他自己对生命的体验和感悟，创制了"新唯识论"的形上学系统。他"全面改造传统哲学、积极创造新哲学"[⑥]，是一位具有独创精神的思想家。

---

① 熊十力：《熊十力全集》(第六卷)，萧萐父编，武汉：湖北教育出版社，2001，第19页。
② 熊十力：《新唯识论》，上海：上海书店出版社，2008，第9页。
③ 熊十力：《熊十力全集》(第六卷)，萧萐父编，武汉：湖北教育出版社，2001，第6页。
④ 熊十力：《熊十力集》，北京：群言出版社，1993，第216页。
⑤ 熊十力：《熊十力集》，北京：群言出版社，1993，第237页。
⑥ 岛田虔次：《熊十力与新儒家哲学》，徐水生译，台北：明文书局，1992，第91页。

第二，牟宗三的创造性转化：承接道统，学贯中西，转识成智，道德形上。

牟宗三被《英国剑桥哲学字典》誉之为当代新儒家他那一代中"最富原创性的哲学家"（the most original thinker）。他生活的时代与熊十力略有不同，随着现代化的发生和建设，儒学思想要在新的历史条件下存在和发展，同样也要处理好儒学传统与现代科学民主的关系问题。他主张区分科学研究的事实世界、自然世界和哲学形而上学所研究的价值世界、意义世界，同时强调要懂得"科学的限度和范围"，"这个意义世界或价值世界"①绝不能因为科学的发展而抹煞，所以他所面对的问题是打通传统与现代之间的渠道，实现两者的对接。

牟宗三的哲学思考正是由此而来。道德形上学的建构是他对中国传统哲学创造性转化的目标。他承接宋明心性之学以及儒家道统，对康德哲学和佛学既有吸收，又有批判发展，并且将康德哲学和佛学融入了心性之学之中，尤其将康德的"人是有限的"发展为"人是有限又是无限"，从而可以通过"良知的自我坎陷"的曲通方式，取得科学和民主的实现，成就道德形上的终极目标。

牟宗三的哲学体系承接儒家道统，以五峰、蕺山和象山、阳明的心性之学为儒学正宗，这是其哲学的重要特征。他以自己独特的视角将宋明儒学分为五峰蕺山、象山阳明、伊川朱子三系。一方面以形著说将五峰、蕺山和象山、阳明做了区分，另一方面以自律说将象山阳明与伊川朱子分门别类，将伊川朱子列为旁出。他借助五峰、蕺山重天道性体的特征，用性体的"纲纪之主"克服心体的"主观之主"带来的种种流弊，使心体"得其客观之贞定"，从而解决了心学面临的问题，让其获得了客观性。他又借以象山、阳明的道德本心活泼有力的特征，解决理学面临的只讲死理问题，让其获得活动性。他称，宋明儒学的重点是"落在道德的本心与道德创造之性能上"，此"心性之学"也称作"内圣之学"②，中国的学术文化应当"以心性之学为其本源"③。这也正说明牟宗三哲学的构建是以儒家心性之学为其哲学旨归的。

牟宗三用康德哲学和佛教哲学为自己的哲学构思提供了新的资源和论题，尤其重视人有"智的直觉"。牟宗三认为，康德哲学是西方哲学的高峰，也是中西哲学连接的桥梁。他说，"消化西方哲学必须从消化康德入手"，只有康德才是"通中西文化之邮的最佳桥梁"和"唯一的正途"④。他非常欣赏康德的哲学理论：一是"物自身"与"现象"的区分理论，二是人的有限心。由此他继承了"物自身"与"现象"的区分以及康德的现象界的时空观念和知性范畴或称"知性的逻辑性格"的理论。但是由于康德否定人的无限性，牟宗三认为康德没有

---

① 牟宗三：《道德的理想主义》，长春：吉林出版集团，2010，第215页。
② 牟宗三：《心体与性体》（上），上海：上海古籍出版社，1999，第3—4页。
③ 张君劢：《新儒家思想史》，北京：中国人民大学出版社，2006，第567页。
④ 牟宗三：《牟宗三先生全集》（32），蔡仁厚编，台北：联经出版事业公司，2003，第45页。

稳住"现象"与"物自身"超越的区分。因此他提出人有"智的直觉"，并且对康德的理论做出了批判和发展，主要表现在：一是"人虽有限又可无限"的理论，二是现象的存有论或称"知性的存有论性格"。中国佛学为牟宗三提供了丰富的借鉴资源，主要有："一心开二门"的理论模型，"圆教"思想和"非分别说"的表达方式。他认为，"一心开二门"不仅适用于佛学，而且对其他一切哲学具有普适性。他称，把"一心开二门"看作一个"共同的格局"，"可以适合儒、道、释三家"①，甚至康德的系统也可以笼罩在这一格局之下。

"道德的形上学"是牟宗三哲学建构的最终目标。他基于儒家心性之学开出哲学科学的义理，将佛学的"一心开二门"理论、康德的"物自身"与"现象"区分的理论都糅合在儒家的心性学之下，从而建立了"道德的形上学"体系。他将儒家心性之学的重点落在性命天道相贯通上，即如何打通由内在到超越，有限到无限的隔阂。"天道既超越又内在，此时可谓兼具宗教与道德的意味，宗教重超越义，而道德重内在义。"②也就是，即内在即超越，即存有即活动，即道德即宗教。即内在即超越，是指通过性与天道的结合，消除天人分界，道德从而就迈向了形上学之路。即存有即活动，是指心与理（性）结合来实践本体与工夫的统一。即道德即宗教，是指儒家以仁者与天地万物为一体为终极追求的圆满境界，从而超越了现实之人的有限性，实现了人天合一。儒学的这些特质成为他构建"道德的形上学"体系的理论前提和出发点。同时他借用佛学"一心开二门"的概念提出了"两层存有论"。将佛教的"一心"换为"良知"，经"真如门"和"生灭门"分别换为"无执的存有论"和"执的存有论"。他解释道，一是从物自身来看，是本体界的存有论或称"无执的存有论"；二是从现象来看，是现象界的存有论或称"执的存有论"。③因为"人有智的直觉"，牟宗三认为要实现本体到现象、道德到知识、实践理性到知识理性的过渡，通过"良知的自我坎陷"，自觉地从无执转为执。换句话说，由道德良知的自我否定，自觉地转出知性，这样就能实现科学的认知。牟宗三认为，良知经过"自我坎陷"后"转为知性"，才能解决"属于人的一切特殊问题"，"其道德的心愿"才能"畅达无阻"④。

"道德的形上学"一词既是牟宗三对儒家哲学的创造性转化，也是对儒家哲学的创新发展。他继承了熊十力对传统进行创新的特征，从"内容和价值"的阐发转化到侧重"形式与架构"的对接，并以儒学哲学化阐释方式，找到儒学与现代价值对接的学理依据。牟宗三站在儒家的立场之上，批判了康德哲学的弊端，创造性地吸收和改造现象与物自身理论框架，提出了"两层存有论""良知的自我坎陷""内圣新外王"等理论，他的"道德的形上学"体系由

---

① 牟宗三：《中国哲学的特质》，上海：上海古籍出版社，2008，第108页。
② 牟宗三：《中国哲学的特质》，上海：上海古籍出版社，2008，第19页。
③ 牟宗三：《牟宗三全集》(21)，台湾：台北联经出版事业公司，2003，第40—41页。
④ 牟宗三：《牟宗三全集》(21)，台湾：台北联经出版事业公司，2003，第126页。

此得以建立起来。如果说熊十力为现代新儒家形上学建构奠定了一个基础,那么牟宗三则是现代新儒家形上学建构的集大成者。

第三,林安梧的创造性转化:儒学革命,推陈出新,生活实践,存有三态。

林安梧作为牟宗三的弟子,具有鲜明的哲学体系创新的自觉意识。牟宗三的致思方向主要放在儒学如何开创出新外王的问题上,其贡献偏于儒家理论体系的转型,但是并没有真正实现儒学在现代社会的作用,这也使得儒学越来越成为一个"游魂"①。林安梧同样也面对现代儒学的发展困境:一方面儒学成为了书斋里的学问,是知识分子的特有话语;另一方面,儒家的现代价值和百姓的人伦日用逐渐疏远,曾经的日常行为规范功能日益弱化。从1998年的《儒学革命论——后新儒家哲学的问题向度》到2006年的《儒学转向:从"新儒学"到"后新儒学的过渡"》,再到2011年的《儒学革命:从新儒学到后新儒学》,都体现了他的哲学体系的革命性,包含了对前人哲学的超越性。林安梧重视生活实践,提出了存有三态论。

林安梧对牟宗三的理论贡献给予了较高的评价。他称其师是近一百年来中国哲学发展的里程碑,牟先生消解了康德的三大批判,展开"两层存有论"规模宏伟的体系性建构,是难能可贵的成就。他也指出,现代新儒家应该从牟先生形而上的体系中走出来,突出理论与实践的结合,用"'两端而一致'的辩证开启,重开儒学的社会实践之门"②。林安梧努力超越其师的哲学体系,朝着实践化方向转化。他的实践理论涵盖了主体对象化、生活世界、历史社会总体。他称,以往的儒家实践论的实践"是境界的,是宗法的,是亲情的,是血缘的,是咒术的,是专制的"③,他们一直是没有界限地交织在一起,这种境界看重的是心性修养,而忽略了社会实践。所以他强调实践"以主体的对象化作为其起点","以整个生活世界为场域","以历史社会总体为依归"④,其本质是以主体为中心的对象化活动,把生活世界纳入其中,并且融入了历史社会的考察。他的实践理论的界定恰恰与"存有三态论"是相关联的。

"存有三态"是指"存有"的三种层面的不同状态,依次是"存有的根源""存有的开显"和"存有的执定。"存有"是什么?"存有"一词来源于西方哲学,相当于中华文化中的"道"。"存有"是"天地人我万有一切交融"⑤的状态。存有作为总体的根源或根源的总体,它造化了这世界。人生于天地间,通过参赞天地来理解这个世界。所以存有即"人参赞天地所形成的不可分的总体"。林安梧用"道"的理论对"存有三态论"进行了具体的描绘。"存有三态"的

① 余英时:《现代儒学论》,上海:上海人民出版社,1998,第37页。
② 林安梧:《儒学革命:从新儒学到后新儒学》,北京:商务印书馆,2011,第12页。
③ 林安梧:《儒学革命:从新儒学到后新儒学》,北京:商务印书馆,2011,第86页。
④ 林安梧:《儒学革命:从新儒学到后新儒学》,北京:商务印书馆,2011,第269页。
⑤ 林安梧:《科技、人文与"存有三态"论纲》,《杭州师范学院学报》2002年第4期。

第一层是"存有的根源"。形而上之道不可说，超乎言语之外，它寂然不动，是一切存在的根源。"存有三态"的第二层是"存有的开显"。"道"要能够如其自如地显现自己，必须超出不可说的状态，先"可道"后"开显"，从不可说到可说，"道"的"开显"即"道显为象"。换句话说，亦即从"境识俱泯"到"境识俱起"，再从"境识俱起"未分到两分的状态，也是"感而遂通"的状态。"存有三态"的第三层是"存有的执定"。"道"由"可道"开启最终落到了"名"上，"名"由"可名"之活动到"名以定形"，即"可名"的彰显而为"有名"，这样的"有名"即"主体对象化活动所成的一个决定了的定象"。以上三个层次就是"存有三态论"的基本框架。

他非常赞同马克思的实践理论，"哲学家们只是用不同的方式解释世界，问题在于改变世界"[1]，称之是"预设了人类整个历史乃是一实践的社会的存在，而且整个历史必须是一人类不断求生存的斗争史"[2]，将实践观点引入新儒学当中，从而使之与儒学的道德实践结合起来，将儒学从内在的道德省察走向丰富多彩的政治、社会、经济等生活实践层面。这是现代新儒学一个极其重要的创造性转化。

三、现代新儒家对中国哲学创造性转化的理念方法

第一，理论方向的转变：继承宋明理学的精神，由心学立场转向气学立场。

现代新儒家与宋明理学有着深厚的渊源关系。按照传统观点，宋明理学主要分为心本论、理本论和气本论。现代新儒家主要分为两大发展路向，即陆王心学的心本论和程朱理学的理本论两路。除了冯友兰外，现代新儒家中多数人隶属前者，熊十力和牟宗三都是新陆王派。

熊十力通过心学路向重新建立儒学本体论。他对宋明理学在形上学的建构十分欣赏，认为"宋儒在形而上学方面实有甚多发见"[3]。他比较了朱熹的"道问学"和陆九渊的"尊德性"，认为前者"道问学"的即物穷理与西方哲学的认识论相类似，而后者"尊德性"的本质则更能表达中国哲学对本体的诉求。熊十力认为，"阳明谈良知"不是从生理角度谈论"心"，而是从"吾人与天地万物同体处说心"[4]，这就是"本心"的含义。他的《新唯识论》的核心要义正在此处。熊十力沿着心学路向，成为现代新儒家中第一个建立现代哲学本体论的人。

牟宗三的"道德的形上学"理论与陆王心学有着割舍不断的联系。王阳明谈"良知"就是"心之本体"，这既是人的道德本体，也是天地万物的宇宙本体。这里"良知"解释为"知

① 《马克思恩格斯选集》（第一卷），北京：人民出版社，2012，第136页。
② 林安梧：《儒学革命论——后新儒家哲学的问题向度》，台北：台湾学生书局，1998，第125页。
③ 熊十力：《熊十力全集》（第四卷），萧萐父编，武汉：湖北教育出版社，2001，第252页。
④ 熊十力：《熊十力全集》（第四卷），萧萐父编，武汉：湖北教育出版社，2001，第394页。

体"。王阳明用"知体明觉"表示"良知",用"恒照"表示"本心"。牟宗三的"智的直觉""无限心"和"逆觉体证"便是从王阳明的"良知"说发挥得来,再将陆王心学与康德哲学融会贯通,创造性地融合互补,从而建立了"道德的形上学"体系。

与熊十力、牟宗三及大多数现代新儒家学者的陆王心学转化路向不同,林安梧更看重王船山的气学,尤其是他的"两端而一致"论。他比较宋明儒学中理学、心学和气学三派,目的是凸显船山重气的特征。重气是"重'存在的历史性'"①,由此才能正视历史文化。他强调,船山学的诠释起点是人,因为只有人是天地的核心,"人具有理解和诠释的能力",进而批判、创造,开创一个宽广的历史天地。对照王阳明认为"心无外物",王夫之则强调心是物之心,物是心之物。林安梧解释,物是心所认知、观照和裁决的物,心是那认知、裁决及其人做出实践活动参与的心,这就是"两端而一致"。由船山学自然史的"理气合一"、人性哲学的"理欲合一"再到历史哲学的"理势合一",就是"两端而一致"的思维方式。所以他主张从牟宗三回到熊十力,再回溯到王船山,这也是他的"存有三态论"的一个重要理论来源,由道德心性的儒学走向突出具体性、物质性、历史性的生活世界的儒学。

第二,理论归宿的演进:内圣外王理论的构建,即由内圣新外王转向新外王内圣。

自孔孟以来,原始儒学一致重视"内圣外王",既强调内在的修身养性又看重外在的建功立业。宋明时期,由于帝王专制的统治,转向了单纯的内圣之学,外王无法开展而被边缘化。

到了现代新儒家,熊十力以"体用不二"构建自己的"内圣新外王"模型,他的体是实在的,创生的,动态的,由体开出大用,通过上达天德,贯通天道性命,下开人文,实现人文理想价值,成就家国天下。牟宗三则通过"三统并建说"重塑"内圣外王"模型,主张肯定道统,开出学统与政统,即通过儒家的心学开出科学与民主之义。"三统"之中,以"学统""政统"为主,"道统"为根本,其目标在于"本中国内圣之学解决外王问题",用"良知的自我坎陷"开出"知性主体",再在现代化的民主科学的外王方面开出一片新的天地。

林安梧一反前两代现代新儒家的做法,他认为以前的现代新儒家们面对的是救亡图存的局面,拯救的是中华民族的心灵危机,所以强调"心性修养"的道德形上学,而当今新儒家关注的中心成了"公民社会、民主宪政"下的"社会正义"如何可能,因此儒学该从"道德的形而上学"转化为"道德的人间学",由"心性修养"转化为"社会正义",由重视"君子"转化为重视"公民"。②这一转化恰恰与"内圣"开出"新外王"相反,而是"新外王"开出"内圣"。具体的走向是,在"新外王"的学习过程中调理出"内圣",进而启发出"新内圣",再调理于"新外

---

① 林安梧:《王船山人性史哲学之研究》(代序),台北:东大图书股份有限公司,1987,第1页。
② 参见林安梧:《孔子思想与公民儒学》,《文史哲》2011年第6期。

王"之中。这种"内圣"与"外王"是互为体用的，也是源于"两端而一致"的船山式思考。①

第三，学术方法的演变：东西方文化的会通与创造性发展，由中西会通向中西马会通的方向的转化。

在现代新儒家中，熊十力是中西会通的开拓者之一。他以体用关系为纲，从批判唯识学开始，建立起博大的"新唯识论"哲学体系。他认为，西方哲学的优点是精于思辨，中国哲学的长处是"归极证会"，两者结合才能构建现代中国哲学。因此他自称，"余之学，以思辨始，以体认终"②，他的中西会通是在精通中西哲学传统的基础上，以中国哲学为主，融摄西方哲学，以"博学于文，约之以礼"③为方法，以期通过吸收西方哲学的优点来实现发展自身哲学的目标。

牟宗三的哲学创制，则是在坚持儒家哲学基础上，比较康德哲学和中国佛学，建立起"道德的形上学"。他引用康德哲学的概念对其进行了修正：他虽然赞成康德关于"物自身"与"现象"的区分，但又提出除了"物自身"的存有论，还有"现象"的存有论；他不赞同康德"人是有限的"存在的观点，而认为人既是有限又是无限的存在，人有"智的直觉"；他对比康德的"道德神学"和"道德底形上学"，提出了"道德的形上学"。正如蔡仁厚所言，"牟先生对中西哲学会通之道路，亦达到前所未有之精透"④。

林安梧继承了现代新儒学中西会通的学术传统，现代西方社会批判理论、现象学和解释学以及马克思主义哲学。他重视生活世界，把生活世界解释为由人参与的实践活动构成的世界。他称："生活世界指的是由人之作为一活生生的实存而有，进入到世界之中，而视此世界乃是一活生生的世界。"⑤林安梧既化解了现代新儒学主体性哲学的弊端，又将"生活世界"的概念引入儒学。他认为，"马克思主义传统也成为一个重要的传统"⑥。而谈及马克思主义与儒学关系时候，他称两者的共通之处就是"人文主义"，都是"以人作为核心性"的思考，同时关注人的"平等性"⑦。正因如此，两者便具有调节、交流、对话甚至进一步融合的可能。他本人也通过文章、著作等方式，积极促进中、西、马的融合发展，搭建三者会通的桥梁。2000年，林安梧在与郭齐勇、邓晓芒、欧阳康的对话中指出，哲学不能局限于某个门派，中、西、马具有"一种彼此相互参与的新的可能"⑧。2005年第二次对话时，他提出用现代哲

① 参见林安梧：《"内圣"、"外王"之辩：一个"后新儒家"的反思》，《天府新论》2013年第4期。
② 熊十力：《十力语要初续》，上海：上海古籍出版社，2019，第52页。
③ 熊十力：《十力语要初续》，上海：上海古籍出版社，2019，第17页。
④ 蔡仁厚：《牟宗三先生学思年谱》，台北：台湾学生书局，1996，第90—91页。
⑤ 林安梧：《儒学革命论——后新儒家哲学的问题向度》，台北：台湾学生书局，1998，第32页。
⑥ 林安梧、陈占彪：《儒学与马克思主义应该有一个重要的接榫点》，《社会科学论坛》（学术评论卷）2008年第9期。
⑦ 林安梧、陈占彪：《儒学与马克思主义应该有一个重要的接榫点》，《社会科学论坛》（学术评论卷）2008年第9期。
⑧ 林安梧、欧阳康、邓晓芒、郭齐勇：《中国哲学的未来：中国哲学、西方哲学与马克思主义哲学的交流与互动》（上），《学术月刊》2007年第4期。

学学术话语诠释中国哲学，"让整个中国哲学能够参与到人类哲学和世界哲学的话语交谈之中"①。2010年，林安梧、邓晓芒、欧阳康进行了第三次对话。林安梧认为，中国传统文化"不仅仅停留于学术层面，而且落实到制度和器物层面"②。三次对话的共识是中、西、马不再是对立的，而是向交流、对话、融合的方向发展。

四、结语

为了适应时代的发展，应对西学的挑战，现代新儒家对儒学创造性转化的工作在内容上体现为：借助西学，在现代学术范式下完成陆王心学、船山气学的现代转化；方式上表现为：将突出理智的、分析的西方哲学和重视实践的、体证的儒学结合起来，完成了诠释方式的转化，对实践型的儒学进行分析的重建。然而，当前儒家面对的核心问题不再是如何从传统过渡到现代，而是如何让儒家经典智慧在现代社会重放光芒，参与到人们的现代生活当中。因此，现代新儒学不仅要在深度和高度上下功夫，还应该拓宽其广度，积极面对现代社会中出现的新问题。

第一，道德形上与生活实践的结合。先秦儒家面对的是周王朝的礼崩乐坏，宋明儒家面对的是佛学传入，现代新儒家面对的是西学东渐，儒家文化解体。儒学理论总是和人伦政治实践相关联。随着传统书院向现代大学的转变，儒学的学理化、知识化特性愈发突出，理论与实践之间的张力日益明显，儒学正在成为远离实际生活世界的一种学问。针对现代新儒学实践力量逐渐变弱的情形，林安梧指出，以"道德形而上"为中枢指挥天下，而没有落在人世尘间，真正进到整个实践的场域里是牟宗三理论系统的弊端。为此，他认为"道德的形上学"应该转化为"道德的人间学"，应该放在生活世界和历史社会整体去理解。新儒学的一个重要转向就是要将道德形上学的种子引入人间，松土灌溉，扎实生根。

第二，精英学者与百姓大众的结合。传统时代，上至朝廷下至书院、私塾，到处都有经筵讲座，都是儒家的讲学之所。时至今日，儒学更多的是依附于高等院校或研究机构，成为一种纯粹的专家之业。进入新时代，推动中华优秀传统文化创造性转化成为时代文化主题。现代新儒家应致力于推动道统传承的主体由精英转变为大众，让"为往圣继绝学"的专业成为全民的共业。具体来说这种努力可以通过如下方式开展：一是通过广建书院和学堂，让儒学有个立身之地；二是儒家的研究者们走出书斋，面向大众，用人们喜闻乐见的方式讲圣学、诠义理；三是培养有志于传道授业的儒学志愿者队伍，重回民间，推动儒学发展；

① 林安梧、欧阳康、邓晓芒、郭齐勇：《中国哲学的未来：中国哲学、西方哲学、马克思主义哲学的交流与互动》（下），《学术月刊》2007年第5期。
② 《高端对话：哲学视野下的当代中国的文化转型问题》，《华中科技大学学报》（社会科学版）2010年第4期。

四是借助数字化、网络化等现代传播手段，让大众能听见儒学的声音。

第三，侧重知识与落实行动的结合。儒学本身是一种生活的智慧，实践的学问。但现代新儒学似乎成了一种知识系统，藏在了知识的象牙塔里，成为了深宅大院里的专业。所以，现代新儒学作为身心性命之学的真正危机，不再是来自外在的攻击，而是专业大潮冲击下"知"与"行"关系的内在分离。要改变这种知行分离的局面，就需要儒家学者"从坐而论道到起而行之"①，意即由知到行进而知行合一。然而，现代新儒家如何能够做到理论与实践层面、操作层面的结合，精英学者与大众百姓生活的结合，侧重知识与落实行动的结合，将是一个更为重大和艰深的课题。

---

① 颜炳罡：《当代儒学创造性转化的四种方式与路径》，《国际儒学研究》2014年第10期。

现代新儒家的话语自觉与话语创新研究*

（金小方　合肥学院中国特色社会主义理论体系研究基地）

摘　要: 现代新儒家的话语自觉表现为应对西方话语挑战的责任感、积极推动中国哲学话语的现代转型和传播中国哲学话语的实践活动三方面。他们站在中国文化的立场上,反对抛弃民族文化传统,反对全盘西化论,反对将西方文化看成现代化的唯一范式,他们有着复兴中华文化的高度责任感与强烈使命感。他们提炼了中国哲学的标识性概念,形成了特色鲜明的现代中国哲学话语体系,推动了中国哲学的现代转型。他们传播中国哲学话语的实践活动主要有出版著作、办杂志、国内外讲学、办书院、参加国际会议等。他们的理论创新和实践探索为当前打造中国特色的哲学社会科学话语体系和推动中国哲学话语走向世界提供了直接经验。

关键词: 现代新儒家;话语自觉;话语权;文明对话

现代新儒家是现代中国具有鲜明中华民族话语自觉的学术流派。如果以1920年梁漱溟发表"东西文化及其哲学"的演讲为标志,现代新儒家登上历史舞台已有上百年的时间。现代新儒家对中华民族的优秀文化传统充满深情和敬意,反对抛弃民族文化传统,反对将西方文化看成现代化的唯一范式,他们有着复兴中华文化的强烈意识与高度责任感。他们在五四运动激烈的反传统风潮中挺身而出为儒家说话,他们几代学者都潜心诠释中国哲学史,推动了中国哲学话语的现代转型。他们积极开展与西方文化的对话,争取了中国哲学在当今世界的话语权。加强现代新儒家的话语自觉研究,既有利于深化对现代新儒家的研究,又可以为当前建构中国特色的哲学社会科学话语体系提供直接借鉴。

一、现代新儒家具有应对西方话语挑战的责任感

现代新儒家立足中国传统文化,希望复兴中国传统文化。梁漱溟鲜明地站在中国文化

---

* 本文为教育部人文社会科学规划基金项目"现代新儒家哲学话语创新研究"（19YJA720009）成果。

的立场上，尤其是儒家立场上，提出和思考当代中国的文化问题，指出西方文化一味向前向外追求而完全抛荒了精神。他提出了世界文化三期重现说，提出"世界未来文化就是中国文化的复兴"[①]，他的思想立场自觉地"归宗儒家"[②]。1921年他在山东济南进行了著名的"东西文化及其哲学"演讲，同年出版的《东西文化及其哲学》一书成为了现代新儒家的开山之作。

现代新儒家积极应对西方文化的挑战，尤其重视应对来自西方科学、民主政治和宗教等方面的挑战。1920年前后的中国正处于一个大变革的时代，清王朝刚刚覆灭，西方文化随着军事侵略在中国广泛传播，中国传统文化遭到各种批判，中国文化前途十分模糊。近代以来西方文化对中国文化的冲击是一种侵略性的扩张，他们对中国文化侵略像其在军事上一样，有"毁灭性的企图"[③]。梁漱溟1921年出版的《东西文化及其哲学》一书中描述了当代中国文化面临西方文化挑战的情形："几乎我们现在的生活，无论精神方面、社会方面和物质方面，都充满了西方化，这是无法否认的。所以这个问题的现状，并非东方化与西方化对垒的战争，完全是西方化对于东方化绝对的胜利，绝对的压服！"[④]他在《东西文化及其哲学》的自序中指出："今天的中国，西学有人提倡，佛学有人提倡，只有谈到孔子羞涩不能出口，也是一样无从为人晓得。孔子之真若非我出头倡导，可有哪个出头？这是迫得我自己来做孔家生活的缘故。"[⑤]他到北京大学教书，立志要"替释伽孔子去发挥"[⑥]。

现代新儒家反对盲目崇拜西方文化，反对科学主义。张君劢在科学论战时，否认科学万能之狂言，指出了科学的限制，看到了价值世界的不可化归性。方东美指出，近代科学家为了实现简约的数学理想，把整体性的宇宙划分为物质及其基性与心灵及其次性两方面，"物质科学确定物质为惟一的真际，轻视人性的尊严与价值"[⑦]。方东美的关于科学、哲学与人生的观点可谓是张君劢科玄论战思想的系统化，揭示了西方科学主义的弊端。牟宗三在1950年指出："我们近五十年来的学术方向是向西方看齐，但是我们只知道注意西方的科学。"[⑧]20世纪80年代以后，西方现代化带来了环境破坏、核危机和能源危机等问题，让人们反思西方现代化的问题，不再把西方化等同于现代化，为现代新儒家思考中国文化的现代价值提供了契机。杜维明对儒家文化影响下的工业东亚进行了深入研究，肯定了儒家伦理与工业东亚之间的积极关系，为现代化提供了新的方向。现代新儒家深刻揭示了科学主义

① 梁漱溟：《东西文化及其哲学》，北京：商务印书馆，2005，第202页。
② 梁漱溟：《东西文化及其哲学》，北京：商务印书馆，2005，第4页。
③ 张君劢：《新儒家思想史》，北京：中国人民大学出版社，2006，第5页。
④ 梁漱溟：《东西文化及其哲学》，北京：商务印书馆，2005，第12页。
⑤ 梁漱溟：《东西文化及其哲学》，北京：商务印书馆，2005，第221页。
⑥ 梁漱溟：《东西文化及其哲学》，北京：商务印书馆，2005，第23页。
⑦ 方东美：《科学哲学与人生》，台湾：黎明文化事业股份有限公司，1980，第127页。
⑧ 牟宗三：《生命的学问》，桂林：广西师范大学出版社，2005，第30页。

和工具理性的弊端,提倡价值理想和高扬生命的价值,他们的相关论述在今日仍具有重要的理论价值。

现代新儒家受到西方文化的挑战,不仅有来自科学方面的,还有来自民主政治和宗教方面的挑战。牟宗三、唐君毅关于儒学宗教性面向的分析正是为了应对来自西方基督教的挑战,他们提出内在超越与外在超越概念,揭示了儒学的宗教性特征。现代新儒家指出,虽然中国没有建立西方式的民主制度和西方现代科学,但是中国文化中有"民主思想之种子"①,中国文化不是反科学的,而且自古以来"注重实用技术"②。现代新儒家认为,借鉴西方的科学与民主政治,不能采用"加添法",而应让中国文化依其本身的要求"伸展出文化理想",在道德实践主体的基础上伸展出政治的主体和认识的主体,在道统的基础上建立政统和学统。牟宗三指出,现代中国学者探寻中国文化的发展道路,需要正视西方文化的问题,尤其需要注意科学问题、政体问题、宗教问题,自觉应对来自西方文化的挑战。牟宗三之所以鲜明应对西方文化的挑战,因为他在研究过程中受到了来自基督教的诬枉,受到了全盘西化论者的批判,受到了宣传科学者的批判,这都迫使他自觉思考中国文化的特质,探寻中国文化的出路。

现代新儒家反对借鉴西化而走向完全抛弃传统文化的道路。全盘西化论者最典型的是陈序经,他在激烈的反传统之后思考中国文化的前途,提出的全盘移植西方文化的发展道路。陈序经1935年在《东西文化观》一书中提出中国"非彻底和全盘西化,不足以言自存"③。牟宗三指出:"吾人决不依恃西人所已出现之科学以轻视自己之文化生命而抹杀之,亦决不依恃西人所已出现之民主而与自己之文化生命为敌,亦决不依恃彼邦之宗教而低仰儒家之教义"④,只有自作主宰接通中国文化的慧命才能成为真实的中国人,否则将会成为自卑自贱的国际游魂。现代新儒家正视西方文化在科学、民主方面的突出价值,希望中国能够借鉴西方文化的长处,但他们反对抛弃中国传统文化,而主要站在中国文化的立场上吸收西方文化。现代新儒家理论努力的一个重要方向是论证中国传统文化与现代化并不矛盾,实现现代化不需要抛弃传统文化,传统文化能够助力现代化的实现。

发表共同宣言是现代新儒家应对西方话语挑战最集中的体现。1958年,牟宗三、唐君毅、徐复观和张君劢联名发表《为中国文化敬告世界人士宣言——我们对中国学术研究及中国文化与世界文化前途之共同认识》,宣言指出,西方人士研究中国文化,或是出于耶稣会士的传教动机,或是出于对中国文物的好奇而去发现、收买、搬运中国文物,或是由于关

---

① 张君劢:《新儒家思想史》,北京:中国人民大学出版社,2006,第576页。
② 张君劢:《新儒家思想史》,北京:中国人民大学出版社,2006,第577页。
③ 陈序经:《东西文化观》,北京:中国人民大学出版社,2004,第226页。
④ 牟宗三:《生命的学问》,桂林:广西师范大学出版社,2005,第68页。

注中国政治与国际局势的关系而引起对中国文化的研究。这些研究态度的共同特征是不将中国文化看成是一个活的生命,甚至如斯宾格勒认为中国文化到汉代已死。现代新儒家在宣言中希望中国和世界人士研究中国文化时将中国文化看成活的生命存在,希望大家怀着同情与敬意之情研究中国文化,因为只有将中国文化看成中华民族客观精神生命的表现,才能对中国文化有真实的了解。

第一、二代现代新儒家有强烈的道统意识和卫道倾向,第三代现代新儒家则积极开展全球文明对话,争取中国文化在世界上的一席之地。哈佛大学著名教授塞缪尔·亨廷顿1993年在夏季号《外交》(Foreign Affairs)季刊发表了《文明的冲突?》(The Clash of Civilization?)一文,提出苏联解体之后,国际冲突将主要表现为西方基督教文明、中国儒教文明、日本文明、伊斯兰文明、印度教文明、拉丁美洲文明、非洲文明等不同文明之间的冲突,强调西方基督教文明将受到中国儒教文明和伊斯兰文明的联合挑战。杜维明指出:"亨廷顿以西方为中心的论说方式,乃构建在两极分化的思考模式上,充分暴露出维护西方霸权的心态。"①西方从启蒙思潮发展出来的人文精神对自然有侵略性,杜维明指出:"儒家文化和基督教文明是可以有健康互动的可能的。这5年来,我一直进行儒家和基督教的对话,希望通过了解,彼此互补,创造新的价值。"②

综上可见,现代新儒家是近百年来一直坚守中国文化尤其是儒家文化立场的学术派别,他们对内反对抛弃传统而走向全盘西化,对外反对西方学者忽视中国文化的生命与价值。他们对中国传统文化与现代化、中国文化与西方文化之间的关系进行了深入思考,揭示了中国文化的现代价值与世界意义。

二、现代新儒家积极推动中国哲学话语的现代转型

中国传统哲学在现代社会传播之所以遇到困难,与其语言表述方式和思维方式有关。中国哲学家习惯用名言隽语、比喻例证的方式表达思想,而且这些概念的内涵不断发生着变化,很多古人的思想难以追寻。现代中国哲学研究的一个重要任务就是用现代哲学概念和逻辑思维方式阐述中国古代哲学思想,实现中国哲学话语的现代转型。只有建构了具有中国特色、中国风格、中国气派的哲学话语体系,才能取得中国哲学在世界上的话语权,否则就会落入"有理说不出、说了传不开"③的境地。建构中国特色的哲学话语体系,要善于提炼标识性的概念,打造易为国际社会理解和接受的新概念、新范畴、新表述。

① 杜维明:《杜维明文集》(第四卷),武汉:武汉出版社,2002,第474页。
② 杜维明:《杜维明文集》(第四卷),武汉:武汉出版社,2002,第475页。
③ 《习近平谈治国理政》(第二卷),北京:外文出版社,2017,第346页。

现代新儒家在推动中国哲学话语的现代转型工作上的突出贡献是提炼了中国哲学的标识性概念,打造了中国文化早熟、文化三路向、两层存有论、道德自我、道德理性、机体形上学、内在超越、广大和谐、内圣开新外王、良知坎陷、人生境界、儒学三期等一系列新概念。现代新儒家采用中西比较的方法对中国哲学话语进行了创造性诠释,借鉴现代西方哲学激活中国哲学话语,搭建了中西文化交流的话语平台,构建了中国哲学的现代形态和世界形态。现代新儒家阐释中国哲学的共同路径就是借鉴西学,他们努力深入西方哲学的核心,尤其重视西方哲学的逻辑思维和科学方法,以此来阐扬中国哲学的智慧和精神,"使它在西方生根,并提供人类存在和价值问题的解决途径和目标"[1]。以上标识性概念很好地回答了当年梁漱溟在北京大学教师举办的蔡元培等出访欧洲的欢送会上提出的"大家所谓将中国文化带到西方去是带什么东西呢"[2]的问题。这些标识概念是现代新儒家揭示的中国传统哲学中最具现代价值的地方,体现了中国哲学的民族特色,指明了现代中国哲学的发展方向。

现代新儒家的话语体系不仅表现为一系列的标识性概念,而且形成了他们特色鲜明的哲学话语体系。典型成果有熊十力的新唯识论哲学体系、牟宗三唐君毅等创立的新心学话语体系、冯友兰创立的新理学话语体系等,在海内外产生了广泛影响。熊十力是第一代现代新儒家中提出了自己的哲学系统并得到广泛认可的思想家,他"由量智可以建立科学,由性智才可以建立玄学"[3],强调良知是呈现、体用不二,直接影响了唐君毅、牟宗三等第二代现代新儒家的发展。唐君毅三十岁左右写成了《道德自我之建立》,对儒家核心概念心、性、良知给予了现代诠释,1952年完稿的《文化意识与道德理性》一书将人类一切文化活动都纳于道德理性自我的涵盖之下而为其分殊的表现,晚年更以生命、存在与心灵来统摄人类文化,他思想的核心始终是儒家心性之学。牟宗三是现代新儒家中最富原创性的思想家,他提出了第三期儒学、内在超越、良知坎陷、智的直觉、两层存有论、三统并建说等概念,以《才性与玄理》《佛性与般若》《心体与性体》等著作系统诠释了中国哲学史,重构了中国哲学的理论脉络,以《智的直觉与中国哲学》《中国哲学的特质》《圆善论》等著作剖析了中国哲学的特质,以《政道与治道》《道德的理想主义》等指出了儒家外王学的发展方向。冯友兰借鉴新实在论中的共相概念来阐释朱熹的理,以理、气、道体、大全为基本逻辑概念,建立起了新理学的理论体系,他的哲学是"柏拉图、新实在论、与朱熹理学的综合"[4]。

现代新儒家积极从儒家文化立场上应对现代问题、全球性问题的挑战。杜维明在争取

---

① 成中英:《山高水深怀师恩》,《方东美先生纪念集》,台北:台湾中正书局,1982,第142页。
② 梁漱溟:《东西文化及其哲学》,北京:商务印书馆,2005,第10页。
③ 刘述先:《论儒家哲学的三个大时代》,贵阳:贵州人民出版社,2009,第181页。
④ 刘述先:《论儒家哲学的三个大时代》,贵阳:贵州人民出版社,2009,第176页。

儒学话语权的路径上主张"现代新儒家要同西方第一流的思想家对话,对西方文化的挑战作出创见性的回应"①。他指出:"为了让儒学走向世界,我们绝不能抱残守缺,而必须主动自觉地吸取现代西方文明的精华如自由、平等、科学、民主、人权及法治,以作为对儒家传统进行批判继承与创造诠释的资源。我们愈能彻底扬弃'三纲'之类的权威主义、等级主义和男性中心主义,就愈能弘扬'为己之学'、'大丈夫风骨'和'从道不从君'的儒门家法。"②他总结儒学第一期的发展是从曲阜到中原成为中国文化的主流,第二期发展是从中国古代思想的主流扩展为东西文明的标志,第三期发展是从中国、东亚走向全球,为复杂多元的世界提供处理人类与自然、人心与天道关系的大道。第三代现代新儒家有更宽广的国际视野和更加包容的胸怀,既能揭示中国文化的世界价值,又能注意中国文化的局限性,为现代世界问题的解决提供了儒家智慧,受到了西方学者的重视。

如果说第一、二代现代新儒家的道统意识比较强烈,他们的理论创新都体现在努力维护儒学的正统地位,试图站在儒家的立场上吸收西方科学与民主等现代化内容,主张内圣开出新外王,这被学术界评为"中体西用"的思维方式,走的是一条"返本开新"的道路。这条道路遇到的矛盾与问题较多,比如学术界对牟宗三良知坎陷说的批评,对唐君毅泛道德主义倾向的批评就是例证。第三代现代新儒家多数在西方国家接受了较严格的学术训练,他们长期在西方国家从事中国哲学的教学和研究工作,积极与西方文化开展对话,他们抛弃了上一代学者的护教心态,能以平等的眼光看待中西文化,积极为西方现代化的问题提供儒家智慧,发扬儒学的现代价值。多元文明对话已成为现代新儒家话语建构的主要方向。

三、现代新儒家传播中国哲学话语的实践活动

现代新儒家传播中国哲学的话语自觉不仅表现在思想上自觉应对西方话语的挑战,更表现在行动上积极传播儒家话语。他们为了争取中国哲学的话语权,不仅要应对国内知识分子对中国传统文化的批判,也要应对西方学者对中国文化的误解与批评。他们传播中国哲学话语的实践活动主要有出版著作、办杂志、国内外讲学、办书院、参加国际会议等。经过三代现代新儒家的长期努力,现代新儒学在海内外产生了广泛的影响。

第一,出版著作。现代新儒家不仅中文著述丰富,而且积极发表英文著作。出版著作是现代新儒家创立哲学体系的主要路径。代表性的中文著作,如梁漱溟1921年出版的《东

---

① 方克立:《现代新儒学的发展历程》,方克立、李锦全主编:《现代新儒家学案》,北京:中国社会科学出版社,1995,第44页。

② 杜维明:《杜维明文集》(第四卷),武汉:武汉出版社,2002,第482—483页。

西文化及其哲学》是现代新儒家学派的开山之作和奠基之作。冯友兰于1937年至1946年之间创作的《新理学》《新事论》《新世训》《新原人》《新原道》《新知言》合称"贞元六书"，旗帜鲜明地提出接着程朱理学讲，创立了新理学理论体系。熊十力、牟宗三、唐君毅、徐复观等的著作皆内容丰富而观点鲜明，产生了广泛的社会影响。他们的英文著作在西方世界产生了广泛的影响，尤其是冯友兰1948年出版的 *A Short History of Chinese Philosophy*，成为西方高校关于中国哲学的标准教科书，"对中国哲学走向世界作出了不可抹煞的贡献"①。

第二，办杂志。现代新儒家非常重视在报刊上宣传自己的主张，他们除了自己积极向期刊投稿外，还积极创办和编辑杂志，如新中国成立之前，冯友兰主编过《哲学评论》，张君劢创办《再生》《自由钟》等杂志，牟宗三曾在北京主编《再生》杂志，唐君毅曾在重庆创办《理想与文化》杂志，牟宗三1947年在南京创办《历史与文化》杂志，徐复观1947年在南京创办《学原》月刊，这些杂志都是新中国成立之前现代新儒家发表学术观点的阵地。徐复观1949年在香港创办《民主评论》，王道1951年在香港创办《人生》杂志，这两个杂志是牟宗三、唐君毅、徐复观、钱穆等现代新儒家宣讲传统文化的平台。成中英1973年在美国创刊 *Journal of Chinese Philosophy*。1975年创刊的《鹅湖》是现代新儒家最为鲜明的学术阵地，所刊文章大多数有鲜明的现代新儒家立场，牟宗三、唐君毅的论文、著作节选在上面刊出较多。1986年，唐君毅的弟子霍韬晦在香港创刊《法言》，这也是第三代现代新儒家的重要阵地。成中英的弟子梁燕城1994年在加拿大创办《文化中国》季刊，为传播中国文化做出了突出贡献。

第三，讲学。梁漱溟1920年在北京大学开始演讲"东西文化及其哲学"，开启了现代新儒家讲学的先河，1921年他在山东济南演讲"东西文化及其哲学"，产生巨大反响。现代新儒家重视组织人文讲座，唐君毅1950年在香港新亚书院设立人文讲座，牟宗三1954年在台湾师范学院组织成立了人文学会，每两周举办一次人文讲座。1962年唐君毅、牟宗三等在香港注册成立世界性的"东方人文学会"，这个人文学术组织成为了现代新儒家推动中国文化走向世界的桥梁。同时，东方人文学会还与美国、新加坡、韩国、日本、加拿大、菲律宾等地的学人有广泛联系。唐君毅谈及成立东方人文学会的初衷时指出："我们今日亦正须发展出此东方中国文化之世界的意义。……中国文化、东方文化亦必须发展成为世界文化之一环，使其对世界人类之文化前途，有真正的贡献，而显出其普遍的意义与价值。"②杜维明1978年在为《仁与修身》的《序》中指出，由唐君毅、牟宗三、徐复观等领导的东方人文学会，对于他在美国的经院式的反思活动及相关工作提供了人文精神的滋养和人生意义的提携。方东美多次赴美讲学，1959年在南达科州州立大学，1960年在密苏里大学，1964—1966年在

---

① 方克立：《现代新儒学的发展历程》，方克立、李锦全主编：《现代新儒家学案》，北京：中国社会科学出版社，1995，第31页。

② 唐君毅：《中华人文与当今世界补编》，桂林：广西师范大学出版社，2005，第744页。

密里根州立大学任访问教授或讲座教授,讲授中国哲学和东西比较哲学等课程。第三代现代新儒家杜维明、刘述先、成中英等长期在西方高校执教,引领了西方国家的中国哲学研究。

第四,办书院。马一浮1939年主持四川乐山乌尤寺的复性书院,梁漱溟1940年于重庆北碚金刚碑创办勉仁书院,张君劢1940年在云南大理创办民族文化书院。1948年,牟宗三建议熊十力的弟子程兆熊在江西重建鹅湖书院,牟宗三起草了《鹅湖书院缘起》,唐君毅专程去鹅湖书院讲学。1950年唐君毅、钱穆在香港创办新亚书院。这些书院都着力继承宋明儒者的自由讲学之风,又借鉴了现代大学、研究院办学的长处,将为学与做人、知识传授与人格塑造相统一,这是现代新儒家的道德理想在教育实践中的落实。

第五,参加国际会议。现代新儒家参加国际会议阐扬中国文化的精神与价值,是他们争取中国哲学话语权最集中的体现。东西方哲学家会议(East-West Philosophers Conference)是现代新儒家参加时间最长、国际影响最大的会议,此会议始于1939年。自1959年唐君毅参加开始,现代新儒家代表中有方东美、唐君毅、成中英、刘述先、杜维明、余英时等参加了东西方哲学家会议。[1]唐君毅谈及1959年参加第三届东西方哲学家会议的感想时指出:东西方哲学家会议是"研究东西文化哲学比较之问题,以求东西文化观念之互相了解的"[2]。他还提到1949年第二届东西方哲学家会议之后,会议举办方出版了东西哲学比较研究的杂志,"中国之胡适、张君劢、冯友兰等,及我本人之文章,均曾被翻译刊登在里面。此刊在美国哲学界引起了相当的影响。"[3]在东西方哲学家会议及其刊物的影响下,美国很多大学开设了东方哲学课程,重视东西方哲学的比较研究。方东美1964年参加第四届东西方哲学家会议,方东美发表英文论文 *The World and the Individual in Chinese Metaphysics*(《中国形上学中之宇宙与个人》),获得了日本学者铃木大拙、英国牛津大学学者麦克慕兰的高度赞赏。第三代现代新儒家杜维明、成中英、刘述先等频繁往来于中国、新加坡、美国等地,参加学术会议,发表学术演讲,积极传播了儒家思想。

综上可见,现代新儒家积极应对西方文化的挑战,批判全盘西化派的民族文化虚无主义、科学主义立场等,高扬中国文化的道德理性价值。虽然第一代现代新儒家提出世界未来文化是中国文化的复兴有民族中心主义的倾向,第二代现代新儒家在道德理性的基础上建立学统与政统,吸收西方科学与民主的价值,仍有中体西用论之嫌,但第三代现代新儒家能够抛弃儒家中心主义的狭隘心态,积极开展与西方文明的对话,让世界看到了一个开放、包容、友善的中国。如果说20世纪的现代新儒家的圈子比较小,不能将现代新儒学向社会

---

① 金小方:《现代新儒家对中国哲学话语体系的传承与创新》,《孔子研究》2016年第6期。
② 唐君毅:《中华人文与当今世界》,桂林:广西师范大学出版社,2005,第372页。
③ 唐君毅:《中华人文与当今世界》,桂林:广西师范大学出版社,2005,第367页。

推拓,仍然是"寂寞的新儒家"①,但是进入21世纪,随着中国综合国力的提升和国际影响力的增强,提高我国在国际上的话语权成为哲学社会科学的迫切任务,创新哲学话语必然要体现民族性和继承性,现代新儒家为中国哲学争取话语权的理论成果和实践经验都值得借鉴,现代新儒家终将走出寂寞的处境。

---

① 方克立:《现代新儒学的发展历程》,方克立、李锦全主编:《现代新儒家学案》,北京:中国社会科学出版社,1995,第51页。

"父慈子孝"的现代价值分析

(丁晓慧　安徽省社会科学院)

摘　要:"孝"是中国传统文化中道德思想的起源,也是中国产生最早、影响最深的一个家庭伦理范畴。"父慈子孝"是儒家慈孝文化的经典,它是以父母和子女之间的血缘关系为纽带的一种双向义务模式。随着社会的发展,这种双向义务模式被割裂,"父慈"和"子孝"处在一种不平等的关系中。由于当今社会对传统文化产生了很大的冲击,"父慈子孝"也应该被赋予新的内涵。

关键词:孝;家庭伦理;父慈子孝

中华文化博大精深,源远流长,传统文化是中华民族的宝贵财富。中国传统文化中的道德思想也发端于"孝",它是中国产生最早、影响最深的一个家族伦理范畴。"父慈子孝"被奉为儒家慈孝文化的经典,"孝"也被人们看作道德修养的一部分。然而,随着社会的发展以及经济模式的转变,这种以父子关系为主的封建家长制的家庭模式已经被以夫妻关系为主的核心家庭模式所取代。在新的时代背景下,"父慈子孝"也被赋予了新的内涵。

一、"父慈子孝"传统的渊源及其演变

(一)"父慈子孝"的传统内涵

"父慈子孝"的传统内涵就是长辈应该关心爱护晚辈以尽慈道,晚辈应该孝敬赡养长辈以尽孝道,它是一种双向义务模式。然而,在其演变过程中,逐渐弱化了"父慈"的功能而只强调"子孝"的单向义务。"孝"是一个家族伦理范畴,主要是指子女对父母在赡养、尊敬、送终等方面应尽的义务。[①]它建立在以血缘关系为基础的原始氏族宗法社会之上,是中国传统价值观念和行为规范,在中国传统文化中占有很重要的地位。"孝"是中国传统文化中道

[①] 魏英敏:《孝道的原本含义及现代价值》,《道德与文明》2009年第3期。

德思想的起源,是中华民族自然情感的积淀。在儒家思想中,"孝"的地位非常重要,它被作为一项基本原则来规范父母和子女之间的关系。

从《说文解字》来看,"孝"字上面是"爻",就是交的意思,下面是"子",大概意思就是男女交媾而生子。从这个意义上来讲,我们的身体发肤都受之父母,孝敬父母也就是为了报答他们的生养之恩,这是做人的基本原则,也是伦理道德的基本要求。孔子提出"三年之丧",其理论依据就在于此。他认为,"子生三年,然后免于父母之怀"①,人们在出生后的三年离不开父母的怀抱,需要父母细心呵护才能健康成长。那么,父母百年之后,子女也应该服丧三年以报父母的养育之恩。《礼记》对"孝"有更加严格的规定,它要求对先辈的命令要绝对服从,对其行为要隐恶扬善,"事亲有隐而无犯"②。这一思想在《礼记·祭统》篇有详细的阐述:"为先祖者,莫不有美焉,莫不有恶焉。铭之义,称美而不称恶,此孝子孝孙之心也,唯贤者能之。"③也就是说,先祖也不是十全十美的,也有不可克服的缺点和弊病,作为子孙,应该隐恶扬善。能够隐先祖之恶,扬先祖之善,才能称得上是孝子孝孙,也才能称得上是贤能之人,否则就是不孝、不贤。这实际上就是把隐恶扬善作为衡量子孙孝贤的标准。

(二)"父慈"与"子孝"双向义务模式的割裂

中华传统文化中的慈孝观念对人们的影响是根深蒂固的。"父慈子孝"这一概念体现为一种"双向义务"结构模式,而这种结构模式的深层基础则是父母与子女之间亲情之爱的"双向交往"心理机制,即亲恩与报恩的双向互动机制。④"父慈"应该作为"子孝"的前提。父要慈,子要孝,"父慈"和"子孝"是双向对应或对等的关系,也就是说,父与子双方都要对对方负有义务,相应地也都从对方那里获得权利。孔子认为,"孝"就是善事父母,是一切道德规范的根本和前提。然而,这一孝德在后世的发展过程中,却被人为地绝对化、片面化了,最明显的体现就是"父慈子孝"的双向性瓦解。⑤先秦时期孝道中的"父慈子孝"是一种双向的互动,在某些方面还更加强调"父慈",父慈和父权两个概念是并不矛盾的,它们共同维护着宗法社会的等级秩序。战国末年至秦汉以后,父权思想开始凸显,父权至上、父为子纲的思想在当时的社会中逐渐遮盖了父慈思想,父慈的观念被大大弱化。《孝经》就是这一思想最有力的体现,它把孝看成是天地常法,认为孝敬父母是天经地义的,是没有任何附加条件的,孝的内容也被系统化了。曾子认为,"身体发肤,受之父母"⑥,子女的身体发肤都是

---

① 《论语·阳货》。

② 《礼记·檀弓》。

③ 《礼记·祭统》。

④ 朱贻庭:《解码"慈孝文化"》,《道德与文明》2009 年第 3 期。

⑤ 李文倩:《"孝"文化背后的重生祈望》,《长江论坛》2007 年第 5 期。

⑥ 《孝经·开宗明义》。

父母所给予的，爱惜自己的身体就要像爱惜父母一样。在儒家看来，"人之行莫大于孝"[1]，"孝"是"天之经也，地之义也，民之行也"[2]，也就是说，孝敬父母是天经地义的事，也是伦理思想中最重要的东西。

父慈子孝是一种双向义务模式，它是以父母与子女之间的血缘关系为纽带的，是一种双向的亲情关系。在先秦儒家典籍中，君臣、父子、夫妇之间也是一种相互对应的关系，它建立在双方的义务基础之上，比如儒家礼仪道德中的"君义臣忠""父慈子孝""夫和妻柔"等观念中，"臣忠""子孝""妻柔"都是分别建立在"君义""父慈""夫和"的基础之上的。"君令臣共，父慈子孝，兄爱弟敬，夫和妻柔，姑慈妇听"[3]，也就是说，君臣之间和长幼之间是一种相互的关系，君主英明则臣子效忠，父兄慈柔才会得到家族其他成员的敬重。君臣关系也是如此。"定公问：'君使臣，臣事君，如之何？'孔子对曰：'君使臣以礼，臣事君以忠。'"[4]。定公向孔子询问君臣之道，孔子回答说，君主对臣子以礼相待，臣子才会对君主尽忠。《郭店楚简》中《六德》也说："父圣子仁，夫智妇信，君义臣忠。"[5]它强调父子、夫妇、君臣之间的关系是相互的。但是，秦汉以后更加强调父尊子卑的思想，对"孝"的要求也超过了对"慈"的规定，使慈孝的双向义务模式瓦解，代之以"子"孝"父"的单向义务模式，从而更加固化了子对父的依赖，使"父慈"和"子孝"处在一种不平等的关系中。

二、当今社会对"父慈子孝"模式的冲击

（一）传统"父慈子孝"经济基础的丧失

在封建社会，家庭作为一个独立的经济实体，其经济主要来源于农耕，这种小农经济模式，使得家长在整个家庭中居于主导地位。在父子关系以及其他家庭关系中，家长的地位是不可动摇的。然而，到了近现代，中国社会的经济、政治、文化结构发生了重大变化。在经济上，传统以家庭为单位的小农经济遭到沉重打击，并被逐渐发展起来的近代工业所取代。在文化上，多元文化的发展使人们的价值取向更加多元化，人们更加重视自身的发展和自我价值的实现，而不再单单以"慈孝"作为标准。在社会主义市场经济条件下，自由、平等、民主等价值观念已经融入家庭伦理，传统的"父权"已被自由、平等所取代，它更强调权利与义务的统一，每一个家庭成员都是平等的，在家庭事务的决策中每个家庭成员都有自

---

[1] 《孝经·圣治》。

[2] 《孝经·三才》。

[3] 《左传·昭公二十六年》。

[4] 《论语·八佾》。

[5] 《郭店楚简·六德》。

由、平等的发言权,没有谁听命于谁。这种家庭民主的决策形式就大大弱化了"父"在整个家庭的决策地位。在市场经济条件下,每个成年家庭成员都能参与市场,并拥有各自独立的经济基础,这就更加弱化了"父"在整个家庭中的经济地位。经济地位和家庭决策力的弱化,再加上多元文化的影响,慈孝文化的内涵也发生了根本的变化。父权统治赖以存在的经济和政治基础逐渐消失,对包括"慈孝文化"在内的传统文化造成了巨大冲击,传统"父慈子孝"也丧失了其经济基础。

(二)现代核心家庭模式的转变

现代家庭模式由传统的封建家长制模式转变为以夫妻关系为主的核心家庭模式,主要表现在三个方面:第一,性质由"尊尊"转向平等。传统的家庭模式以"父"为尊,是一种单向的义务模式;而现代核心家庭模式更注重的是民主和平等。第二,核心由纵向转向横向。传统的家庭模式只注重父子关系,相对忽略夫妻关系;而现代家庭模式是以夫妻关系为主的核心家庭,在这一家庭模式中,人们更加重视夫妻关系的和睦以及家庭幸福指数的提高,这种家庭关系建立在夫妻平等的基础之上,夫妻双方都有各自独立的经济基础,这也使得夫妻关系稳固和谐。第三,重心由整体转向个人。传统的家庭模式强调个人要依附于整个家庭,而现代核心家庭利益重心逐渐由整体转向个人,传统家庭模式也逐渐失去其赖以存在的家庭结构基础。

这种核心家庭模式的转变也使家庭成员之间的关系发生很大变化,特别是父子关系。"孝"也随着家庭模式的转变发生很大的变化。孝顺可以分为以下几个层次:其一,敬。敬就是对人或事物有种同于自己或高于自己的一种情感。在与父母关系上,敬是最高层次的孝。孔子曾说:"今之孝者,是谓能养。至于犬马,皆能有养;不敬,何以别乎?"①这就是说,孝顺父母不能只是养活他们就够了,如果这样的话,和饲养犬马没有任何区别;对待父母,应该怀着敬意严肃地去侍奉。从这里可以看出,"敬"是孝顺父母的最高层次。心怀敬意才能发乎微情,敬是发自内心的善,是对父母最真实的情感表达方式,也是我们所提倡的一种最高境界的"孝"。其二,孝。孝就是顺,也就是子女说话做事要顺从父母的意愿,不能违背。孟子说:"不顺乎亲,不可以为子。"②他也强调子女不能违背父母的意愿。朱熹也认为"顺"是"事亲之本"。孝顺是中华民族的优良道德传统,应该加以继承和发扬。孔子认为,"其为人也孝弟,而好犯上者,鲜矣;不好犯上,而好作乱者,未之有也。"③一个孝敬父母、尊敬兄长的人,很少冒犯长辈,也不会做危害社会的事,而不犯上却好作乱的人是没有的。

---

① 《论语·为政》。

② 《孟子·离娄上》。

③ 《论语·学而》。

"孝"生"顺"，心怀孝道才能生顺，在孝的实践中培养顺从和服从的品德。顺的最大要求就是顺从，不忤逆，换句话说，就是不能发脾气和顶撞父母。中华民族传统文化中"孝"的最好楷模就是二十四孝，但是，这其中的愚孝是我们当今社会不应提倡的。其三，养。养就是子女对待父母失去了原有的亲情，侍奉不以敬和孝，而只是供其吃穿。这种亲情的丧失有两种原因：其一，家庭经济基础的丧失。不管是古代还是现代，经济基础的丧失足以使家庭关系破裂。其二，感情基础的丧失。一方面，当今家庭模式的转变使人们更加重视夫妻关系的和睦和家庭幸福指数的提高，夫妻关系成为家庭稳固的基础。这一代的老年人大部分是20世纪四五十年代的人，他们是从封建家长制的家庭模式末班车而来的，还不能完全接受并适应这种以夫妻关系为主的核心家庭，在日常生活中还以封建家长自居，给家庭造成不和谐，使家庭矛盾激化，进而导致子女与父母感情破裂。

三、在当今社会应该继承和发扬"父慈子孝"的文化传统

（一）要拓展"父慈子孝"文化传统的稳定作用，促进社会和谐发展

"父慈子孝"作为中国传统文化的一部分，它涵盖了长辈应该关心爱护晚辈以尽慈道，晚辈应该孝敬赡养长辈以尽孝道两方面内容，是我们应该继承和发扬的。第一，"父慈子孝"是家庭稳固的纽带。虽然现代社会是以夫妻关系为主的核心家庭，但是，和长辈的关系是否融洽直接影响着核心家庭的稳固。因此，应该发扬"父慈子孝"的慈孝精神，以长辈对晚辈的慈爱体现亲情爱意，以晚辈对长辈的孝敬弘扬家庭美德。父子关系、夫妻关系融洽了，家庭自然稳固、和谐了。第二，"父慈子孝"是社会和谐的因子。社会是由一个个小家组成的，家是社会的细胞，直接反映着社会的发展情况。如果每一个家庭都是幸福的、和谐的，那么，整个社会也就和谐稳定了。

（二）要发挥"父慈子孝"文化传统的道德功能，促进社会公德建设

"父慈子孝"是一种基础道德，它是公民道德建设的内容之一。在当今社会，我们在倡导"父慈"的同时，更应该强调"子孝"。"孝"是爱心，是诚敬，是责任。孝是一种普遍存在的自然情感，它以爱为基础。这种爱不但包括对父母以及家庭成员的爱，还包括对世间他人、他物以及自然界的博爱。孝是一种诚敬，是怀着敬意去孝顺父母。推己及人，一个能够孝敬自己父母的人也会"老吾老以及人之老，幼吾幼以及人之幼"。孝更是一种责任，是对父母、家庭的责任。①有责任感的人必定是有道德的人，对家庭的责任可以转化为对社会、对

---

① 王殿卿：《"孝"与公民道德建设》，《精神文明导刊》2010年第2期。

国家的责任。那么,这种个人"私德"就能转化为社会"公德",进而提高整个社会的道德水平。我们应该大力弘扬这种传统文化的道德功能,促进社会公德建设。

(三)要把"亲情之小慈孝"转化为"社会之大慈孝",助力中国梦的实现

"父慈子孝"作为一个家庭的伦理道德范畴,它不但是一个小家庭的行为准则,而且还是整个社会的行为法则。家庭是社会的细胞,只有家庭和谐了,社会才会和谐。慈孝文化中的"孝心理不仅仅止于孝敬,而是强调这是一个由家及国的人伦扩展程序,一个逐渐放大的人伦心理结构完美的进程"①。我们要把这种"亲情之小慈孝"转化为"社会之大慈孝",以小情带动大孝,以小家带动大家,把个人的慈孝行为推而广之用于社会。儒家的家庭伦理以"仁学"为基础,以"爱人"为内核。"孝"的本质属性是仁爱,是由"亲亲"而"爱物"。从这个意义上说,儒家"孝"的理念对建设"和谐家庭"以至"和谐社会"都是有意义的。②

习近平总书记在纪念孔子诞辰2565周年大会上的讲话中指出:"只有不断发掘和利用人类创造的一切优秀思想文化和丰富知识,我们才能更好认识世界、认识社会、认识自己,才能更好开创人类社会的未来。"③他还指出:"中国优秀传统文化的丰富哲学思想、人文精神、教化思想、道德理念等,可以为人们认识和改造世界提供有益启迪,可以为治国理政提供有益启示,也可以为道德建设提供有益启发。"④因此,我们要大力提倡和弘扬中华传统优秀文化,特别是慈孝文化,来推进和谐家庭的稳固,促进和谐社会的建设,助力中国梦的实现。

---

① 王岳川:《孝结构在中国文化中的意义:以〈大学〉、〈中庸〉为中心的文化阐释》,《广东社会科学》2010年第1期。

② 汤一介:《"孝"作为家庭伦理的意义》,《北京大学学报》(哲学社会科学版)2009年第4期。

③ 习近平:《在纪念孔子诞辰2565周年国际学术研讨会暨国际儒学联合会第五届会员大会开幕会上的讲话》,北京:人民出版社,2014,第14页。

④ 习近平:《在纪念孔子诞辰2565周年国际学术研讨会暨国际儒学联合会第五届会员大会开幕会上的讲话》,北京:人民出版社,2014,第7页。

孟子思想中的"家国情怀"对中华文化的影响

（张鹏　泰山学院教育学院）

摘　要：中国历史源远流长、绵延不绝，爱国主义是源源不断的民族血脉；中华文化弦歌不断，家国情怀是爱国励志、多难兴邦、前赴后继的精神基因。孟子说，天下之本在国，国之本在家，家之本在身。也就是说，个体的荣辱得失与国家、民族息息相关。"家国一体"是中华传统文化的核心脉络和理论根蒂，也是家国情怀的重要情感源泉和心灵归宿。孟子深刻地诠释了家国一体的政治架构。这种"家国一体"的政治观推演出"忠孝一体"的价值伦理观，形成了中华民族精忠报国、心怀天下的优良传统。

关键词：孟子思想；家国情怀；精忠报国；民族心理

中国历史源远流长、绵延不绝，爱国主义是源源不断的民族血脉；中华文化弦歌不断，家国情怀是爱国励志、多难兴邦、前赴后继的精神基因。从公元前221年秦始皇统一中国发端，各民族在共同的国土疆场和统一的国家轮廓以及家国同构下生存发展，尽管因朝代交替呈现出"分久必合，合久必分，分分合合"的历史轨迹和发展脉络，但反对民族分裂始终是华夏儿女的共同愿景，也是中国历史发展的主流趋势。

家国情怀的关键之处是为父母尽孝，为国家民族尽忠；实践途径是格物致知修身齐家，经邦济世，心怀天下；价值理想是苟利国家生死以，岂因祸福避趋之，精忠报国，建功立业，造福社会。家国情怀是爱国主义精神产生的伦理基础、情感土壤和表现状态，在华夏民族五千年的灿烂历史长河中，家国情怀有着深厚的滋生土壤和历史渊源。家国情怀根植于中国历史绵延不绝的土壤之中，几千年来不断被发扬光大并历久弥新。

家国情怀将传统文化与新时代精神编织在一起，突破了个体生命纵向的限度和拘囿。在唐山大地震、汶川地震、玉树地震和抗击新冠肺炎疫情中，我们看到了许多母亲为了保护自己的孩子牺牲自己的宝贵生命。"国"是生命的摇篮，突破的是个体生命横向的框定，从古至今，从坚定信念治水、三过家门而不入的英雄豪杰大禹到抗击匈奴舍己卫国的霍去病，从虎门销烟的林则徐到抗日英雄赵一曼，再到汶川地震中英勇牺牲的无名英雄……太多太多的中华儿女为了国家的安宁和同胞的幸福生活,前赴后继,抛头颅洒热血,无私奉献。这就是五千年来中国人基因里的家国情怀和中国人的坚定信仰。

如果说中华文化传统中自带了"修身、齐家、治国、平天下"以及最终实现"天下大同"终极理想的话,那么共产主义信仰就是家国情怀的自然延伸和高度升华,是天下大同的当代表达和集中展现。一言以蔽之,马克思主义和中华优秀传统文化是水乳交融、一脉相承的,它们之间是连续而又统一、辩证而又相辅相成的。所以,中国共产党坚持从人民群众中来、到人民群众中去,选择共产主义信仰是历史的必然结果,也是家国情怀的自然延展。家国情怀由氏族血缘宗法制所决定,社会自然形成相应的思想观念和行为准则,也就是孔子所竭力维护和推行的以"周礼"为核心的儒家思想。这一思想观念在《礼记》里被简要归纳为"五止十义"。"五止":为人君,止于仁;为人臣,止于敬;为人子,止于孝;为人父,止于慈;与国人交,止于信。[①]"十义":父慈、子孝,兄良、弟悌,夫义、妇听,长惠、幼顺,君仁、臣忠。[②]在这套人伦礼义的制约和笼罩下,不论是处理纵向还是横向社会关系,均有明确而严密的道德伦理规范。"五止十义"以君臣和父子的关系为主要着眼点,又以臣、子的责任或义务为旨归。敬是忠和孝的外在延伸,忠是敬的前提和内涵,也是孝的具体行为延展。

孟子说:"天下之本在国,国之本在家,家之本在身。"[③]也就是说,个体的荣辱得失与国家、民族息息相关。"家国一体"是中华传统文化的核心脉络和理论根蒂,也是家国情怀的重要情感源泉和心灵归宿。孟子深刻地诠释了家国一体的政治架构。这种"家国一体"的政治观推演出"忠孝一体"的价值伦理观,形成了中华民族精忠报国、心怀天下的优良传统。《大学》云:"所谓治国必先齐其家者,其家不可教而能教人者,无之。故君子不出家而成教于国。孝者,所以事君也;弟者,所以事长也;慈者,所以使众也。"[④]这是把家与国的联系看作同舟共济、荣辱与共的关系。一方面,"一家仁,一国兴仁;一家让,一国兴让",家影响国家大局;另一方面,国乱则不免覆巢之下无完卵:"天下大乱,无有安国;一国尽乱,无有安家;一家皆乱,无有安身。"[⑤]这种家国同构认识论成为我们民族一种稳固的文化血脉和心理定势。

总之,家国情怀建立在人和人的自然情感之上,从父慈子孝到报效国家,把以血缘关系为纽带的天然亲情拓展和上升为关心社会、积极济世的伦理要求,有力促进了个人、国家的良性互动和家国力量的有机统一。作为中华优秀传统文化重要内容的家国情怀高扬对家庭和国家共同体的认同关心,数千年来如春雨润物细无声,滋养了中华儿女的情感,激励无

---

① 《礼记·大学》。
② 《礼记·礼运》。
③ 《孟子·离娄上》。
④ 《礼记·大学》。
⑤ 《吕氏春秋·谕大》。

数仁人志士前赴后继,创造可歌可泣的丰功伟绩和壮丽诗篇,对中国人的民族精神产生了深刻的影响。

言志与教化的统一贵在真,贵在自然——自然而然,羚羊挂角,无迹可求。刘勰说:"人禀七情,应物斯感,感物吟志,莫非自然。"①言志与教化实现了真正的统一,产生出巨大的感染力、审美力、关怀力。家国情怀是对自己国家和人民所表现出来的深情大爱和对人民幸福所展现出来的理想追求,是对国家一种高度的责任感和使命感。徐锡麟"只解沙场为国死,何须马革裹尸还",林则徐"苟利国家生死以,岂因祸福避趋之",岑参"小来思报国,不是为封侯",范仲淹"先天下之忧而忧,后天下之乐而乐",都是家国情怀的真情实感。一个人若没有家国情怀,终会陷入个人主义的泥潭。如时任宰相的秦桧,他没有家国情怀,投降于金人,卖国求荣,坑害国家,留下千古骂名。若没有家国情怀难以成就大业。刘禅上有其父余荫庇护,下有名相忠臣辅佐,本有大好前程,然而他却在蜀汉灭亡后仍"乐不思蜀",所以自己也沦为俘虏,为天下笑。一个人的成功离不开父母和国家的培育,而一个人如果连自己的家和国都不爱的话,又怎么可能精忠报国呢?没有国家繁荣昌盛就没有家庭和睦幸福康泰,没有家庭幸福美满就没有个人茁壮成长,所以,每一个中国人都应具有浓厚的家国情怀。

家国情怀是一种人类的普世价值,但中国人的家国情怀有特殊属性和本质归属。家与国的统一性来源于中国社会以家为本位的民族习惯。西安半坡的仰韶文化遗址有着大量的适合于一夫一妻居住的小草房子,显然,家是这个部落的基本细胞和单元。由家到家族、胞族、胞族联盟、社会联盟,由此出现了中国最早的社会雏形。《大学》说"治国必先齐其家","一家仁,一国兴仁"②。中国这块大地上存在许多民族,这些民族均有某种内在的关系。《山海经》云:"黄帝生苗龙,苗龙生融吾,融吾生弄明,弄明生白犬,白犬有牝牡,是为犬戎。""颛顼(黄帝孙)生骦头,骦头生苗民。"又云:"炎帝之孙名曰灵恝,灵恝生氐人。"③从文化视角来看,《山海经》是一部人文地理著作,并且兼有神话性质,展现出民族之间的自然血缘性。谈到中国,人们会自然联系到地理意义上的中国疆域,这幅员辽阔的疆域既是国之域也是民之家。《逸周书》云:"国有本,有干,有伦质,有枢体。土地,本也;人民,干也;敌国侔交,权也;政教顺成,伦质也;君臣和,枢体也。"④这是说国土即疆土是国家之本,因而国家、国土、国民、国君、国权、国学、国枢是一体的,并且是融会贯通的。

家国情怀是一种哲学意识,是人对家与国的意识。在生活中,家国情怀更多地体现为

①《文心雕龙·明诗》。

②《礼记·大学》。

③《山海经·大荒北经》。

④《逸周书·武纪解》。

一种情感,它是既厚重又绵长的家国浓情。家国情怀也堪称一种美学情怀。歌曲《国家》中有一句:"家是最小国,国是千万家",生动诠释了国与家的关系。中国人的家国情怀自古便深深扎根在每一个国人内心深处。在中国古代,家的含义与现代相去甚远:古时皇帝自称天之子,拥有天下所有领地,所谓"普天之下,莫非王土",儒家对士人的要求"修身齐家治国平天下",东林书院的对联"风声雨声读书声,声声入耳;家事国事天下事,事事关心",都很好地说明了家国天下的相互关系。后来随着时代的发展,家国情怀成了中国知识分子的精神底色,就连洒脱俊逸的李白给自己做的人生规划都是"跃登辅弼之位,大展王佐之才",归根结底,依然是经世济民。深植于心的家国之情自然会在诗人笔下澎湃回响,不绝如缕。《诗经》中家国情怀就表现得淋漓尽致:《黍离》一诗,从眼前的麦苗发自内心深深喟叹:"知我者谓我心忧,不知我者谓我何求。悠悠苍天!此何人哉?"《击鼓》中说:"死生契阔,与子成说。执子之手,与子偕老。"最初表达的是战友相约在战场上并肩携手、同赴生死的慷慨之情。可见家国之情早已深入国人的骨髓与血液。唐诗与宋词作为两种重要的文学形式自然少不了家国情怀的表达。唐代王翰《凉州词》"醉卧沙场君莫笑,古来征战几人回",王昌龄《出塞》"但使龙城飞将在,不教胡马度阴山",岑参《逢入京使》"马上相逢无纸笔,凭君传语报平安",高适《燕歌行》"汉家烟尘在东北,汉将辞家破残贼",这些唐诗中的家国情怀总体来说表现出的是慷慨豪迈的男儿豪情,是战士保家卫国的凌云壮志和大气磅礴的大唐气象。

词本来创立之初多表现风花雪月和男女情爱,一般不去表达大主题大气象。然而就是这样以婉约著称的宋词里也可以寄托家国之情。无论是"最是仓皇辞庙日,教坊犹奏别离歌,垂泪对宫娥"(《破阵子·四十年来家国》),还是"离恨恰如春草,更行更远还生"(《清平乐·别来春半》),无论是"无奈朝来寒雨,晚来风"(《相见欢·林花谢了春红》),还是"恰似一江春水向东流"(《虞美人·春花秋月何时了》),都表达了作者思念故国之情。到了苏轼、辛稼轩、陆放翁、张孝祥等,将豪迈之情寄于长短句,苏轼的《念奴娇·赤壁怀古》追古思今,陆游的《诉衷情·当年万里觅封侯》愤慨悲怆,辛弃疾的《破阵子·醉里挑灯看剑》慷慨豪迈。张养浩的《山坡羊·潼关怀古》用一句"兴,百姓苦;亡,百姓苦"将胸怀天下的壮志之情表达得淋漓尽致;于谦一句"粉身碎骨浑不怕,要留清白在人间",风骨铮铮,碧血忠心;戚继光的"繁霜尽是心头血,洒向千峰秋叶丹",誓将一腔热血保国泰民安;文天祥说:"人生自古谁无死,留取丹心照汗青",为国为民,光照古今。中华民族文化的内核礼、义、廉、耻,传统文化注重"家"的和谐与圆满,诚信之道、仁爱之道都是刻在宗祠石碑上的"传家宝"。"有国才有家"是中国人的精神信仰,"不给祖先蒙羞"是中国人的奋斗目标。人类社会的根本矛盾是世界的无限性与生命的有限性,人类努力追求超越生命的有限性把握世界的无限性。面对生与死,在有限的生命中珍惜生命、爱惜生命,人必须有信仰,在珍惜生命的基础上延伸生命的价值，就是人类超越生命限度的本能。

几千年时光中历史长河汩汩滔滔，然而那深入骨髓的家国情怀却始终流淌在每一个文人士子的笔底心头和每一个中华儿女的血脉中，在中华大地每一寸山河间成为国人不灭的精神图腾。弘扬新时代的家国情怀需要做到内化于心。把爱国之情转化为强国之志，必须在实现伟大梦想的征途上树立排除艰难险阻的勇气和决心，用初心滋养全体社会成员的家国情怀，努力为中国人民谋幸福，建设大同世界，致力于构建人类命运共同体。

孟子思想对构建新时代价值体系的价值

（杜改转　中都书院;赵龙　晋中市儒学文化促进会）

摘　要:对于中国社会来说,眼下即是小康,大同已在望。社会的美好源于作为社会主体的人的心性美好。任何一个社会大厦,都是有一套完整的思想价值体系做支撑的。几千年来,在中国社会,儒家思想一直占据正统地位,孟子发挥了很重要的作用。孟子继承并发展了孔子思想,他的"仁政"思想,他的"性善论""我善养吾浩然之气"等,和中国当下社会的要求相吻合。构建新时代价值体系,孟子思想当仁不让!

关键词:新时代;价值体系;孟子思想

习近平总书记曾提出:2020年要全面建成惠及十几亿人口的小康社会。全面建成小康社会让中国站上了历史新起点,走出了一条中国式现代化道路。全面建成小康社会,最终是为了实现人民对美好生活的向往,让人民群众拥有更多获得感、幸福感、安全感。

《礼记·礼运》把"大同"视为最高理想,但为"大同"打好扎实基础的还是小康。所以,眼下真正的注意力还不在大同而在小康。《礼记·礼运》描绘小康说:"今大道既隐,天下为家,各亲其亲,各子其子,货力为己,大人世及以为礼。城郭沟池以为固,礼义以为纪;以正君臣,以笃父子,以睦兄弟,以和夫妇,以设制度,以立田里,以贤勇智。以功为己,故谋用是作,而兵由此起。禹、汤、文、武、成王、周公,由此其选也。此六君子者,未有不谨于礼者也。以著其义,以考其信,著有过,刑仁讲让,示民有常。如有不由此者,在势者去,众以为殃。是谓小康。"[①]"刑仁讲让",即以仁爱为准则,讲求礼让。《礼记·礼运》描绘"大同"理想说:"大道之行也,天下为公。选贤与能,讲信修睦,故人不独亲其亲,不独子其子,使老有所终,壮有所用,幼有所长,矜寡孤独废疾者皆有所养。男有分,女有归。货恶其弃于地也,不必藏于己;力恶其不出于身也,不必为己。是故谋闭而不兴,盗窃乱贼而不作,故外户而不闭。是谓大同。"[②]大同、小康论是古圣先贤对理想社会的两种构想。

---

① 《礼记·礼运》。
② 《礼记·礼运》。

按照中国古圣先贤的设计，小康过后就是大同，那么，对于中国社会来说，全面建成小康社会，进而全面建成社会主义现代化强国，这些都是大同的"序曲"。在这期间，"刑仁讲让"，必须成为事实，而非口号。任何一个社会都是以公民的道德素质建设为前提的。非保民不能保国、不能保天下。人民群众的获得感、幸福感、安全感都是以"仁"为前提的。构建新时代价值体系，孟子思想当仁不让。

孟子继承了孔子的道统，司马迁《史记》曰：道既通。人称孟子为"亚圣"。近人魏元旷《史记达旨》说："孔子既没，明孔子之道者独有孟子，周秦迄汉，孟子之书未尊显于世，太史公即信用其说，屏杨朱与墨子皆不列传，周末诸子著书论说者无虑百家，皆屏之不列传，独传孟子。"①由此可见孟子地位之高，其"仁政"学说成为其政治思想的核心。

一、人的素质决定人的发展

人之所以为人，是因为"性善"。人的这种本善之性，是具备生命力、创造力、提升力的。这是人类得以绵绵不绝、生生不息的根本。人的创造力与生命力，往纵向发展，创造出人类文明；往横向发展，诞生出泱泱族群，繁衍不息。"性善论"是孟子的主要哲学思想。孟子曰："人之所不学而能者，其良能也。所不虑而知者，其良知也。孩提之童，无不知爱其亲者，及其长也，无不知敬其兄也。亲亲，仁也。敬长，义也。无他，达之天下也。"②即是"人之初，性本善"③。明代王阳明继承并发展出"良知学说"，名为良知，是指其植根之深，几乎与生俱来、不假思虑而得。"良"意为"善"，而又引申为"甚""的确"。所以良知是深深植根于人性中的善心，以至于孩童不虑而知、不学而能。

人有性善故而有孝悌之道。人的获得感、幸福感、安全感首先来自于家庭，亲亲之间的温暖关怀，其次是社会制度等。孟子的仁政也首推孝悌。孟子曰："尧舜之道，孝悌而已矣。"④孝，善事父母；悌，敬爱兄长。孟子曰："舜何人也？予何人也？有为者亦若是。"⑤意思是舜是什么人啊？我是什么人啊？其实只要是有能力有建树的人都可以成为伟大的人。

"仁之实，事亲是也；义之实，从兄是也；智之实，知斯二者弗去是也；礼之实，节文斯二者是也；乐之实，乐斯二者，乐则生矣；生则恶可已也，恶可已，则不知足之蹈之手之舞之。"⑥孟子此话的含义：仁的实质就是侍奉父母，义的实质就是顺从兄长，智的实质就是坚守仁义

---

① 杨燕起、陈可青、赖长扬：《史记集评》，北京：华文出版社，2005，第76页。

②《孟子·尽心上》。

③《三字经》。

④《孟子·告子上》。

⑤《孟子·滕文公上》。

⑥《孟子·离娄上》。

而不偏离,礼的实质就是修饰和表现仁义的内涵,音乐的实质就是崇尚仁义产生快乐,因而就会付诸音乐,一旦快乐由此产生就无法遏制,就禁不住会手舞足蹈起来。孟子以事亲、从兄作为仁义的基础,概括起来就是一个"情"字。人类从真实的情感出发,于是便产生了诸多道德规范和艺术形式。

孟子"性善"论,使得人与动物区分开。孟子曰:"人之所以异于禽兽者几希,庶民去之,君子存之。舜明于庶物,察于人伦,由仁义行,非行仁义也。"[1]孟子此话的含义是人和禽兽的差异就那么一点儿,一般人抛弃它,君子却保存它。舜明白一般事物的道理,了解人类的常情,于是从仁义之路而行,而不是为行仁义而行仁义。

二、教育的目的就是让人回归性善

"谨庠序之教,申之以孝悌之义,颁白者不负戴于道路矣。七十者衣帛食肉,黎民不饥不寒,然而不王者,未之有也。"[2]意思是认真地兴办学校教育,把孝悌的道理反复讲给百姓听。头发花白的老人不会在路上背着或者顶着东西了。即年轻人知道敬老,都愿意帮助老人了。另一方面,要求当政者要率先垂范。"君仁,莫不仁;君义,莫不义;君正,莫不正。"[3]以榜样的力量,教化百姓。教化的目的,就是要百姓"明人伦"以保持"性善",建立一个"人伦明于上,小民亲于下"[4]的和谐融洽的、有人伦秩序的理想社会。人只有性善方能"尽其道"而达正命,这样百姓才有幸福感可言。孟子曰:"莫非命也,顺受其正,是故知命者不立乎岩墙之下。尽其道而死者,正命也;桎梏死者,非正命也。"[5]孟子曰:"君子所性,仁义礼智根于心。其生色也,睟然见于面、盎于背、施于四体。四体不言而喻。"[6]这才是获得感、幸福感、成就感产生的根源所在。

三、"仁政"即道行天下需要性善

孟子的政治论,是以仁政为内容的王道,孟子强调仁政,其最基本的精神就是"爱人"。人都有不忍人之心,实行于政治方面,就是不忍人之政,即仁政,也称"王道""王政"等。仁政的前提就是性善。孟子曰:"人皆有不忍人之心。先王有不忍人之心,斯有不忍人之政

---

① 《孟子·离娄下》。
② 《孟子·滕文公上》。
③ 《孟子·离娄上》。
④ 《孟子·滕文公上》。
⑤ 《孟子·尽心上》。
⑥ 《孟子·尽心上》。

矣。以不忍人之心,行不忍人之政,治天下可运之掌上。所以谓人皆有不忍人之心者,今人乍见孺子将入于井,皆有怵惕恻隐之心,非所以内交于孺子之父母也,非所以要誉于乡党朋友也,非恶其声而然也。由是观之,无恻隐之心,非人也;无羞恶之心,非人也;无辞让之心,非人也;无是非之心,非人也。恻隐之心,仁之端也;羞恶之心,义之端也;辞让之心,礼之端也;是非之心,智之端也。人之有是四端也,犹其有四体也。有是四端而自谓不能者,自贼者也;谓其君不能者,贼其君者也。凡有四端于我者,知皆扩而充之矣,若火之始然,泉之始达。苟能充之,足以保四海;苟不充之,不足以事父母。"①这段话的大意合起来说就是"不忍人之心"人皆有之。何以知之? 因为恻隐、羞恶、辞让、是非,四者是此心之端倪,而人皆生而有之。君子自反内求,由其发行,就得到仁、义、礼、智这四种德行,从而进可以治天下保四海,退可以成就君子仁人。

儒家的理想最终就是要平治天下。孟子认为好善足以治天下。

鲁国打算让乐正子治理国政。孟子说:"我听到这一消息,欢喜得睡不着觉。"公孙丑问:"乐正子很有能力吗?"孟子说:"不。"公孙丑问:"有智慧有远见吗?"孟子说:"不。"公孙丑问:"见多识广吗?"孟子说:"不。"公孙丑问:"那您为什么高兴得睡不着觉呢?"孟子回答说:"他为人喜欢听取善言。"公孙丑问:"喜欢听取善言就够了吗?"孟子说:"喜欢听取善言足以治理天下,何况治理鲁国呢? 假如喜欢听取善言,四面八方的人从千里之外都会赶来把善言告诉他;假如不喜欢听取善言,那就会把别人拒绝于千里之外。士人在千里之外停止不来,那些进谗言的阿谀奉承之人就会来到。与那些进谗言的阿谀奉承之人住在一起,要想治理好国家,办得到吗?"②

在孟子看来,治理好一个国家并不单靠执政者个人的能力、智慧和学识,而应当广泛听取和采纳别人的意见,集思广益。这样,君子任用有识之士以治理天下。相反,如果自以为是,听不进别人的意见,那真正的有识之士就会被拒之于千里之外,而奸邪的谄媚之徒就会乘虚而入。这样一来,想治理好国家就是不可能的了。

孟子倡仁政,主张以民为本。孟子认为,对一个国家来说"民为贵,社稷次之,君为轻。"③国君和社稷都可以改立更换,只有老百姓是不可更换的,所以百姓最为重要,要爱民、与民同忧同乐。孟子认为"仁者无敌"。孟子回答梁惠王时说:只要有方圆一百里的土地就可以使天下归服,大王如果对老百姓施行仁政,减免刑罚,少收赋税,让身强力壮的人抽出时间修养孝顺、尊敬、忠诚、守信等品德,在家侍奉父母兄长,出门尊敬长辈上级,这样就是让他们制作木棒也可以打击那些拥有坚实盔甲、锐利刀枪的秦楚军队。那些秦国、楚国的执政

---

① 《孟子·公孙丑上》。

② 参见《孟子·告子下》。

③ 《孟子·尽心下》。

者剥夺了老百姓的生产时间,使他们不能够深耕细作来赡养父母,父母受冻挨饿,兄弟妻子东离西散。他们使老百姓陷入深渊之中,大王去征伐他们,有谁来和您抵抗呢？所以说:施行仁政的人是无敌于天下的。同时告诫大王,请不要疑虑！①

仁政的根本还是人的性善决定的,所以孟子提出了个体生命的建设。在心性修养方面,孟子从"性善论"这一根本思想出发,认为施行"仁政"的最重要的动力便是君子发"仁心"。

四、人类社会的天人合一、人与自然和谐统一需要性善

人类社会无论发展到什么阶段,它都是天人合一的结果。"天"代表"道""真理""法则","天人合一"就是与先天本性相合,回归大道,它不仅仅是一种思想,而且是一种状态。因为人和自然在本质上是相通的,故一切人事均应顺乎自然规律,达到人与自然和谐。

孟子的"天人合一"思想不是高深莫测的理论,而是很接地气的法则,也就是"天人合德"即人与义理之天的合一。"尽其心者,知其性也;知其性,则知天矣。"②人性见于人心,故尽心则能知性,而人性乃"天之所与我者"③,所以天人本是合一的。"天人合一"在孟子这里就是指人性、人心以天为本。人有"四端",故人性本善。人之善性即"天之所与我者",是天给的,又是"我固有之"者,是我本身固有的,所以天与人合一。孟子的性善论、仁义论、仁政论等都是围绕"四端说"展开的,"四端说"是性善的理论根据,也是孟子思想价值体系成熟的标志。

孟子认为人与万物一体,"上下与天地同流"④,"夫君子所过者化,所存者神,上下与天地同流,岂曰小补之哉?"⑤,"万物皆备于我矣。反身而诚,乐莫大焉"⑥。就是指人与万物一体,也就是说,"恻隐之心"或"仁"的本体论根据在于"万物皆备于我""上下与天地同流"。这也是孟子人皆可以为圣人的理论根据。

性善论是孟子仁政学说的核心和基础,正是在此基础上孟子构建了涉及政治、经济、教育和社会伦理关系等一系列系统的思想理论。眼下,全面小康社会已经到来,孟子的仁政学说及其思想价值体系,对我们处理各种危机和挑战、把握时代发展机遇、促进社会的健康稳定有序发展,具有重要的借鉴意义。

---

① 参见《孟子·梁惠王上》。
② 《孟子·尽心上》。
③ 《孟子·告子上》。
④ 《孟子·尽心上》。
⑤ 《孟子·尽心上》。
⑥ 《孟子·尽心上》。

"天时不如地利，地利不如人和。"①再好的条件，也赶不上"人和"带来的力量。"老吾老，以及人之老；幼吾幼，以及人之幼。"②圣人推己及人，把天下所有的老人和孩子都当成自己的亲人，这就是仁道，这是由家天下继而国天下。

"居天下之广居，立天下之正位，行天下之大道；得志，与民由之；不得志，独行其道。富贵不能淫，贫贱不能移，威武不能屈，此之谓大丈夫。"③即住在天下最宽广的住宅——"仁"里，站在天下最中正的位置——"礼"上，走在天下最开阔的大路——"义"上；得志的时候，和老百姓一道走；不得志的时候，自己走自己的路。富贵不能使"我"骄奢淫逸，贫贱不能使"我"改移节操，威武不能使"我"屈服意志，这才叫作大丈夫。小康社会的人们都应该有这种意志。

"可欲之谓善，有诸己之谓信。充实之谓美，充实而有光辉之谓大，大而化之之谓圣，圣而不可知之之谓神。"④这个境界观说得算是圆满了：值得追求的叫作善，自己有善叫作信，善充满全身叫作美，充满并且能发出光辉叫作大，光大并且能使天下人感化叫作圣，圣又高深莫测叫作神。大同社会"尧天舜日"之时，人们不都应该是这样的吗？

孟子在齐国观察了一些时日，那个"王顾左右而言他"的齐宣王让他失望之后，他选择了离开齐国，并且还撂下了这么一句话："夫天未欲平治天下也，如欲平治天下，当今之世，舍我其谁也？"⑤

在中国，从古至今志士仁人们读书的目的就是为了做孟子一样的大丈夫，造福社会大众。孔子曾无限遗憾地说："如有用我者，吾其为东周乎！"⑥谁要是用我啊，我能帮助他实现东周的圣治。孟子则自信满满地说："如欲平治天下，当今之世，舍我其谁也？"⑦孔子、孟子都有"平治天下"的志向，也有平治天下的才能。平治小康盛世、开创大同世界，孟子思想有重要的价值和意义。

---

① 《孟子·公孙丑下》。

② 《孟子·梁惠王上》。

③ 《孟子·滕文公下》。

④ 《孟子·尽心下》。

⑤ 《孟子·公孙丑下》。

⑥ 《论语·阳货》。

⑦ 《孟子·公孙丑下》。

儒家自然观的现代价值

（王国良　安徽大学安徽优秀传统文化研究中心）

摘　要：人与自然同根同类，人能够与自然互相观照，互相为用。本文在阐述人与自然和谐共存的理论基础上，试图挖掘人与自然本质同源的内在基因，进而表明儒家自然观的当代价值。

关键词：人与自然；命运共同体；儒家自然观

一、人与自然和谐共存

人与自然的关系，或是人与世界万物的关系、人与宇宙的关系、人与自己的生存环境（包括日月天地、山川河流、动植物）的关系，是人类要研究并认真对待的最重要关系之一。中国儒家哲学主要是从人是自然界长期发展的产物、人是自然的一部分的立场来认识人与自然的关系的，认为人与自然打成一片、融为一体、不可分离，如果借用思维模式的术语，可说儒家哲学对人与自然关系的态度是"万物一体""天人合一"。儒家哲学文化中包含不少对自然的客观认识，但主要方面却不是提倡认识自然的本质和客观规律，而是体验人与自然界万物的本质同源、息息相通、和谐交融，这种思维模式展示了儒家思想中的自然观。一般认为，自然观就是对自然的总体看法。儒家特色的自然观既具有认识论色彩，也具有人文与伦理色彩，同时也富有审美色彩。

"万物一体"是儒家的基本观念，先秦儒家对此做了许多相似相近的表述，北宋理学家程颢提出"仁者与天地万物为一体"之说，标志万物一体观作为儒家的核心观念已然确立，王阳明说"大人者，与天地万物一体"，表明儒家各派对万物一体观的完全肯定。儒家的自然观主要是从万物一体的立场来看待自然。

儒家自然观包含两个层面：一是人与自然的和谐共存；二是人与自然的本质同源。前者是后者的认识基础，后者是前者的理论深化。

　　人与自然的和谐共存，主要表明人与自然不可分离，融为一体，人顺应自然而生活，自然不是人类的敌人，不是人类的征服对象，而是人类的亲人与朋友，是人类生存的家园，热爱自然就是关爱人类，维护自然就是维护人类自己的家园。儒家自然观与中国文明的起源、与自然经济有密切联系，从一定意义上说，儒家自然观是中国农业文明生活方式在思想文化上的反映。早在新石器时代，华夏先民就开始了定居的农业生活。农业生活不仅培育了家园感、故乡情，而且最易引发对自然环境的亲和感，人们对不变的土地、树木、山川河流与周而复始的四时寒暑、日月运行由逐渐认识了解而感到熟悉亲切。中国较早的经典之一《诗经》中的许多诗篇都表现了人类跟随自然的节奏而生活的过程和情趣，人们在自己的生活中体验到与生动的自然界有不可名状的息息相通之处，由此积淀为人与自然和谐冥契的统一心理。《豳风·七月》虽然流露出对农业生活忙碌辛苦的感叹，但更表现华夏先民跟随自然的节奏而生活的时新情绪：“春日载阳，有鸣仓庚”，“四月秀葽，五月鸣蜩”，“七月食瓜，八月剥枣”，“九月筑场圃，十月纳禾稼”，“朋酒斯享，曰杀羔羊。跻彼公堂，称彼兕觥，万寿无疆。”[①]诗中表现先民通过劳动而感受到自然的流转生机以及人的性情与自然性情相交融的和谐统一，表现出生活就是人与大地万物的相互依托，以及在辛苦之后享受劳动成果的舒畅心情。《王风·君子于役》和《小雅·无羊》之可贵在于写出了鸡群、牛羊以及牧人的悠然自得之态，写出了人与生物的亲切和谐。《小雅·甫田》表现了农人在丰收时节的喜悦心情，“乃求千斯仓，乃求万斯箱。黍稷稻粱，农夫之庆”[②]，并真诚地感谢四方之神的甘雨及时。《诗经》中许多诗篇都表现了先民凿井耕田的自在生活状态，对万有生命的欣喜以及对自然全盘融入的愉悦安足。

　　《诗经》所表现的人与自然和谐共存的社会心理对中国文化有深远影响，儒道文化之起源都与此有极大关联。

　　以孔子为创始人的儒家继承发展了春秋以来的人文精神，但也初步确立了万物一体的自然观。《论语·先进》记载孔子说“吾与点也”，表明孔子把万物一体的高峰体验视为人生的极乐境界。

　　人与万事万物的属性在大自然整体中平衡互补，相互影响，互为存在的前提与条件，人类为了生存，就必须依赖并充分利用外界自然，生命的本质就是通过与外界不断地进行物质、能量的交换、不断进行新陈代谢而延续生命。既然外部自然构成人类的生存条件，人在利用自然的同时，也有责任维护自然，也就是维护自己的生存条件与家园。儒家人与自然和谐共存的思想，还包含顺应自然节奏、保护自然环境、维护生态系统平衡的思想。据《论

---

　　①《国风·豳风·七月》。

　　②《小雅·甫田之什·甫田》。

语·述而》记载,孔子"钓而不纲,弋不射宿"①,孔子为满足生活需求,也钓鱼打猎,但孔子不用渔网打鱼,用渔网捉鱼有把鱼不论大小一网打尽之嫌,孔子打猎,但不射归巢的鸟或歇宿的鸟,因为归巢的鸟有可能要产卵或养育幼雏。司马迁《史记·孔子世家》曾记录孔子的话说:"刳胎杀夭则麒麟不至郊,竭泽涸渔则蛟龙不合阴,阳,覆巢毁卵则凤皇不翔。何则?君子讳伤其类也。夫鸟兽之于不义也尚知避之,而况乎丘哉!"②此话不一定为孔子所言,但肯定代表了儒家的思想。麒麟是古代传说中能够威慑虎豹但不伤害人类的祥瑞动物,麒麟出现于郊往往预示着天下吉祥太平。如果"刳胎杀夭",即猎杀正在怀孕的动物以及幼小的动物,麒麟就不会出现,而"竭泽涸渔""覆巢毁卵",都是破坏自然生态系统平衡与自然资源可持续发展的不祥不义之举。蛟龙不能适时行云施雨,作为百鸟之王的凤凰就不会出现,阴阳错乱,水旱失时,国家就不会有太平年景。动物对于物伤其类的不义之举尚且愤慨,何况于人呢?孔子这段话虽然是听说赵简子杀害晋国贤大夫窦鸣犊、舜华之后发出的感慨,但同时也表明孔子对破坏生态平衡、破坏人类与自然和谐共存的举动的义愤。孟子继承了孔子的思想,告诫人们要有节制地利用自然:"数罟不入夸池,鱼鳖不可胜食也;斧斤以时入山林,材木不可胜用也。"③数张渔网不能同时在一个池塘里捕鱼,鱼类才能持续繁衍;上山伐木必待冬季,春季万木生长季节不能砍树,才能保证林木用不完。荀子把维持生态平衡看成是政治稳定、国富民安的基础:"上不失天时,下不失地利,中得人和""则万物皆得其宜,六畜皆得其长,群生皆得其命","草木荣华滋硕之时,则斧斤不入山林,不夭其生,不绝其长也;鼋鼍、鱼鳖、鳅鳝孕别之时,罔罟毒药不入泽,不夭其生,不绝其长也;春耕、夏耘、秋收、冬藏,四者不失时,故五谷不绝而百姓有余食也;污池、渊沼、川泽谨其时禁,故鱼鳖优多,而百姓有余用也;斩伐养长不失其时,故山林不童而百姓有余材也。"④荀子还认为,人只要爱护自然,就能够与自然相生相养,长期和谐共存:"今是土之生五谷也,人善治之,则亩数盆,一岁二再获之。然后瓜桃枣李一本数以盆鼓;然后荤菜、百疏以泽量,然后六畜禽兽一而剸车,鼋、龟、鱼、鳖、鳅、鳝以时别,一而成群,然后飞鸟、凫、雁若烟海,然后昆虫万物生其间,可以相食养者,不可胜数也。夫天地之生万物也固有余,足以食人也矣;麻葛、茧丝、鸟兽之羽毛齿革也固有余,足以衣人矣。"⑤至迟完成于秦汉时期的《礼记·月令》,就已明确要求人们根据自然界的变化来调整自己的生存活动。《月令》要求人们根据一年十二个月天文、气候的变化节奏开展农事活动以及政治活动。例如春季,孟春之月,"命祀山林川泽,牺牲毋用牝(母畜),禁止伐木,毋覆巢(倾覆鸟巢),毋杀孩虫(幼虫)","毋竭山泽,毋漉陂地,毋焚

---

① 《论语·述而》。
② 《史记·孔子世家》。
③ 《孟子·梁惠王上》。
④ 《荀子·王制》。
⑤ 《荀子·富国》。

山林。"①许多国家政府都规定春季禁止伐木采樵，在动物繁殖期间禁止捕杀鸟兽等，都是受到了儒家思想的影响。

儒家人与自然和谐共存的思想，确实提供了丰富朴素而又精辟的关于保护生态环境的见解，这是不容否认的。积极继承和有效开发这些思想资源，无疑将对现代社会条件下保护环境、维护生态平衡有所启发和助益。当然，我们并不是要反对认识和改造自然，中国文化中也不乏认识自然、利用自然为人类服务的思想，比如正德、利用、厚生的思想，《易经》中包含丰富的认识自然的思想，神话传说精卫填海、夸父逐日、大禹治水等蕴含着丰富的改造自然、征服自然的精神，但儒家重视人与自然相互依存、人类要有节制地利用自然的思想显然具有更为高远的人文价值。

二、人与自然本质同源

儒家自然观的第二层面涵义是人与自然的本质同源。人与自然万物、植物、动物同根同类，人是天地万物的一部分，人与天地万物共同组成大自然。人与万物虽各有特殊性，但在本性与所遵循的规律性方面都与天地自然一致，这种一致是人与天地万物的最高原则。儒家早就认识到人是自然的一部分，人是自然界长期发展的产物，如《易传·系辞》说："日月运行，一寒一暑。乾道成男，坤道成女。"②孔子曾说："天何言哉？四时行焉，百物生焉，天何言哉？"③天不说话，只是运行不已，产生万物。这个"生"字，表明儒家认为自然的本质就是"生"。后来北宋理学家据此正式确立儒家的生命本体论。《易传》说："生生之谓易"，"天地之大德曰生"，肯定自然界生生不息，天地的根本德性就是"生"。

程颢认为，"生"是天地宇宙之道，"仁者浑然与物同体"，人与万物根据"生"的原理自然发展，就是善的实现。程颢"与物同体"的境界，就是从万物一理的整体思维出发，以人为天地万物之心，以心为天地万物之仁的天人合一论。这种仁者以天地万物为一体的思想，也是以自然界"生生之理"为其总根源的。人和万物都来源于"生生之理"，这是自然界合目的性发展的结果，人作为自然界的最高的产物完成了、实现了自然的目的，天地万物发育流行，便是生生之理的体现。

人与自然同根同类，人就能够与自然互相观照，互相为用。儒家学者认为，人能够从自然万物中引申出审美的价值、人伦的品格，化自然的品格为人的品格。孔子非常欣赏松柏

---

① 《礼记·月令》。

② 《易传·系辞》。

③ 《论语·阳货》。

的气质,他曾说:"岁寒,然后知松柏之后凋也。"①秋尽冬来,万木凋零,松柏却郁郁青青,傲立苍穹,这分明是崇高美的境界,更可以涵养人的坚贞不屈的品格。我们赞许骥——千里马日行千里的能力,但我们更称许骥的品德。②美玉则具有多种君子的品德,值得效仿,荀子认为"夫玉者,君子比德也"③,具有仁、知、义、行、勇等多种品德。孔子对山水有独特见解:"智者乐水,仁者乐山。"④这不仅是观览山水时得到审美的娱乐,同时也是从山水中获得培养人的品格的启示。"刚毅木讷近仁"⑤,仁的品格应像高山一样巍然耸立,而智的品格则应像水一样具有流动性与灵活性,按照水势昼夜不息地流动前进。孟子继承孔子的立场,认为流水象征君子之"志于道":"观水有术,必观其澜。日月有明,容光必照焉。流水之为物也,不盈科不行;君子之志于道也,不成章不达。"⑥流水所到之处,满盈之后才继续前进,君子也要像流水那样,为了实现志与道而坚定地一步步前进。荀子记载孔子的评论说,水具有多种品质,"其赴百仞之谷不惧,似勇","其万折也必东,似志"⑦。儒家学者喜欢以水作为人应该效仿的榜样。北宋理学家喜欢观天地生物气象,体验自然之生意,周茂叔窗前草不除,云与自家意思一般,张载观驴鸣,体会自然之生命气息。二程则以自然现象来类比儒家学者的圣贤气象:"仲尼,天地也;颜子,和风庆云也;孟子,泰山岩岩之气象也。"从以上这些论述可以看出,儒家的自然观不仅具有认知的价值,同时也饱含审美的体验与伦理的观照。

三、儒家自然观的当代价值

应该说明,儒家认为人与自然万物一体,但人毕竟高于自然,必须利用自然而生存生活。儒家强调,在利用自然的同时更要保护自然,关爱万物,把自然看作人类的生存家园,要维护自然的生态平衡,注重自然资源的可持续发展,决不允许破坏自然,否则会危及国家的安全。儒家认为,要把核心价值仁爱的精神施及于自然,孟子提出为后世儒家一致尊奉的基本原理:"亲亲而仁民,仁民而爱物。"⑧《礼记·中庸》提出通过尽人之性达到尽物之性,"能尽人之性,则能尽物之性。"⑨尽物之性就是,使物成为物,即使物各得其所,按照其自身

---

① 《论语·子罕》。

② 参见《论语·宪问》:"骥,不称其力,称其德也。"

③ 《荀子·法行》。

④ 《论语·雍也》。

⑤ 《论语·子路》。

⑥ 《孟子·尽心上》。

⑦ 《荀子·宥坐》。

⑧ 《孟子·尽心上》。

⑨ 《礼记·中庸》。

固有的秉性和规律存在与运行。《礼记·中庸》还提出成己成物："诚者，非自成己而已也，所以成物也。成己，仁也；成物，知也。性之德也，合内外之道也。"[①]成己成物是指由己及物，自身有所成就，也要使自身之外的一切有所成就。从张载到王阳明，也都主张人与万物为一体，万物并育而不相害，人类要利用自然而厚生，但人类又要像关爱自身一样关爱自然，保护生态，而不是破坏自然，毁坏自己的生存家园。

我们要进一步重视儒家人与天地万物为一体的思想，充分汲取其合理因素，建构人与自然命运共同体，在合理利用自然的同时，也使自然得到按其自身规律要求的发展，使自然与人类和谐共存，使自然环境成为人类的美好家园，使天地本身所具有的无言之大美，既按其本性又符合人类最高审美境界追求的面貌展现出来，让万物一体同时也成为真善美的统一。

---

① 《礼记·中庸》。